Kohlhammer

Frank Schwab

Evolution und Emotion

Evolutionäre Perspektiven in der Emotionsforschung und der angewandten Psychologie

Verlag W. Kohlhammer

1. Auflage 2004

Umschlag: Gestaltungskonzept Peter Horlacher
Gesamtherstellung:
W. Kohlhammer Druckerei GmbH + Co. Stuttgart
Printed in Germany

ISBN 3-17-017188-7

INHALT

EINLEITUNG **8**

EVOLUTION: DARWINS ERBE **11**

EVOLUTION UND MENSCHLICHES VERHALTEN 11

MISSVERSTÄNDNISSE 12

ADAPTIVES DENKEN 14

Humanethologie *15*

Soziobiologie und Darwinsche Anthropologie *24*

Evolutionspsychologie *26*

Evolutionäre Erklärungen *32*

Organisation als Suchstrategie *36*

Zusammenfassung *41*

EVOLUTIONÄRE KULTURTHEORIEN 43

Kulturelle Evolution als unabhängiger aber analoger Prozess (Memetik) *43*

Kultur als Produkt inklusiver Fitnessmaximierung (Darwinsche Anthropologie) *44*

Evolvierter Geist als Erzeuger und Reagierender auf Kultur (Evolutionspsychologie) *45*

Epigenetischer Ansatz *46*

Durhams koevolutionäres Modell *46*

Duale Vererbungstheorie *48*

Barkows koevolutionäres Modell *50*

Zusammenfassung *52*

BILANZ 54

EMOTIONEN **57**

SCHWERPUNKTE DER EMOTIONSFORSCHUNG 58

Perspektiven der Emotionsforschung *58*

Evolutionsbiologische Ansätze der Emotionsforschung *60*

Appraisaltheoretische Ansätze der Emotionsforschung *63*

Physiologie und Emotion *65*

Kultur und Emotion *67*

Zusammenfassung *67*

HUMANETHOLOGISCHE EMOTIONSTHEORIE 68

Die Geburtsstätte der Emotionalität *69*

Emotion und Kognition – zwischen Homöostase, Taxis, Appetenz und Antrieb ... *71*

Antriebsmanagement bei sozialen Organismen *77*

Präadaptationen affektiver Kommunikation *80*

Empathie *82*

Phantasie *98*

Zeiterleben *104*

Zusammenfassung *107*

EVOLUTIONSPSYCHOLOGISCHE EMOTIONSTHEORIEN 108
Evolvierte Metaprogramme *109*
Angst als Dirigent evolvierter psychischer Mechanismen *110*
Produkte der Selektion *111*
Wirkgefüge *115*
Kommunikation *116*
Zusammenfassung *120*

BILANZ 121

KLINISCHE PSYCHOLOGIE 127

ÜBERLEGUNGEN ZU EINER EMOTIONSTHEORIE ZWISCHEN BIOLOGIE UND PSYCHOANALYSE 127
Freud und Darwin *127*
Libido und Ödipuskonflikt – eine evolutionspsychologische Perspektive *130*
Triebe, Reflexe und Motive – zwischen Psychoanalyse und Biologie *131*
Funktion der Affekte *134*
Evolvierte Abwehrmechanismen *136*
Zusammenfassung *142*

MODULARITÄT UND ADAPTIVITÄT ALS KLASSIFIKATIONSHEURISTIK 145
Intrapersonelle Störungen *147*
Differenz zwischen aktueller und „angestammter" Umwelt *149*
Quasinormales Verhalten und antisoziales psychisches Design *150*
Zusammenfassung *152*

BILANZ 153

MEDIENPSYCHOLOGIE 157

MEDIENREZEPTION 157
Wahrnehmung, Verarbeitung und Kameradramaturgie *158*
Sprache und Genres *162*
Kunst und Ästhetik *166*
Proximate und ultimate Grundlagen der Medienrezeption *167*
Zusammenfassung *169*

UNTERHALTUNGSREZEPTION 171
Explorative Ansätze *172*
Theoriegeleitete Ansätze *173*
Erregungspsychologische und -physiologische Konzepte *173*
Identitätsmanagement und parasoziale Interaktion *175*
Unterhaltung als Makroemotion *175*
Empathie und Theory of Mind *176*
Normen und Moral *180*
Humor und Lachen *182*
Positive Emotionalität und Unterhaltung *184*
Zusammenfassung *189*

BILANZ 193

ORGANISATIONSPSYCHOLOGIE **197**

EMOTIONEN AM ARBEITSPLATZ 198
Zufriedenheit und Stress *199*
Soziale Emotionen und Stimmungen *200*
Emotionsmanagement in Organisationen *202*
Zusammenfassung *204*

JÄGER UND SAMMLER IN MODERNEN ORGANISATIONEN 205
Die Horde *205*
Hierarchie, Kohäsion und Beziehung *208*
Die Kluft *211*
Konflikt und Mobbing *213*
Führung, Macht und Loyalität *217*
Zusammenfassung *220*

KOEVOLUTION 222
Organisationen zwischen Mem und Gen *223*
Coaching zwischen Mem und Gen *224*
Zusammenfassung *229*

BILANZ 230

GLOSSAR **233**

LITERATUR **243**

STICHWORTVERZEICHNIS **256**

Einleitung

Das vorliegende Buch versucht evolutionäres Denken auf das Verständnis unserer Emotionen anzuwenden und nachzuweisen, dass diese Perspektive auch in Bereichen der Angewandten Psychologie interessante Einsichten anbietet. Große Teile der akademischen Psychologie begreifen den Menschen in weiten Bereichen in einer ahistorisch antievolutionären Weise als eine Art problemlösenden Computer. Kaum ein Psychologe geht heutzutage davon aus, die Psyche des Menschen sei eine beliebig formbare „tabula rasa“ die es nur angemessen zu sozialisieren oder zu therapieren gelte. Dass wir alle Produkte der Natur und somit der Evolution sind gesteht jeder mehr oder weniger gerne zu, jedoch hat dieses Eingeständnis all zu selten irgendwelche Folgen.

Als Student der Psychologie – beladen mit den üblichen Vorurteilen gegen eine evolutionsbiologische Perspektive – waren mir alle Humanethologen zunächst äußerst suspekt und erst die Auseinandersetzung mit Norbert Bischofs „Das Rätsel Ödipus“ führte dazu, meine „blank slate“-Phantasie der menschlichen Natur ernsthaft in Frage zu stellen. Als Mitarbeiter Professor Rainer Krauses hatte ich das Glück, einen Psychoanalytiker kennenzulernen, der die Verbindung zwischen Psychoanalyse, Emotionen und evolutionärem Denken stets als förderungswürdiges Unterfangen empfand. Als Mitarbeiter in der Medien- und Organisationspsychologie unter Professor Peter Winterhoff-Spurk wurde mir deutlich, dass Themen wie Unterhaltung, Kameradramaturgie, parasoziale Interaktion mit Medienfiguren durchaus einer evolutionären Betrachtung zugänglich sind. Als Leiter organisationspsychologischer Seminare und Coach von Arbeitsteams und -gruppen wurde mir schließlich recht eindrücklich die zentrale Rolle unserer evolvierten emotionalen Mechanismen vor Augen geführt. Trainiert in einer systemischen Perspektive schienen mir unter all den Konstruktionen immer wieder die zentralen Themen unserer Menschwerdung durchzuschimmern: Betrug, Vertrauen, moralische Entrüstung, Anerkennung, Status, Führung, Macht und Loyalität.

Mein Verständnis dieser emotionalen geistigen Anpassungen stößt in den verschiedenen Bereichen und Kapiteln dieses Buches sicher immer wieder an Grenzen, der Leser mag dies als Einladung verstehen, an diesen Grenzen eigene Erkundungen aus einer möglicherweise evolutionären Perspektive heraus zu unternehmen.

Im ersten Kapitel „Evolution: Darwins Erbe“ versuche ich, die Bedeutung der Ideen Darwins für die Untersuchung menschlichen Verhaltens herauszuarbeiten. In diesem Zusammenhang werden die „beliebtesten“ Missverständnisse skizziert, mit denen ich mich immer wieder konfrontiert sehen durfte. Evolutionär adaptives Denken rekonstruiert die Entwicklungsgeschichte unter der Annahme, dass (fast) alle Eigenschaften in der Evolution durch selektive Prozesse entstehen, die den am besten angepassten Zustand als Lösung für ein von der Umwelt vorgegebenes Problem darstellen. Im Laufe der Zeit haben sich verschiedene Schwerpunkte dieses Denkansatzes entwickelt. Ausgehend von der (Human-)Ethologie werden Soziobiologie und Darwinsche Anthropologie in Abgrenzung zur Evolutionspsychologie dargestellt. Schließlich wird gefragt, wie evolutionäres Denken und nicht-evolutionäres Erklären innerhalb der Psychologie konkurrieren oder kooperieren können. All zu häufig wird der Mensch in der akademischen Psychologie als reines Kulturwesen dargestellt, weshalb ich mich nach evolutionären Ansätzen zur Erklärung menschlichen Verhaltens auch mit evolutionären Kulturtheorien auseinander setze.

Im Kapitel „Emotionen" gebe ich zunächst einen kurzen Überblick über verschiedene Grundlagen der Emotionspsychologie. Daran anschließend werden überblicksartig Ansätze dargestellt, die Emotionen als Produkt der Evolution verstehen. Wie Emotionen mit unserem Körper interagieren, was Bewertungen mit Emotionen zu tun haben und wie Emotionen in verschiedenen Kulturen untersucht werden, sind weitere Fragestellungen mit denen sich das Kapitel beschäftigt.

Vertiefend setzt sich der Abschnitt „humanethologische Emotionstheorie" mit den Ideen Norbert Bischofs auseinander. Ein Ideengebäude, das mich maßgeblich in meiner Art, über die Psyche des Menschen nachzudenken, beeinflusst hat. In erster Linie werden Annahmen hinsichtlich der Phylogenese und Funktionsweise des Affektsystems erörtert. Wie entfalten Umweltstimuli in der Innenwelt des Organismus ihre Wirkung? Wie sollen Kognition und Emotion zueinander in Beziehung gesetzt werden? Welche Rolle spielen Selektion und ökologische Umwelt hinsichtlich unserer Emotionen? Wie lässt sich die Entwicklung der Mimik als bedeutendes Ausdrucksmittel auf dem Hintergrund der Evolution der Säugetiere verstehen? Affektansteckung, Empathie und Perspektivenübernahme werden als Merkmal sozial organisierter Individuen diskutiert. Es wird deutlich, dass in der Phylogenese des Affektsystems nichts verloren gegangen ist, es ist vielmehr Neues hinzugekommen, welches sich aus der evolutionären Basis herausdifferenziert hat.

Neuere evolutionspsychologische Emotionstheorien verstehen Emotionen als Metaprogramme, die zur Lösung adaptiver Probleme unsere Kognitionen in spezifischer Art und Weise beeinflussen. Als Adaptationen haben Emotionen einen Einfluss auf die Netto-Lebensspannen-Reproduktivität des Organismus. Diese Anpassungen haben sich in einer Umwelt evolutionärer Angepasstheit (=EEA) entwickelt, so dass eine Beziehung zwischen Details der vergangenen Umwelt und Details der Struktur der Emotion besteht. Die emotionalen Metaprogramme wirken in unserer mentalen Architektur auf eine Vielzahl von Aspekten (Ziele, Motivprioritäten, konzeptuelle Interpretationsrahmen, etc.). Eine wichtige Funktion emotionaler Mechanismen liegt aber auch in der Kommunikation und Expression von Emotionen sowie der Rekalibration zurückliegender Entscheidungen durch Emotionen.

In den Kapiteln „Klinische Psychologie", „Medienpsychologie" und „Organisationspsychologie" beschäftige ich mich mit der Relevanz adaptiven Denkens innerhalb verschiedener Anwendungsfelder. Hierzu stelle ich zunächst einige Überlegungen zu einer Emotionstheorie zwischen Biologie und Psychoanalyse vor. Wie ist es um die Tauglichkeit psychoanalytischer Konzepte innerhalb einer evolutionären Perspektive bestellt? Sind Konzepte wie Libido und Ödipuskonflikt oder die psychoanalytischen Überlegungen zu Trieben, Reflexen und Motiven nützliche Werkzeuge adaptiven Denkens? Affekte und Abwehrmechanismen werden aus der Perspektive einer „darwinistischen" Psychoanalyse betrachtet. Auf der Grundlage dieser Überlegungen werden Darwinsche Modularität und Adaptivität als erste Schritte zu einer Klassifikationsheuristik psychischer Störungen vorgestellt.

Versucht man einen evolutionären Zugang zu medienpsychologischen Phänomenen zu erarbeiten, so kann man sich zunächst fragen, inwiefern die wahrnehmungspsychologische Basis der Medienrezeption als Produkt der Selektion verstehbar ist. Medienangebote sind als Produkte unserer Kultur durchaus kunstvoll und nach ästhetischen Aspekten gestaltet. Es stellt sich also die Frage, inwiefern Kunst und Ästhetik als Produkte der menschlichen Natur erschließbar sind. Die Auseinandersetzung mit medialen Inhalten aus einer evolutionären Perspektive erscheint auf den ersten Blick zunächst kontraproduktiv. Wieso verbringen wir so viel Zeit mit der Rezeption von Fiktionen, die Emotionen bei uns auslösen, welche zudem vielfach inadäquat anmuten? Am Beispiel der Unterhaltungsrezeption versuche ich, Wirkmomente evolvierter emotionaler Architektur zu erläutern. Evolutionspsychologische Konzepte der Empathie und einer „Theory of Mind“ ergänzen Überlegungen zur Unterhaltungsrezeption ebenso wie Überlegungen zur Phylogenese von Normen und Moral. Das Phänomen Unterhaltung scheint mir eng verbunden mit unseren positiven Emotionen. Es wird deshalb nach der adaptiven Funktion von Humor und Lachen im Rahmen der Medienrezeption ebenso gefragt, wie nach den mit der Unterhaltungsrezeption verbundenen bzw. angestrebten positiven Emotionen.

In der Organisationspsychologie fanden Emotionen lange Zeit recht wenig Beachtung, erst in den letzten Jahren erfuhren sie erneut Interesse von Seiten der Forschung, vor allem unter dem Schlagwort „Arbeitszufriedenheit“. Emotionale Reaktionen am Arbeitsplatz wurden zudem hinsichtlich stresserzeugender Ereignisse und Arbeitsbedingungen untersucht. Führung wird aktuell sowohl als Stressor als auch als Manager von Mitarbeiteremotionen diskutiert (emotionale Führung). Ich werde versuchen zu zeigen, dass gerade in modernen Dienstleistungsgesellschaften das Arbeiten mit und an eigenen und fremden Emotionen zunehmend an Bedeutung gewinnt (Emotionsarbeit). Emotionen können Ziele, Mittel und Bedingungen, Ursachen und Folgen von Arbeitshandlungen sein. Emotionen können in Organisationen wahrgenommen, mehr oder weniger „echt“ erlebt, dargeboten, erinnert und unterdrückt werden oder sie sollen aktiv bei sich oder anderen Veränderungen erfahren (Emotionsmanagement). Evolutionspsychologen betrachten die Jäger- und Sammlergemeinschaft als natürliche Form menschlicher Organisation, als diejenige soziale Umwelt, auf die unsere Emotionen bestens vorbereitet sind. Moderne Organisationen entsprechen in vielen ihrer Merkmale jedoch kaum den archaischen Gruppen. Hinter den offiziellen Hierarchien einer Organisation finden sich jedoch informelle Strukturen nach dem Regelwerk archaischer Verbände. Evolutionäre Analysen des Dominanzstrebens, territorialer Neigungen, der Fremdenscheu, moralischer Aggressionen sowie eine Bereitschaft, die In-Group zu verteidigen, liefern Erklärungen für viele in Organisationen zu beobachtende Auseinandersetzungen.

Das Buch schließt mit einem Glossar evolutionspsychologischer und humanethologischer Begriffe, das Eric Klopp zusammengestellt hat.

Evolution: Darwins Erbe

Das Kapitel stellt zunächst in „Evolution und menschliches Verhalten" dar, welche Bedeutung Darwins Erbe für die Untersuchung menschlichen Verhaltens hat: Darwins Annahmen und Schlussfolgerungen sowie einige der „beliebtesten" Missverständnisse im Umgang mit evolutionären Erklärungsansätzen werden erörtert. Im Mittelpunkt von Darwins Annahmen steht das adaptive Denken, der Adaptionismus rekonstruiert die Entwicklungsgeschichte unter der Annahme, dass alle Eigenschaften in der Evolution durch selektive Prozesse entstehen, die den am besten angepassten Zustand als Lösung für ein von der Umwelt vorgegebenes Problem darstellen. Im Laufe der Zeit haben sich verschiedene Schwerpunkte dieses Denkansatzes entwickelt. Auf der Grundlage zentraler Aspekte der (Human-)Ethologie werden Soziobiologie und Darwinsche Anthropologie in Abgrenzung zur Evolutionspsychologie und Humanethologie dargestellt. Schließlich werden Leitgedanken der Evolutionspsychologie diskutiert und es wird gefragt, wie evolutionäres Denken und nicht-evolutionäres Erklären innerhalb der Psychologie konkurrieren oder kooperieren können („Evolutionäre Erklärungen" und „Organisation als Suchstrategie").

Da der Mensch kontrastierend zu evolutionären Ansätzen häufig als reines Kulturwesen skizziert wird, setzen wir uns nach evolutionären Ansätzen zur Erklärung menschlichen Verhaltens auch mit evolutionären Kulturtheorien auseinander (vorgestellt werden: Memetik, Darwinsche Anthropologie, die evolutionspsychologische Perspektive, der epigenetische Ansatz, Durhams und Barkows koevolutionäres Modell sowie die duale Vererbungstheorie).

Evolution und menschliches Verhalten

Das vergangene Jahrhundert psychologischer Theorienbildung und Forschung war in erster Linie geprägt von Versuchen, die Psychologie zu ent-biologisieren und in der Folge auch zu ent-emotionalisieren. Neuere evolutionstheoretische Konzepte übertrugen aber im Gegenzug dazu zunehmend Darwinsche Ideen auch auf die Untersuchung von Verhalten sowie auf mentale Strukturen und Prozesse. Nicht selten jedoch haben diese Erklärungen mit Missverständnissen zu kämpfen, die zwar in (vereinfachten) populären Darstellungen der Theorie, aber weniger in den (komplexeren) moderneren Ansätzen selbst begründet sind.

Entbiologisierung der Psychologie: Dreiviertel des hinter uns liegenden Jahrhunderts verfolgte die Psychologie in erster Linie den Ansatz, das menschliche Verhalten zu „entbiologisieren" (Crawford, 1998, S. 3). Neobehaviorismus, Soziale Lerntheorie, kognitive Ansätze, moderne Psychoanalyse sowie einige postmoderne Ansätze dominierten weite Bereiche der aktuellen Psychologie.

Neue evolutionsbiologische Konzepte: Erste Bemühungen, die Evolutionstheorie in die Psychologie einfließen zu lassen, verwendeten diese Theorie vornehmlich als Rahmenkonzept, um Überlegungen zur Adaptivität zu diskutieren oder verschiedene Ideen zu integrieren, und weniger als ein Paradigma, um testbare Er klärungen des menschlichen Verhaltens zu generieren. In den letzten 30 Jahren jedoch wurde die moderne Evolutionstheorie durch eine Vielzahl interessanter Konzepte ergänzt (Stichworte: inclusive fitness, kin selection, reciprocity theory, evolution of life histories, evolutionary stable strategies etc., siehe Glossar). Hierdurch konnte die Evolutionstheorie auch auf Verhaltensaspekte angewendet werden. Schließlich entwickelten Cosmides und Tooby (1987) die Idee einer Evolutionspsychologie, die sich an durch die natürliche Selektion gestalteten mentalen Mechanismen orientiert (s.u. evolutionäre psychische Mechanismen = EPM).

Darwins Schlussfolgerungen: Bevor wir auf die moderne Version der Evolutionstheorie eingehen, treten wir zunächst einen Schritt zurück und betrachten Darwins Idee zur natürlichen Selektion und Adaptation. Sie lässt sich mit folgenden Annahmen und Schussfolgerungen beschreiben (vgl. Crawford, 1998):

Annahme 1:	Alle Spezies sind in der Lage mehr Nachkommen zu produzieren als nötig (Überproduktion).
Annahme 2:	Die Größe der Populationen solcher Individuen ist jedoch über die Zeit relativ stabil.
Annahme 3:	Die Ressourcen, welche die Individuen benötigen, sind gleichzeitig limitiert.
Schlussfolgerung 1:	Es besteht eine Konkurrenz zwischen den Individuen ums Überleben (zum Zweck der Reproduktion).
Annahme 4:	Individuen unterscheiden sich hinsichtlich der Eigenschaften (definiert als Adaptationen), die sie zur Reproduktion und zum Überleben befähigen.
Annahme 5:	Ein Teil der Variation in diesen Eigenschaften ist erblich.
Schlussfolgerung 2:	Es gibt eine differentielle Produktion (und ein differentielles Überleben) von Nachkommen genetisch verschiedener Populationsmitglieder, dies wird als *natürliche Selektion* bezeichnet.
Schlussfolgerung 3:	Über viele Generationen hinweg werden durch natürliche Selektion Eigenschaften evolviert, die adaptiver sind als andere.

Missverständnisse

Diese Annahmen und Schlussfolgerungen von Darwin haben immer wieder zu typischen Missverständnissen und Fehlinterpretationen geführt (Crawford, 1998):

Zirkularität: Ein Vorwurf lautet, die Idee der Evolution durch Selektion sei zirkulär begründet, da die Angepasstesten überleben, weil sie die Angepasstesten sind. Dieser Vorwurf ist jedoch nicht berechtigt, denn: Adaptation und Selektion sind in der Evolutionstheorie lediglich Definitionen und damit von den Annahmen unabhängig. Akzeptiert man die Definitionen von Anpassung und Selektion und kann man die Gültigkeit der Annahmen zu Überproduktion an Nachkommen, Populationsstabilität, Ressourcenknappheit, unterschiedlichen Eigenschaften der Organismen und Erblichkeit dieser Eigenschaften belegen, so folgt daraus logisch Evolution durch natürliche Selektion.

Brutaler Wettstreit: Selektion (vgl. auch McFarland, 1999) wurde verschiedentlich als „Kampf ums Überleben" mit dem „Tüchtigsten" als Gewinner portraitiert. Aus den dargestellten Annahmen der Evolutionstheorie folgt aber keineswegs eine Natur mit blutigen Zähnen und Klauen. Gegen dieses Bild sprach sich schon Darwin aus. Der Hauptfaktor der Selektion besteht vielmehr zumeist in einer Beschränkung der Ressourcen. Zugleich ist Fitness (= Anpassung, Adaptation) eines Individuums ein relativer Begriff und muss stets im Verhältnis zu einer bestimmten Umwelt definiert werden. Fitte Individuen schlechthin gibt es nicht. Ein und dasselbe Merkmal kann sowohl fitnesssteigernd als auch -senkend sein. Merkmalsausprägungen stellen meist einen Kompromiss zwischen verschiedenen Umweltanforderungen dar (Meyer, Schützwohl & Reisenzein, 1997; Krebs & Davies, 1996).

Viele Organismen verwenden subtile Taktiken, um mit Mitgliedern ihrer Spezies zu konkurrieren, häufig ohne gewaltsame oder direkte Auseinandersetzung. Eine Strategie zur Fitnesssteigerung kann es zum Beispiel sein, die eigene Reproduktion auf Jahre zurückzustellen und den Eltern als „Helfer am Nest" zu dienen, um die eigenen Geschwister großzuziehen.

Genetische Determinierung evolvierter Eigenschaften: Obwohl (vgl. Annahmen 4 und 5) die Evolutionstheorie eine Vererbung (Heritabilität) evolvierter Eigenschaften zumindest in Anteilen „verlangt", ist dies nicht gleichzusetzen mit einer starren genetischen Vorprogrammierung. Die Ontogenese der Eigenschaft kann durchaus auch von Umweltfaktoren beeinflusst werden. Biologen sprechen dann von fakultativen Eigenschaften und fakultativen Genen (s.u. Alimentation nach Bischof, 1989). So mag ein Vogel zwar den lokalen Dialekt seiner Art erlernen, nicht jedoch den Gesang anderer Arten in seiner näheren Umgebung.

Präformismus: In Zusammenhang mit der genetischen Determinierung taucht ein häufiges Missverständnis auf, nämlich dass biologische Merkmale angeboren und deshalb monokausal genetisch fixiert seien. Dieses Missverständnis beruht auf der in der Biologie üblichen Unterscheidung zwischen Phänotyp und Genotyp eines Organismus. Häufig wird die Beziehung zwischen beiden als Isomorphismus und monokausale Determination missdeutet. Dieser präformistische Denkstil (Bischof, 1989; Mayr, 1998) geht davon aus, dass biologische Merkmale ausschließlich genetisch bedingt und daher angeboren seien. Ist ein Merkmal nicht von Geburt an vorhanden oder wird es später durch Umwelteinflüsse modifiziert, dann sei es nicht mehr (rein) biologischer Herkunft. Folglich müssten z.B. basale Emotionen bereits sehr früh in der Ontogenese (beim Neugeborenen) auftreten. Bei einer solchen Argumentationskette werden aber beispielsweise Reifungsphänomene ausgeblendet, so als wolle man den pubertären männlichen Bartwuchs als sozialisationsbedingt definieren (Bischof, 1989).

Arterhaltung und Gruppenselektion: Nicht selten wird in alten oder neueren desinformierten Darstellungen das Argument der Arterhaltung als Ursache biologischer Argumentation ins Feld geführt. Die Annahmen zur Gruppenselektion oder Arterhaltung haben sich in vielen Kontexten biologischer Argumentation jedoch als unhaltbar erwiesen (Crawford, 1998; Dawkins, 1978; Dennett, 1997). Gruppen von (art- oder gruppenerhaltenden) Altruisten sind hoch anfällig für ausbeuterische Mutationen, die von innen oder außen diese Gruppe unterwandern würden, ohne reziprok zu handeln. Gruppen müssten u.a., um einem evolutionären Prozess zu unterliegen, deutlich häufiger auftauchen und auch wieder verschwinden als dies der Fall ist (Maynard Smith, 1976). Modelle der Gruppenselektion liefern meist weniger überzeugende Erklärungen, als jene auf der Basis der Individual- oder Verwandtenselektion (Mayr, 1998). Verwandtenselektion (= kin selection) bezeichnet die Selektion auf die gemeinsamen Bestandteile eines Genotyps von durch gemeinsame Abstammung verwandten Organismen. Individual- und Genselektion betonen, dass eben nicht Arterhaltung oder Gruppenerhalt Gegenstand selektiver Prozesse sind, sondern das Individuum bzw. genauer dessen Gene. Art- und Gruppenerhalt sind zur Erklärung biologischer Phänomene eher randständige Argumentationen, während Individual- und Genselektion zu beobachtende Phänomene meist treffender beschreiben.

Naturalistischer und moralistischer Trugschluss: Der „naturalistic fallacy" besagt, dass wenn alle A von Natur aus B sind und X ein A ist, X das Recht und die Pflicht habe, B zu sein. Etwa: Alle Männer sind von Natur aus aggressiv. Gandhi ist ein Mann. Gandhi hat das Recht oder die Pflicht aggressiv zu sein. Vom Sein wird auf das Sollen geschlossen. Aus Tatsachen folgen Wertsetzungen. Der moralistische Trugschluss funktioniert nach der folgenden Inferenz: Alle A haben das Recht und die Pflicht, B zu sein. X ist ein A. Also kann X nicht von Natur aus nicht-B sein. Die Naturgegebenheit eines Sachverhaltes wird hier geleugnet, wegen der befürchteten Ableitung unerwünschter Normen, die auf dem zuvor geschilderten naturalistischen Trugschluss beruhen (vgl. Bischof, 1996; Bischof-Köhler, 2002).

Zusammenfassend lässt sich die Psychologie des vergangenen Jahrhunderts als Versuch der Entbiologisierung der Psyche des Menschen beschreiben. Vor allem in den letzten Jahrzehnten haben sich jedoch parallel dazu neue evolutionsbiologische Konzepte entwickelt, welche prüfbare Erklärungen menschlichen Verhaltens aus Darwins Theorie ableiten. Evolutionsbiologische Aussagen haben vielfach zu Missverständnissen geführt. Betrachtet man diese jedoch genauer, dann sind sie weder zirkulär, noch trifft die Darstellung der Evolution als Natur mit blutigen Klauen zu. Auch der Vorwurf einer genetischen Determinierung und der damit einhergehende Präformismus sind keine haltbaren Einwände. Neuere Ansätze gehen zudem eher von gen- oder individualselektionistischen Erklärungen aus, was problematische Arterhaltungs- oder Gruppenselektionserklärungen in den Hintergrund treten lässt. Der naturalistische sowie der moralistische (Trug-) Schluss, die gegen die Evolutionstheorie angebracht werden, sind logische Fehlableitungen.

Adaptives Denken

Über die Jahrzehnte hinweg haben sich verschiedene Ansätze zur Analyse von durch die Evolution erklärbaren Verhaltensweisen z.T. kontrastierend zueinander entwickelt (Wilson, 1998; Mealey, 2000; Crawford, 1998). Ethologie, Soziobiologie, Evolutionäre Anthropologie und Evolutionspsychologie zählen hierzu. Insgesamt scheinen sich evolutionäre Ansätze in den Sozialwissenschaften, den Kognitionswissenschaften und der Medizin zunehmend auszubreiten. In Zukunft mag hier eine engere Verbindung zwischen einerseits den Evolutionstheorien und andererseits der Genetik und den Kognitionswissenschaften entstehen.

Der Adaptionismus (adaptives Denken) rekonstruiert entwicklungsgeschichtliche Vorgänge, indem er annimmt, dass alle Eigenschaften in der Evolution durch selektive Prozesse entstehen, die den am besten angepassten Zustand als Lösung für ein von der Umwelt vorgegebenes Problem darstellen (Dennett, 1997). Dieses „Denken ist nicht eine Möglichkeit unter vielen, sondern Herz und Seele der Evolutionsbiologie" (ebd. S. 329).

Humanethologie

Die Ethologie befasst sich mit der Biologie tierlichen Verhaltens, die Humanethologie mit der Biologie menschlichen Verhaltens, sie erforscht Bewegungsabläufe, Handlungen und Interaktionen. Grob gesagt geht es dabei um Folgendes: Verhalten wird als ein bestimmter Bewegungsablauf gesehen, der von *Instinkten, Trieben, Handlungsbereitschaften* oder *Motivationen* angetrieben sein kann. Es wird davon ausgegangen, dass sich die verhaltenssteuernden Systeme in einem Prozess der Selbstdifferenzierung entwickeln, was mit dem Begriff „angeboren" als Kurzbeschreibung betont wird. Organismen besitzen auf der Wahrnehmungsseite Filtersysteme, die sich teilweise als *angeborene auslösende Mechanismen* (AAM) beschreiben lassen. Daran schließt sich meist ein komplexes Verhalten an, das nicht selten aus langen *Appetenzketten* besteht. Insgesamt nimmt die Ethologie an, dass unsere mentale Architektur durchzogen ist mit evolutionär gestaltetem Wissen.

Im Folgenden gehen wir nun genauer auf die Fragestellung der Ethologie und auf ihre zentralen Konzepte ein.

Humanethologische Fragestellungen: Zunächst werden wir uns mit humanethologischen Grundannahmen entlang wichtiger Fragestellungen auseinander setzen: Was ist Gegenstand der Humanethologie? Was meinen Biologen, wenn sie von „angeborenem" Verhalten sprechen? Welche grundlegenden Konzepte verwendet die Humanethologie, um beobachtetes Verhalten zu erklären? Wieso gehen Ethologen davon aus, dass beim Mensch-Tier-Vergleich nicht nur Homologien, sondern auch Analogien ein Licht auf die Funktionsgesetze menschlichen Handelns werfen?

Biologie menschlichen Verhaltens: Die Humanethologie kann man als die Biologie des menschlichen Verhaltens definieren (Eibl-Eibesfeldt, 1997). Als Verhalten untersucht die Humanethologie komplexe Bewegungsfolgen und Handlungen sowie Interaktionen von Einzelnen und Gruppen. Sie arbeitet auf einer höheren Integrationsebene als die Physiologie. Physiologische Vorgänge sind zwar für das Verständnis von Verhaltensabläufen wichtig, jedoch können daraus nicht alle Gesetze, die einer beobachtbaren sozialen Interaktion zugrunde liegen, direkt abgeleitet werden[1]. Was strukturiert und organisiert das zu beobachtende Verhalten?

---

[1] Eibl-Eibesfeldt (1997) betont, dass auf jeder Integrationsebene neue Gesetzmäßigkeiten gelten können, die nicht aus dem nächsttieferen Niveau direkt ableitbar sind. Nach Eibl-Eibesfeldt entstehen mit steigender Komplexität zudem neue Systemeigenschaften (vgl. Lorenz, 1987). Solche „Fulgurationen" oder „Emergenzen" bezeichnen in Systemen auftretende Merkmale auf einer höheren Integrationsebene, die nicht aufgrund der Komponenten niedrigerer Ebenen hätten vorhergesagt werden können (Mayr, 1998).

Leistungsanforderungen und Motive: Das Überleben eines Organismus hängt nach Ansicht der (Human-)Ethologie von vielen unterschiedlichen Leistungen ab. Er muss sich ernähren, fortpflanzen, verteidigen etc. Dies macht eine Ausstattung mit unterschiedlichen, das Verhalten koordinierenden und steuernden Programmen notwendig (Raumorientierung, Aufsuch- und Meideverhalten, Reizwahrnehmung und Verarbeitung, Reaktion auf spezifische Reize mit je spezifischem Verhalten).[2] Im Kontext solcher Leistungen sorgen motivierende Mechanismen dafür, dass der Organismus aktiv nach Sexualpartnern, Ruheplätzen oder neuen Objekten sucht.

Angeborene Motive und Bewegungen: Es muss betont werden, dass so genanntes angeborenes Verhalten und angeborene Antriebe natürlich *nicht direkt* „angeboren“ sind. Schon Darwin wies darauf hin, dass nicht nur körperliche Merkmale, sondern auch psychologische Eigenschaften der Selektion unterliegen können. Was sich dabei phylogenetisch entwickelt hat, ist nicht das Verhalten, sondern eine Disposition, Neigung oder Fähigkeit zu den jeweiligen Verhaltensepisoden oder emotionalen Zuständen. Noch genauer formuliert: Es werden die diesen Dispositionen zu Grunde liegenden Strukturen oder Mechanismen vererbt (Meyer et al., 1997). „Angeboren“ ist in der Ethologie somit eine Art Kurzbeschreibung. Diese besagt, dass die den Bewegungen, Antrieben und Normen (den verhaltenssteuernden Systemen) zu Grunde liegenden Nervennetze und ihre Verknüpfungen zu den Rezeptoren und Effektoren sowie ihre Verschaltungen zu Regelkreisen in einem Prozess der Selbstdifferenzierung heranwachsen. Dabei ist meist unklar, wie die neuronalen verhaltenssteuernden Verschaltungen im Einzelnen präzise aussehen (Eibl-Eibesfeldt, 1997).

Das Wissen der Humanethologie beschränkt sich deshalb häufig lediglich auf die Phänomene und ihre Abhängigkeit von bestimmten Variablen. Diese Beziehungen können teilweise in Funktionsschaltbildern dargestellt werden, die dann eine Ebene der Beschreibung repräsentieren. Sie zeigen Wirkungsgefüge, deren Stimmigkeit durch die auf diesem Niveau ableitbaren Voraussagen experimentell überprüft werden kann (vgl. Hassenstein, 1987; Bischof, 1975, 1985, 1996).

Konzepte und Grundbegriffe: Die folgenden Betrachtungen sollen einige zentrale Grundbegriffe (vgl. auch McFarland, 1999) definieren und präzisieren. *Grundbegriffe* dienen der Übersichtlichkeit, Merkmalskomplexe und Regelwerke lassen sich so besser zusammenfassen, allerdings sind die Begriffe hierzu notwendigerweise mehr oder weniger verkürzt und idealisiert.[3]

---

[2] Solche Leistungen können mit Hilfe von besonderen Regelkreisschaltungen, die Abweichungen von einer (z.B. physiologischen) Homöostase melden, beschrieben werden.

[3] Dies birgt einige Risiken (vgl. Immelmann, Pröve & Sossinka, 1996): Zum einen beziehen sich Gemeinsamkeiten oft auf bestimmte Beschreibungs- und Analyseebenen, während aus anderer Perspektive Unterschiede deutlich werden. Zum Zweiten kann derselbe Begriff in verschiedenen Wissenschaftsdisziplinen unterschiedliche Bedeutung haben. Adaptation beispielsweise meint in der Ethologie einen Gewöhnungsprozess; in der Sinnesphysiologie einen regelnden Einstellungsprozess; in der Evolutionsforschung eine Anpassung an Umweltbedingungen. Es kann also etwa unterschieden werden zwischen Anpassungsfähigkeit als flexible Anpassung über verschiedene Umwelten hin (z.B. der Ratte als hochflexiblem Kulturfolger) und Adaptation als Anpassung an eine spezifische Umwelt (z.B. der Pandabär als (unflexibler) Ernährungsspezialist). Auch kann es zu Abweichungen durch mangelnde Abstimmung der Definitionen innerhalb einer Disziplin kommen. Grundbegriffe schaffen zum Dritten scheinbar klar abgrenzbare Kategorien, obwohl die Phänomene, für die sie stehen, meist fließende

Verhalten und Bewegungsabläufe: Die Verhaltensforschung beschäftigt sich in erster Linie mit *Bewegungsabläufen.* Bewegungsabläufe unterscheiden sich in ihrer Komplexität, Formkonstanz und der Stärke der Anbindung an auslösende Reize. Scheinbar spontan auftretende Bewegungsabläufe werden als Aktion bezeichnet. In der Ethologie haben sich folgende Bezeichnungen von ähnlich organisierten Bewegungsabläufen eingebürgert (Immelmann, Pröve & Sossinka, 1996, vgl. auch McFarland, 1999):

1. *Reflexe* sind einfache, formkonstante Bewegungen, die eng reizgekoppelt erscheinen.
2. *Modale Bewegungsabläufe* (Erb- und Erwerbskoordinationen) sind komplexe Bewegungsabläufe mit Formkonstanz und schwacher Reizkopplung.
3. Die *Einstellbewegung* (Taxis) ist einfach, eng reizgekoppelt, jedoch flexibel in der Form (*Taxisbewegungen*).
4. Auf so genannte sonstige Bewegungsabläufe trifft keines der drei Merkmale zu, sie werden auch als freie Ausgänge gefasst.

Im Kontext der später zu diskutierenden Entwicklung der Emotionen sind die modalen Bewegungsabläufe von besonderem Interesse. Anders als bei den Reflexen findet sich meist keine in Dauer und Stärke vom Reiz abhängige Bewegung, sondern ein „festes" Bewegungsprogramm. Übersteigen die Reize eine bestimmte Schwelle wird dieses aktiviert. Trotz Schwankungen in der Intensität der Ausführung kann man den Ablauf als formkonstant beschreiben (d.h. das Verhältnis der Bewegungsanteile bleibt konstant). Stärker als bei Reflexen wirken Habituation und Zustandsänderungen des Organismus auf Schwellwertänderungen und das Verhältnis von Reiz- zu Reaktionsstärke. Im Gegensatz zu Reflexen, die in erster Linie von außen kontrolliert werden, wirkt beim modalen Bewegungsablauf eine innere Komponente, dies wird auch als doppelte Bedingtheit bezeichnet[4] (vgl. Hassenstein, 1987).

Häufig werden modale Bewegungsabläufe in weitgehend angeborene und erlernte unterschieden. Im ersten Fall spricht man von *Erbkoordinationen,* ansonsten von *Erwerbskoordinationen.* Meist ist es jedoch schwierig, zwischen erlernten und ererbten Koordinationen zu unterscheiden. Manche Autoren sprechen deshalb vorzugsweise von modalem Bewegungsablauf, Bewegungskoordination oder etwas unglücklich von „fixed action patterns" (Immelmann, Pröve & Sossinka, 1996).

Die einfachste Form einer Taxisbewegung ist eine Zuwendungsreaktion. Zu einer Zuwendungsreaktion gehören auch Korrekturkomponenten, die zusammen mit Erbkoordinationen, d.h. mit im Erbgang tradierten Koordinationsbewegungen, auftreten können. [5]Solche Erbkoordinationen sind häufig mit Orientierungsbe-

Übergänge bilden. Grundbegriffe liefern also Modelle, die Ähnlichkeiten benennen. Sie stehen nicht für identische Naturphänomene.

[4] Es wird später noch gezeigt werden, dass Freud Triebe und Affekte auf der Grundlage der damaligen Reflexlehre entwickelt hatte, was zu problematischen Konsequenzen für die psychoanalytische Metatheorie führte (Krause, 1998).

[5] Lorenz und Tinbergen beschrieben die Kombination erstmals 1939 und nannten sie *„Instinktbewegung".* Heinroth fand 1910 homologe Bewegungen in mehr oder weniger schwachen Abwandlungen bei verwandten Arten, woraufhin er den Werdegang dieser Bewegungen rekonstruierte und diese „arteigene Triebhandlungen" nannte. Lorenz und Tinbergen nannten dies später „Erbkoordination".

wegungen (Taxien) zu komplexen „Instinkthandlungen" verbunden. Erbkoordinationen sind formkonstant und nicht formstarr: Die einzelne Bewegungsgestalt ist transponierbar, das Verhältnis der Bewegungsanteile bleibt aber konstant. (Der englische Begriff der „fixed action patterns" suggeriert eine Starrheit, die so nicht beobachtbar ist.) Eine Erbkoordination ist in gewisser Weise variabel (etwa hinsichtlich Geschwindigkeit und Amplitude), während das Muster stets wiedererkennbar bleibt. Zudem können bestimmte Abläufe sich gegenseitig bei gleichzeitig aktivierten Bewegungen überlagern (z.B. ambivalentes Verhalten). Auch sind Erbkoordinationen modulierenden Einflüssen über Feedback und Erfahrungen zugänglich.

Antrieb von Bewegungsabläufen: Instinkte, Triebe, Handlungsbereitschaften und Motivation. Die Humanethologie nimmt an, dass Bewegungsabläufe, also Verhalten von Instinkten, Trieben, Handlungsbereitschaften und Motivation angetrieben werden. Die Vokabel *Instinkt* wird in der modernen Verhaltensforschung nur noch selten gebraucht, da sie durch die unscharfe umgangssprachliche Verwendung und die Mystifizierung im vitalistischen Sinn an Wert verloren hat. Zentral ist deshalb die jeweilige präzise Definition des Instinktbegriffes (McFarland, 1999; Immelmann, Pröve & Sossinka, 1996). Der gesamte innere Zustand eines Organismus, der neben den Außenreizen über eine Reaktion entscheidet, wird oft als *Handlungsbereitschaft* oder *Motivation* bezeichnet. Manche Verhaltensforscher unterscheiden zwischen Motivation als Gesamterscheinung und Handlungsbereitschaft als spezifische für einen Ausgang zuständige innere Größe, genau dies wurde in der frühen Verhaltensforschung auch als *Trieb* bezeichnet (eine innere Komponente, die den Ablauf einer bestimmten „Instinkthandlung" beeinflusst). Die Motivation ist die Bereitschaft, eine von mehreren möglichen Antworten ablaufen zu lassen. [6]Sie lässt sich als Resultat der Verrechnungen einzelner Handlungsbereitschaften darstellen. Dabei hat die jeweilige Handlungsbereitschaft eines Organismus zu jedem Zeitpunkt einen bestimmten Wert, dieser resultiert aus vielen exogenen und endogenen Faktoren (vgl. Immelmann, Pröve & Sossinka, 1996):

1. Innere Sinnesreize,
2. äußere motivierende Reize (und Schlüsselreize),
3. endogene Rhythmen und Zyklen (etwa Hormone),
4. Reifezustand des Organismus,
5. Vorgeschichte der Handlung (letztes Auftreten),
6. autonome Erregungsproduktion im ZNS (spontane Verhaltensanteile).

Eine hohe Handlungsbereitschaft für bestimmte Ausgänge scheint bei Abwesenheit entsprechender Reize zu einem unspezifischen Suchverhalten zu führen (etwa „ruhelose Ortsveränderungen"), dies nennt die Verhaltensforschung *Appetenzverhalten*. Die Zuordnung zu einer spezifischen Handlungsbereitschaft ist dabei zunächst hypothetisch. Komplexe Antworten – wie etwa modale Bewegungsabläufe – stehen mutmaßlich in vielschichtigen Beziehungen zu auslösenden Reizen. Oft scheint das Zusammenwirken einer ganzen Kette von Reizen (komplexe Gestalten) beobachtbar. Wird durch sie die Reaktion ausgelöst,

[6] Manchmal werden hier auch Begriffe wie *Stimmung, Gestimmtheit* oder *Tendenz* verwendet. Dies ist einigermaßen unglücklich, da der Begriff Stimmung alltagssprachlich und bei manchen Emotionsforschern als besonders langanhaltende oder wenig intensive Emotion verstanden wird. Wie noch zu sehen sein wird, kann dies zu Verwechslungen zwischen Emotion und Motivation beitragen.

spricht man von *Schlüsselreizen* oder Auslösern (siehe unten). *Motivierende Reize* hingegen verändern lediglich den Wert bestimmter Handlungsbereitschaften.

Filter: Damit ein Organismus auf die Umwelt mit Verhalten reagieren kann, muss er durch geeignete Filtersysteme jene Reize aus der Umwelt auswählen, auf die eine Reaktion erfolgen soll. Zur *Filterung* stehen Organismen zwei Systeme zur Verfügung, das Zentrale Nervensystem (ZNS) und die Sinnesorgane. Die Verhaltensforschung spricht hier von peripherer und zentraler Filterung. Die Möglichkeiten peripherer Filterung sind begrenzt und eher für Funktionskreise mit geringem, einseitigem und spezialisiertem Informationsbedarf geeignet. Überwiegend sind die Möglichkeiten der Sensorik ungenügend, da die relevante Information zu komplex ist, als dass sich Sinnesorgane daran anpassen könnten. Die Filterung sehr detailreicher, beziehungshaltiger Reizmuster würde die Leistungsfähigkeit eines Sinnesorgans übersteigen. Zudem werden die meisten Rezeptoren in verschiedenen Funktionskreisen eingesetzt. Komplexe Reize erfordern daher komplizierte Filtermechanismen mit einem Stufensystem von Filterprozessen. Unter dem umstrittenen Konzept des *Auslösemechanismus* (AM) versteht man in der Ethologie einen neuronalen Reizfilter oder Filtermechanismus. Schleidt (1962, zitiert nach Immelmann et al., 1996, S. 39) definiert ihn als: „die Gesamtheit aller Strukturen eines Organismus, die an der selektiven Auslösung einer Reaktion wesentlich beteiligt sind (unter Ausschluss der motorischen Instanzen)“. Nicht selten sind Reizfilter Bestandteil kommunikativer Prozesse zwischen Organismen. Reiz und Reizfilter unterliegen dann im Verlauf der Phylogenese besonderen Bedingungen.

Kommunikationsverhalten: Auslöser und Ritualisierung: Geht es um Kommunikationsverhalten, so beschreibt die Ethologie Reize auf Senderseite als Auslöser. Auslöser sind spezifische Schlüsselreize, Strukturen oder Verhaltensäußerungen des Senders, deren Aufgabe es ist, beim Partner (dem Empfänger) eine Antwort oder Neuorientierung hervorzurufen. Die Gesamtheit der Verhaltensweisen mit Mitteilungsfunktion wird als *Ausdrucksverhalten* bezeichnet (Immelmann et al., 1996). Um ihre Funktion als Signalübermittler zu verbessern, haben viele dieser Verhaltensweisen im Laufe der Phylogenese Änderungen erfahren. Diesen Vorgang nennt man in Anlehnung an die menschliche Ritenbildung *Ritualisierung* (vgl. McFarland, 1999). Jedes Verhalten kann im Laufe der Evolution zu einem Signal entwickelt werden (Eibl-Eibesfeldt, 1997). Dazu muss es lediglich regelmäßig bestimmte (Erregungs-)Zustände begleiten, so dass ein anderer diese Gestimmtheit und die entsprechende Handlungsintention erkennen kann. Zum Beispiel gilt Brutpflegeverhalten primär als freundlich, die Ritualisierung des Fütterungsverhaltens taucht dann im Kontext bindungsstiftender Signale wieder auf. Angriffsverhalten (Schlagen, Beißen) andererseits eignet sich als Beiß- oder Überfallsdrohung, um zu warnen oder abzuweisen. Viele Ausdrucksbewegungen leiten sich offensichtlich von Intentionsbewegungen oder Lokomotionen ab. Im Verlauf der Ritualisierung erfahren Verhaltensweisen typische Änderungen, um diese Verhaltensweisen auffällig, eindeutig und unmissverständlich zu machen (Eibl-Eibesfeldt, 1987). Die wichtigsten Änderungen im Kontext der Ritualisierung sind:

- Bewegungen werden vereinfacht und rhythmisch wiederholt. Die Amplitude wird übertrieben (z.B. mimische Übertreibung).

– Ausdrucksbewegungen variieren nach Intensität. Von Intentionsbewegungen bis hin zur Ausdrucksbewegung gibt es alle Arten von Übergängen. Der Grad der Ausführung dient dem Interaktionspartner als zusätzliche Information. Einige Signale laufen jedoch auch stets mit gleicher Intensität ab, was es dem Empfänger leicht macht, gänzlich unveränderliche Signale zu erkennen (typische Intensität).

Mit der Ritualisierung ändert sich auch die auslösende Reizschwelle. Im Allgemeinen sinkt sie, die Bewegungen werden „billiger". Nicht selten wechselt auch die Motivation. Das männliche Sexualverhalten bspw. kann als Sexual-Imponieren nicht nur eine neue Bedeutung, sondern auch eine neue Motivation erhalten.

Mit der Ausdifferenzierung von Verhaltensweisen zu Signalen geht oft die Ausbildung unterstützender organischer Strukturen einher (z.B. mit der Einbindung der um die Augen angeordneten Muskelgruppen als Signalsystem geht wohl die Ausbildung von Augenbrauen einher). Beim Menschen übernehmen auch Kleidung, Schmuck und Bemalung solche Funktionen. Dawkins (1999) diskutiert unsere Kleidung folgerichtig als Aspekt unseres „extended phenotyps". Während sich also senderseitig im Laufe der Phylogenese spezifische Signalsysteme entwickeln, kann man auf der Empfängerseite die Entwicklung der Filtersysteme auch während der Phylo- und Ontogenese beschreiben.

Tinbergen beschreibt *„angeborene auslösende Mechanismen"* AAM[7] (Tinbergen & Perdeck, 1951) im Kontext kommunikativen Verhaltens. Wobei betont werden muss, dass einige AAM erst im Laufe der Ontogenese zur Funktion heranreifen (z.B. Reaktion auf Sexualpartnermerkmale). In der Zwischenzeit macht der Organismus eine Unmenge an möglichen Lernerfahrungen, so dass ein experimenteller Nachweis für das Ansprechen eines AAM selten möglich ist. Bei im späteren Leben auftretenden Reaktionen ist man also in der Regel auf Indizien für das Ansprechen eines AAM angewiesen.

Funktionsreifung eines emotionalen AAM: Sackett (1966) ist es experimentell gelungen, Reifungsprozesse in der Wahrnehmung von Affektausdrücken nachzuweisen: Sozial isoliert aufgezogenen Affen wurden täglich Diapositive gezeigt (Landschaften, Früchte, Affen). Durch Hebeldruck konnten sie die Projektion der verschiedenen Bilder beeinflussen. Sie präferierten deutlich Bilder von Artgenossen und reagierten darauf mit Kontaktlauten, Annäherung und spielauffordern-dem Verhalten. Eines der Bilder zeigte ein drohendes Tier. Löste dieses Bild anfangs ebenfalls Zuwendung aus, so schlug nach zweieinhalb Monaten das Verhalten in Abkehr und Angstlaute um, die Rate der gewählten Darbietungen sank stark ab. Ohne irgendeine Art realer Sozialerfahrung konnten die Versuchstiere die Drohmimik und Haltung als gefährlich interpretieren, was eindeutig für eine Funktionsreifung eines AAM spricht. Die Entwicklung der Fremdenscheu beim Menschen scheint ähnlichen Prinzipien unterworfen.

Appetenzketten: Das aus den oben dargestellten Komponenten zusammengesetzte Schema „Appetenzverhalten – auslösender Reiz – triebbefriedigende Endhandlung" beschreibt allerdings einen seltenen Spezialfall. In der Regel gelangt ein Organismus über viele Verhaltensschritte zu einem Endziel, von dem er zwar meist nichts wissen muss, welches der Beobachter aber erschließen kann. Die

[7] Zur Kritik an diesem Konzept empfiehlt sich die Arbeit von Zippelius (1992).

Verhaltensabfolge ist als Sequenz von je eigenen Appetenzen, als Appetenzkette beschreibbar. Tinbergen (1951) erläutert dies am Beispiel des frühjährlichen Stichlingsverhaltens[8]. Bei diesem Balzverhalten handelt es sich in weiten Bereichen eigentlich um Interaktionsverhalten, welches deutliche kommunikative Anteile offenbart. Um die evolutionäre Gestaltung von Kommunikations- und Interaktionssystemen zwischen Organismen zu verstehen, bedarf es einer Analyse der Umwelt, in welcher das Kommunikationssystem als Ergebnis der Selektion entstanden ist.

Einfluss der Umwelt auf Kommunikationssysteme: Betrachtet man unterschiedliche Umweltbedingungen, so wirken diese als Einflussfaktoren in der Phylogenese auch auf die Hierarchie der vorfindbaren Kommunikationskanäle. Je nach Lebensweise und Lebensraum der Tierart wird der Signalabstand vom Rauschen der natürlichen Umwelt verschieden ausfallen. Optische Signalsysteme sollten sich z.B. bei nachtaktiven Organismen, die im Dickicht leben, seltener entwickeln. Neben den ökologischen Randbedingungen beeinflussen auch die Eigenschaften eines Kanals die zur Kommunikation ausgewählten Sinneskanäle. Sinneskanäle können nach Reichweite, Rate der Signaländerung, der Fähigkeit, Hindernisse zu umgehen, Lokalisierbarkeit und energetischen Kosten klassifiziert werden. Der visuelle Kanal etwa, der eine wichtige Rolle in der Kommunikation von Emotionen spielt, zeichnet sich aus durch mittlere Reichweite, schnelle Signaländerungsrate, schlechte Möglichkeiten, Hindernisse zu umgehen, hohe Lokalisierbarkeit und geringe energetische Kosten (vgl. Krebs & Davies, 1996).

Kommunikationssysteme und motorisches Repertoire: Bei der Entwicklung von Kommunikationssystemen spielt außerdem Umfang und Art möglicher (potentieller) Information in vorhandenen Gebrauchssystemen eine Rolle, hier kann die phylogenetische Entwicklung echter Kommunikationssysteme ansetzen. So ist es nicht verwunderlich, dass gerade Organismen, die über ein reiches motorisches Repertoire verfügen (Extremitäten, komplexe Muskelsysteme, neuronale Netzwerke) und deren Verhalten hohe raumzeitliche Ordnung aufweist (extreme Unwahrscheinlichkeiten spezifischer komplexer Verhaltensweisen), auch weit entwickelte Kommunikationssysteme besitzen. Anders ausgedrückt: Mit der Zunahme potentieller Information in einem System wächst die Wahrscheinlichkeit aktuellen Informationsflusses zwischen gleichartigen Systemen. Interessant in diesem Zusammenhang ist, dass als Quelle der Ritualisierung zwar fast alle Verhaltensbereiche in Frage kommen, sich jedoch eine Häufung im Bereich der Intentions- und Übersprungsbewegungen findet (Immelmann, Pröve & Sossinka, 1996). *Intentionsbewegungen* sind unvollständige Andeutungen, Vorboten einer Bewegung (Drohbewegungen als Intentionsbewegungen des Kampfes). *Übersprungsbewegungen* finden sich vermehrt im Balz- und Drohverhalten auf-

[8] Die Appetenzkette ist hierarchisch aufgebaut mit verschiedenen funktionellen Zentren auf unterschiedlichen Integrationsniveaus. Diese bezeichnet Tinbergen als Instinkte verschiedener Ordnung (Hierarchie der Instinkte). Auf der Ebene der Endhandlung sind die funktionellen Zentren zunehmend vernetzt, da diese mehreren höheren Instinkten dienen können. Das Auftreten verschiedenen Verhaltens wird auf den einzelnen Ebenen über verschiedene Schwellenwerte und AAMs geregelt. Bei Vögeln und höheren Säugern (im Gegensatz zu Insekten) vermutet Eibl-Eibesfeldt (1997) bereits Zielvorstellungen und ein umfassendes Gerichtetsein des Appetenzverhaltens. Objektiv lässt sich darüber kaum etwas sagen.

grund der widerstreitenden Motivationen. Sie können dann durch Ritualisierung sekundär Signalfunktion erhalten.

Motivationale Konflikte und Kommunikationssystem: Normalerweise entscheiden Schlüsselreize und Werte der inneren Faktoren je Ausgang eindeutig, welche Verhaltensweise zum gegebenen Zeitpunkt abgerufen wird. Es kann jedoch vorkommen, dass zwei nicht zu vereinbarende Abläufe gleichzeitig und fast gleich stark aktiviert werden. Diese innere Konfliktsituation kann sich auf dreierlei Art äußern: (1) durch ambivalentes Verhalten, (2) umorientiertes Verhalten oder (3) Übersprungsbewegungen. Beim *ambivalenten Verhalten* treten zwei entgegengesetzte Verhaltensweisen nacheinander im Wechsel auf. Dies beobachtet man häufig dann, wenn dasselbe Objekt Reize für beide Bereiche bietet. Ist die Verhaltensweise nicht auf das „richtige", also natürliche Objekt gerichtet, sondern auf ein „neutrales" Objekt (Ausweichobjekt, Ersatzobjekt), so spricht man von *umorientierten Bewegungen*. Sie treten vor allem im sozialen Bereich auf, etwa wenn nicht der anwesende, drohende Ranghohe attackiert wird, sondern stattdessen ein Rangniederer. Im Kontext der *Übersprungsbewegungen* tritt nun ein zunächst völlig unerwartetes Verhalten auf. Anfänglich nahm man an, die Energie für die eigentliche Verhaltensweise würde sozusagen auf einen anderen Ausgang „überspringen". Für diese Übersprungshypothese existieren bis anhin keine Beweise. Obwohl keine endgültige Klarheit besteht, wird derzeit die Enthemmungshypothese bevorzugt. Sie besagt, dass durch die Hemmung der beiden zeitgleich aktivierten Verhaltensweisen eine dritte, schwächere sich durchsetzt, die zuvor durch die anderen beiden unter Hemmung stand. Meist handelt es sich um Bewegungen aus dem Kontext der Körperpflege und der Nahrungsaufnahme, da diese fast ständig aktiviert sind. Untersuchungen zeigen, dass die Auswahl der Übersprungshandlung in Tierexperimenten durchaus manipulierbar ist und nicht von Fremdenergie gespeist scheint (Immelmann, Pröve & Sossinka, 1996).

Evolvierte Vorurteile: Die Betrachtung von Auslösern, Filtern, Instinkte und sich ergebenden Verhaltensweisen lässt vermuten, dass sich diese mentalen Mechanismen unter Zugrundelegung einer Art Vorwissen aufgrund stammesgeschichtlicher Anpassungen ausgestaltet haben. Wir und unsere tierlichen Vorfahren waren so in der Lage, spezifische Umweltreize zu interpretieren und auf sie adaptiv (eignungsfördernd) zu reagieren. Vor allem in unserer Wahrnehmung scheinen Annahmen eingebaut, die auf stammesgeschichtlichen Erfahrungen beruhen und diese in Form von Schlussfolgerungen als Voraus-Urteile widerspiegeln. Dabei spielen die beschriebenen Reizfilter eine Rolle, die so mit der Motorik verschaltet sind, dass bestimmte Reize bestimmte Verhaltensweisen auslösen.

Homologien und Analogien: Die Biologen unterscheiden beim Vergleich zwischen Arten (wie etwa dem Mensch-Tier-Vergleich) *Analogien* (funktionsgleiche Ähnlichkeiten) von *Homologien* (herkunftsgleiche Ähnlichkeiten). Homologien unterteilen sich wiederum in Traditions- und phyletische Homologien. Als Faustregel gilt, dass beim Menschen Traditionshomologien auf bestimmte Menschengruppen beschränkt sind (etwa Sprachen). Sind hingegen als homolog zu bezeichnende Merkmale in allen Kulturen und Menschenrassen anzutreffen, handelt es sich höchstwahrscheinlich um phyletische Homologien. Die Gesichtsausdrücke sind hier ein treffendes Beispiel. Sie treten in allen Kulturen in ähnlichen Situationen und mit ähnlichen Wirkungen auf. Ein möglicher Einwand gegen die Interpretation des mimischen Ausdrucksverhaltens als phyletische

Homologie wäre, dass die Ausdrucksoptionen durch die Zahl der Gesichtsmuskeln begrenzt und die Übereinstimmungen deshalb Zufall sein könnten. Stellt man sich jedoch einen Ausdruck vor, der durch die Kontraktion zweier Gesichtsmuskeln zustande kommt, so ergibt dies bei 23 Gesichtsmuskeln 253 potentielle Kombinationen. Bei einem Pattern mit vier Muskeln ergeben sich 8855 Kombinationsmöglichkeiten. Es erscheint äußerst unwahrscheinlich, dass etwa das „einfache" Lächeln (4 Muskeln) Ergebnis einer wiederholt unabhängig entwickelten Adaptation sein kann (Eibl-Eibesfeldt, 1997).

Jedoch geht es Humanethologen nicht nur um die Aufdeckung von Homologien. Auch Analogien liefern entscheidende Beiträge zur Wissenschaft des Menschen. Die Konvergenzforschung (Untersuchung von Analogien) beschäftigt sich z.B. mit dem Verhalten von Buntbarschen oder Graugänsen, hier geht es kaum um die Erforschung phyletischer oder kultureller Zusammenhänge mit uns Menschen. Jedoch kann Fragen nachgegangen werden wie: Unter welchen Bedingungen entstehen Familien? Wann etabliert sich das Paarungssystem der Monogamie? Unter welchen ökologischen Bedingungen lassen sich Rangverhältnisse beobachten? Welches sind die Voraussetzungen zur Entstehung der Freundlichkeit zwischen Artgenossen?

Brutpflege und Liebe: Die Analyse der Verhaltensmuster nicht verwandter Tierarten kann Erkenntnisse über die gemeinsamen basalen Funktionsgesetze liefern. So existiert z.B. dort, wo Brutpflege entwickelt wurde, auch Zärtlichkeit zwischen Erwachsenen. Dabei stammen die bindenden Verhaltensweisen bevorzugt aus der Mutter-Kind-Interaktion (Infantilismen: z.B. Zärtlichkeitsfüttern – Kuss) (vgl. Eibl-Eibesfeldt, 1997). Unser Bindungsverhalten scheint weitgehend den elterlichen Betreuungshandlungen und den kindlichen Appellsignalen entlehnt. Im Gegensatz dazu zeigen die gesellig lebenden Galapagos-Meerechsen eine andere Art der Gruppenbildung. Sie leben scheinbar eher nebeneinander als miteinander. Sie füttern sich nicht gegenseitig, kraulen oder lecken den anderen nicht. Alle Kommunikation beruht auf Imponierverhalten; Gegner und Weibchen werden von den Männchen eingeschüchtert. Die Freundlichkeit scheint erst mit der Erfindung der Brutpflege geboren (Eibl-Eibesfeldt, 1997). Eine persönliche Bindung entwickelt sich bei jenen Säugern, deren Jungtiere sich bald nach der Geburt selbständig fortbewegen können (offensichtlich um der Gefahr der Jungenvertauschung zu entgehen).[9] Die individualisierte Brutpflege kann daher als das Schlüsselereignis der Evolution des sozialen Verhaltens der Wirbeltiere bezeichnet werden. Ohne sie gäbe es kein Mitempfinden, kein Mitleid, keine Liebe und keine höheren Formen der Geselligkeit.

Zusammenfassend lässt sich die Ethologie als die Biologie des tierlichen Verhaltens definieren, während die Humanethologie sich als Biologie des menschlichen Verhaltens versteht, sie erforscht Bewegungsfolgen, Handlungen und Interaktionen; somit auch den Bereich des hier zu untersuchenden mimisch-affektiven Interaktionsverhaltens. Dass die verhaltenssteuernden Systeme in einem Prozess der Selbstdifferenzierung heranwachsen, wird durch das Konzept „angeboren" als Kurzbeschreibung betont. Bewegungsabläufe lassen sich entlang der Merkmale Formkonstanz, Komplexität und Reizanbindung beschreiben. Von

---

[9] Der Begriff des „Nestflüchters" ist dabei unpräzise, besser redet man von „Mutterfolgern", mit den Untertypen „Ablieger" (Reh) und „Mutterhocker" (viele Affenarten). Für den Menschen, der sich nur begrenzt aktiv festklammern kann, prägte Hassenstein (1987) den Begriff „Tragling".

besonderem Interesse sind Erb- und Erwerbskoordinationen (modale Bewegungsabläufe), Taxien und Appetenzverhalten, da in evolutionsbiologischen Ansätzen im Kontext dieser Basiskonzepte die Phylogenese der Emotionen vermutet wird. Solche modalen Bewegungsabläufe als Basis der Phylogenese der Emotionen zeichnen sich durch ihre doppelte Bedingtheit aus, im Gegensatz zum Reflex wird hier eine innere Komponente wirksam. Der Begriff Instinkt wird zunehmend kritisch beleuchtet und durch die Konzepte Motivation und Handlungsbereitschaft ersetzt. Motivation beschreibt eher die Gesamtheit wirkender Bereitschaften, während die einzelne Handlungsbereitschaft an einen spezifischen Verhaltensausgang gebunden ist. Die Handlungsbereitschaft entspricht dem früheren Konzept des Triebs, der als innere Komponente eine Instinkthandlung beeinflusst.

Eine zentrale Leistung des Organismus ist die Reizauswahl über periphere und besonders zentrale Filtersysteme, diese Filtersysteme werden mit dem teilweise umstrittenen Konzept des (angeborenen) Auslösemechanismus (AM oder AAM) beschrieben. Ein Spezialfall von AM sind so genannte Auslöser, die in wechselseitigen Kommunikationssystemen als spezifische Schlüsselreize dienen. Die Gesamtheit der Verhaltensweisen mit Mitteilungsfunktion wird im Übrigen als Ausdrucksverhalten bezeichnet. Phylogenetisch lässt sich ihre Evolution in Richtung verbesserter Signalübermittlung als Ritualisierung beschreiben. Kristallisationspunkte solcher Ritualisierungsprozesse scheinen häufig Intentions- und Übersprungsbewegungen zu sein. Übersprungsbewegungen treten dabei bei inneren Motivationskonflikten auf, die sich auch in ambivalentem Verhalten oder umorientierten Bewegungen zeigen können. Zur Erklärung der Übersprungsbewegungen hat sich die Enthemmungshypothese durchgesetzt, in der davon ausgegangen wird, dass die fast daueraktivierten Handlungsbereitschaften wie Körperpflege und Nahrungsaufnahme als Übersprungshandlungen auftauchen.

Biologen unterscheiden beim Mensch-Tier-Vergleich zwischen Homologien und Analogien, die Ersteren kann man unterteilen in Traditionshomologien und phyletische Homologien. Gesichtsausdrücke scheinen ein gutes Beispiel phyletischer Homologien zu sein. Die Konvergenzforschung (Analyse von Analogien) liefert wichtige Hinweise zu basalen Funktionsgesetzen über verschiedene kaum verwandte Arten hinweg (Monogamie, Mutter-Kind-Interaktion, Bindungsverhalten, etc.).

Soziobiologie und Darwinsche Anthropologie

Soziobiologie und Darwinsche Anthropologie fokussieren wie die Humanethologie und die Evolutionspsychologie in ihren Untersuchungen auf das Verhalten der Individuen. Ergänzt wird in diesen Ansätzen das Konzept der Fitness des Genotyps (Adaptation, Anpassung) eines Organismus durch das Konzept der „inclusive fitness“, das als Gesamteignung bzw. -fitness die Genotypen naher Verwandter, insbesondere der Nachkommen mit umschließt (Mayr, 1998). Vertreter der Soziobiologie und der Darwinschen Anthropologie betrachten Individuen als Maximierer ihrer jeweiligen inklusiven Fitness und vermuten, dass den dazu notwendigen Leistungen in erster Linie domainunspezifische Mechanismen (wie etwa Lernen) zugrunde liegen.

Darwinsche Sozialwissenschaftler (Darwinsche Anthropologen) folgen dem Ansatz der Verhaltensökologie und unterscheiden sich von den Humanethologen und Evolutionspsychologen vor allem in vier Aspekten (Crawford, 1998):

Tabelle 1: Unterschiedliche evolutionäre Perspektiven menschlichen Verhaltens und Erlebens (vgl. Crawford, 1998)

	Darwinsche Anthropologie	Human-ethologie	Evolutions-psychologie
Wichtigkeit proximater Mechanismen	unwichtig	wichtig	wichtig
Wichtigkeit gegenwärtiger Fitness bei der Untersuchung von Anpassungen	wichtig	weniger wichtig	weniger wichtig
Rolle des Verhaltens bei Erklärungen	dient direkt der Ziel-erreichung	dient vermittelt über Instinkte, Motive, etc. der Ziel-erreichung	dient vermittelt über EPMs der Ziel-erreichung
Natur proximater Mechanismen	domain-unspezifisch	domain-spezifisch	domain-spezifisch

Gesamtfitness-Maximierer: Bei der Entwicklung evolutionärer Erklärungen führt die Betrachtungsweise der Darwinschen Anthropologie zum Einsatz unterschiedlicher Untersuchungsmethoden sowie einer unterschiedlichen Betonung der angestammten Umwelt. Darwinsche Anthropologen halten die Berücksichtigung spezifischer proximater Mechanismen bei der Erklärung von Verhalten für weitestgehend überflüssig. Proximate Mechanismen erklären das Funktionieren einer Anpassung durch die Beschreibung des aktuell die Funktion erzeugenden Mechanismus. Ultimate Erklärungen zielen auf die Ursachen für das spezifische Gestaltetsein des Mechanismus als Ergebnis der evolutionären Geschichte des Mechanismus (Phylogenese). Darwinsche Anthropologen betonen die Ziele, die ein Organismus erreichen muss, um seinen reproduktiven Erfolg zu steigern, wobei das jeweilige Verhalten direkt dieser Zielerreichung dient. Die Ziele werden nicht spezifiziert mit Termini wie Hunger, Ärger, Liebe, Angst, sondern direkt mit Termini der reproduktiven Fitness gefasst. Die reproduktive Fitness betont die (relative) Fähigkeit des Organismus seine Gene in die nächste Generation weiterzugeben (Mayr, 1998). Organismen gelten als „inklusive Fitness"-Maximierer und viele Untersuchungen der Soziobiologie beschäftigen sich deshalb mit differentiellem Reproduktionserfolg als Index der Gesamteignung.

Verhalten: Verhalten steht wie bei der Humanethologie auch bei der Darwinschen Anthropologie im Zentrum des Forschungsinteresses, denn nur Verhaltensweisen können direkt zum Reproduktionserfolg beitragen. Werte, Glaubenssysteme und Empfindungen können lediglich indirekt auf verschiedene Verhaltensweisen einwirken oder eben auch nicht. Die angestammte Umwelt spielt kaum eine Rolle in den Erklärungsmustern, der Unterschied zwischen „damals" und „jetzt" wird als weitestgehend irrelevant erachtet. Dabei wird von einer eher kleinen Anzahl domainübergreifender Mechanismen (generelle Problemlösemechanismen) ausgegangen.

Domainübergreifende zeitlose Problemlösemechanismen: Für Evolutionspsychologen ist Verhalten – wie noch näher gezeigt wird – die Manifestation einer Adaptation, nicht die Adaptation selbst. Verhaltensstudien sollen das dahinterliegende evolutionäre Design des psychischen (proximaten) Mechanismus aufklären. Dabei mag sich die Umwelt evolutionären Angepasstseins von der heutigen deutlich unterscheiden. Die menschliche Psyche gilt als Ansammlung verschiedener spezialisierter Mechanismen, nicht als Hort genereller Problemlösetechniken, die auf eine ungewisse Zukunft hin gestaltet wurden, um alle möglichen Probleme vorwegzunehmen und handhabbar zu machen. Es ist deshalb wichtig zwischen gegenwärtigen und angestammten Umwelten, in Betrieb befindlichen Mechanismen und Verhaltensweisen zu unterscheiden. Darwinsche Anthropologen verstehen die menschliche Psyche eher als eine Art modifizierte „tabula rasa", wie viele „mainstream"-Sozialwissenschaftler, die ein so genanntes Standard Social Science Model (=SSSM) vertreten. Evolutionspsychologen und Humanethologen glauben, dass unsere mentalen Mechanismen ähnlich hochspezifische und komplexe Anpassungen darstellen wie unser Verdauungssystem. Es ist eben nicht in der Lage alles schmerz- und belastungsfrei zu verdauen, was wir ihm zuführen.

Darwinsche Anthropologen oder Darwinsche Sozialwissenschaftler untersuchen in erster Linie den reproduktiven Erfolg in Industrienationen und gegenwärtigen Jäger-Sammler-Gesellschaften. Hierzu nutzen sie die Methoden der Verhaltensökologie, um menschliche Anpassungen zu verstehen. Evolutionspsychologen oder Darwinsche Psychologen konzentrieren sich auf das Gestaltetsein psychischer Mechanismen durch Einwirken der natürlichen Selektion. Sie nutzen neben Methoden der Psychologie auch Methoden der Anthropologie, der Verhaltensökologie und der Ethologie.

Zusammenfassend kann man feststellen, dass die Soziobiologie und die Darwinsche Anthropologie sich in ihren Untersuchungen auf das Verhalten der Individuen konzentrieren, wobei sie besonders am differentiellen Reproduktionserfolg interessiert sind. Sie erachten Individuen als Maximierer ihrer inklusiven Fitness (Gesamteignung) und unterstellen den dazu notwendigen Leistungen in erster Linie domainübergreifende kognitive Mechanismen (generelle Problemlösemechanismen).

Evolutionspsychologie

Die evolutionäre Psychologie – als neues Paradigma innerhalb der Psychologie – kritisiert die in der kognitiven Psychologie weit verbreitete Annahme, der Mensch nutze in erster Linie eine kleine Menge domainübergreifender Allzweckmechanismen als Grundlage seines psychischen Funktionierens. Für die Evolutionspsychologie lässt sich unsere mentale Architektur eher als eine „adaptive tool box" oder ein Schweizer Messer beschreiben. Die Evolutionspsychologie versucht diese unterschiedlichen evolvierten Konstruktionsmerkmale des Geistes zu identifizieren und entlang der Probleme, zu deren Lösung sie gestaltet wurden, zu ordnen. Dabei scheint die Navigation in sozialen Umwelten ein Kernproblem darzustellen. In ihrer Argumentation betont sie den „time lag" evolutionären Designs. Im Folgenden werden Standards der Definition adaptiven Designs sowie der Hypothesenbildung innerhalb der Evolutionspsychologie vorgestellt.

Erstmals wurde von McDougall (1908) die Schaffung einer „Evolutionären Psychologie" gefordert (vgl. Meyer et al., 1997, Buss, 1999). Aber erst etwa 70 Jahre später (um 1980) hat sich diese Richtung etablieren können, jedoch meist ohne Bezugnahme auf McDougall. Nach Buss (1995, 1999) ist die evolutionäre Psychologie nicht eine weitere Disziplin der Psychologie, sondern eine besondere Sichtweise auf die Psyche mit daraus ableitbaren theoretischen und methodischen Herangehensweisen an die verschiedenen Fragestellungen der psychologischen Teildisziplinen.

In weiten Bereichen der Psychologie, die heute immer noch in erster Linie durch die kognitive Psychologie repräsentiert wird, wird davon ausgegangen, dass die Psyche des Menschen zuerst aus bereichsunspezifischen Allzweckmechanismen konstruiert ist (etwa Lernen, Denken, Nachahmungsfähigkeit etc.). Diese Mechanismen sollten alle gleichartig funktionieren, unabhängig vom jeweiligen Gegenstandsbereich. Man kann sie als gegenstandsunabhängig, bereichsunspezifisch und inhaltsfrei bezeichnen (Cosmides und Tooby, 1994). Cosmides & Tooby (1994, S. 43) kritisieren: „...cognitive psychology has been conducted as if Darwin never lived".

Die Evolutionspsychologie geht dagegen davon aus, dass die in der Evolution entstandene Architektur der menschlichen Psyche voll von spezialisierten Schaltkreisen und Steuermechanismen ist. Diese Steuermechanismen beeinflussen, wie wir Entscheidungen treffen, Wissen erwerben und Ereignisse deuten. Die Psyche lässt sich demnach als multimodular, mit auf bestimmte adaptive Funktionen spezialisierten Schaltkreisen beschreiben.

Grundannahmen der Evolutionspsychologie: Die Grundannahmen der Evolutionspsychologie lassen sich wie folgt zusammenfassen (vgl. Meyer et al., 1997; Buss, 1995):

1. In der Evolution des Menschen lassen sich bestimmte über Generationen hinweg auftretende Probleme feststellen. Die Lösung dieser Probleme brachte einen Anpassungsvorteil, erhöhte also die Fitness. Diese Anpassungsprobleme sind u.a.: Nahrungsbeschaffung, Flucht vor einem Raubfeind, Kampf um Ressourcen, Kooperation, Partnerwerbung und -bindung, sexuelle Untreue etc (vgl. auch die obigen Ausführungen zur Humanethologie).
2. Zur Bewältigung dieser Anpassungsprobleme hat sich durch natürliche Selektion (vgl. auch McFarland, 1999) eine Vielzahl verschiedener bereichspezifischer psychischer Mechanismen gebildet, die man als evolutionäre psychische Mechanismen (EPM) bezeichnen kann. Es handelt sich dabei um informationsverarbeitende Strukturen oder Programme:
   - Diese lösen ein besonderes Problem (hinsichtlich Reproduktion, sexueller Selektion oder Überleben), das in der Evolution des Menschen immer wieder auftauchte.
   - Die Struktur akzeptiert nur bestimmte innere und/oder äußere Inputs (diese können aktiv aus der Umwelt extrahiert oder passiv empfangen sein) und informiert den Organismus, mit welchem adaptiven Problem er konfrontiert wird.
   - Der Organismus verarbeitet den Input durch eine Prozedur (etwa eine Entscheidungsregel) in Output, welcher wiederum Input für

> andere EPMs darstellen kann, physiologische Vorgänge reguliert oder beobachtbares Verhalten generiert und auf diesem Weg ein adaptives Problem löst.

Diese Beschreibung zeigt deutlich die Nähe zu Instinktkonzepten der Ethologie oder McDougalls (1908/1960). Während die Humanethologie ihre zu beschreibenden Wirkgefüge eher als Regelkreise fasst, wählt die Evolutionspsychologie eine kognitionspsychologische Darstellungsform (inkl. Computermetapher).

Im Folgenden werden zentrale Begriffe der Evolutionspsychologie skizziert.

Adaptive tool box: Aus evolutionspsychologischer Sicht ist es eher unwahrscheinlich, dass sich zur Lösung der verschiedenen adaptiven Probleme nur wenige Generalmechanismen evolviert haben. Denn solche Generalmechanismen könnten spezifische Probleme deutlich weniger effizient lösen als spezialisierte Mechanismen. So sollten sich die Programme zur Partnerwahl deutlich von jenen zur Auswahl eines Essens unterscheiden. Im Denken der evolutionären Psychologie gleicht die menschliche Psyche deshalb eher einem Schweizer Messer oder einer „adaptive tool box" als einem Allzweck-Messer (Cosmides & Tooby, 1994). Dies bedeutet nicht, dass grundsätzlich keine generellen Problemlösemechanismen existieren. In Abhebung von Ansichten, wie der der Kognitionspsychologie, die fast ausschließlich von Generalmechanismen ausgeht, geht es aus evolutionspsychologischer Sicht vielmehr darum, zu betonen, dass sich (auch) spezifische evolutionäre psychische Mechanismen (EPMs) phylogenetisch entwickelt haben.

Evolvierte Konstruktionsmerkmale: Ziel der Evolutionspsychologie ist es, die evolvierten, angeborenen EPMs zu identifizieren und ihr Funktionieren zu erklären. Die Evolutionspsychologie untersucht dazu die durch natürliche und sexuelle Selektion entstandenen Konstruktionsmerkmale derjenigen Mechanismen, die Verhalten kontrollieren. So fragt die Evolutionspsychologie nach der biologischen Funktion eines Verhaltens oder des ihm zu Grunde liegenden Mechanismus, d.h. sie fragt danach, welches Anpassungsproblem durch einen bestimmten Mechanismus gelöst werden konnte, bzw. welchen Selektionsvorteil dies mit sich bringen konnte. Es geht also hier um die biologische Funktion psychischer Merkmale bzw. EPMs. Da Emotionen Musterbeispiele von EPMs darstellen (vgl. Meyer et al., 1997; Cosmides & Tooby, 2000), sollte gerade auf dem Gebiet der Emotionsforschung eine evolutionspsychologische Sichtweise besonders fruchtbar sein.

Die Funktionsforschung dient, ähnlich wie von Bischof (1989) gefordert oder von Dennett (1997) beschrieben, als zentrale Heuristik (siehe unten „Organisation als Suchstrategie").[10] Adaptive Funktionalität gilt unter vielen Psychologen als explanatorischer Luxus, als nichtfalsifizierbare Spekulation, mit denen man am Ende einer Untersuchung etwas „herumspielen" kann (Cosmides & Tooby, 1994). Um jedoch funktionell organisierte Mechanismen in komplexen Systemen zu identifizieren, bedarf es einer Theorie, welche Aussagen dazu

[10] Meist finden sich verschiedene widerstreitende funktionelle Hypothesen zum gleichen Phänomen, welche einer empirischen Testung unterzogen werden müssen. Diese Erklärungen – besser spricht man von Hypothesen – werden manchmal als „just-so-stories" karikiert (Dennett, 1997), sind jedoch fester Bestandteil des wissenschaftlichen Vorgehens.

macht, für welche Funktion ein Mechanismus entwickelt wurde. Das heißt: Gerade aus evolutionspsychologischer Sicht kann man nicht „wild" herumspekulieren, sondern muss theoriegeleitet unter Berücksichtigung von Annahmen über zu lösende adaptive Probleme, den vermutbaren time lag, den Standards eines adaptiven Designs usw. vorgehen.

Navigieren in sozialen Welten: Eines der wichtigsten adaptiven Probleme, welche unsere Vorfahren zu lösen hatten, war es, sich in einer sozialen Welt zurechtzufinden, oder anders ausgedrückt: in sozialen Welten zu navigieren. Das Leben in Gruppen stellt in der Menschheitsgeschichte einen der stärksten selektiven Umweltparameter dar. Weil soziale, adaptive Probleme zentral für das menschliche Überleben und seine Reproduktion waren, sind viele der wichtigsten Gestaltungsmerkmale unserer EPMs sozialer Natur. Die Evolutionsbiologie liefert wichtige Ansätze, um die „constraints" (Beschränkungen) der Entstehung von Lösungsmechanismen dieses Problems zu analysieren.

„time lag": Unsere Vorfahren lebten in den letzten zwei Millionen Jahren hauptsächlich als Jäger und Sammler des Pleistozäns (auch Eiszeit; etwa 2000000 bis 20000 v. Chr.). Dagegen stellen die wenigen tausend Jahre seit Entwicklung des Ackerbaus eine kurze Zeitspanne dar (ca. 1% dieser zwei Millionen Jahre). Die Entwicklung eines komplexen organischen Designs, wie jenes unseres Gehirns und damit unserer Psyche, schreitet jedoch nur langsam voran. So ist es unwahrscheinlich, dass unsere Spezies komplexe evolutionsbiologische Adaptationen an neuere Umweltbedingungen, selbst an den Ackerbau, entwickelt hat, ganz zu schweigen von der post-industriellen Gesellschaft (Cosmides & Tooby, 1994). Jedoch muss betont werden, dass diese angestammte Umwelt keineswegs einer bestimmten Zeit oder einem bestimmten Ort entspricht, es handelt sich vielmehr um ein statistisches Konzept der Wahrscheinlichkeit bestimmter Umweltmerkmalskonfigurationen, je nach zu untersuchendem Mechanismus. So haben sich Nahrungsaversionen sicher in Bezug auf andere Umweltmerkmale und Zeithöfe entwickelt als etwa emotionale Mechanismen der Eifersucht.

Standards adaptiven Designs: Um zu belegen, inwiefern ein Gestaltungsmerkmal als Adaptation zur Ausführung einer bestimmten Funktion X gelten kann, gibt es innerhalb der Evolutionspsychologie strenge Standards (vgl. Cosmides & Tooby, 1994):

- Das Merkmal muss speziestypisch sein;
- die Funktion X muss ein adaptives Problem darstellen (d.h. über Generationen hinweg existieren und seine Lösung muss einen Reproduktivitätsvorteil erbringen);
- das Gestaltungsmerkmal muss sich in der Umwelt, auf die es adaptiert ist, zuverlässig entwickeln;
- Es muss sich zeigen lassen, dass das Merkmal ausdrücklich zur Ausführung der Funktion X gestaltet ist und nicht ein Nebenprodukt einer anderen Adaptation oder eines physikalischen Gesetzes ist.

Entgegen herkömmlicher Annahmen sind die folgenden Aspekte als Belege nicht relevant:

- Hohe Vererbbarkeit des Merkmals;

- Variationen der Umwelt dürfen die Entwicklung des Merkmals nicht beeinflussen;
- es muss der Nachweis erbracht werden, dass Lernen in seiner Entwicklung keine Rolle spielt.

Dabei gehen Evolutionspsychologen davon aus, dass es (vgl. Buss, 1995)

- viele und unterscheidbare adaptive Probleme gibt,
- sich die Lösungen für ein Problem von denen für ein anderes unterscheiden,
- erfolgreiche Lösungen abhängig von Alter, Geschlecht, Kontext und individuellen Umständen sind.

Während die Soziobiologie Menschen – wie oben beschrieben – teilweise als „Inclusive-fitness"-Maximierer zu beschreiben versucht, sieht die Evolutionspsychologie hierin einen soziobiologischen Fehlschluss (Buss, 1995), der die Theorie der Entstehung der Mechanismen mit der Theorie der Natur dieser Mechanismen verwechselt. Die Evolutionspsychologie beschreibt im Gegensatz zur Soziobiologie (vgl. Wilson, 1998; Wuketits, 1997) Menschen als „adaptation executors", als lebende Fossile sozusagen. Diese sind mit einer Sammlung psychischer Mechanismen, welche durch frühere Selektionsdrücke generiert wurden und sich über eine ununterbrochene und lange Ahnenreihe bewährt haben, ausgestattet. Die Soziobiologie überspringt zumeist die Ebene der psychologischen Analyse dieser Mechanismen.

Hypothesenbildung: Einer der zentralen Aspekte der Evolutionspsychologie ist ihr Vorgehen bei der Formulierung von Hypothesen. Wie viele Disziplinen innerhalb der Biologie fokussiert sie auf adaptive Probleme und ihre Lösungen (Buss, 1999; Mayr, 1998). Hierzu kann eine Hierarchie an Analyseebenen beschrieben werden.

Tabelle 2: Ebenen der evolutionären Analyse (vgl. Buss, 1999, S. 40)

Analyseebenen:	Beispiel:
Allgemeine Evolutionstheorie:	Evolution durch Selektion
„Middle-Level" evolutionäre Theorien:	Parentales Investment, Sexuelle Selektion
Spezifische evolutionäre Hypothesen:	Investieren männliche Individuen in Nachkommen, sollen weibliche Individuen Partner auch auf der Grundlage von deren Möglichkeiten und Absichten, dies zu tun, wählen.
Spezifische von den Hypothesen abgeleitete Vorhersagen:	Weibliche Individuen haben eine Bevorzugung für männliche Individuen entwickelt, die Hinweise liefern, in Nachkommen zu investieren.

Erläuterung: Jede Theorie mittlerer Ebene sollte konsistent mit den Theorien höherer Ebenen sein. Aus den mit Hilfe der Theorien mittlerer Ebene generierten Hypothesen ergeben sich testbare Vorhersagen.

Die einzelnen Analyseebenen sollten zwar kompatibel miteinander sein, jedoch müssen sie sich einer je eigenen Überprüfung unterziehen, d.h. ihre Gültigkeit ist nicht aus ihrer Passung allein ableitbar.

Innerhalb der Biologie gehen Ethologie und Humanethologie seit längerer Zeit vergleichbar vor. Die Evolutionspsychologie betrachtet die (Human-)Ethologie als eine wichtige wissenschaftliche Bewegung, welche zu ihrer eigenen Entstehung beigetragen hat. Oft fällt dann auch die Trennung zwischen Ethologie, Verhaltensökologie und Evolutionspsychologie nicht leicht. Für die Evolutionspsychologen sind etwa die Schriften von Konrad Lorenz, als einem der wichtigsten Vertreter der Ethologie, wichtige Beiträge und Ausgangspunkte, sie versuchen jedoch zugleich bedeutende Schwachpunkte im Herangehen der Ethologie zu erkennen (vgl. Buss, 1999):

- Viele der (human-)ethologischen Beschreibungen funktionieren eher als Label für Verhaltensmuster denn als weitreichende Erklärungen.
- Die meisten Ethologen fokussierten zu sehr auf beobachtbarem Verhalten und wollten nicht „in die Köpfe" ihrer Forschungsobjekte schauen, um nach den das Verhalten generierenden Mechanismen zu suchen.
- Obwohl sich die Ethologie mit Adaptationen beschäftigte, gelang es ihr nicht, strenge Kriterien für die Feststellung solcher Anpassungen zu definieren.

Besonders der zweite Punkt trifft für die Ethologie und Humanethologie kaum zu, so dass die Bestrebungen, sich von der Ethologie abzugrenzen, etwas bemüht scheinen. Vielmehr hat die Ethologie wichtige Konzepte erarbeitet, die auf der Ebene der Theorien mittlerer Ebene anzusiedeln sind und als Grundlage der (evolutionspsychologischen) Hypothesenformulierung dienen können.

Zusammenfassend stellt sich die Evolutionspsychologie nicht als eine weitere psychologische Disziplin dar, sondern als ein neues Paradigma innerhalb der Psychologie, eine neue Perspektive auf die verschiedenen Disziplinen. Sie kritisiert die in der kognitiven Psychologie verbreitete Annahme einer recht kleinen Menge domainübergreifender Allzweckmechanismen als Grundlage des menschlichen psychischen Funktionierens. In Abgrenzung dazu beschreibt sie unseren Geist in erster Linie als eine „adaptive tool box". Die Evolutionspsychologie hat zum Ziel, die unterschiedlichen evolvierten Konstruktionsmerkmale des Geistes zu identifizieren und entlang der Probleme, zu deren Lösung sie gestaltet wurden, zu ordnen. Evolutionspsychologische Analysen gehen von folgenden Annahmen aus: Es lassen sich im Rahmen der Hominisation (Menschwerdung) generationsübergreifende Anpassungsprobleme definieren, deren Lösung einen Selektionsvorteil erbrachte. Zur Lösung dieser Anpassungsprobleme haben sich bereichsspezifische EPMs gebildet, die als informationsverarbeitende Strukturen den Instinktmodellen der Ethologie vergleichbar sind. Emotionen sind Musterbeispiele solcher EPMs. Damit erscheint unsere mentale Architektur in Teilen als eine Art geistiges Fossil, denn aus evolutionspsychologischer Sicht ist stets ein „time lag" zu berücksichtigen. Die evolutionäre Analyse eines psychischen Phänomens durchläuft verschiedene Ebenen von der allgemeinen Evolutionstheorie über die „Middle-Level"-Theorien zu Hypothesen und aus ihnen abgeleiteten Vorhersagen und beinhaltet auch die Analyse der biologischen Funktion.

Evolutionäre Erklärungen

Müssen in der Psychologie evolutionäre und nicht-evolutionäre Erklärungen einander widersprechen? Wieso sollte die Evolutionstheorie bei der Entwicklung von Verhaltenserklärungen überhaupt berücksichtigt werden? Kurz gefasst kann man darauf antworten: Theoretische Überlegungen zum menschlichen Verhalten sollten evolutionäre Erklärungen beinhalten, sonst besteht die Gefahr so genannter „warp-drive"-Theorien. Evolutionäre Erklärungen unterstützen Fragestellungen, die zumeist wegen eines moralistischen Trugschlusses gemieden werden. Evolutionäre Erklärungen sind zudem nicht selten über verschiedene Spezies generalisierbar. Zentrale Aspekte evolutionärer Begründungen sind die Unterscheidung von natürlicher und sexueller Selektion, das Phänomen des Altruismus, der Täuschung und des Betrugs. Diese Antworten werden nun im Folgenden ausführlicher dargestellt. Schließlich wird das für evolutionäre Erklärungen zentrale Konzept der Anpassung (Adaptation) genauer betrachtet.

„Warp-Drive"-Theorien: Evolutionspsychologen bezeichnen Erklärungen, die nicht mit der Evolutionstheorie in Einklang zu bringen, sind als „warp-drive"-Erklärungen. Diese sind wissenschaftlich ähnlich riskant, wie Erklärungen physikalischer Phänomene, die Einsteins Relativitätstheorie widersprechen. (Beim „warp drive" handelt es sich um den Raumschiffantrieb aus der Science-Fiction-Serie „Star Trek", welcher physikalischen Gesetzen widerspricht.). Verhaltenserklärungen müssen evolutionäre Aspekte nicht berücksichtigen, jedoch würde eine Berücksichtigung dieser Aspekte die Güte der Erklärung menschlichen Verhaltens sicher heben. Evolutionäre Überlegungen sind in der Lage, bestimmte Fehler beim Theoretisieren über Verhalten und über ihm zu Grunde liegende Mechanismen zu verhindern.

Trugschlüsse: Folgt man dem moralischen Fehlschluss (s.o.) dürfte man in den Sozialwissenschaften nur nach Dingen fragen, die auch moralisch vertretbar sind. Es dürften keine „unmoralischen" Hypothesen geprüft werden. Eine evolutionäre Perspektive kann solche „Tabus" bei der Hypothesenbildung verhindern. So sollten etwa aus einer moralischen Perspektive Stiefeltern ihre Stiefkinder wie ihre natürlichen behandeln. Evolutionäre Überlegungen lassen jedoch das Gegenteil vermuten, so konnten Daly und Wilson (1988) zeigen, dass Stiefeltern eine Hauptquelle von Kindesmisshandlung sind. Trivers (2002) konnte aus der Evolutionstheorie einen innerfamiliären Konflikt ableiten, der ebenfalls in verschiedenen Studien nachgewiesen werden konnte. Geschlechtsunterschiede stellen ein weiteres Gebiet dar, das für moralistische und naturalistische Trugschlüsse hochgradig anfällig scheint (Bischof-Köhler, 2002; Mealey, 2000).

Generalisierbarkeit: Die meisten Konzepte der Evolutionstheorie sind generalisierbar auf verschiedene Spezies, wie etwa die „kin-selection"-Theorie (Hamilton, 1964), die Theorie parentalen Investments (Trivers, 1972/2002), die sexuelle Selektionstheorie (Darwin, 1871/1992; Miller, 2000) oder die Reziprozitätstheorie (Trivers, 2002; Tooby & Cosmides, 1992). Diese Theorien machen deutlich, wie aus der Evolutionstheorie testbare Vorhersagen über menschliches Verhalten abzuleiten sind.

Zwei Selektionsdrucke: Einige Prinzipien der Evolutionstheorie sind besonders zu beachten. So erscheint es sinnvoll, zwei Quellen des Selektionsdrucks zu unterscheiden. Neben der natürlichen Selektion gibt es einen (sexuellen) Selektionsdruck, der in engem Zusammenhang steht mit der Produktion und Aufzucht von Nachkommen. Der sexuelle Selektionsdruck geht darauf zurück, dass verschiedene Genotypen unterschiedliche Möglichkeiten haben, zur Paarung zu gelangen. In diesem Zusammenhang lassen sich Sexualdimorphismen beobachten, die schon Darwin mit seiner Theorie der sexuellen Selektion erklärt (vgl. auch Miller, 2000). Dabei unterscheidet Darwin intrasexuelle und intersexuelle Selektion. Bei der intersexuellen Selektion erzeugen die Mitglieder eines Geschlechts einen Wettstreit zwischen den Mitgliedern des anderen Geschlechts, indem sie die Wahl eines Paarungspartners betreiben (epigamic selection). Klassisches Beispiel für das Ergebnis eines solchen Wettstreits ist der Pfauenschwanz. Eine Körperstruktur, die sich zum intrasexuellen Wettstreit ausbildet, sind Hörner oder Geweihe, die zum Wettstreit um Fortpflanzungspartnerinnen zwischen Männchen eingesetzt werden. Wichtig ist, dass sowohl die natürliche als auch die sexuelle Selektion letztendlich über den differentiellen Reproduktionserfolg entscheiden.

Sexuelle Selektion: Ein generelleres Erklärungsmuster für sexuell selegierte Eigenschaften liefern Trivers (1972/2002) Überlegungen zum relativen parentalen Investment. Bei vielen Spezies zeigen die Weibchen ein deutlich höheres parentales Investment. Dadurch werden sie zu einer knappen Ressource für die Männchen, für die es sich deshalb lohnt, um die Weibchen zu konkurrieren. Häufig werden die Männchen dadurch zu dem hauptsächlich sexuell selegierten Geschlecht. Ausnahmen bestätigen geradezu diese Regel: Beim Seepferdchen beispielsweise konkurrieren die Weibchen heftig um die Männchen. Hier sind es die Seepferdmännchen, die deutlich mehr in die Nachkommen investieren als die Weibchen. Sie ziehen die Nachkommen in einer Art Brutbeutel auf. Es folgt daraus der beim Seepferd zu beobachtende „Rollentausch“, welcher den Ansatz des parentalen Investments um so deutlicher bestätigt. Investieren also die Männchen einiges oder gar mehr als die Weibchen in die Nachkommen, werden sie zwangsläufig auch wählerischer hinsichtlich ihrer Sexualpartnerin. Weitere Theorien sexueller Selektion wie Zahavis (1975) „handicap“-Hypothese und Fishers (1930) „sexy sons“ Erklärung weiblichen Wahlverhaltens diskutiert Miller (2001) als mögliche Erklärungen für die Entstehung bestimmter Aspekte unserer Intelligenz. So erscheinen etwa unsere kreativen Leistungen als ein durch sexuelle Selektion entstandener, aufwendiger, zuverlässiger Fitnessindikator: Herausragende kreative Leistungen (etwa im Bereich der Kunst) können so hohe Unkosten verursachen (= „handicap“), dass Individuen mit geringer Fitness sie nicht vortäuschen können. Die „sexy sons“-Hypothese nimmt eine sich verselbständigende sexuelle Selektion an, welche die Größe und Komplexität sexualspezifischen Schmuckes zunehmen lässt. In diesem rückgekoppelten Prozess wählen Weibchen Männchen mit bestimmten Merkmalen bevorzugt aus, weil deren Söhne von den Weibchen der folgenden Generation ebenfalls bevorzugt gewählt werden (sexy sons). Es etabliert sich so ein positiv rückgekoppelter Selektionsprozess, welcher die Merkmalsentwicklung forciert.

Lassen sich jedoch auch beim Menschen Effekte sexueller Selektion nachweisen? Daly und Wilson (1983) konnten zeigen, dass in 849 untersuchten Gesellschaften 83% dieser Kulturen sich üblicherweise oder bei Gelegenheit polygyn (Vielweiberei) verhalten, während 16% monogam und nur 0,5% polyandrisch (Vielmännerei) leben. Das heißt, dass unsere kaum als monogam zu bezeichnende Spezies einige Eigenschaften einer sexuell selegierten Art aufweisen sollte. Der Fortpflanzungserfolg unter Männern variiert stärker als unter

Frauen, weshalb Frauen eine Art „sexuelle Zuchtwahl“ unter Männern betreiben. Für Männer sind Frauen eine knappe sexuelle Ressource, um die sie konkurrieren. Die sexuelle Selektion spielt eine wichtige Rolle in den Untersuchungen von Buss (1997) zur Partnerwahl, aber auch in den Studien von Daly und Wilson (1988) zur Gewalt in Familien sowie in den Überlegungen Millers (2001) zur Evolution unserer geistigen Fähigkeiten. Evolutionspsychologische Erklärungen beschäftigen sich jedoch nicht nur mit Fragen der Sexualität und Partnerwahl, auch Phänomene wie Altruismus, Betrug und Betrugsdetektion werden unter einer evolutionären Perspektive betrachtet.

Altruismus und Betrug: Trivers (1972/2002) entwickelte die moderne Theorie des reziproken Altruismus. In der Phylogenese altruistischer Akte sollten zunächst Handlungen beobachtbar sein, die geringe Kosten beim Gebenden verursachen, während der Empfänger deutlich profitiert. Die Rollen von Gebendem und Nehmendem sollten sich zudem häufiger umkehren. Zudem muss der Empfänger in der Lage sein, den Spender zu erkennen, um reziprok handeln zu können. Aus diesen Gründen sollte sich Reziprozität nur in Spezies entwickeln, die ein gewisses Maß an Intelligenz aufweisen und in sozialen Gruppen nahe beieinander leben, wie etwa Menschen und höhere Primaten. Solche reziproken Gruppen sind zugleich jedoch anfällig für Betrüger.

Trivers (1985) unterscheidet groben und subtilen Betrug. Ein grober Betrug wäre es, gar nicht oder deutlich weniger zurückzugeben, als man erhalten hat. Subtile Betrüger verhalten sich in reziproken Beziehungen zwar ebenfalls reziprok, sie geben etwas zurück, versuchen dabei jedoch stets etwas weniger zu investieren. Ein solches reziprokes System funktioniert langfristig jedoch nur, wenn die teilnehmenden Individuen in der Lage sind, Kosten-Nutzen-Analysen verschiedener, lange dauernder, reziproker Beziehungen durchzuführen. Hierzu bedarf es einer komplexen und subtilen Psyche. Schuld, Fairness, moralische Aggression, Dankbarkeit und Sympathie sind einige Gefühle und Emotionen, welche die Etablierung eines reziproken Altruismus beim Menschen absichern.

All diese Mechanismen und die aus ihnen sich ergebenden Verhaltensweisen beschreiben evolutionäre Ansätze als Anpassungen (Adaptation). Es ist deshalb notwendig, sich dieses zentrale Konzept der Anpassung genauer anzuschauen.

Anpassung: Eine Adaptation ist ein Menge von genetisch kodierten Entscheidungsprozessen, mit deren Hilfe ancestrale Organismen Kosten-Nutzen-Analysen als Antwort auf bestimmte Umweltzusammenhänge (Kontingenzen) durchführen können. Solche Entscheidungsregeln organisieren die Effektorprozesse zum Umgang mit diesen Umweltkontingenzen in einer Weise, dass die Gene, welche die Entscheidungsprozesse produzierten, häufiger reproduziert wurden als alternative Gensätze (Crawford, 1998, S. 20). Betrachtet man lediglich Phänomene auf Verhaltensebene kann man sich die Sets von Entscheidungsregeln als von der Selektion gestaltete mentale Mechanismen vorstellen, welche für unser Verhalten zuständig sind und das Überleben und die Reproduktion unserer Ahnen unterstützt haben. Cosmides bezeichnet diese mentalen Mechanismen als „Darwinsche Algorithmen“, Lorenz (1966) spricht von „angeborenen Lehrmeistern“.

Lebt der Organismus in seiner natürlichen Umwelt, sollten seine Adaptationen zu seinem reproduktiven Erfolg beitragen. Unterscheidet sich die gegenwärtige

Umwelt deutlich von seiner angestammten Umwelt, so mögen einige Adaptationen scheitern und den reproduktiven Erfolg schmälern (vgl. Bischof, 1989).

Angeborene und operationale Adaptation: Crawford (1998) unterscheidet angeborene und operationale Adaptationen. Angeborene Adaptationen beziehen sich auf die genetisch kodierte speziestypische Information zur Verhaltenssteuerung. Jedoch benötigt jeder Organismus eine Umwelt für seine Entwicklung. Die operationale Adaptation bezieht sich auf den Phänotyp, welcher sich aufgrund der genetischen Information in Wechselwirkung mit internen und externen Entwicklungsumwelten herausbildet (vgl. Alimentation). Die gleiche angeborene Adaptation kann so unterschiedliches Verhalten in angestammten und gegenwärtigen Umwelten produzieren.

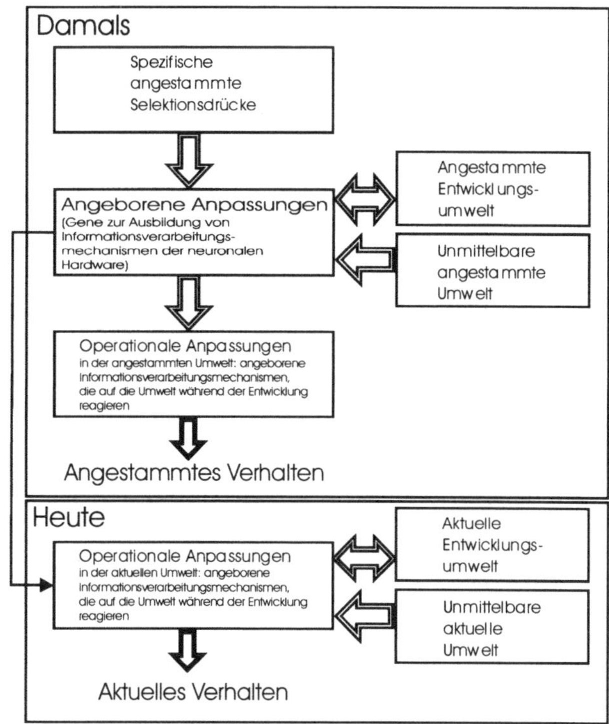

Abbildung 1: Anpassungen und Umwelten (vgl. Crawford, 1998, S. 22)

Sowohl die gegenwärtige Umwelt als auch die (ontogenetische) Entwicklungsumwelt mögen sich deutlich von der angestammten Umwelt unterscheiden, so dass operationale Adaptationen nicht mehr jenen der angestammten Umwelt entsprechen. Die derzeitigen Erziehungsgepflogenheiten etwa sind sicher deutlich von jenen des Pleistozäns zu unterscheiden, insbesondere wenn man das Schul- und Bildungssystem der Gegenwart berücksichtigt. Die Allgegenwart der Medien (Handys, Computer, Internet, Fernsehen, Kino, Bücher, Presse etc.) leistet – neben anderen kulturellen Einflüssen – einen weiteren Beitrag zum Abweichen der kindlichen und juvenilen Entwicklungsumwelten.

Unter der Perspektive operationaler Adaptationen sind sehr starre und starke kulturübergreifende, aber auch individuelle Verhaltensuniformitäten kaum zu erwarten (vgl. Missverständnis des genetischen Determinismus; vgl. oben). Was damals zur Fitness beitrug, mag dies heute nicht mehr tun und umgekehrt; so mögen heutige fitnesssteigernde Verhaltensweisen in der angestammten Umwelt maladaptiv gewesen sein. Deshalb kann die Untersuchung reproduktiven Erfolgs (Addieren von Nachkommen) in gegenwärtigen Umwelten nur sehr eingeschränkt etwas über die weit in der Vergangenheit zurückliegenden evolvierten Mechanismen verraten.

Zusammenfassend lässt sich sagen, dass die Berücksichtigung einer evolutionären Perspektive die Güte theoretischer Überlegungen zum menschlichen Verhalten verbessern kann, so genannte „warp-drive"-Theorien sollten so vermieden werden. Eine evolutionäre Perspektive unterstützt Fragestellungen, die wegen eines moralistischen Trugschlusses sonst gemieden würden. Evolutionäre Erklärungen sind zumeist über Speziesgrenzen generalisierbar, was Untersuchungen an Tieren auch für humanpsychologische Fragestellungen bedeutsam macht.

Organisation als Suchstrategie

Innerhalb der Psychologie lassen sich verschiedene Strategien beschreiben, um zu Forschungsfragen und Hypothesen zu gelangen. Diese Such- und Findestrategien werden im Folgenden Heuristiken genannt. Einige dieser Heuristiken innerhalb der Psychologie lassen sich besonders mit einer evolutionsbiologischen Perspektive in Verbindung bringen, während andere ihren Ursprung eher in der Physik oder den Theorien der Selbstorganisation haben. Die Perspektive auf die *Organisation* eines Phänomens, sei es nun Verhalten oder dessen (innere) Regulation, geht einher mit der Frage, zu welchem Zweck dieses Verhalten, dieser mentale Prozess so organisiert ist wie es bzw. er es ist. Im Folgenden wird erarbeitet, welche Heuristiken (Such- und Findestrategien) und welche Reduktionswege (Erklärungsformen) sich bei Zugrundelegung der allgemeinen Evolutionstheorie anbieten. Dabei wird eine für die Evolutionsbiologie typische technomorphe Perspektive verwendet (Dennett, 1997). Diese Herangehensweise ist nicht nur im Kontext der Emotionsforschung besonders gewinnbringend und soll daher ausführlicher begründet werden.

Heuristiken: Innerhalb verschiedener Disziplinen sind die meist verborgenen, impliziten Heuristiken von entscheidender Bedeutung (Bischof, 1988). Dies wird deutlich, vergleicht man Denken und Vorgehen von Physiker und Techniker: Untersuchen beide die Strukturierung eines Gegenstandes, so sucht der Physiker primär nach der in der Materie verborgenen Ordnung. Bei der Analyse eines DVD-Spielers etwa beschreibt der Physiker eher die Eigenschaften des Laserlichts, Gesetze der Rotationskräfte des Disktellers, Eigenschaften verwendeter Materialien etc.

Technomorphe Heuristik: Der Techniker hingegen fragt primär nach der Funktionstauglichkeit der Strukturierung des Gegenstandes. Eine funktionsuntaugliche Struktur würde er eventuell einer *Reparatur* unterziehen, ein Begriff, der in der Physik nicht existiert. Eine Reparatur setzt Wertedimensionen wie defekt und intakt voraus, diese beziehen sich auf den *Zweck* eines Apparates. Solch teleologisches Denken ist jedoch aus der Physik weitgehend verschwunden. Für den

Physiker ist die Systemstruktur kein Sinnträger, sein Ziel ist die Materie (und ihre Gesetze) oder der *Stoff*, aus dem die Dinge sind. Der Techniker hingegen abstrahiert von der stofflichen Basis, sein Ziel ist die *Form* (vgl. auch Dennett, 1997). Die Such- und Findestrategien des Technikers beinhalten also eine Wertedimension, die den Zweck des zu untersuchenden Objektes erfasst. Der Techniker fragt, wozu ein Gerät erbaut wurde, welche Funktion das eingesetzte Laserlicht hat oder zu welchem Zweck die DVD rotiert.

Welche Beschreibungsperspektive ist in der Lage, solche Fragen nach dem Zweck des Untersuchungsgegenstandes abzubilden? Eine Möglichkeit stellen kybernetische Modelle dar. Im Rahmen der Kybernetik erster Ordnung (Kybernetik als die Wissenschaft von der Kommunikation und der Steuerung von Organismen und Maschinen, vgl. Bischof, 1995) kommt den Begriffen Regelgröße und Stellgröße eine zentrale Bedeutung zu. Die Stellgröße *soll* eine Störgröße kompensieren, die Regelgröße *soll* stabil bleiben. Diese Funktionen fügen der Struktur etwas hinzu, was nicht im materiellen Substrat enthalten ist: einen *äußeren* Sinn (eine ausführliche Diskussion der Probleme von Systemtheorie und Semantik findet sich bei Bischof, 1995). Das Wort Zweck bedeutet ursprünglich einen von einer zwecksetzenden Instanz (etwa Gott oder einem anderen Konstrukteur) bewusst angestrebten Zielzustand. Eine solch kreationistische Schöpfungstheorie wird aber seit Darwin in den Naturwissenschaften weitestgehend abgelehnt (vgl. Konzept der „Himmelshaken" bei Dennett, 1997). Deshalb spricht Bischof (1988) von Teleonomie (statt Teleologie), welche die Komponenten *Zweckmäßigkeit und Zielstrebigkeit* umfasst.

Zweck und Ziel: In der Biologie bildet sich die Zweckmäßigkeit in den Begriffen „survival of the fittest" und Evolutionsstabilität (evolutionär stabile Strategie = ESS; vgl. Krebs & Davies, 1996) ab, beruht also auf Selektion. Die Zielstrebigkeit finden wir im Konzept der Homöostase, das aus der Biokybernetik Wieners (1948/1992) stammt. Zielstrebigkeit als Homöostase bedeutet eine Stabilisierung der Systeme um Sollwerte. Wie lässt sich nun innerhalb der Biologie das Zusammenspiel von Selektion (Zweck) und Homöostase (Ziel) konzipieren?

Strukturen und Gestalten: Um der Frage nach dem Zusammenspiel zwischen zielorientierter Homöostase und zweckorientierter Selektion nachzugehen, ist es hilfreich, die Begriffe Struktur und Gestalt als zwei unterschiedliche Manifestationen einer beobachtbaren Form zu unterscheiden (Bischof, 1988). Gestalten werden eher im Umfeld der Synergetik und der Selbstorganisation beschrieben (vgl. Haken, 1983). Köhler (1920) spricht hier auch von freien Ordnungen, deren Gleichgewicht leicht zu stören ist, die ihre Form jedoch danach meist selbst wieder herstellen. Es handelt sich um Ordnungen, die von selbst entstehen und sich ohne starre Vorrichtungen behaupten (vgl. dissipative Formen, z.B.: synergetische Fließgleichgewichte). Der Begriff der Struktur hingegen beschreibt Randbedingungen, welche dem Systemgeschehen eine Zwangsordnung verleihen (konservative Formen, z.B. Festkörper). Der Zusammenhang mit der Selektion lässt sich wie folgt darstellen: Gestalten können zwar als homöostatisch beschrieben werden, jedoch besteht kaum die Möglichkeit, auf sie das Prinzip der Selektion anzuwenden. Für Strukturen trifft gerade das Gegenteil zu, nur auf sie kann die Selektion wirken.

Adaptation vs. Viabilität: Wie lässt sich das Konzept der Teleonomie in die bisherigen Überlegungen einbinden? Wieso lassen sich lediglich Strukturen als nach außen gerichtet oder organisiert beschreiben? Bischof (1988) plädiert dafür, bei der Beschreibung dissipativer Formen und anderer Gestalten statt von Selbstorganisation besser von Selbstordnung zu sprechen, da den Ausdruck Organisation ein teleonomer Bedeutungshof umgibt, der ihm nicht angebracht erscheint. Eine teleonome Bedeutungszuschreibung scheint vielmehr angebracht, wenn etwa Konrad Lorenz (1987) die Körperform des Delphins als Abbildung der hydrodynamischen Eigenschaften des Wassers beschreibt und damit betont, dass für diese Formen eine äußere Sinngebung möglich und notwendig ist. Die evolutionäre Erkenntnistheorie sieht also in der Evolution und den Adaptationen der Organismen einen erkenntnisgewinnenden Prozess. Varela (1979; Maturana & Varela, 1984) hingegen betont das Prinzip der biologischen Autonomie: sie nennen dies Viabilität in Abgrenzung zur Adaptation. Sinn der Lebensprozesse ist in diesem Ansatz die Aufrechterhaltung der organismischen Identität, die Umwelt wird zur Quelle von Störungen, deren sich der Organismus Zeit seines Lebens erwehren muss (vgl. Autopoiese). Dissipative Gestalten zeigen jedoch weder Lebensfähigkeit noch Individualität noch Identität, da dies die Möglichkeit irreversibler Zerstörung voraussetzen würde. Nach Haken (1987) sind synergetische Gestalten unsterblich; zwar sind sie homöostatisch, jedoch zugleich immun gegen jede Art von Selektion. Damit generieren sie innere *Ordnung*, jedoch keine nach außen gerichtete *Organisation*. Organismen sind deshalb nicht mit dissipativen Gestalten vergleichbar (Bischof, 1989). Jeder Organismus enthält stets ein komplexes System konservativer Strukturen (DNA, Skelett, Nervenbahnen etc.). Genau diese sind irreversibel vernichtbar. Exakt auf diese starren Strukturen kann die Selektion einwirken, da bei ihnen eine Nichtumkehrbarkeit der Zeit gegeben ist. Jedoch liefern weder reine Gestalten noch reine Strukturen den Schlüssel zum Verständnis der Organismen. Vielmehr scheinen Lebenserscheinungen auf komplexen Verknüpfungen zwischen dissipativen und konservativen Prozessen zu beruhen.

Kybernetisch – als Regelkreis – lässt sich dieser Zusammenhang wie folgt skizzieren (Bischof, 1989, vgl. Abb. 2): Der Genotyp der Spezies wird zur Regelgröße, als Stellgröße fungiert das arttypische Verhalten, als Störgrößenaufschaltung das typische Reizangebot. Die Stellgröße in Form des arttypischen Verhaltens *soll* die Störgröße – das Reizangebot der Umwelt – kompensieren, die Regelgröße – hier der Genotyp – *soll* über evolutionäre Zeiten stabil bleiben. Die für die Regelgröße notwendige Fluktuation wird durch die Reproduktion mit endlicher Kopiergenauigkeit erzeugt. Der Genotyp einer Spezies basiert in der individuellen Zeit zwar auf Strukturen, verhält sich selbst jedoch über evolutionäre Zeiträume wie eine Gestalt, die ihren Abbau homöostatisch zu kompensieren sucht.

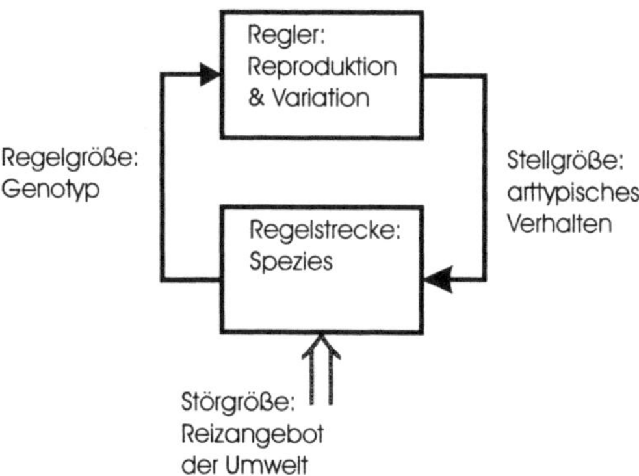

Abbildung 2: Evolution als kybernetischer Regelkreis

Reduktion: Aus dem bisher Gesagten lassen sich für Biologie und Psychologie Forderungen hinsichtlich des wissenschaftlichen Vorgehens ableiten: Wegen des Aspektes der irreversiblen Zeit ergibt sich für Biologie und Psychologie die Forderung nach einer *genetischen Reduktion* (Bischof, 1988). Sowohl in der Ontogenese als auch in der Phylogenese können organisierte Strukturen auf ihre Vorformen zurückgeführt werden. Dabei besteht genetische Reduktion keineswegs im Weglassen, sondern im Zuordnen. Ziel ist nicht eine Art Urkeim, sondern der Stammbaum als Ganzes. Übertragen auf das DVD-Player-Beispiel fragt der analysierende Techniker nach den Vorgängermodellen und ordnet die auffindbaren Strukturmerkmale des untersuchten Modells den Konstruktionsdetails älterer Modelle zu. Ein deutlicher Unterschied zur technischen Entwicklung besteht in der Konservativität der Selektion. Dawkins (2000) beschreibt sie als „blinden Uhrmacher", der nur sehr langsam und in kleinen Schritten Neuerungen einführt und an alten Lösungen hängt und diese wo immer möglich in Neuschöpfungen integriert. Gerade so, als würde jeder heutige DVD-Player eine Vielzahl erfolgreicher Designmerkmale seiner Vorgängermodelle mit sich schleppen.

Ein weiterer Reduktionsweg lässt sich als *funktionelle Reduktion* beschreiben. Hierbei spielt der Begriff „inclusive fitness" der modernen Evolutionsbiologie eine zentrale Rolle, er drückt aus, dass der Sinn aller systemspezifischen Funktionen letzten Endes aus dem Imperativ, sein Genom zu verbreiten, stammt. Die Soziobiologie hat gezeigt, wie sich aus dieser Norm speziellere Funktionen herleiten lassen. Diese Art der Fragestellung wird heute zumeist als *ultimat* bezeichnet (auf die evolutionsbiologischen Letztursachen zielend = äußerer Sinn). Die Analyse der Systeme selbst wird als *proximat* bezeichnet. Auch diese ist heuristisch am äußeren Sinn orientiert. Erst unter dem Aspekt äußerer Sinngebung erscheinen beobachtbare Strukturen als Konstruktionen. Konstruktionen zu verstehen, ist jedoch das zentrale Anliegen biologischer und psychologischer Forschung (Bischof, 1988). Dies erschließt sich nur einer technomorphen Fragestellung (vgl. auch Dennett, 1997).

Funktionsbestimmung/ zu lösendes Problem: Ein erster Schritt kann nach Bischof in einer deduktiven Funktionsbestimmung liegen, wie dies Toda (1982; vgl. auch McFarland, 1999) vormacht. Dieser konstruierte im Rahmen einer Simulation einen Roboter, welcher auf einem fiktiven fernen Planeten bestimmte Aufgaben zu erledigen hatte. Dabei hat er aus der Umwelt, in welcher sich das System bewähren soll, zunächst die Probleme abgeleitet. Daraus ergaben sich Forderungen hinsichtlich der Systemeigenschaften. Schließlich wurde im letzten Schritt versucht, empirisch bekannte Merkmale der menschlichen Emotionsausstattung diesen Sollausstattungen zuzuordnen und sie von dort zu deuten. Vergleichbar geht auch Dörner (1999) vor, wenn er seinen „Bauplan einer Seele" skizziert und hierzu verschiedene Merkmale unserer Psyche anhand von modellierten Mechanismen (als Computerprogramme oder kybernetische Vehikel) exemplifiziert.

Pfeifer und Scheier (1999) entwickeln in ihrem Ansatz einen anderen Schwerpunkt künstlicher Intelligenz, der sich als „embodied artifical intelligence" bezeichnen lässt. Sie halten die Idee von Computern als Beispiel intelligenter Maschinen für inadäquat. Die Autoren folgen einem eher evolutionären Ansatz, der davon ausgeht, dass die Evolution Gehirne nicht zur Kalkulation von verschiedenen Programmen entwickelt hat. Nicht mathematische Beweisführungen, sondern Verhaltenskontrolle zur Sicherung des Überlebens sind das Ziel des Gehirndesigns der Evolution. „Embodied cognitive science" versucht Intelligenzleistungen zu verstehen, indem sie tatsächliche oder simulierte Agenten konstruiert. Hierzu müssen diese Agenten autonom in einer tatsächlichen Welt „überleben" (jedoch nur Überleben, nicht sich vermehren). Den klassischen Kognitionswissenschaften werfen sie vor, sich all zu unfruchtbar auf komplexe innere mentale Prozesse zu fokussieren und der Interaktion mit der Umwelt wenig Beachtung zu schenken.

Die so gestalteten intelligenten Agenten zeigen einfache Verhaltensweisen in „real time". Sie weichen Hindernissen aus, bewegen sich selbständig, finden eine Stromquelle zum Aufladen ihrer Batterien oder sammeln Objekte. Häufig gleichen sie kleinen Tieren (Käfern) mit Rädern oder simulierten Insekten. Zentral ist in diesem Ansatz die Fähigkeit der Agenten, die Struktur ihrer Umwelt für ihre Problemlösungen intelligent auszunutzen (vgl. auch Gigerenzer, Todd & Team, 1999).

Das Problem dieses Vorgehens liegt in seiner ausschließlichen Deduktion, es fehlt die Verankerung in der biologischen Empirie. Die skizzierten virtuellen Geschöpfe kennen weder Sexualität noch Brutpflege, sie pflanzen sich nicht fort. Die Frage der evolutionären Stabilität – der Prüfstein aller funktionalen Argumente in der Biologie – stellt sich bei diesen unsterblichen Agenten nicht. Es findet sich kein Selektionsdruck, darwinsche Fitness und differentieller Fortpflanzungsvorteil spielen keine Rolle. Kurz: Es fehlt die evolutionäre Historizität. Dieser Funktionalismus ist der eines Ingenieurs, nicht der eines Biologen (für den Bereich der Künstlichen Intelligenz vgl. Dennett, 1997).

Vorformen und Historizität: Es fehlt also die Beachtung der Vorformen des zu konstruierenden Organismus, deren Funktionen evtl. noch anders aussahen. Diese Vorformen müssen jedoch als Bausteine der erweiterten Struktur integriert werden. Hinsichtlich des Problems der Emotionen müssen hier also die jeweiligen Präadaptationen oder Exaptationen (siehe unten) betrachtet werden. Um die Funktionsweise (oder auch Dys-Funktionsweise) unseres Affektsystems zu verstehen, muss den phylogenetischen Vorformen bei einer Funktionsanalyse Rechnung getragen werden. Deduktive Funktionsbestimmung unter Beachtung der historischen Dimension führt zu Darwins Evolutionstheorie. Erst aus dem Gedanken der Evolution heraus können Systeme und ihre Funktionen auseinander hergeleitet und zueinander in Beziehung gesetzt werden. Unter Beachtung einer historischen Dimension wird im Kontext der Emotionsforschung deutlich, dass z.B. Eifersucht ein uraltes Erbe sozialer Wirbeltiere ist, während Rachsucht ein spätes Spezifikum des Menschen zu sein scheint (vgl. Trivers, 2002; Buss, 1995; Meyer et al., 1997).

Methodologische Konsequenzen: Die Physik hat sich weitgehend als Experimentalwissenschaft etabliert, was ihren materiellen und logischen Reduktionsbemühungen entgegenkommt. Dieses Programm einer „materiellen Reduktion“ fand auch in der Psychologie Anwendung. Lewin (1930/1931) forderte dies unter dem Schlagwort der Homogenisierung. Unter diesem Blickwinkel hat die Psychologie lange Zeit die Emotionen lediglich als einen Quell der Verwirrungen betrachtet, der „wie eine Art Blinddarm (...) zu nichts taugt und nur Ärger macht“ (Bischof, 1989).

Die ökologischen Randbedingungen biologischer Systeme sind jedoch nicht nach Belieben manipulierbar. Ersetzt man die Umwelt eines Organismus durch Laborbedingungen, so hat man ihn eventuell in eine für ihn unnatürliche Umwelt gesetzt. Die auftretenden Fehlleistungen mögen zwar dazu beitragen, im Kontrast sein natürliches Verhalten besser zu verstehen. Dem Experiment erschließt sich jedoch kaum das natürliche Verhalten in einer natürlichen Ökologie, dies kann nur durch die *Beobachtung* ermittelt werden (Bischof, 1988; Buss, 1995).

Zusammenfassung

Evolutionäre Ansätze zur Untersuchung und Erklärung von Verhalten lassen sich zusammenfassend jeweils wie folgt skizzieren: Die Ethologie versteht sich als Biologie tierlichen Verhaltens, während die Humanethologie speziell die Biologie menschlichen Verhaltens beschreibt. Die Ethologie studiert Bewegungsfolgen, Handlungen und Interaktionen. Bewegungsabläufe beschreibt sie entlang der Eigenschaften Formkonstanz, Komplexität und Reizanbindung. Von besonderem Interesse sind Erb- und Erwerbskoordinationen (modale Bewegungsabläufe), Taxien und Appetenzverhalten, da im Kontext dieser Basiskonzepte die Phylogenese der Emotionen vermutet wird. Modale Bewegungsabläufe zeichnen sich durch ihre doppelte Bedingtheit aus, im Gegensatz zum Reflex wird eine innere Komponente wirksam. Emotionstheorien haben teilweise Emotionen nur als Reaktionen auf äußere Reize modelliert und die innere Komponente doppelter Bedingtheit ignoriert. Der Begriff Instinkt wird zunehmend durch die Konzepte Motivation und Handlungsbereitschaft ersetzt. Motivation beschreibt das Gesamt der wirkenden Verhaltensbereitschaften, während die einzelne Handlungsbereitschaft an einen spezifischen Verhaltensausgang gebunden ist. Die Handlungsbereitschaft entspricht dem früheren Konzept des Triebs, der als innere Komponente eine Instinkthandlung beeinflusst.

Eine zentrale Leistung des Organismus ist die Reizauswahl über periphere und besonders zentrale Filtersysteme. In wechselseitigen Kommunikationssystemen können senderseitig Auslöser (spezifische Schlüsselreize) beschrieben werden. Die Gesamtheit der Verhaltensweisen mit Mitteilungsfunktion wird in der (Human-)Ethologie als Ausdrucksverhalten definiert. Phylogenetisch lässt sich ihre Evolution in Richtung verbesserter Signalübermittlung als Ritualisierung beschreiben. Intentions- und Übersprungsbewegungen scheinen häufig Kristallisationspunkte solcher Ritualisierungsprozesse zu sein.

Biologen und Ethologen unterscheiden beim Mensch-Tier-Vergleich zwischen Homologien und Analogien (vgl. Glossar). Homologien kann man unterteilen in Traditionshomologien und phyletische Homologien. Gesichtsausdrücke scheinen ein gutes Beispiel phyletischer Homologien zu sein. Die Konvergenzforschung (Analyse von Analogien) liefert wichtige Hinweise zu basalen Funktionsgesetzen über verschiedene kaum verwandte Arten hinweg (Monogamie, Mutter-Kind-Interaktion, Bindungsverhalten etc.).

Gegenüberstellend kann man feststellen, dass die Soziobiologie und die Darwinsche Anthropologie sich in ihren Untersuchungen ebenfalls auf Verhalten konzentrieren, wobei sie jedoch besonders am differentiellen Reproduktionserfolg interessiert sind. Sie betrachten Organismen als aktuelle Maximierer ihrer inklusiven Fitness (Gesamteignung) und unterstellen, dass den dazu notwendigen Leistungen in erster Linie domainübergreifende (generelle) Mechanismen zu Grunde liegen.

Die Evolutionspsychologie versteht sich als eine neue Sicht auf die verschiedenen Disziplinen der Psychologie. Sie kritisiert die in der kognitiven Psychologie verbreitete Annahme einer kleinen Menge domainübergreifender Allzweckmechanismen als Grundlage des menschlichen psychischen Funktionierens. Für die Evolutionspsychologie lässt sich unser Geist als eine „adaptive tool box" beschreiben. Die verschiedenen evolvierten Gestaltungsmerkmale des Geistes sollen identifiziert und entlang der Probleme, zu deren Lösung sie gestaltet wurden, geordnet werden. Evolutionspsychologen betonen den „time lag" evolutionären Designs, weshalb unsere mentale Architektur in Teilen als eine Art geistiges Fossil erscheinen kann. Von folgenden Annahmen wird ausgegangen: Im Rahmen der Hominisation lassen sich generationsübergreifende Anpassungsprobleme definieren, deren Lösung einen Selektionsvorteil erbrachte. Hierzu haben sich bereichsspezifische evolutionäre psychische Mechanismen gebildet. Gegenstand der Analyse evolvierter mentaler Mechanismen ist stets auch deren biologische Funktion. Emotionen scheinen Musterbeispiele solcher EPMs. Die Berücksichtigung einer evolutionären Perspektive verbessert die Güte theoretischer Überlegungen zum menschlichen Erleben und Verhalten, indem die Gefahr so genannter „warp-drive"-Theorien umgangen wird. Sie fördert zudem Forschungsfragen, die scheinbar wegen eines moralistischen Trugschlusses gemieden werden. Evolutionäre Erklärungen sind zudem meist über Speziesgrenzen generalisierbar, was Tierstudien auch für humanpsychologische Forschungsfragen relevant macht.

In den Wissenschaften lassen sich verschiedene Suchstrategien (zur Definition von Fragestellungen) mit Hilfe der Begriffe Ordnung (innerer Sinn, Gestalt/etwa Physik) und Organisation (äußerer Sinn, Struktur/etwa Ingenieurswissenschaften) beschreiben. Die im evolutionären Ansatz vertretene Suchstrategie (Heuristik) ist zum einen die der genetischen und zum anderen die der funktionellen Reduktion (technomorphe Perspektive). Die genetische Reduktion bezieht sich auf die Zuordnung von Strukturvorformen in phylogenetische und ontogenetische Entwicklungsgeschichten. Leitidee ultimater und proximater Fragestellung ist die „inclusive fitness" der Organismen.

Evolutionäre Kulturtheorien

Meist gehen Sozialwissenschaftler davon aus, dass Lernfähigkeit und Kulturfähigkeit dazu beigetragen haben, dass der Mensch heute in sozialen Gefügen lebt, welche die Berücksichtigung der evolutionären Neigungen der Spezies Mensch überflüssig macht (so wie im zuvor umrissenen „Standard Social Science Model" häufig unterstellt). Für evolutionär argumentierende Wissenschaftler ist eine solche Annahme inakzeptabel – Lernfähigkeit und Kulturfähigkeit sind, vermittelt durch evolvierte psychische Mechanismen, natürlich selegiert. Janicki und Krebs (1998; vgl. auch Blackmore, 2000) unterscheiden die Beziehungen von Natur und Kultur entlang von sieben Modellen. Die ersten drei Modelle unterscheiden sich hinsichtlich ihrer Sicht der Kultur:

1. Kulturelle Evolution als analog aber unabhängig von der biologischen Evolution
2. Kultur als Produkt inklusiver Fitness-Maximierer
3. Kultur als das Produkt evolvierter „Minds"

Weitere Modelle beschreiben verschiedene koevolutionäre Ansätze und interdependente Prozesse zwischen biologischer und kultureller Evolution. Es handelt sich um den epigenetischen Ansatz von Lumsden und Wilson, Durhams koevolutionäres Modell, die duale Vererbungstheorie von Boyd und Richerson und Barkows koevolutionäres Modell.

Kulturelle Evolution als unabhängiger aber analoger Prozess (Memetik)

Evolvierende Meme als Replikatoren: Dawkins (1978; vgl. auch Blackmore, 2000) nimmt an, dass biologische und kulturelle Prozesse unabhängige Vererbungssysteme darstellen. Die Systeme beschreibt er als analog und glaubt, dass die biologische Evolution ein gutes Modell kulturellen Wandels darstellt. In seinem Buch „Das egoistische Gen" prägte er den Begriff Mem, den auch Dennett (1993, 1997) verwendet. Mem kann definiert werden als eine Einheit kultureller Information, die durch Nachahmung weitergegeben wird. Sowohl Meme als auch Gene sind Replikatoren, bei deren Kopierprozess Fehler auftreten können. Beide replizieren sich differentiell und unterliegen deshalb einem Selektionsprozess. Meme wie auch Gene stehen in einem Wettstreit mit ihren Allelen (= alternativen Ausprägungen eines Merkmals). Unterschiede bestehen natürlich hinsichtlich der Trägersysteme für Transmission und Speicherung, den jeweiligen Vehikeln oder Überlebensmaschinen. Meme als kulturelle Replikatoren können in einer Vielzahl verschiedenster Trägersysteme transportiert und gespeichert werden (etwa Computerdisks, Papier etc.). Sie konkurrieren nicht um Nachkommen, sondern um ein begrenztes Platzangebot, etwa im menschlichen Geist oder in verschiedenen Medien. Meme können ganz unterschiedlich übertragen werden, durch Massenmedien, das Internet, das geschriebene oder gesprochene Wort. Die kulturelle oder memetische Übertragung ist – im Vergleich zur biologischen – äußerst rasant und zudem als lamarkistisch (= Vererbung erworbener Eigenschaften) zu bezeichnen.

Egoistische Meme: Dawkins (1978) glaubt nicht, dass der Beitrag eines Mems zur biologischen Fitness (seines Wirts) die Chancen einer Replikation des Mems notwendig erhöht; dies bedeutet eine Entkopplung biologischer und kultureller Evolution. Kulturelle Inhalte und Meme entwickeln sich in diesem Modell einfach, da sie für sich selbst von Vorteil sind (= egoistische Meme). Meme sowie Gene, die so wirken, als versuchten sie sich selbst zu replizieren, werden „egoistisch" genannt.

Kooperation oder Konflikt zwischen Mem und Gen: Dennett (1990) betont demgegenüber, dass viele Meme einen Überlebensvorteil für ihren Wirt beinhalten, da sie meist in der aktuellen Gesellschaft des Individuums einen zu erstrebenden Wert darstellen; obgleich sich auch antisoziale Meme durchsetzen können. Dennett (1990) entwickelt auch einige Überlegungen wie memetische Gestaltungsmerkmale aussehen könnten, die den Erfolg des Mems unterstützen (vgl. auch Blackmore, 2000).

Gene und Meme können sich gegenseitig unterstützen oder behindern. Meme benutzen zu ihrer Replikation den menschlichen Geist als eine Art Wirt, man kann sie deshalb durchaus auch als parasitär bezeichnen. So scheinen wir Menschen nicht immer Herr unserer eigenen Ideen zu sein, wir fühlen uns von „Ohrwürmern" belästigt oder glauben als Autoren, dass Figuren unserer Geschichten ein Eigenleben entwickeln, Gedichte sich teilweise selbst schreiben (Dennett, 1990). Manche Autoren gehen sogar soweit zu behaupten, dass wir teilweise unsere Meme sind (Dennett, 1997, 1999; Blackmore, 2000). Unser Geist ist demnach beschreibbar als eine Art Datenbank von Ideen nebst Verknüpfung (= Memplexen), die wir während unseres Lebens ansammeln.

Kultur als Produkt inklusiver Fitnessmaximierung (Darwinsche Anthropologie)

Darwinsche Anthropologen verstehen Kultur als eine Adaptation, die es Individuen ermöglicht, ihre Umwelt zu verfolgen und ihr Verhalten adaptiv zu justieren, wenn sich die Bedingungen ändern. Die Kultur ist ein Vehikel oder Werkzeug genetischer Replikation in Form von Verhaltensweisen. Danach entwickeln Menschen Bräuche, die ihrer biologischen Fitness zuträglich sind, jedoch mit religiösen oder moralischen Argumenten erklärt werden, da der Antrieb zur Fitnessmaximierung weitestgehend unbewusst bleibt (zur Problematik der Bewusstwerdung von Antrieben und Emotionen siehe Kapitel „Evolvierte Abwehrmechanismen"). Obgleich Verhaltensökologen in ihren Analysen auf Verhalten fokussieren, bedarf es der Annahme eines domainübergreifenden psychischen Mechanismus, welcher mit Fitnesskonsequenzen von Verhaltensoptionen umgeht. Alexander (1979) postuliert einen Mechanismus sozialen Lernens, welcher befriedigende Interaktionen mit Anderen als Verstärkung annimmt. Auch Regeln wie „kopiere den Erfolgreichen" oder „akzeptiere Anweisungen von jenen, die deine Interessen teilen" werden formuliert. Wie bereits deutlich geworden, beschreiben sich Evolutionspsychologen vielfach in Abgrenzung von einer darwinschen Anthropologie.

Evolvierter Geist als Erzeuger und Reagierender auf Kultur (Evolutionspsychologie)

Geringe genetische Variabilität und environmentalistische Perspektive: Evolutionspsychologen beschreiben angeborene Mechanismen in Termini von Entscheidungsregeln oder Algorithmen als domainspezifische psychische Mechanismen. Meist wird davon ausgegangen, dass EPMs eine eher geringe oder keine genetische Variabilität aufweisen und somit eine universelle menschliche Natur konstituieren (im Gegensatz dazu Miller, 2001; Murphy & Stich, 2000). Diese Mechanismen sind sensibel gegenüber ontogenetischen wie aktuellen Umwelteinflüssen. Es folgt daraus, dass die Evolutionspsychologie durchaus als eine environmentalistische Disziplin verstanden werden kann. Individuelle Unterschiede im Verhalten sind Produkte verschiedener Umweltinputs in evolvierte Mechanismen.

Entgegen der Annahmen des Standard Social Science Model (SSSM) sind Individuen aus Sicht der Evolutionspsychologie jedoch nicht die passiven Rezipienten ihrer Kultur (Tooby & Cosmides, 1992). Kulturelle Informationen (Verhalten, Symbole, Kognitionen) werden von evolvierten mentalen Programmen unseres Geistes generiert. Zugleich antworten diese Mechanismen auch auf die von ihnen produzierte kulturelle Umwelt.

Tooby und Cosmides (1992) unterscheiden drei Komponenten der Kultur:

Metakultur: Die Metakultur beschreibt die durch unsere universale menschliche Natur erzeugten Interaktionseffekte in Populationen. Die Metakultur macht einerseits einen Austausch zwischen Individuen verschiedener Kulturen möglich, andererseits garantiert sie auch die Übermittlung kultureller Merkmale innerhalb einer Kultur. Das Wirken einer so genannten Metakultur wird durch eine Vielzahl beobachtbarer kultureller Universalitäten untermauert. So werden etwa viele Gesichtsausdrücke sowie einige Gesten und deren interkulturelle Interpretierbarkeit zu Aspekten einer Metakultur gezählt.

Hervorgerufene Kultur: Die hervorgerufene Kultur ist die Antwort auf verschiedene Umweltbedingungen. Die EPMs arbeiten in verschiedenen Umwelten und führen so zu je unterschiedlichem Verhalten. Sie erzeugen so innerhalb einer kulturellen Gruppe Gleichheit und zwischen Gruppen Unterschiede.

Adoptierte Kultur: Dieser Begriff betont, dass Individuen Kultur in erster Linie aufnehmen, und sie nur selten auch in gleichem Umfang an Andere weitertragen. Ein wichtiger mentaler Mechanismus ist in diesem Zusammenhang das soziale Lernen. Soziales Lernen hat sich wohl evolviert, da es meist deutlich kosteneffektiver und auch ungefährlicher ist als durch individuelle Erfahrungen den gesamten Umfang einer jeweiligen Kultur zu lernen. Tooby und Cosmides verwenden auch den Begriff der epidemiologischen Kultur, da sich kulturelle Übermittlung angemessen in epidemiologischen Termini beschreiben lässt.

Berücksichtigt man die Interaktionen zwischen hervorgerufener Kultur und adoptierter (bzw. epidemiologischer) Kultur, versteht man wie kulturelle Merkmale sich über die Zeit durch Veränderungen der Umweltbedingungen ändern, anstatt auf ewig von Generation zu Generation identisch kopiert zu werden. Auch lassen sich Ähnlichkeiten zwischen Kulturen aufgrund von vergleichbaren Umweltmerkmalen auf diese Weise verstehen. Tooby und Cosmides (1992) betonen, dass psychologische Prozesse alleine nicht in der Lage sind, eine Kulturtheorie zu gestalten. Hierzu müssen ergänzend Gruppenprozesse kultureller Übermittlung Beachtung finden, wie sie die Sozialpsychologie und die Soziologie beschreibt.

Epigenetischer Ansatz

Lumsden und Wilson (1981; Wilson 1998) entwerfen ein koevolutionäres Modell: Sie verstehen Kultur als ein System sozial lernbaren Wissens, das unter den Mitgliedern einer Gesellschaft geteilt wird. Sie bezeichnen die Einheit der Kultur als Kulturgen. Solche Kulturgene können als übertragbares Verhalten, als „mentifacts" oder „artifacts" auftreten.

Epigenese: Die Epigenese beschreibt in der Biologie den Prozess, in dem genetische Faktoren die Entwicklung des Kindes unter dem Einfluss von Umweltstimuli gestalten. Epigenetische Regeln sind in der Kulturtheorie von Lumsden und Wilson (1981) evolvierte „constraints" (Beschränkungen; Leitlinien) der Entwicklung, welche zwischen sozialem System und Entwicklungsbedürfnissen vermitteln. Sie versammeln Wissen, Einstellungen und Glaubenssysteme zu einem evolutionär wettstreitenden Phänotyp. Durch dieses Regelwerk werden bestimmte kulturelle Inhalte eher gelernt als andere. Denken und Verhalten sind somit nicht genetisch determiniert, sondern das Ergebnis der Interaktion zwischen individueller Erfahrung und epigenetischen Regeln.

Die Verteilung internalisierter Kulturgene einer Gesellschaft konstituiert ihre jeweilige Kultur. Die so definierte Kultur wird nun ihrerseits zu einem Teil der selegierenden Umwelt, beeinflusst die Genfrequenzen (Häufigkeitsanteile bestimmter Gene) in der in ihr lebenden Population und wirkt so auf die durch die Genfrequenzen generierten epigenetischen Regeln zurück. Die Neigung, bestimmte Kulturgene zu lernen, hängt jedoch nicht notwendig mit einem Beitrag dieser Kulturgene zur Adaptivität des lernenden Individuums zusammen. Dadurch, dass sich Umweltbedingungen über die Zeit ändern, mögen Menschen neben adaptiven auch maladaptive Kulturgene erlernen.

Lumsden nimmt an, dass z.B. Fremdenangst, Inzestvermeidung, Nepotismus, nonverbale Kommunikation sowie Sprache und Musik durch epigenetische Regeln verursachte „constraints" des Lernens sind. So scheinen beim Erlernen einer Sprache evolvierte Lernmechanismen und Lernpräferenzen die Aneignung einer Sprache zu unterstützen. Prozesse wie Verstärkung und Modelllernen können kaum vollständig die Aneignung einer komplexen Sprache erklären. Sowohl die Geschwindigkeit als auch die Art der Sprachaneignung legen die Wirkung angeborener Mechanismen nahe.

Durhams koevolutionäres Modell

Kulturelle Selektion als Ergänzung der genetischen Selektion: Vergleichbar zu Dawkins Ansatz (1978) geht auch Durham (1991) von einer „dual inheritance"-Idee aus. Individuen als Verhaltensphänotype werden von zwei unabhängigen Vererbungssystemen beeinflusst: einem biologischen und einem kulturellen.

Durham jedoch konzipiert kulturelle Selektion als Ergänzung der genetischen Selektion. Es werden lediglich kulturelle Varianten gewählt, welche die inklusive Fitness des Individuums unterstützen. Diese Auswahl wird beeinflusst von Neigungen, welche adaptive Wahlen bevorzugen. So begünstigt der so genannte „bias of satisfaction" die Auswahl kulturellen Verhaltens, welches mit Lusterleben einhergeht. Durham (1991) definiert in Weiterentwicklungen seines Ansatzes Kultur in Begriffen der Information und integriert in sein Modell kulturellen Wandel und die Beziehungen zwischen Genen und Kultur.

Transformationskräfte: Dawkins (1978) folgend nennt Durham kulturelle Einheiten Meme (vgl. auch Blackmore, 2000). Ihre jeweiligen Alternativen nennt er Allomeme. Verteilungsänderungen der Meme und Allomeme sind gleichbedeutend mit kulturellem Wandel. Durham beschreibt transportierende und nicht transportierende Transformationskräfte. Nicht transportierende Kräfte erhöhen die Häufigkeit eines Allomems ohne eine Übermittlung unter Mitgliedern einer Population. Es lassen sich drei Subtypen unterscheiden: Wiederkehrende Innovationen (vgl. Mutationen), Migration und kulturelle Driften. Transportierende Kräfte erhöhen die Häufigkeit eines Mems durch soziale Übermittlung. Es lassen sich natürliche Selektion, freie Wahl und Imposition (Pflicht) unterscheiden. Die natürliche Selektion eines Mems bezieht sich auf einen größeren Reproduktionserfolg des Individuums durch Besitz des Mems, welches mit größerer Wahrscheinlichkeit nun auch an die zahlreicheren Kinder durch soziale Übermittlung weitergegeben wird. Pflicht als Gegensatz zu freien Wahl betont den Einfluss Anderer auf die Annahme und Verteilung kultureller Einheiten.

Werte: Kulturelle Selektion vollzieht sich in diesem koevolutionären Ansatz in erster Linie durch Entscheidungsprozesse, welche von primären und sekundären Werten geleitet werden. Primäre Werte besitzen eine genetische Basis, während sekundäre Werte eine kulturelle Grundlage haben (gemeinsame Erfahrungen, Sozialgeschichte). Sekundäre Werte spielen im kulturellen Wandel eine wichtige Rolle, da sie eine Selbstselektion innerhalb des Kultursystems bewirken – Meme selegieren Meme. Individuen neigen so dazu, Meme (also kulturelle Varianten) zu wählen, die zu bestehenden kulturellen Werten passen (es bilden sich so genannte Memplexe; Blackmore, 2000).

Gen-Kultur-Beziehungen: Dabei können fünf Beziehungen zwischen Genen und Kultur unterschieden werden. Durham (1991) untergliedert die fünf Relationen in interaktive und komparative Modi. Zu den interaktiven Modi zählen genetische und kulturelle Mediation. Kulturelle Mediation (1) tritt auf, wenn ein kultureller Unterschied einen Verhaltensunterschied produziert, welcher einen Einfluss auf den Reproduktionserfolg von Genotypen hat. Genetische Mediation (2) bezeichnet den Einfluss genetisch determinierter Werte (= primärer Werte) auf die Auswahl von Allomemen. Genetische Veränderungen, Gleichheit oder Unterschiedlichkeit von Populationen wirkt sich auf kulturellen Wandel, Homogenität oder Vielfalt der Kultur aus. „Multikulti"-Gesellschaften gehen eben auch meist einher mit einer Vielfalt verschiedener Gene, während isolierte traditionelle Kulturen eher auch auf homogene Genotypen schließen lassen. Migration transportiert gleichzeitig mit verschiedenen Memen zumeist auch neue bzw. andere Gene in eine Population.

Komparative Modi beschreiben die Beziehung zwischen Genen und Kultur als unterstützend (3), neutral (4) oder gegensätzlich (5).

Positive Kovariation zwischen kultureller und genetischer Fitness: Eine weitere Annahme des Modells besagt, dass es eine Hauptaufgabe des menschlichen Entscheidungssystems ist, eine positive Kovariation zwischen der kulturellen Fitness der Allomeme und der inklusiven Fitness des Entscheidenden herzustellen. Eine hohe kulturelle Fitness eines Allomems besteht in einer hohen sozialen Transmissionsrate im Vergleich zu konkurrierenden Allomemen. Wegen der lange andauernden Geschichte der kulturellen Selektion sekundärer Werte, welche von reproduktivem Vorteil sind, sollte eine gewisse Kongruenz der Evaluationen durch primäre und sekundäre Werte gegeben sein. Dieses Prinzip der Kongruenz sollte Entscheidungen begünstigen, welche normalerweise der inklusiven Fitness förderlich sind.

Duale Vererbungstheorie

Boyd und Richerson (1985) haben an der Populationsgenetik orientierte mathematische Modelle entwickelt. Diese Modelle zeigen, wie nicht soziobiologische Kräfte Glaubenssysteme, Werte und Verhalten einer Kultur beeinflussen und so zu adaptiven oder auch zu maladaptiven Varianten führen können. Kultur ist nach Boyd und Richerson Information, die den Phänotyp eines Individuums beeinflussen kann und die durch Imitation oder Lernen von Anderen weitergegeben wird. Das kulturelle Repertoire einer Person ist vergleichbar mit der genetisch vererbten Information. Die verschiedenen Elemente des kulturellen Repertoires sind kulturelle Varianten.

Vertikale, schiefe und horizontale Transmission: Genetische Information wird stets von den Eltern zu den Kindern übertragen, dies ist jedoch nur ein Transmissionsweg kultureller Information – nämlich der vertikale. Daneben gibt es auch eine schiefe Transmission, einen Einfluss von Mitgliedern der Vorgängergeneration (etwa Lehrern) auf die aktuelle Generation, sowie eine horizontale Transmission, einen Einfluss der eigenen Generation (etwa Peers). Individuelles Lernen stellt in diesem Ansatz keinen zentralen Faktor kultureller Vererbung dar. Kulturelle Vererbung fußt in erster Linie auf sozialem Lernen, als der Weitergabe stabiler sozialer Verhaltensdispositionen durch Imitation oder Lehren.

Kulturelle Wahlen und Entscheidungen: Individuen evaluieren bewusst oder unbewusst verschiedene Werte, Einstellungen und Überzeugungen und wählen jene, die nach ihrem Empfinden ihre evolvierten Ziele am besten befriedigen (= direct bias). Diese genetisch vererbten Prädispositionen unterscheiden sie von nicht soziobiologischen Effekten, die ebenfalls einen Einfluss haben können. Auf diesem Weg kann Kultur durchaus vergleichbar einem unabhängigen System von Vererbungen wirken.

Die Antriebskräfte kultureller Evolution umfassen Zufälle (Mutationen und Driften), natürliche Selektion und Entscheidungsprozesse. Entscheidungsprozesse werden unterteilt in gesteuerte Variationen und „biased transmissions" – von Neigungen beeinflussten Übertragungen kultureller Inhalte.

Gesteuerte Veränderungen: Gesteuerte Variationen kultureller Verhaltensweisen treten auf, wenn Individuen kulturell vererbte Informationen verändern, um sie besser an die aktuelle, lokale Umwelt anzupassen, welche sie über individuelles

Lernen erfahren haben. Dies erlaubt eine schnellere und effektivere Anpassung an sich ändernde Umwelten.

„Biased Transmissions" treten bei sozialem Lernen auf und betonen unterschiedliche Neigungen, sich etwas anzueignen. Boyd und Richerson (1985) unterscheiden drei Bias-Typen, die beeinflussen, welche Inhalte und Verhaltensweisen Menschen kopieren und was somit kulturell übermittelt wird.

- Direkt: Der direkte Bias fördert Wahlen, welche mit den eigenen Bedürfnissen einhergehen. Die dahinterstehenden Kriterien können genetisch oder kulturell vererbt sein oder unabhängig hiervon erlernt werden. Meist sollten in diesem Prozess adaptive kulturelle Varianten gewählt werden, jedoch können sowohl gelenkte Variation, als auch direkte Biases maladaptive Verhaltensweisen produzieren.
- Frequenzabhängig: Häufigkeitsabhängige Biases verleiten Menschen dazu, kulturelle Varianten zu wählen, welche häufig in der jeweiligen Population vertreten sind.
- Indirekt: Indirekte Biases berücksichtigen die Nutzung der gewählten kulturellen Variation durch andere Personen mit bestimmten Eigenschaften. So werden vermehrt Verhaltensweisen bevorzugt, die von verehrten und respektierten Personen oder Menschen mit hohem Status und Prestige gezeigt werden.

Hängt eine bestehende Kultur stark von sozialen Lernprozessen ab, ist die Wahrscheinlichkeit der Übernahme maladaptiver Varianten erhöht. Evolvierte Prädispositionen beeinflussen kulturelle Wahlen. Dies führt folglich mit größerer Wahrscheinlichkeit zur Übernahme adaptiver Überzeugungen und Verhaltensweisen. Sind jedoch Evaluationen entlang des Fitnessnutzens zu kostspielig oder schwierig, tendieren Menschen dazu, indirekte oder häufigkeitsabhängige Biases zu zeigen. Schiefe und horizontale Transmissionen kultureller Verhaltensweisen sind häufiger, wenn elterliche Einflüsse schwinden, was ebenfalls die Übernahme maladaptiver kultureller Varianten fördern kann. Gesellschaften mit „hochgetaktetem" kulturellem Wandel, wie die westlichen Informationsgesellschaften, verlangen geradezu eine Zunahme schiefer und horizontaler Wissenstransmission, hier liegt die Stärke der Lockerung genetischer Informationstransmission. Schulsysteme und Mediensysteme als Instanzen schiefer und horizontaler kultureller Transmission besitzen jedoch nicht die gleichen (zumeist eher altruistischen) Interessen wie leibliche Eltern. Andererseits sind elterliches Wissen und elterliche Wertesysteme in modernen Gesellschaften kurzen Halbwertszeiten ausgesetzt (etwa „knowledge gap"; „digital divide").

Gen-Kultur-Interaktionen: Richerson und Boyd (1985) unterscheiden vier Gen-Kultur-Interaktions-Szenarien:

1. Die Kultur wird von evolvierten Prädispositionen an einer Leine geführt und erzeugt Fitnessvorteile.
2. Evolvierte Prädispositionen werden von kulturellen Normen durch Sanktionen an der Leine geführt.

3. Schädliche kulturelle Varianten (vgl. Dawkins parasitäre Meme, 1978, 1999) entstehen und finden Imitatoren. Wie zwischen Parasit und Wirt kann so eine Art Wettrüsten in der genetisch-kulturellen Koevolution entstehen.
4. Gene und Kultur koevoluieren in einer Abfolge von gegenseitig nützlichen Interaktionen.

Das letzte Szenario scheint angesichts des bisherigen Erfolgs der menschlichen Spezies das häufigste zu sein. Die Kombination aus individuellem (Lernen aus direkter Erfahrung) und sozialem Lernen (Modell- und Beobachtungslernen) machen es den Individuen möglich, schneller und zutreffender auf Umweltveränderungen zu reagieren als dies über Gene vermittelte Anpassungen erlauben.

Beobachtbares Verhalten mag demnach entweder genetisch optimal oder kulturell optimal, beides oder keines von beidem sein.

Barkows koevolutionäres Modell

Barkow (1989) nennt drei zentrale Komponenten einer Kulturdefinition: (1) soziale Übermittlung, (2) Information, (3) Organisation in einem System. Das so entstehende kulturelle System umfasst verschiedene kleinere Subkulturen. Kultur versteht Barkow als ein Phänomen auf Populationsebene, die Internalisierung von Kultur findet jedoch auf einer intraindividuellen Ebene statt.

Mentale Strukturen als Erklärungsebene: Der Kern von Barkows Ansatz liegt in seinem Modell intervenierender psychologischer Prozesse. Er attackiert dabei „Gen-für"-Erklärungen von Verhalten und rät, sich für Erklärungen auf mentale Strukturen zu beziehen, welche die Beziehungen zwischen Genen und Kultur vermitteln. Hierzu entwickelt er die Idee eines intraindividuellen Systems, welches aus fünf interagierenden Informationsprozesskomponenten besteht.

Intraindividuelles System: Dieses System besteht aus Zielen, Plänen, Kodes, kognitiven Landkarten und Selbstrepräsentationen sowie deren Subsystemen. Grundlegende Ziele sind: Reproduktion, Nahrung, Prestige, das Anlegen kognitiver Landkarten des sozialen und physikalischen Universums. Zur Erreichung der Ziele werden Unterziele generiert, wie Nahrungssuche oder die Suche nach Sexualpartnern. Pläne bestehen aus Verhalten, welches der Erreichung von Zielen dient. Sowohl Pläne als auch Ziele sind hierarchisch organisiert. Kodes sind kognitive Strukturen, welche Informationen organisieren und Kommunikation ermöglichen. Beispiele grundlegender Kodes sind solche, welche die Wahrnehmung strukturieren (etwa: Farbsehen), die Tiefenstruktur der Sprache und die Tiefenstruktur der Mythen (vgl. auch Bischof, 1996). Wie Ziele und Pläne besitzen Kodes Subkodes. Kognitive Landkarten konstituieren die vierte Komponente des intraindividuellen Systems, als interne Repräsentationen externer Realität. Wie Simulationsmodelle dienen sie der Generierung von Vorhersagen. Die kognitiven Landkarten umfassen Werte, Objektrepräsentanzen wie das Selbst, Andere oder auch Tiere sowie Konzepte davon, wie physikalische, soziale oder religiöse Systeme funktionieren. Informationen in den grundlegenden kognitiven Landkarten beinhalten vor allem soziale Informationen, sie wurden in unseren angestammten Umwelten zur Fitnesssteigerung selegiert.

Schließlich gehört zum intraindividuellen System eine Repräsentation des Selbst, die einen zentralen Bezugspunkt der kognitiven Landkarten darstellt. Organismen, welche die externe Realität in einem Modell mit einer Repräsentation ihrer selbst abbilden, erleben nach Barkow (1989) Bewusstsein. Ist die Repräsentation des Selbst genügend komplex, entsteht ein subjektives Selbstbewusstsein.

Mit absteigender Hierarchie steigt die kulturelle Formbarkeit: In Barkows Modell (1989) sind grundlegende Ziele, Pläne und Kodes kulturell universell. Je weiter man jedoch in der Hierarchie Richtung Unterziele, Unterpläne und Unterkodes geht, desto stärker werden diese interkulturell und umweltabhängig variabel. Biologische Faktoren bestimmen somit die Grundlagen, während Unterziel, -pläne und -kodes stärker kulturell geformt werden.

Barkow geht jedoch nicht davon aus, dass unsere Psyche tatsächlich mit Zielen, Plänen und Kodes arbeitet. Er nimmt eher Module, Prozesse oder Subsysteme an, die unterschiedliche Algorithmen verwenden. Diese Algorithmen lassen sich jedoch sinnvoll als Ziele, Pläne und Kodes beschreiben, die sich auf adaptive Probleme beziehen.

Geringere Formbarkeit der Subkodes: Es kann angenommen werden, dass die natürliche Selektion die Replikation von Subkodes mit hoher Kopiergenauigkeit unterstützt, da ein steter Wandel der Realitätskommunikation und -organisation wenig adaptive Vorteile bringen sollte. Dies gilt nicht für Unteraspekte der Subkodes, die anderen Aspekten dienen wie Kommunikation oder Organisation von Wissen (z.B. Sprache als Subkode und Slang als ein Unteraspekt).

Formbarkeit von Subplänen und Subzielen: Andererseits unterstützt die natürliche Selektion die Tendenz, Subpläne und Subziele stets weiterzuentwickeln und zu ändern, um in sich ändernden Umwelten bessere Wege zu finden, adaptive Endziele zu erreichen. Kulturen unterscheiden sich deshalb in erster Linie hinsichtlich des Umfangs, mit dem sie wiederkehrende Unterpläne und Unterziele anbieten.

Geringe Formbarkeit kognitiver Landkarten: Die Grundzüge der kognitiven Landkarten der Einzelperson hält Barkow für ähnlich unveränderlich (durch kulturellen Wandel) wie die Subcodes. Die Art und Weise, wie Menschen ihre Welt repräsentieren, wird in der frühen Kindheit entwickelt und folgende hochorganisierte kognitive Strukturen bauen darauf auf. Verändert sich die ökologische und soziale Umwelt drastisch und schlagen Vorhersagen aus der alten Weltsicht fehl, d.h. erweisen sich Unterziele und Unterpläne als erfolglos, erzeugen Menschen manchmal nach den Visionen eines charismatischen Anführers eine neue Weltsicht. In der Organisationspsychologie etwa wird die Wirksamkeit charismatischer Führer gerade in Krisenzeiten besonders hervorgehoben (Winterhoff-Spurk, 2002). Sie bieten in ihren Visionen nicht selten ganze Weltsichten an, die desorientierten und verunsicherten Mitarbeitern eine Navigationshilfe in einer ihnen fremd erscheinenden Arbeitsumwelt bieten.

Kultureller Informationspool: Unterziele und -pläne, die funktionieren, werden im Informationspool einer Kultur gespeichert. Kulturen sind jedoch dynamisch, es besteht ein ständiger Wettstreit zwischen Unterzielen und -plänen, die von Menschen erfunden und verändert werden. Die jeweilige Ökologie wirkt hierbei eher begrenzend als kausal.

Grundlegende Ziele (primäre Bedürfnisse und Motive) und grundlegende Pläne wurden durch natürliche Selektion in unsere Psyche eingebaut. Trotzdem können maladaptive Verhaltensweisen in einer Kultur entstehen: Information wird fehlerhaft übermittelt, Umwelten mögen sich ändern, so dass einst adaptive Verhaltensweisen maladaptiv werden; und es mag maladaptive Nebenwirkungen ansonsten adaptiven Verhaltens geben.

Barkow nimmt an, dass sich die Aufmerksamkeit, die wir bestimmten kulturellen Inhalten und Verhaltensweisen widmen, teilweise unserer willentlichen Kontrolle entzieht. Die Entwicklung von Unterzielen und -plänen ist deshalb begrenzt durch verschiedene Lern-Biases.

Zusammenfassung

Nach allem lassen sich drei Modelle kultureller Evolution hinsichtlich ihrer Sicht der Kultur unterscheiden: (a) Kulturelle Evolution als analog aber unabhängig von der biologischen Evolution, (b) Kultur als Produkt inklusiver Fitness-Maximierer, (c) Kultur als das Produkt evolvierter „Minds“. Weitere Modelle beschreiben verschiedene koevolutionäre Ansätze und Interdependenzen zwischen biologischer und kultureller Evolution. Es handelt sich um den epigenetischen Ansatz von Lumsden und Wilson, Durhams koevolutionäres Modell, die duale Vererbungstheorie von Boyd und Richerson und Barkows koevolutionäres Modell.

Das Konzept der Meme als evolvierende Replikatoren wurde von Dawkins (1978) eingeführt. Sie gestalten einen der Evolution analogen, jedoch von der genetischen Evolution unabhängigen kulturellen Prozess. Meme müssen keineswegs einen Beitrag zur biologischen Fitness ihres Wirts leisten, sie sind deshalb – wie Gene – als egoistisch zu bezeichnen. Gen und Mem können kooperieren oder in Konflikt zueinander geraten. Häufig lassen sich so genannte Memplexe definieren: Memcluster, die als Ideologie, Glaubenssysteme, Weltsichten oder Selbstkonzepte eine Art Passung und Vernetzung aufweisen.

Darwinsche Anthropologen verstehen Kultur als eine Adaptation, die es Individuen ermöglicht, ihr Verhalten adaptiv zu justieren. Kulturelle Verhaltensweisen werden verstanden als Vehikel genetischer Replikation. Domainübergreifende psychische Mechanismen verrechnen Fitnesskonsequenzen von Verhaltensoptionen (soziales Lernen, Erfolgreiche kopieren, mit Gleichgesinnten kooperieren etc.).

Evolutionspsychologen betonen die geringe genetische Variabilität im komplexen Design evolvierter psychischer Mechanismen, weshalb die Evolutionspsychologie als eine environmentalistische Psychologie verstanden werden kann. Darwinsche Mechanismen sind sensibel gegenüber entwicklungsbedingten wie aktuellen Umwelteinflüssen. Der evolutionspsychologische Ansatz unterscheidet epidemiologische und adoptierte Aspekte der Kultur und erklärt so, wie kulturelle Merkmale sich über die Zeit durch Veränderungen der Umweltbedingungen ändern. Ähnlichkeiten zwischen Kulturen kommen durch vergleichbare Umweltmerkmale zustande. Tooby und Cosmides (1992) betonen, dass neben psychologischen Perspektiven Gruppenprozesse in der Analyse kultureller Phänomene zu beachten sind.

Das koevolutionäre epigenetische Modell (Lumsden & Wilson) betont epigenetische Regeln innerhalb einer Kulturtheorie als evolvierte Constrains der Entwicklung. Die epigenetischen Regeln vermitteln zwischen sozialem System und Entwicklungsbedürfnissen des Individuums. Sie organisieren Wissen, Einstellungen und Glaubenssysteme zu einem evolutionär wettstreitenden Phänotyp. Die so entstehende Kultur wird ihrerseits zu einem Teil der selegierenden Umwelt und wirkt nun auf die Genfrequenzen der in ihr lebenden Population und so auch auf die durch die Genfrequenzen generierten epigenetischen Regeln.

Das koevolutionäre Modell Durhams (1991) beschreibt kulturelle memvermittelte Selektion als Ergänzung der genetischen Selektion. Kultureller Wandel entsteht durch Mem-Allomem-Häufigkeitsänderungen, welche auf unterschiedlichen kulturellen Transformationskräften beruhen (Innovationen, Migrationen, Driften sowie natürliche Selektion, freie Wahl und Impositionen). Entscheidend ist der Einfluss primärer (genetisch determinierter) und sekundärer (kulturell determinierter) Werte auf die Selektion von Memen, im letzteren Fall selegieren Meme einander. Das Modell unterscheidet fünf Mem-Gen-Relationen: Kulturelle Mediation ist gegeben, wenn Meme einen Einfluss auf den Reproduktionserfolg des Genotyps zeigen. Bei einer genetischen Mediation beeinflussen Gene vermittelt durch primäre Werte Allomemverteilungen in einer Kultur. Gene und Kultur können sich unterstützen, gegeneinander arbeiten oder in neutraler Relation zueinander stehen. Das Prinzip der Kongruenz primärer und sekundärer Werte sollte Entscheidungen (Memwahlen, Transmissionen) begünstigen, welche der inklusiven Fitness förderlich sind.

Die Duale Vererbungstheorie (Boyd & Richerson) unterscheidet vertikale (etwa durch Eltern), schiefe (etwa durch Lehrer) und horizontale (etwa durch Peers) kulturelle Transmissionen. Kulturelle Wahlen werden durch Zufälle, natürliche Selektion und Entscheidungsprozesse beeinflusst. Entscheidungsprozesse wiederum können gesteuerte Veränderungen oder so genannte „biased transmissions“ sein. Beobachtbares kulturelles Verhalten mag genetisch optimal, kulturell optimal, beides oder keines von beidem sein. Angesichts des bisherigen Erfolgs der menschlichen Spezies scheinen Gene und Kultur zumeist in einer Abfolge von gegenseitig nützlichen Interaktionen zu existieren.

Das koevolutionäre Modell Barkows betont mentale Strukturen eines intraindividuellen Systems als Erklärungsebene (Ziel, Pläne, Kodes, kognitive Landkarten und Selbstrepräsentationen sowie deren Subsysteme). Grundlegende Ziele (primäre Bedürfnisse und Motive) und grundlegende Pläne, Kodes und Landkarten wurden durch die natürliche Selektion in unsere Psyche eingebaut. Mit absteigender Hierarchie dieser Subsysteme steigt deren kulturelle Formbarkeit. Dies gilt vor allem für Subpläne und Subziele, weniger für Subkodes oder die Untersysteme kognitiver Landkarten. Gut funktionierende Unterziele und -pläne werden im Informationspool einer Kultur gespeichert.

Bilanz

Ausführlich wurden nun die ganz unterschiedlichen Vorgehensweisen und Aspekte dargestellt, die als darwinsches Denken oder adaptive Perspektive beschreibbar sind: Ethologie und Humanethologie wurden skizziert, Soziobiologie und Darwinsche Anthropologie in Abgrenzung zur Evolutionspsychologie und Humanethologie dargestellt. Anschließend wurde erörtert, wie evolutionäres Denken und nicht-evolutionäres Erklären innerhalb der Psychologie konkurrieren oder kooperieren können. Zuletzt wurde der Mensch – im Rahmen evolutionärer Kulturtheorien – als evolviertes Kulturwesen betrachtet.

Als Fazit können wir festhalten: Die Humanethologie – als Biologie menschlichen Verhaltens – untersucht Bewegungsfolgen, Handlungen und Interaktionen. Mit Hilfe ethologischer Basiskonzepte lässt sich die Phylogenese der Emotionen beschreiben (vgl. Kapitel „Humanethologische Emotionstheorien"). Der ursprüngliche Begriff des Instinkts wird zunehmend durch die Konzepte Motivation und Handlungsbereitschaft ersetzt. Motivation beschreibt eher das Gesamt der wirkenden Bereitschaften, während die einzelne Handlungsbereitschaft an einen spezifischen Verhaltensausgang gebunden ist. Die Handlungsbereitschaft entspricht dem früheren Konzept des Triebs, der als innere Komponente eine Instinkthandlung beeinflusst.
Eine zentrale Leistung des Organismus ist es, über periphere und zentrale Filtersysteme Umweltreize auszuwählen. In wechselseitigen Kommunikationssystemen zwischen Organismen werden senderseitig Auslöser (Schlüsselreize) beschrieben. Die Gesamtheit der Verhaltensweisen mit Mitteilungsfunktion wird in der (Human-)Ethologie als Ausdrucksverhalten definiert. Phylogenetisch hat sich das Ausdrucksverhalten in Richtung verbesserter Signalübermittlung als Ritualisierung entwickelt. Kristallisationspunkte solcher Ritualisierungsprozesse sind häufig Intentions- und Übersprungsbewegungen.

Auch die Soziobiologie und die Darwinsche Anthropologie konzentrieren sich wie die Ethologie auf das Verhalten der Individuen, wobei sie besonders am differentiellen Reproduktionserfolg interessiert sind. Sie betrachten Organismen als aktuelle Maximierer ihrer inklusiven Fitness und unterstellen, dass den dazu notwendigen Leistungen in erster Linie domainübergreifende Mechanismen zu Grunde liegen.

Die Evolutionspsychologie versteht sich nicht als eine weitere psychologische Disziplin, sondern als eine neue Sicht auf verschiedene Disziplinen der Psychologie. Sie kritisiert die vor allem in der kognitiven Psychologie verbreitete Annahme einer kleinen Menge domainübergreifender Allzweckmechanismen als Grundlage des menschlichen psychischen Funktionierens. Für die Evolutionspsychologie lässt sich unser Geist in erster Linie als eine „adaptive tool box" beschreiben. Die Evolutionspsychologie sucht nach evolvierten Konstruktionsmerkmalen des Geistes und versucht diese, entlang der Probleme, zu deren Lösung sie gestaltet wurden, zu ordnen. Der Evolutionspsychologie liegen folgende Annahmen zu Grunde: Im Rahmen der Hominisation lassen sich generationsübergreifende Anpassungsprobleme definieren, deren Lösung einen Selektionsvorteil erbrachte. Hierzu haben sich bereichsspezifische evolutionäre psychische Mechanismen gebildet, die als informationsverarbeitende Strukturen den Instinktmodellen der Ethologie vergleichbar sind. Gegenstand der Analyse solcher evolvierter mentaler Mechanismen ist stets auch deren biologische Funktion.

Für die Psychologie kann es vorteilhaft sein, eine evolutionäre Perspektive einzunehmen: Eine solche Perspektive in der Psychologie kann so genannte „warp-drive“-Theorien verhindern. Sie fördert Forschungsfragen, die sonst wegen eines moralistischen Trugschlusses gemieden werden. Evolutionäre Erklärungen sind außerdem häufig auch über Speziesgrenzen generalisierbar, was Untersuchungen an Tieren auch für humanpsychologische Fragestellungen bedeutsam macht.

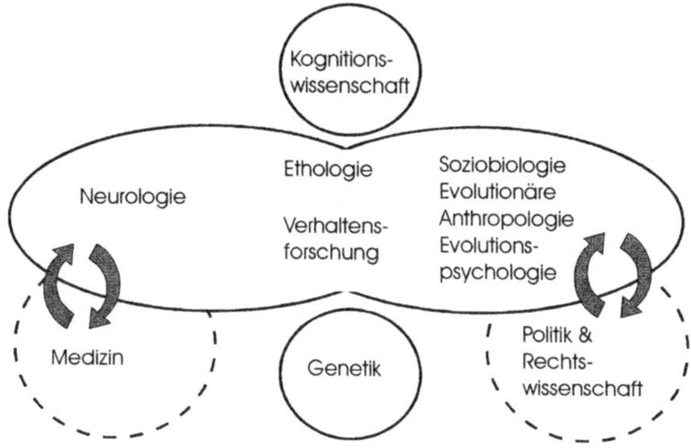

Abbildung 3: Verortung evolutionär-verhaltensorientierter Ansätze (vgl. Mealey, 2000, S. 5)

In Anlehnung an Mealey (2000) kann man verschiedene evolutionär-verhaltenstheoretische Ansätze wie in Abb. 3 dargestellt zueinander in Beziehung setzen. Mealey beklagt die Aufteilung der evolutionären verhaltensorientierten Ansätze in Ethologie, Soziobiologie, Evolutionärer Anthropologie und Evolutionspsychologie. Für die Zukunft kann man vermuten, dass sich evolutionäre Ansätze in den Sozialwissenschaften ausbreiten werden, vor allem in den Kognitionswissenschaften und der Medizin. Gleichzeitig mag die Kluft zwischen Forschern, die sich mit Tierverhalten (und Kognitionen) beschäftigen, und dem Feld der Anthropologie zunehmen. Engere Verbindungen könnten in Zukunft vor allem zwischen den Evolutionstheorien und der Genetik entstehen (zwischen Genetik, Persönlichkeit und Sozialwissenschaften sowie zwischen Verhaltensgenetik, Medizinischer Genetik und Genetisch Evolutionärer Psychiatrie); wobei die Evolutionäre Psychiatrie in Zukunft eine Art Knotenpunkt der verschiedenen Ansätze darstellen könnte.

Trotz dieser möglichen Perspektiven findet man aktuell in den meisten sozialwissenschaftlichen Disziplinen ein Vorurteil, welches besagt, dass Lern- und Kulturfähigkeit des Menschen dazu beigetragen haben, dass er heute in sozialen Gefügen lebt, welche die Berücksichtigung der evolutionären Neigungen dieses Primaten überflüssig macht („Standard Social Science Model“). Für evolutionär argumentierende Wissenschaftler ist ein solches Urteil nicht vernünftig, Lernfähigkeit und Kulturfähigkeit sind ebenfalls Produkte einer Anpassung durch Selektion (culture by nature). Es lassen sich drei grundlegende Modelle kultureller Evolution hinsichtlich ihrer Sicht der Kultur unterscheiden:

- Die kulturelle Evolution wird als analog aber unabhängig von der biologischen Evolution beschreiben.
- Die kulturelle Evolution ist das Produkt inklusiver Fitness-Maximierer.
- Die kulturelle Evolution lässt sich verstehen als das Produkt evolvierter „Minds".

Der epigenetische Ansatz, koevolutionärer Modelle oder die duale Vererbungstheorie beschreiben detailreich verschiedene Interdependenzen zwischen biologischer und kultureller Evolution.

Hinter all diesen unterschiedlichen Vorgehensweisen und Aspekten Darwinschen Denkens lässt sich eine gemeinsame Suchstrategie herausarbeiten, die den Entdeckungskontext dieser Theorien angemessen beschreibt. In den Wissenschaften allgemein lassen sich solche Heuristiken mit Hilfe der Begriffe Struktur und Gestalt sowie Ordnung (innerer Sinn, Gestalt) und Organisation (äußerer Sinn, Struktur) beschreiben. Dabei liefern weder Gestalten noch reine Strukturen einen Zugang zu interessierenden Lebenserscheinungen, vielmehr sind hierfür komplexe Verknüpfungen zwischen dissipativen und konservativen Prozessen verantwortlich. Teleonomie taucht erst in einer Verbindung von Homöostase und Selektion auf. Die in diesem Ansatz gewinnbringenden Heuristiken scheinen die der genetischen (bzgl. Zuordnung von Strukturvorformen in phylogenetische und ontogenetische Entwicklungsgeschichten) und funktionellen Reduktion mit der „inclusive fitness" als Leitidee und ultimater und proximater Fragestellung. Als methodologische Konsequenz für die Psychologie betont Bischof die zentrale Rolle der (naturalistischen) Beobachtung.

Weiterführende Literatur:

Dennett, D. C. (1997). Darwins gefährliches Erbe. Hamburg, Hoffmann und Campe.

Eibl-Eibesfeldt, I. (1997). Die Biologie des menschlichen Verhaltens. Grundriss der Humanethologie. München, Piper.

Crawford, C., D. L. Krebs, (Hrsg.) (1998). Handbook of evolutionary psychology. Ideas, Issues, and Applications. Mahwah, Laurence Erlbaum.

Trivers, R. (2002). Natural Selection and Social Theory. Selected Papers of Robert Trivers. Oxford, Oxford University Press.

Emotionen

Zunächst soll eine grobe Skizze der Probleme, Verfahrensweisen, Theorien und Fragestellungen der Emotionsforschung gegeben werden.

Heterogene Emotionstheorien: Betrachtet man das aktuelle Feld der Emotionsforschung, so treffen ganz unterschiedliche Theorieansätze aus verschiedenen Wissenschaftsbereichen (Psychologie, Soziologie, Physiologie etc.) aufeinander und hinterlassen häufig den Eindruck einer Inkompatibilität. Ihre Heterogenität macht das Fehlen eines einheitlichen theoretischen Rahmens innerhalb der Emotionsforschung deutlich (Merten, 2003; Meyer et. al. 1997, 2001).

Bottom-up vs. top-down: Buck (1999) unterscheidet zur Ordnung des Feldes „bottom up"-Ansätze der Emotionsgenese von „top-down"-Ansätzen. Schachters Theorie einer kognitiven Attribution hinsichtlich des eigenen physiologischen Arousals, stellt ein Beispiel eines „buttom up"-Ansatzes dar. Theorien, die von der Evaluation von Umweltereignissen ausgehen (Appraisaltheorien: Scherer, 2001; Frijda, 1986; Lazarus, 1999) versteht er als „top-down"-Ansätze (für einen Überblick siehe Merten, 2003).

Zugang und Beziehung von Emotion, Motivation und Kognition: Steimer-Krause (1996) stellt fest, dass es in der gegenwärtigen Emotionsforschung keine Einigung darüber gibt, was eine Emotion ist. Die unterschiedlichen Definitionen sind davon abhängig, welche Zugangsweise zu den Phänomenen gewählt wird und wie man die Beziehungen zwischen den Konzepten Emotion, Kognition und Motivation beschreibt. Neben solchen Ordnungsversuchen nach „top-down" und „bottom-up" lassen sich Ansätze also auch hinsichtlich ihrer Betonung verschiedener Funktionen einer Emotion betrachten.

Funktionen: Emotionstheorien und ihre Konzepte unterscheiden sich also in der Schwerpunktlegung hinsichtlich der Funktion der Emotionen:

- Soziale und motivationale Regulierung (etwa: Krause, 1988, 1990, 1998)
- Inneres Handeln und Denken (etwa: Moser, 1983, 1985)
- Umwelt-Bewertung (etwa: Scherer, 1994, 2001)

Außerdem werden verschiedene Eigenschaften einer Emotion unterschiedlich gewichtet:

- interpersoneller Bewertungsaspekt (etwa: DeRivera, 1977)
- disruptiver Charakter beim inneren kognitiven Prozessieren (etwa: Moser, 1983, 1985)
- kommunikative Elemente (etwa: Krause, 1990, 1998; Fridlund, 1994)

Zusammenfassend lässt sich feststellen, dass sich in der Emotionsforschung eine heterogene Vielfalt unterschiedlicher theoretischer Ansätze beschreiben lässt. Eine Möglichkeit, verschiedene Ansätze zu ordnen, ist „buttom-up" (physiologische Arousaltheorien) von „top-down" (etwa Appraisaltheorien)-Ansätzen zu unterscheiden. Entlang der unterschiedlichen Funktionen können Schwerpunktlegungen erfolgen, die dem jeweiligen primären Zugang zum Phänomen der Emotion entsprechen.

Schwerpunkte der Emotionsforschung

Zunächst soll ein kurzer Überblick über verschiedene Grundlagen der Emotionspsychologie gegeben werden (vgl. Merten, 2003). Daran anschließend werden Ansätze kurz umrissen, welche Emotionen als Produkt der Evolution verstehen, bevor wir nach diesem einführenden Kapitel vertiefend auf evolutionäre Emotionstheorien eingehen. Wir werden im Folgenden fragen, wie Emotionen mit unserem Körper interagieren, was Bewertungen mit Emotionen zu tun haben und wie Emotionen in verschiedenen Kulturen untersucht werden.

Perspektiven der Emotionsforschung

Um sich einen Überblick zum Thema Emotionen zu verschaffen, kann man verschiedene Zugänge wählen. Man kann sich fragen, was eine Emotion überhaupt ist. Man kann danach fragen, wie viele Emotionen es gibt. Möglich ist es auch, sich über die Geschichte (Meyer et al., 1997, 2001) oder die emotionspsychologischen Methoden dem Thema zu nähern. Schließlich ergeben sich aus all diesen Perspektiven eine Vielzahl von Fragen, um welche sich die Emotionsforschung bemüht.

Unterscheidungen: Eine Unterscheidung, die sich in der Emotionspsychologie durchgesetzt hat, ist jene zwischen Affekt, Gefühl, Stimmung und Empathie (vgl. Merten, 2003):

Affekt:	heftig, unkontrollierbar
Gefühl:	subjektive Wahrnehmung
Stimmung:	mittel und langfristige Veränderungen, keine Reaktion auf unmittelbare spezifische Reize
Empathie:	Einordnung eines Gefühls in einen situativen Kontext

Komponenten des Affektsystems: Neuere integrative Ansätze (vgl. etwa Scherer, 1990, 1994, 2001; Krause, 1990, 1998; Merten, 2003, Buck; 1999) verstehen Emotionen als Informationsträger für innere und äußere Prozesse. Sie beschreiben das Affektsystem mit Hilfe von fünf Subsystemen (vgl. auch Moser, 1985; Buck, 1983; Scherer, 1984, 2001) oder Komponenten:

Tabelle 3: Emotionen als Mehrebenen-Phänomen (vgl. Merten, 2003, S. 15)

Komponente	*Funktion*	*Subsystem*
Kognitive Komponente	Reizverarbeitung	Informations-verarbeitung
Neurophysiologische Komponente	Systemregulation	Versorgungssystem
Motivationale Komponente	Handlungsvorbereitung	Systemsteuerung
Ausdruckskomponente	Kommunikation von Intentionen	Aktionssystem
Gefühlskomponente	Reflexion, Kontrolle	Monitorsystem

Während viele Autoren die Beschreibung einer Emotion als ein Mehrebenen-Phänomen teilen, besteht Uneinigkeit darüber, wieviele Emotionen auf diesen Ebenen beobachtbar sind bzw. inwiefern grundsätzlich eine endliche Zahl diskreter Emotionen beschreibbar ist (Merten, 2003). Einige Ansätze gehen von Primäremotionen aus oder beschreiben „basic emotions", während andere Emotionen eher dimensional oder als vielfältige Profilvariationen von Bewertungsprozessen verstehen.

Welche Emotionen gibt es also? Darwin beschreibt in seinem Buch „Der Ausdruck der Gemüthesbewegungen bei dem Menschen und den Thieren" (1965) folgende Emotionen: Leiden und Weinen, Gedrücktsein, Sorge, Kummer, Niedergeschlagenheit, Verzweifelung, Freude, Ausgelassenheit, Liebe, zärtliche Gefühle, Andacht, Überlegung, Nachdenken, üble Laune, Schmollen, Entschlossenheit, Hass und Zorn, Geringschätzung, Verachtung, Abscheu, Schuld, Stolz, Hilflosigkeit, Geduld, Bejahung und Verneinung, Überraschung, Erstaunen, Furcht, Entsetzen, Selbstaufmerksamkeit, Scham, Schuld, Schüchternheit, Bescheidenheit und Erröten. Die Liste ist sicher nicht vollständig und zeigt außerdem eine gewisse Beliebigkeit.

Der dimensionale Ansatz (Schmidt-Atzert, 2000) versucht solche Listen von Emotionsworten zu ordnen. Wobei er sie zumeist auf die Dimensionen Valenz (Lust/Unlust, positiv/negativ), Aktivität (Erregung/Ruhe), Potenz (stark/schwach) und Intensität reduziert. Diese Ordnungsbemühungen können jedoch lediglich unser Sprechen über Emotionen beschreiben. Am ehesten wird hier die Gefühlskomponente unserer Emotionen abgebildet, jener Anteil der Emotionen, der uns bewusst zugänglich ist und den wir verbalisieren können.

Geschichte der Emotionspsychologie: Während Ende des 19. Jahrhunderts etwa Watson, James, Wundt und vor allem McDougall Emotionen noch als legitimen Gegenstand der Psychologie betrachteten, verschwand mit dem Aufkommen des Behaviorismus die Untersuchung von Emotionen weitestgehend aus der Psychologie (vgl. Überblick bei Meyer et al., 1997, 2001). Zuvor hatte McDougall (1908/1960) noch die Evolutionstheorie als Grundlage der Sozialwissenschaften gefordert und die Emanzipation der Emotionen von den Instinkten in seiner Theorie beschrieben. Insgesamt konnte er seinen Ansatz jedoch kaum Empirie untermauern und formulierte relativ beliebig eine Vielzahl von Instinkten. Als Spätfolge der „kognitiven Wende" in den 1960er Jahren wurden Emotionen als „kognitive Bewertungen" wieder salonfähig (Izard, 1977; Tomkins, 1962, 1963;

Scherer, 1990, 2001). Aktuell werden Emotionen auch im Kontext der Evolutionspsychologie rege beforscht (Cosmides & Tooby, 2000; vgl. unten).

Methoden: Eine weitere Möglichkeit, sich einen Überblick über das Feld der Emotionsforschung zu erarbeiten, ergibt sich, wenn man unterschiedliche Methoden der Emotionsinduktion betrachtet (vgl. Merten, 2003). Emotionen werden in der Psychologie auf verschiedenen Ebenen induziert. Auf der neuronalen Ebene, durch die Injektion von Neurotransmittern oder Rezeptorenblockern, auf der sensumotorischen Ebene, etwa durch die „direct facial action tasks" oder die „pen-method", auf der motivationalen Ebene, etwa durch Reize wie Geschmack, Geruch, phobische Objekte oder den dargebotenen Emotionsausdruck anderer Personen. Auf der Ebene kognitiver Prozesse kann man Emotionen durch Interviews, zu lösende Aufgaben, Musik, Filme, Imagination etc. induzieren.

Vergleichbar lässt sich auch das Feld der Methoden zur Emotionserfassung strukturieren. Die Gefühlskomponente kann mit Hilfe von Fragebögen, Interviews, Online-Erfassung (etwa durch einen Schieberegler) abgebildet werden. Die kognitive Komponente kann durch direkte Befragungen oder durch indirekte Erfassung etwa mit Reaktionszeiten in Priming-Experimenten beschrieben werden. Die Ausdruckskomponenten lassen sich durch die Analyse und Erfassung der Mimik, der Stimmqualität, der Gestik, Kopf- oder Körperhaltung abbilden. Die neurophysiologische Komponente wird aktuell vor allem mit bildgebenden Verfahren der Hirnforschung untersucht, während die motivationale Komponente über Handlungstendenzen (projektive Tests, Verhaltensbeobachtung etc.) abgebildet wird.

Fragestellungen: Mit diesem Methodeninventar versucht die Emotionsforschung eine Vielzahl von Fragen zu beantworten: Lässt sich der mimische Ausdruck als kulturelle Universalität verstehen? Finden sich eher Emotionskategorien (also Basisemotionen) oder geht man besser von emotionalen Dimensionen aus? Sind Emotionen eher biologisch determiniert oder Produkte der kulturellen Sozialisation? Wie viele Basisemotionen gibt es? Welche sind das? Lassen sich bestimmte Auslöser von Emotionen beschreiben? Welche Rolle spielen Prozesse der kognitiven Bewertung bei der Emotionsgenese? Wie soll man sich die Beziehung von Kognition und Emotion vorstellen? Welchen Einfluss haben Kultur und Geschlecht? Welche Rolle spielen körperliche Prozesse? Inwiefern sind Emotionen kontrollierbar? In welcher Beziehung stehen Emotion und Gesundheit?

Evolutionsbiologische Ansätze der Emotionsforschung

Evolutionäre Ansätze der Emotionspsychologie gehen zumeist auf Darwin zurück. Sie fokussieren nicht selten besonders auf die Untersuchung von Primaten und Säuglingen. Die im Folgenden zu skizzierende Universalitätshypothese ist eine ihrer zentralen Fragestellungen. Zu den in der Psychologie üblichen Fragen gesellt sich in der evolutionären Betrachtung die Frage nach den ultimaten Ursachen emotionaler Phänomene. Neben den aktuellen Evolutionspsychologischen Ansätzen hat vor allem die Neurokulturelle Theorie der Emotionen (etwa Ekman, 1992) eine besondere Stelle innerhalb biologisch orientierter Emotionstheorien.

Ursachen und Funktionen: Auf Darwin sich berufende Argumentationen innerhalb der Emotionsforschung versuchen, evolutionäre Erklärungen unserer Emotionalität zu liefern, hierzu fragen sie – wie in der Biologie üblich – nach ultimaten Ursachen (dem Reproduktionsvorteil eines Verhaltens), nach proximaten Ursachen (den Prozessen und Mechanismen, die ein Verhalten bedingen) sowie nach distalen Ursachen (der Entwicklung des Verhaltens in der Ontogenese). Aus einer solchen Perspektive lässt sich etwa fragen, welchen Sinn es macht, Artgenossen über innere (emotionale) Zustände zu informieren.

Diese Frage bezieht sich auf die kommunikative Funktion von Emotionen. Einige Autoren gehen davon aus, dass Emotionen die Aufgabe haben, die Gruppe über den „Seelenzustand" ihrer Mitglieder zu informieren. Dies soll zur Verhaltenssynchronisation innerhalb der Gruppe führen (vgl. unten). Der Ausdruck von Emotionen machte es zudem möglich, Ankündigung und Ausführung einer Handlung (etwa eines aggressiven Angriffs) zu entkoppeln. Es entsteht so ein Moratorium für sozial intelligentes Handeln bzw. Problemlösen. Die Ethologische Theorie der Mimik (Fridlund, 1994) widerspricht diesem „emotion view" des Ausdrucks und betrachtet emotionale Ausdrücke als kommunikative Akte und weniger als Zustandsmitteilungen. Neben der kommunikativen Funktion betonen evolutionäre Ansätze die organismische Funktion. Emotionen lassen das Individuum flexibel und schnell auf Umweltereignisse reagieren. Wir werden auf diese Aspekte unten vertiefend eingehen.

Primaten und Säuglinge: Studien an Primaten zeigen Übereinstimmung der Mimik hinsichtlich der Emotionen Ärger, Lächeln, Frustration, Trauer und Lachen (vgl. Merten, 2003). Außerdem scheinen Primaten Mimik als Signalsystem (Lippenschmatzen, Spielgesicht, Drohmimik) zu nutzen. Studien an Säuglingen sprechen für eine ähnliche Differenziertheit des Ausdrucks wie bei Erwachsenen. Säuglinge sind dabei sehr früh in der Lage, mimische Ausdrucksmuster zu imitieren und zeigen mimische Expressionen keineswegs zufällig, sondern deutlich kontextabhängig etwa in Reaktion auf Geschmacksproben oder bestimmte Bezugspersonen. Untersuchungen mit blind geborenen Kindern sprechen ebenfalls sehr deutlich für biologisch-evolutionäre Erklärungen unserer Emotionalität (Eibl-Eibesfeldt, 1997).

Universalitätshypothese: Die Untersuchung der Universalitätshypothese der Mimik geht auf Darwins Missionarsstudien zurück. Er hatte mit Hilfe von Fragebögen Missionare weltweit zu Ausdrucksmerkmalen verschiedener Kulturen befragt. Deutlich systematischer haben etwa Ekman (1982) und Eibl-Eibesfeldt (1997) bei verschiedenen „non-TV cultures" Studien zum mimisch emotionalen Ausdruck durchgeführt. In verschiedenen Studien haben Ekman und Mitarbeiter zehn Kulturen verglichen und konnten bei der Affektdekodierung eine Erkennensrate von im Mittel etwa 80 % aufzeigen (vgl. Überblick bei Merten, 2003). Studien mit speziellen Fotosätzen (JACFEE-Studien) zeigten ebenfalls hohe Erkennensleistungen für verschiedene mimische Ausdrucksmuster; happiness: 95%; surprise: 90%; sadness: 80%; disgust, contempt, anger je etwa: 75%; fear: 60%. Auch hinsichtlich der Stimme wurde die Universalitätshypothese emotionalen Ausdrucks untersucht. Parasprachliche Merkmale unserer Stimme scheinen besser als unsere Mimik für den Ausdruck von Langeweile und Ärger geeignet. Die Stimme generiert dabei eine immense Reichhaltigkeit an wahrnehmbaren und messbaren akustischen Parametern. Unter Verwendung sinnloser Sätze wie „had sundig pron you venzy" haben Scherer, Banse und Wallbott (2001) Erkennungsleistungen für Ärger, Trauer, Angst und Neutralität von 74% bis 88% gefunden. Freude wird zu 48% erkannt, während der stimmliche Ausdruck von Ekel schon in einer Vorstudie als nicht erkennbar ausgeschlossen wurde.

Nicht selten haben Autoren, die eher als Appraisaltheoretiker (etwa Scherer, 1990, 2001) oder kognitiv argumentierende Theoretiker beschreibbar sind, auch evolutionäre Überlegungen in ihre Theorien integriert. So hat Frijda (1986) in seinem bio-kognitiven Ansatz Emotionen als Änderung von Handlungsbereitschaft (action tendencies) beschrieben. Sie haben in seiner Theorie aber auch die Funktion der Beziehungsregulation, indem sie Beziehungen verändern oder erhalten. Gerade die evolutionspsychologischen Ansätze liefern Theorien, die sich einer kognitionspsychologischen Beschreibungssprache bedienen und dabei zugleich auf evolutionäre Erklärungen Wert legen.

Die neurokulturelle Theorie von Ekman und Friesen versucht, evolutionsbiologische und kulturelle Einflüsse in einem Ansatz zu vereinen. Orientiert an der sozialen Funktion der Affektsignale, gehen Ekman und Friesen (1982) davon aus, dass eine begrenzte Anzahl von Ausdruckspattern in allen Kulturen auftritt, die zudem teilweise mit denen unserer nahen tierlichen Verwandten übereinstimmt. Beobachtbar ist dies für die Ausdrucksmuster von: *Freude, Trauer, Wut, Ekel, Überraschung, Furcht und Verachtung*. Diese auch *„basic emotions“* (Ekman, 1992) genannten „Primäraffekte“ werden durch zwei Definitionselemente bestimmt (vgl. Merten, 1995, 2003):

1. Es gibt eine bestimmte Anzahl klar unterscheidbarer Emotionen, deren Erfassung die Möglichkeiten dimensionaler Beschreibungen überschreitet.
2. Die spezifischen und gemeinsamen Merkmale der Affekte und ihrer Funktionen sind in erster Linie Resultat evolutionärer Prozesse.

Zu den Charakteristika, welche die „basic emotions“ von anderen affektiven Phänomenen unterschieden, zählt Ekman (1992):

- Kennzeichnendes universelles Signal,
- Auftreten auch bei anderen Primaten,
- kennzeichnende Physiologie,
- kennzeichnende Gleichartigkeiten in den vorausgehenden Ereignissen,
- Kohärenz in der emotionalen Antwort,
- schnelles Onset,
- kurze Dauer,
- automatische Bewertung,
- unerwünschtes Auftreten.

Ekman (1992) geht hinsichtlich der Bewertungsmechanismen von zwei Prozessen aus. Ein sehr schneller Verarbeitungsprozess im Bereich von Millisekunden, der automatisch funktioniert und durch arttypische Verhaltensmuster, physiologische Reaktionen auf der Basis festverdrahteter Prozesse gekennzeichnet ist. Hierbei werden neben einer biologischen Determinierung aber auch (soziale) Lernprozesse angenommen. Der zweite Bewertungsprozess ist eine ausgedehnte, bewusst und willkürlich ablaufende Verarbeitung. Die neurokulturelle Theorie Ekmans postuliert, dass mimisch-affektives Verhalten Informationen an Artgenossen übermittelt, die Auskunft geben über vorausgehende Situationen und Ereignisse, den damit einhergehenden Reaktionen des Organismus und dem zu erwartenden Verhalten. Jedoch gesteht er ein, dass es keine empirischen Befunde gibt, die Aussagen darüber zulassen, was das mimisch-affektive Verhaltensmuster im jeweiligen Fall signalisiert. Als vorläufige Kriterien für einen hinreichenden Schluss auf das Vorhandensein eines Affektes („occuring emotion") nennt der Autor (Ekman, 1992):

1. Komplexe Veränderungen innerhalb des Verhaltenssystems, die eine Kombination aus mimischen, skeletalen, vokalen und physiologischen Elementen darstellen.
2. Diese Veränderungen müssen schnell und organisiert erfolgen.
3. Einige dieser Veränderungen sollen allen Menschen gemeinsam sein, einige sollen auch bei verwandten Spezies auftreten.

Die neurokulturelle Theorie nimmt jedoch auch „display rules" an, die Ergebniss des Einflusses sozialer Lernprozesse beim Ausdruck von Emotionen sind. Durch soziales Lernen entsteht ein Regelwerk für den Ausdruck von Emotionen in Abhängigkeit von unterschiedlichen Situationen. Emotionen können dann deintensiviert werden, sie können übertrieben ausgedrückt werden, sie können durch den Ausdruck anderer Emotionen maskiert werden oder es kann versucht werden, sich affektlos („Pokergesicht") zu geben.

Auf die spezielle Perspektive, mit der sich die Evolutionspsychologie innerhalb der evolutionären Perspektiven der Frage der Emotionen nähert, werden wir später vertiefend eingehen.

Appraisaltheoretische Ansätze der Emotionsforschung

Wie bereits erwähnt wurden Emotionen im Zusammenhang mit der „kognitiven Wende" in der Psychologie als kognitive Bewertung betrachtet. Magda Arnold (1960) hat als erste Emotionen als Bewertungsprozess hinsichtlich des Schadens oder Nutzens von Umweltereignissen definiert. Lazarus (1999) hat Bewertungen (Appraisals) im Kontext der Untersuchung von Stress und Copingverhalten betrachtet. Vor allem Scherer (1984, 2001) hat ein Komponentenprozessmodell entwickelt, welches verschiedene Sequentielle Evaluation Checks (SEC) bei der Entstehung einer Emotion annimmt.

Arnold (1960) betont, dass Bewertungen von Schaden oder Nutzen eine zentrale Rolle bei der Entstehung von Emotionen spielen. Einer Situationswahrnehmung folgt eine Bewertung dieser Aspekte, die dann zu einer bestimmten Emotion führt. Diese Bewertungen (Appraisals) erfolgen direkt, automatisch und unreflektiert. So werden aufgrund dieser Bewertungen ein Bär im Zoo, ein Bär in einem Film oder ein Bär, der einem im Wald gegenübersteht, emotional gänzlich verschieden erlebt. Diese kognitiven Bewertungen sind jedoch nicht als bewusstes, zielgerichtetes Denken bzw. Problemlösen zu verstehen.

Lazarus (1991, 1999) vermutet, dass verschiedene Situationen nur in Bezug auf Ziele und Absichten gut oder schlecht sind. Abhängig von den eigenen Bewältigungsmöglichkeiten werden sie verschieden bewertet. Er unterscheidet ein primäres Appraisal, hinsichtlich der Relevanz der Situation für die Person und der Beeinträchtigung von Zielen der Person, von einem sekundären Appraisal, das sich auf die Folgen des Ereignisses, auf den Verursacher und die Möglichkeit, auf die Folgen Einfluss zu nehmen, bezieht. Im Prozess der Bewertung vermutet er ein wiederholtes Reappraisal andauernder Situationen. Lazarus nimmt „core relational themes“ hinter verschiedenen Emotionen an (vgl. Merten, 2003):

anger	– a demeaning offence against me and mine
anxiety	– facing uncertain, existential threat
fright	– facing an immediate, concrete, and overwhelming physical danger
guilt	– having transgressed a moral imperative
same	– having failed to live up to an ego-ideal
sadness	– having experienced an irrevocable loss
envy	– wanting what someone else has
jealousy	– resenting a third party for a loss or threat to anothers's acute affection
etc.	

Scherer (1988, 2001) postuliert hinsichtlich seiner Sequential Evaluation Checks folgende Bewertungen:

Relevanz:	Neuheit, Angenehmheit, Zielrelevanz
Implikationen:	Verursachung, Wahrscheinlichkeit, Folgen, Dienlichkeit, Dringlichkeit
Bewältigungspotential:	Kontrolle, Macht, Anpassung
Verträglichkeit mit internalen und externalen Standards:	Normen

Modale Emotionen: Scherer (1994, 2001) definiert Emotion zudem hinsichtlich der Komponenten des Affektsystems als eine Sequenz aufeinander bezogener, synchronisierter Änderungen aller organismischer Subsysteme. Diese Änderungen erfolgen als Antwort auf die Evaluation interner oder externer Stimuli, welche relevant für die Belange des Organismus sind. Eine Emotion wird also durch das Muster aller synchronisierten Änderungen der unterschiedlichen Komponenten über die Zeit konstituiert. Eine Emotion erscheint so als eine Episode innerhalb eines Zeitfensters, in welchem die Komponenten über Feedback- und Feedforeward-Effekte synchronisiert werden. Dies widerspricht den Ansätzen zu prototypischen oder diskreten Emotionen und lässt erwarten, dass solche Emotionsepisoden ebenso variabel sind, wie die appraisal-determinierten kumulativen Muster, welche durch die Synchronisation der Subsysteme generiert werden (Scherer, 1994, 2001). Der Autor schlägt deshalb vor, statt von diskreten, basalen oder primären Emotionen besser von *modalen Emotionen* zu sprechen. Diese sind charakterisiert durch ein prototypisches Muster des Appraisals und ein korrespondierendes Muster in den einzelnen Komponenten.

Modale vs. primäre Emotionen: Scherer (1994) betont, dass es keine größere intra- oder interkulturelle Studie gibt, welche natürlich auftretende Gesichtsausdrücke in Standardsituationen untersucht und den Anteil an Prototypikalität oder Variabilität der Gesichtsausdrücke abschätzt. Dabei zeigt er auf, dass es nicht so genannte universelle Standardsituationen sind, welche Gesichtsausdrücke hervorrufen, sondern die Bewertung (Appraisal) derselben, auf dem Hintergrund der Bedeutung der Situation für den Einzelnen. In diesem Zusammenhang geht er in natürlichen Situationen eher von einer hohen Variabilität der Appraisalschritte und der daraus folgenden Expression aus. „Basic“ oder „fundamental emotions“ scheinen ihm eher Häufungen von typischen Appraisalkombinationen, welche den entsprechenden Ausdruck generieren, der dann auch sprachlich mit einem Etikett versehen wird. Zu beachten ist außerdem, dass die Kulturuniversalität der „basic emotions" durch die Vorgabe visueller Stimuli überprüft wurde. Die Primäraffekte beziehen sich somit auf den motorisch-expressiven Signalanteil des Affektsystems, beinhalten also lediglich Emotionen, welche durch visuell eindeutige Signalmuster repräsentiert sind und somit zuerst der Interaktionsregulierung dienen.

Physiologie und Emotion

Emotionen und Körper: Emotionen sind eng verbunden mit körperlichen Reaktionen. Einige Emotionstheorien betonen periphere körperliche Prozesse, während andere zentralnervöses Geschehen besonders hervorheben. Eine entscheidende und häufig untersuchte Frage ist die nach spezifischen physiologischen Reaktionsprofilen im Kontext emotionalen Geschehens. Aber auch die „facial feedback hypothese" und Studien zur Körperwahrnehmung sind Gegenstand emotionspsychologischer Forschung. Ebenfalls körpernah sucht die Neurobiologie bzw. -psychologie unter Verwendung spezieller Methoden nach dem Einfluss der Gehirnhemisphären, spezifischer Hirnareale oder der Neurochemie des Nervensystems.

Der auf James und Lange zurückgehende peripherphysiologische Ansatz einer Emotionstheorie geht sozusagen davon aus, dass „wir traurig sind, weil wir weinen". Die Wahrnehmung eines Ereignisses führt demnach zur (peripher-physiologischen) körperlichen Reaktion, deren Empfindung oder Wahrnehmung wir als Emotion interpretieren. Gegen diese periphere Theorie hatte Cannon (1927) seine zentralistische Theorie entwickelt, die die primäre Rolle des Gehirns betont. Experimente konnten zeigen, dass periphere körperliche Reaktionen bei der Genese einer Emotion nicht unabdingbar sind, jedoch einen Einfluss auf die Intensität der Emotion haben (vgl. Überblick bei Merten, 2003)

Die Suche nach spezifischen physiologischen Profilen, die Emotionen begleiten, ist besonders für evolutionsbiologische Theorien von besonderer Bedeutung. Evolutionäre Theorien vermuten (zur Handlungsvorbereitung/action tendencies) spezielle physiologische Profile für Angst, Ärger und Ekel, nicht jedoch für Freude, Überraschung oder Verachtung. Auch bio-kognitive Theorien wie etwa Scherers Appraisal Ansatz (2001) gehen davon aus, dass das spezifische Appraisal quasi-autonome physiologische Prozesse koordiniert. Die Erfassung spezifischer physiologischer Profile gestaltet sich jedoch keineswegs einfach (Stemmler, 1998, 2001). Zunächst muss gefragt werden, welche Variablen erfasst werden sollen: Herzfrequenz, Hautleitfähigkeit, Fingertemperatur, Blutdruck, Herzschlag oder der Schlagvolumenindex. Dabei ist strittig, wie valide die einzelnen Variablen für die jeweilige untersuchte Emotion sind. Neben der Frage, welche Variablen geeignet sind, stellt sich aber auch die Frage, wann gemessen werden soll. Sollen Phasen oder Zeitpunkte erfasst werden? Welche? Wie ist ein neutraler Zustand (als Baseline) zu erheben?

Trotzdem konnte die Untersuchung physiologischer Profile zeigen, dass Emotionen keineswegs lediglich als Erregung zu beschreiben sind, die nach einer Erklärung verlangt (Schachter & Singer, 1962). Physiologische Erregung ist nicht beliebig plastisch.

Als körperliche Reaktion lässt sich auch unser mimisches Verhalten beschreiben. Die „facial feedback hypothese“ (ffh) geht davon aus, dass diese Reaktionen mehr oder weniger stark unser emotionales Empfinden beeinflussen. Die Hypothese liegt in drei Formen vor: Die starke ffh hält mimische Reaktionen für eine hinreichende Beendigung einer Emotion. Die abgeschwächte ffh vermutet, dass unsere Mimik bis zu einem gewissen Grad unseren emotionalen Zustand verändert. Die schwache Form der Hypothese geht nur bei Übereinstimmung der Situation, in der man sich befindet, und mimischen Reaktion von einer Wirkung aus.

Neuropsychologie: Die Neuropsychologie hat verschiedene Zugangwege zur Untersuchung der Emotionen entwickelt. Sie analysiert Läsionen, Verletzungen und Erkrankungen des Gehirns. Sie führt Experimente durch oder versucht im Rahmen von chirurgischen Eingriffen Stimulationen bestimmter Gehirnareale vorzunehmen oder an bestimmten Stellen Elektroden zu implantieren. Injektionen sind ein weiterer Weg, das Gehirn neurochemisch zu beeinflussen und die Wirkung auf das emotionale Erleben und Verhalten zu untersuchen. Aktuell werden in erster Linie bildgebende Verfahren wie die Elektroencephalographie (EEG) die Positronen-Emissions-Tomographie (PET) oder die funktionelle Magnetresonanztomographie (fMRT) eingesetzt (vgl. Merten, 2003).

Die Neuropsychologie der Emotionen untersucht die Hirnhemisphären auf der Grundlage der Lateralisierungshypothesen. Eine der Hypothesen besagt, dass Emotionen in der rechten Hemisphäre lokalisiert sein sollen. Während eine andere Hypothese vermutet, dass links positive Emotionen und rechts negative Emotionen verortbar seien. In weiteren Varianten werden links Emotionen der Annäherung und rechts jene der Vermeidung lokalisiert oder es werden links prosoziale und rechts egoistische Emotionen vermutet (Buck, 1999).

Neuropsychologische Forschung untersucht des Weiteren die Rolle spezifischer Hirnareale. Im Zusammenhang mit Emotionen wird u.a. das limbische System (Gyrus cinguli, Amygdala, Hippocampus) untersucht. Es scheint als „pleasure center“ eine wichtige Rolle zu spielen. Kritisch diskutiert wird die Einteilung des Gehirns in drei Segmente (triune brain), die verschiedenen Strukturen verschiedene phylogenetische Phasen zuordnet (Reptilien, Paleomammalian, Neomammalian) und diese mit verschiedenen Aspekten unserer Emotionen in Zusammenhang bringen (Vroon, 1993; Buck, 1999). Eine weitere Struktur, die im Zusammenhang mit Emotionen untersucht wird, sind die Amygdala (die Mandelkerne). Sie scheint u.a. für Relevanzzuschreibung zu Umweltereignissen und Objekten zuständig. Die Mandelkerne dienen als eine Art Frühwarnsystem, welches direkt präkognitiv Informationen verarbeitet. So lässt sich z.B. unter Angst eine deutlich niedrigere Verarbeitungsgenauigkeit beobachten (LeDoux, 1998).

Untersuchungen der Neurochemie spielen in der Hirnforschung eine weitere wichtige Rolle. Opioide wie ß-Endorphine, Enkephaline, Dynorphine zeigen deutliche Effekte auf unsere Emotionen. Hormone wie Testosteron, ein anaboles Steroidhormon, zeigen ebenfalls in einigen Studien einen Zusammenhang mit Aggressivität und Kriminalität oder eine Bezug zu Dominanz- und Überlegenheitsgefühlen oder positivem Selbstwert.

Kultur und Emotion

Die Untersuchung von Emotionen im Kulturvergleich steht zunächst vor dem Problem zu definieren, was eine Kultur ist und wie sich Kulturen voneinander abgrenzen lassen. Hofstede (1991) etwa schlägt vor Kulturen entlang verschiedener Merkmale zu charakterisieren:

- Individualismus – Kollektivismus
- Machtdistanz (Rangunterschiede)
- Sicherheit – Risiko
- Enge der Geschlechterrollen

Kulturelle Unterschiede lassen sich dann entlang der verschiedenen Komponenten einer Emotion untersuchen (vgl. Merten, 2003). Unterscheiden sich Kulturen hinsichtlich des subjektiven Erlebens (etwa: Analyse von Emotionsworten)? Unterscheiden sie sich hinsichtlich der Bewertungsprozesse oder der Handlungstendenzen, die sich aus Emotionen ergeben? Finden sich Unterschiede in der emotionalen Expression oder in den physiologischen Reaktionen?

Untersuchungen unterschiedlicher Kulturkreise zeigen einen kulturspezifischen Fokus auf verschiedene Emotionen. Bestimmte Emotionen sind in unterschiedlichen Kulturen eher „hypercognized" oder „hypocognized", finden also besondere Aufmerksamkeit oder bleiben eher unbeachtet (vgl. Merten, 2003). Oben hatten wir bereits kulturspezifische „display rules" für bestimmte Situationen in unterschiedlicher Kulturen erwähnt. In der Emotionssoziologie werden von Hochschild (1990) „feeling rules" im Kontext sozialer Rollenvorstellungen beschrieben. Der Ansatz der Appraisal Theorien erklärt kulturelle Unterschiede durch verschiedene Bewertungen innrhalb eines grundlegend gleichen Bewertungsprozesses. Bewertungsdifferenzen werden durch verschiedene Lebensbedingungen und Situationsinterpretation erklärt. Die sozial-konstruktivistische Theorie (Averill & Nunley, 1993) nimmt an, dass biologische Einflüsse lediglich evolutionäre Überbleibsel darstellen und sich Emotionen besser als sozialisierte Rollen beschreiben lassen.

Zusammenfassung

Es findet sich in vielen aktuellen integrativen Ansätzen eine Unterscheidung verschiedenster Komponenten des Affektsystems hinsichtlich Expression, Physiologie (Neurophysiologie/Peripherphysiologie), Motivation/Verhaltensanbahnung, innere Wahrnehmung, verbalisierbares oder nicht verbalisierbares Erleben des Affektes. Theoretische Ansätze, die sich an der sozialen Funktion der Affekte orientieren und die expressive Komponente als Zugang wählen, formulieren teilweise Primäraffekte oder „basic emotions". Im Kontrast dazu nimmt Scherer, als ein Vertreter der Appraisalansätze, „modale Emotionen" an, deren Expression von dem jeweiligen kognitiven Bewertungsprofil eines Ereignisses abhängt und unendlich facettenreiche Emotionsprofile und Expression generiert. Fundamentale oder basale Emotionen erscheinen in diesem Ansatz lediglich als Häufigkeitsphänomen. Die Emotionsforschung verwendet eine Vielzahl unterschiedlicher Methoden zur Untersuchung unserer Emotionalität, die sich entlang der beschriebenen Komponenten des Affektsystems ordnen lassen. Verschiedene Emotionstheorien lassen sich jedoch keineswegs einfach Theoriefamilien zuordnen, vielmehr betonen die verschiedenen Autoren unterschiedliche Perspektiven oder stellen bestimmte Zugänge in den Vordergrund ihrer Argumentation.

Wir haben im Kapitel „Evolution: Darwin Erbe“ herausgearbeitet, dass sich aus einer biologisch-evolutionären Grundhaltung Folgen ergeben sowohl hinsichtlich der verwendeten Heuristiken als auch hinsichtlich der Methoden innerhalb der Psychologie. Auch bei den nun anschließenden Betrachtungen wird eine für die Biologie typische technomorphe Perspektive verwendet. Zudem wurde bisher immer wieder unterstrichen, dass die Beachtung der Vorformen des zu untersuchenden Funktionsgefüges von zentraler Bedeutung ist. Hinsichtlich der Emotionen müssen also die spezifischen Präadaptationen oder Exaptationen (siehe unten) Beachtung finden. Um das Funktionieren eines evolvierten Affektsystems zu verstehen, muss den phylogenetischen Vorformen bei einer Funktionsanalyse Rechnung getragen werden. Diskutiert man Emotionen im Rahmen der Ethologie, so sind sie im Umfeld der Konzepte *Handlungsbereitschaft* oder *Motivation* zu suchen bzw. in der frühen Verhaltensforschung auch in der Nähe der Idee eines *Triebs* als innere Komponente, die den Ablauf einer bestimmten „Instinkthandlung“ beeinflusst. Beschreibt man Emotionen im Rahmen der Evolutionspsychologie, so lassen sie sich als Musterbeispiele *evolvierter psychischer Mechanismen (EPM)* darstellen. Im Folgenden sollen zwei streng evolutionär argumentierende Ansätze vorgestellt werden (Humanethologie/Evolutionspsychologie), bevor ein eher integrativer ordnender Ansatz umrissen wird.

Humanethologische Emotionstheorie

Zunächst soll in erster Linie die humanethologische Emotionstheorie Bischofs exemplarisch und vertiefend vorgestellt werden. Dabei wird weniger auf die Erklärung spezifischer Emotionen fokussiert, als vielmehr auf Annahmen hinsichtlich der Phylogenese und Funktionsweise des Affektsystems. Hierzu werden die im Kapitel „Humanethologie“ eingeführten Grundbegriffe als Bausteine einer Theorie der Emotionalität Verwendung finden (Taxis, Instinkt, Anreize, Ausdrucksbewegung, etc.). Es stellt sich die Frage, wie etwa Stimuli der Umwelt in einem inneren Motivationsraum ihre Wirkung auf das System „Organismus“ entfalten. Auch gilt es, die Beziehung zwischen Kognition und Emotion in ethologischen Emotionstheorien zu beleuchten, wobei die Rolle der Konzepte Selektion und angeborene bzw. ökologische Umwelt zu klären ist. Die Entwicklung der Mimik als bedeutendes Ausdrucksmittel wird auf dem Hintergrund der Evolution der Säugetiere betrachtet. Affektansteckung, Empathie und Perspektivenübernahme werden als weitere Merkmale sozial organisierter Individuen diskutiert. Auf dieser Ebene sozial lebender Organismen stellt sich das Problem des Antriebsmanagements im Abgleich mit Gruppenmitgliedern. Vor allem Primaten zeigen Fähigkeiten zur Phantasie und produktivem Denken, diese Leistungen müssen ebenfalls im Entwurf einer ethologischen Emotionstheorie Berücksichtigung finden. Dabei kann davon ausgegangen werden, dass in der Phylogenese des Affektsystems nichts verlorengegangen ist, es ist vielmehr neues hinzugekommen, welches sich aus der evolutionären Basis herausdifferenziert hat.

Vertikale Integration: Ist es überhaupt sinnvoll, die immense Vielfalt menschlicher Emotionalität mit biologischen Gegebenheiten in Beziehung zu setzen? Ist es nicht wesentlich gewinnbringender, Emotionen im Kontext sozialer Regelwerke zu betrachten und ihre Rolle bei der Aufrechterhaltung eines Sozialgefüges zu beleuchten (vgl. sozialkonstruktivistische Ansätze, etwa Averrill & Nunley, 1993)?

Viele Ansätze begnügen sich mit einer „horizontalen Form des Argumentierens" und verbleiben innerhalb einer Systemebene. Gerade die Biologie bietet jedoch so genannte „Längsschnitttheorien" an, die systemübergreifende Gültigkeit besitzen sollen und somit auch den Anspruch haben, wesentliche Beiträge für den Humanbereich liefern zu können (etwa Wilson, 1998). Als Beispiele solcher Längsschnitttheorien lassen sich die Evolutionstheorie und die „genetische Epistemologie" anführen, die beide die Systemtheorie als Grundlage verwenden (Wimmer, 1995). In diesem Zusammenhang spricht auch Bischof (1988) von „funktionalen Sinnprinzipien" der Emotionalität, die sich auf verschiedenen Systemebenen auffinden lassen. Die biologisch-evolutionäre Betrachtungsweise unterstellt ein „Hindurchreichen biologischer Mechanismen und Prinzipien durch verschiedene Schichten der untersuchten Systeme" (Wimmer, 1995, S. 89; Barkow, 1989).

Die Geburtsstätte der Emotionalität

Evolutionsbiologische Emotionspsychologien gibt es schon seit Beginn der Psychologie als Wissenschaft (Darwin, 1872/1965; McDougall, 1908/1960). Um dem Kristallisationspunkt der Emotionalität in der Evolution auf die Spur zu kommen, wird die Beziehung des Organismus zu seiner Umwelt beleuchtet.

Organismen als Systeme: Bischof (1989) konzipiert Organismen als offene Systeme. Vom Moment der Befruchtung an interagiert die jeweilige Umwelt ständig mit dem Genom. Es lassen sich drei Umwelt-Organismus-Interaktionen unterscheiden:

Alimentation: Die Gesamtheit solch positiver und negativer Umwelteinflüsse lässt sich als Alimentation definieren. Hierzu gehören Einflüsse wie die Schwerkraft und das Vorhandensein von Sauerstoff, aber auch Stoffe und Organismen, welche Infektionen, Vergiftungen oder Verletzungen verursachen.

Stimulation: Hiervon zu unterscheiden sind Stimulationen, welche als Umwelteinflüsse auf niedrigem Energieniveau zu bezeichnen sind und so direkt keine alimentativen Effekte verursachen (leichte Temperaturschwankungen, mäßige Sonneneinstrahlung, Gerüche etc.).

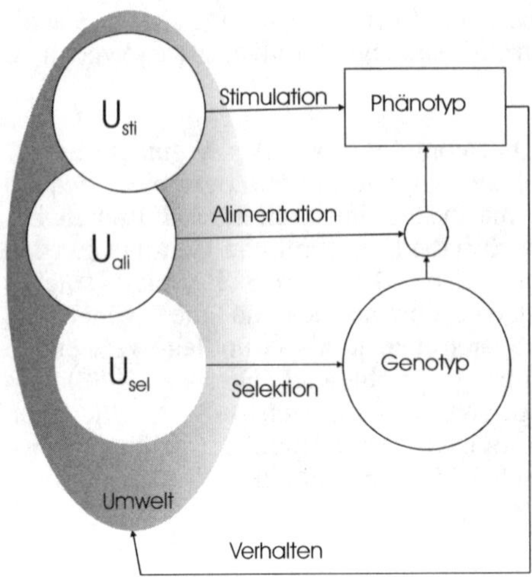

Abbildung 4: *Anlage-Umwelt-Interaktion, nach Bischof, 1989, S. 189*

Erläuterung: *USti: durch Stimulation vermittelbare, niedrigenergetische Umweltanteile, UAli: als Alimentation wirkende Umweltanteile, USel: Umweltanteile, welche selektiv wirken.*

Der Organismus verstärkt dabei durch seine sensorischen Strukturen bestimmte Reize, so dass diese sogar alimentative Effekte generieren können (Überlappung der Kreise U_{Sti} / U_{Ali}). *Alimentative Stimulation* liegt vor, wenn bestimmte Reize sich auf Reifungsvorgänge auswirken oder sogar die individuelle Existenz des Organismus bedrohen; etwa wenn die fehlende emotionale Präsenz der Mutter sich als nachteilig für die psychosomatische Entwicklung des Kindes erweist. Reize (Stimulationen) wirken zuerst verhaltenssteuernd, wobei der Phänotyp ihre Wirkung kanalisiert. Das jeweilige Verhalten wirkt dann im Idealfall adaptiv auf die Umwelt zurück.

Selektion: Es lässt sich zudem eine dritte Klasse von Umweltfaktoren finden, welche auf die Fortpflanzungschancen des Organismus wirken und so den Genotyp verändern können (Bischof, 1989). Diese Umweltwirkungen kann man als Selektion definieren. Auch hier entsteht eine Schnittmenge mit alimentativen Faktoren. Alimentative Effekte, welche in erster Linie die Nachkommenzahl modifizieren, wirken selektiv (*alimentative Selektion*: z.B. Brutpflegebereitschaft). Trifft Alimentation auf genotypische Differenziertheit, kann sie selektiv wirken (z.B.: Giftresistenz bestimmter Schädlingsmutationen).

Anpassung: Adaptives Verhalten bedeutet, dass das in der Abbildung 4 gezeigte Feedbacksystem sich in einem homöostatischen Gleichgewichtszustand befindet. Alimentation und Genotyp generieren und erhalten gemeinsam einen Phänotyp, der Stimulation so in Verhalten umsetzt, dass dieses die Umwelt zu einer selektiven Bestätigung seiner selbst veranlasst. Die nötige präzise abgestimmte Korrespondenz nennt man *Adaptation*, die dazu passende Umwelt nennt man *„natürliche Ökologie"* oder *„angeborene Umwelt"* des Phänotyps (vgl. EEA „Environment of Evolutionary Adaptedness"). Das erwähnte Gleichgewicht wird nur kurzfristig erreicht, ansonsten findet sich ein Druck auf das System, über Verhalten seinen Zustand zu verbessern.

Anpassungsdrücke: Dieser Druck lässt sich auf drei Ebenen beschreiben (Bischof, 1989; vgl. auch Wilson, 1998):

Selektionsdruck: Der Genotyp befindet sich in einer konstanten, aber nicht natürlichen (angeborenen) Umwelt. Das Verhalten ändert sich in phylogenetischen Zeiträumen, auf der Ebene des aktuellen Genotyps ist es nicht voll adaptiv. In diesen Kontext gehören dysfunktionelle Aspekte der Emotionalität. In unserem Fall entspricht die technisch-urbane Zivilisation kaum mehr unserer angeborenen Umwelt und somit der in ihr evolvierten Emotionsfunktionalität.

Alimentationsdruck: Er bedroht die individuelle Existenz und Reifung in ontogenetischen Zeiträumen.

Stimulationsdruck: Er nimmt eine Sonderstellung ein, da Reize aufgrund ihres niedrigen Energieniveaus aktualgenetisch nicht selbst „drücken". Ihren Druck entfalten Reize erst in dem vom Organismus generierten Motivationsraum.

Die skizzierten Konzepte durchbrechen die Vereinfachung Natur auf der einen, Umwelt auf der anderen Seite. Biologisches Denken berücksichtigt immer beide Aspekte (Buss, 1999; Dennett, 1997).

Zusammenfassend zeigt sich, dass Bischof Umweltreize in einem als Stimulation bezeichneten Prozess beschreibt, wobei in seinem Konzept die Reize, vom Phänotyp kanalisiert (adaptiv in Bezug auf *die Umwelt*), vor allem verhaltenssteuernd wirken. Hierzu konzipiert er einen inneren Motivationsraum. Bei Bischof können nur dort die Stimuli ihren Druck auf das System ausüben, da sie an sich zu energiearm sind, um direkt auf den Organismus zu wirken.

Emotion und Kognition – zwischen Homöostase, Taxis, Appetenz und Antrieb

Bedeutung: Wie bereits skizziert, ist die Stimulation für den Organismus energetisch irrelevant, jedoch besitzen Reize für den Organismus semantische Relevanz (innerhalb des von ihm aufgespannten Motivationsraums). Stimulationen haben etwas zu bedeuten und zwar hinsichtlich der alimentativen und selektiven Umweltfaktoren, mit denen diese Reize in der natürlichen Umwelt kausal vernetzt sind. Alimentative und selektive Umwelt existieren also gewissermaßen doppelt, als reale Gegebenheit ($U_{Ali/Sel}$) und als Bedeutungsgehalt ($U*_{Ali/Sel}$) auf einer virtuellen Ebene. Eine Reiznachricht ist wahr, wenn die Bedeutung mit der Realität kongruent ist. Dies muss nicht immer der Fall sein! Bischof (1989) definiert die Bedeutung nicht primär entlang des Bedeutung generierenden Organismus oder Systems, sondern in Relation zur Umwelt oder Realität.

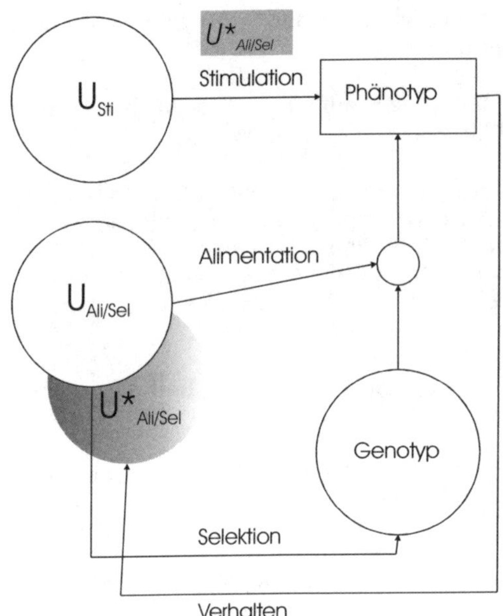

Abbildung 5: *Bedeutung und Umwelt, nach Bischof, 1989, S. 194*

Erläuterung: *$U^*_{Ali/Sel}$: alimentativer und selektiver Bedeutungsgehalt der Umweltstimuli, U_{Sti}: durch Stimulation vermittelbare, niedrigenergetische Umweltanteile, $U_{Ali/sel}$: als Alimentation oder durch Selektion wirkende Umweltanteile.*

Weicht die existierende Umwelt von der natürlichen Umwelt ab, wird die Stimulation ein Verhalten auslösen, dessen Feedback auf die Umwelt diese nicht mehr zu einer Bestätigung des Genotyps veranlasst. Dabei verhält sich ein Organismus auf den Reiz hin so, als wäre er in seiner angeborenen Umwelt. Die Einführung des Begriffs der Bedeutung scheint nach Scherer (1989) auf das Problem der Bewertung (Appraisals) als zentralen Aspekt der Emotionsgenese abzuzielen. Er betont jedoch, dass die Bedeutung (Bewertung) eines Reizes für verschiedene Organismen sehr unterschiedlich sein kann, was eine Feststellung der Kongruenz zwischen Bedeutung und Realität erschwert. Zur Vertiefung der Problematik der Bedeutung im darwinschen Denken empfiehlt sich Dennett (1997, 1999). In diesem Kontext definiert Bischof (1989, S. 195) Kognition wie folgt:

„Ich sehe keine andere Möglichkeit, Kognitionen konsistent zu definieren, als dass wir darunter jeden Prozess verstehen, der potentiell wahre Abbildungen von Umweltmerkmalen liefert. Kein Lebewesen, auch das primitivste nicht, kann überleben und seine Fitness maximieren, wenn es nicht auf seine Weise die Umwelt ‚erkennt'. In diesem Sinne ist nicht nur das rationale Denken, sondern auch bereits jeder – wie Brunswik (1934) sagt – ‚ratiomorphe' Prozess bis hinunter zur Wahrnehmung eine kognitive Aktivität, und die Emotion eben auch. (...) Die Gefühle sind weder prä- noch postkognitiv, sie sind selbst kognitiv."

Auch Buck (1999) versteht Affekte als eine Art Kognition (s.u.), eine Form des Wissens. Dabei unterscheidet er „syncretische" Kognitionen von analytischen Kognitionen. Erste kann man als heiß, holistisch, direkt, selbstevident bezeichnen, während analytische Kognitionen als kalt, sequentiell und seriell definiert sind. Analytische Kognitionen und das damit verbundene Wissen werden konstruiert durch eine Restrukturierung und Prozessierung von Wahrnehmungsdaten in einer internen Repräsentation der Realität.

Biologische Struktur der Emotion: Der Zustand eines Organismus zu einem spezifischen Zeitpunkt lässt sich nach Bischofs (1989) biologischer Strukturlehre der Emotion als Punkt in einem Raum darstellen, welcher vereinfacht durch zwei Parametergruppen zu charakterisieren ist: *Umweltvariablen und Bedarfslage*. Über diesem Zustandsraum lässt sich eine Gewichtsfunktion legen, welche die lokalen Fortpflanzungschancen abbildet (Fitness-Potential). Sowohl Umwelt als auch Bedarfslage ändern sich spontan, es entstehen Driftkräfte, welche den Zustandspunkt in ungünstige Bereiche drängen können, so dass die Verhaltensweisen des Organismus versuchen, dem entgegen zu steuern. Gelingt dieses Navigieren in günstigere Bereiche, kann man von adaptivem Verhalten sprechen. Verkompliziert wird diese Leistung durch Barrieren im Zustandsfeld. Außerdem sind die Fitness-Potentiale nicht direkt wahrnehmbar, so dass Bewegungen im Zustandsraum meist als Umweghandlungen imponieren.

Darwinsche Geschöpfe: Einfache Organismen haben das Wissen über die Steuerung des Zustandspunktes im Genom gespeichert, wobei diese Verhaltensrepertoires meist nur in der natürlichen Umwelt adaptiv sind, es handelt sich um die oben eingeführten Instinktbewegungen und konsumatorischen Erbkoordinationen. Meist sind Erbkoordinationen mit Orientierungshandlungen (Taxisbewegungen) zu funktionellen Einheiten integriert, die als Instinkthandlungen bezeichnet wurden (s.o.). Diese können wiederum über Lernprozesse zu komplexen funktionellen Einheiten zusammengefasst werden (Eibl-Eibesfeldt, 1997). Dank dieser Flexibilität beschränken sie sich nicht auf einen Punkt im Zustandsraum, sondern auf einen mehr oder weniger großen Einzugsbereich. Auf diese Weise beschreibbare Organismen bezeichnet Dennett (1997, S. 520) als *„darwinsche Geschöpfe"*, ihnen ermangelt die Plastizität des Phänotyps (vgl. auch Lorenz, 1987; Dennett, 1999). In einem kybernetischen Modell bildet Bischof die Wirkungsmechanismen der bisher skizzierten Funktionen ab. Zunächst sind zwei Detektoren zu fordern, welche Bedarfslage (Abszisse) und Umwelt (Ordinate) filtern. Ihre Afferenzen nennt er *Anreiz* und *Bedürfnis*, sie interagieren über einen Operator, welcher je nach Erbkoordination additiv oder multiplikativ funktioniert. Das Resultat bezeichnet Bischof (1989) als *Antrieb*, welcher bei genügender Aktivierung die *Erbkoordination* in Gang setzt. Zur Orientierung der Erbkoordination (Taxisanteil) benötigt man außerdem ein unspezifisches *Wahrnehmungs*system. Hier liegt der Kristallisationspunkt von höheren umweltanalysierenden Leistungen, dem, was man meist Kognitionen nennt.

Verhaltensorganisation eines Darwinschen Geschöpfes: Folgendermaßen beschreibt Bischof die Verhaltensorganisation eines einfachen Lebewesens (1996): Angenommen ein Organismus befindet sich in einem Bedürfniszustand, etwa weil seine Energiereserven zuneige gehen (Bedürfnis = Energie/Nahrung), so muss dieser Zustand dem ZNS mitgeteilt werden und dort eine entsprechende

Handlungsbereitschaft über einen entsprechenden Antrieb (z.B. Hunger) auslösen.

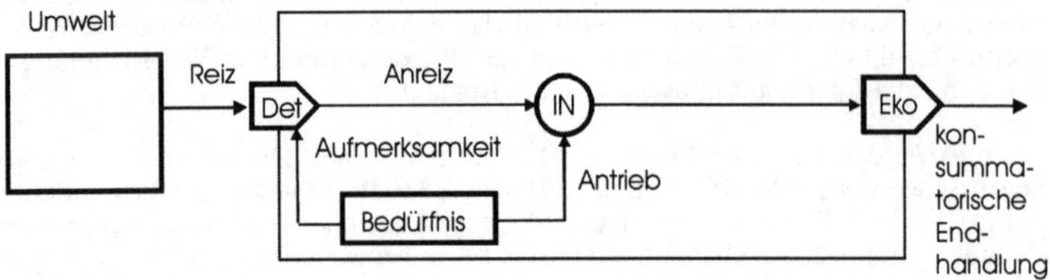

Abbildung 6: Grundmuster instinktiver Verhaltensorganisation, nach Bischof, 1996, S. 572

Erläuterung: Det: Detektor, IN: Instinkt, Eko: Erbkoordination.

Nehmen wir weiter an, die Umwelt des Organismus beinhalte ein Objekt, welches Reize aussendet, die im Wahrnehmungsapparat des Organismus verarbeitet werden (z.B. ein hungriger Frosch nimmt eine Fliege wahr). Diese Reize treffen dort auf einen Detektor, der so konstruiert ist, dass er dem Gehirn dann Meldung macht, wenn bestimmte Merkmale des Objektes feststellbar sind. Der Detektor (Det) entspricht in etwa dem Konzept eines *Angeborenen Auslösemechanismus (AAM)*. Es handelt sich um einen Reizfilter, der relativ starr auf bestimmte Schemata anspricht. Solche Meldungen nennt Bischof *Anreize*. Im ZNS lässt sich ein neuronaler Apparat beschreiben, den man *Instinkt* (IN) nennen kann. Er prüft Anreiz und Antrieb, und wenn beide stark genug sind, löst er ein genetisch festgelegtes Bewegungsprogramm aus, eine so genannte *Erbkoordination*. In der Ethologie wird dies als konsumatorische Endhandlung bzw. Instinkthandlung bezeichnet. Eine erfolgreiche Ausführung dieser Handlung stillt das Bedürfnis.

Situationen, Appetenz und Coping: Betrachtet man die Abbildung oben, bleibt eine zentrale Frage unbeantwortet: was passiert, wenn der Antrieb groß, der Anreiz aber schwach ist, die Situation also ungeeignet scheint, die konsumatorische Endhandlung auszuführen? Oder anders gefragt, der Zustandspunkt an eine Stelle gerät, an der das Fitnesspotential unakzeptabel ist und keine Erbkoordination auslösbar? Umwelt und Bedarfsdetektoren müssen diesen Zustand abbilden. Im Zustandsraum muss also ein erweiterter Einzugsbereich zu jeder Erbkoordination definiert werden, wo die Thematik bereits angesprochen ist, sich aber kein Auslösungsweg aufdrängt. Bischof (1989, S. 198) fährt fort:

„Diese aktivierte, aber noch nicht ausagierte Antriebsthematik ist es dann, von der ich meine, dass sie als *Emotion* erlebt wird."

Den Weg zur Erbkoordination bezeichnet die Ethologie als *Appetenzverhalten* (siehe oben), seine einfachste Realisierung findet sich im "random walk" durch den Zustandsraum (blindes Probieren, lokomotorische Unruhe). Es muss ein Verhalten eingesetzt werden, welches in der Umwelt zunächst einmal Voraussetzungen für eine erfolgreiche Endhandlung schafft. Für solches Appetenzverhalten kann auch der Begriff des Bewältigungs- oder Copingverhaltens Verwendung finden (Bischof, 1996). Das Copingsystem überlagert als höhere

Instanz – als eigenes Teilsystem – die basaleren Instinktmechanismen. Hierzu gibt es vergleichbare Ideen sowohl in der Psychoanalyse (ES und ICH) als auch in der neueren Hirnphysiologie (LeDoux, 1998).

Zentral ist, dass der Coping-Apparat, der unspezifisch arbeitet, von den Instinkten Informationen erhalten muss. Er muss mitgeteilt bekommen, welche Bedürfnisse aktuell unbefriedigt sind und wann er seine Bemühungen einstellen kann, da die Anreizstärke ausreicht, um die Endhandlung auszulösen. Im Wirkungsgefüge muss also ein Copingsystem eingefügt werden, welches hemmend vor die Erbkoordination gesetzt wird. Bei unzureichenden Taxisinformationen aktiviert es Appetenzverhalten. Die Eingangsgröße dieses Copingblocks ist nun nicht mehr der Antrieb, sondern die Emotion, sie macht dem Copingsystem die Thematik anstehender, noch nicht umsetzbarer Antriebe erfahrbar. Meist hemmt der Copingblock die Erbkoordination nur unvollständig, sie kann sich unter Umständen als Leerlaufhandlung voll entfalten oder in intentionalen Rudimenten wahrnehmbar werden. Solche Rudimente bilden die Kristallisationspunkte der *Ausdrucksbewegungen*. Diese Art von Ausdruck besitzt zunächst keine Funktion und ist etwa in der Feinmotorik verortet, erst zu einem phylogenetisch späteren Zeitpunkt erlangen Anteile der Motorik eigene kommunikative Funktion. Deshalb kann nicht jede Ausdrucksbewegung ohne weiteres als kommunikativ gedeutet werden.

Zudem muss auch betont werden, dass es wichtige biologisch fundierte Emotionszustände gibt, die mit keinem interkulturell vergleichbaren Emotionsausdruck einhergehen, wie etwa familiäre prosoziale Affekte im Kontext von Spiel- und Bindungsverhalten oder reptilienartige Emotionen im Kontext des Sexual- und Machtverhaltens (Buck, 1999). Cosmides und Tooby (2000) diskutieren verschiedene Bedingungen, unter denen Emotionen einen Ausdruck erlangen sollten bzw. Kontexte, die einen Emotionsausdruck unwahrscheinlich machen (s.u.).

Emotionale Appelle des Instinktsystems: Die Instinkte „kommunizieren" also mit dem Coping-Apparat. Diese Mitteilungen nennt Bischof (1996) Emotionen. Emotionen sind die Weise, in der das Coping-System die aktuelle Antriebs- und Anreizlage wahrnimmt. Rudimentierte Endhandlungen bezeichnet Bischof als Ausdrucksbewegungen, sie können die Mitwelt über den emotionalen Zustand eines Individuums informieren. Betrachtet man die Aufgaben des Bischofschen Copingblocks genauer, fällt auf, dass er besonders in Umständen, die man als Stresssituationen bezeichnet (auch in eher milden) aktiviert wird, weshalb seine Aufgabe in den Bereich der Stressbewältigung fällt. Stress ist in diesem Ansatz jedoch stets spezifisch. Niedriges Fitnesspotential hat immer konkrete Gründe. Die Detektoren, welche das Fitnesspotential melden, sind alle themenbezogen. Es sind keine Detektoren eingeplant, welche lediglich über die Intensität des Potentials Meldung machen, immer wird auch eine spezifische Thematik gemeldet (vgl. auch Lazarus, 1993). Die im Prozess frühe, getrennte Meldung einer generellen Aktivation, ohne Angabe der relevanten Thematik, ist auf der semantischen Beschreibungsebene unplausibel. Vorstellbar ist jedoch, dass im Copingblock aus spezifischen Stressmeldungen nachträglich ein unspezifisches Signal abstrahiert wird, welches anzeigt, dass das Fitnessoptimum nicht erreicht ist (Tiefe des Zustandsraumes) und Appetenzbewegungen fortzusetzen sind. Dies würde der Spannungskomponente der Gefühle entsprechen. Scherer (1989) hingegen würde Stress als Emotionsstörung definieren, bei atypischer Intensität und Dauer der zu Grunde liegenden Emotion.

Lust und Unlust, positive und negative Emotionen: Organismen, welche ihre Überlebenschancen durch Lernen am Erfolg verbessern können, sollten den Zustandsraum auch durch eine horizontale Abstraktion erfassen, über die Nähe des Zustandspunktes zum Auslösebereich der Erbkoordination, unabhängig von der Höhe des Fitnesspotentials. Dies entspricht der Lust-Unlust-Komponente. Auch sie wird durch nachträgliche Abstraktion konkreter Detektorinformation gewonnen. Dies lässt die Probleme bei der Entscheidung über negative oder positive Emotionen verstehbar werden und verdeutlicht die Komplexität des Evaluationsschritts „angenehm/unangenehm". Ähnlich sieht Scherer (1989) die unspezifische Positiv-Negativ-Dimension als Beschreibungsdimension des subjektiven Erlebens, während er sein Angenehm-Unangenehm-Appraisal als Approach-Avoidance-Unterscheidung verstanden haben will. Was zu Problemen bei einer fragebogengestützten Erfassung der Appraisalprozesse führen kann.

Bisher wurden lediglich äußere Hemmnisse in Betracht gezogen, jedoch spielen auch innere Konflikte eine entscheidende Rolle.

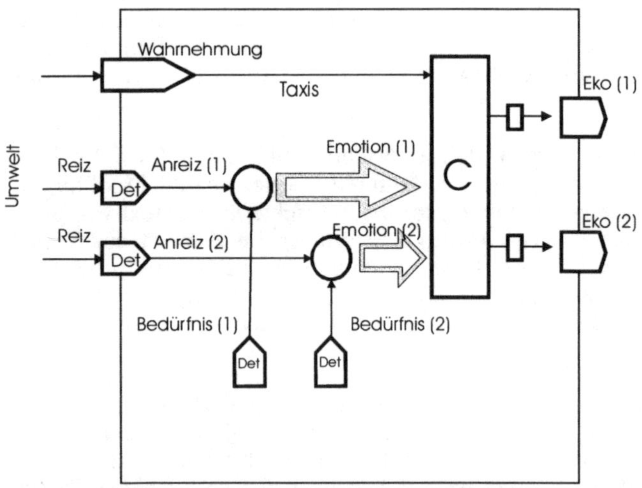

Abbildung 7: Intraindividuelles Antriebsmanagement (nach Bischof, 1989, S. 200)

Erläuterung: Det: Detektor, Eko.: Erbkoordination.

Antriebsmanagement: Natürlich bedarf es einer Vielzahl verschiedener Instinktmechanismen mit je spezifischen Bedürfnissen und Detektoren (vgl. auch Buss, 1995, 1999). Je nach Dringlichkeit sind sie in eine entsprechende Rangfolge zu bringen und abzuarbeiten. Es ist zu erwarten, dass das je dominante Bedürfnis seine entsprechenden Detektoren durch einen einfachen Aufmerksamkeitseffekt besonders aktiviert. Üblicherweise sind also mehrere Antriebe aktiviert, da die Einzugsbereiche verschiedener Erbkoordinationen sich überschneiden. Über den Copingblock hemmen sich die verschiedenen Antriebe wechselseitig, bis über die Reihenfolge ihrer Abarbeitung entschieden ist (vgl. Hassenstein, 1987). Dies führt ebenfalls dazu, dass sich Antriebe in Emotionen verwandeln.

Zusammenfassend lässt sich sagen, dass Bischof Kognition sehr weit definiert, als jeden – auch ratiomorphen – Prozess, der potentiell wahre Abbildungen von der Umwelt liefert. Emotionen sind somit selbst ebenfalls stets kognitiv. Wahr sind Abbildungen von der Umwelt dann, wenn sich die Bedeutungszuweisungen hinsichtlich alimentativer und selektiver Faktoren mit den wirklichen Gegebenheiten der existierenden Umwelt decken, d.h. „angeborene" bzw. „ökologische Umwelt" mit der wirklichen Welt übereinstimmen. Bischof konzipiert den Zustand eines Organismus als Punkt (mit einem ihn umgebenden Einzugsbereich) in einem Raum, welcher durch Umweltvariablen und Bedarfslage aufgespannt wird. Einfache Organismen haben das Wissen über die Navigation des Punktes im Genom gespeichert. Zwei Detektoren, vergleichbar einem AAM, filtern Umwelt und Bedarfslage und erzeugen die Größen *Anreiz* und *Bedürfnis*, welche über einen Operator, vergleichbar einem Instinkt, verrechnet werden. Das Ergebnis nennt er *Antrieb*, dieser setzt bei ausreichender Aktivierung die Erbkoordination in Gang. Für den Taxisanteil der Erbkoordination wird ein unspezifisches Wahrnehmungssystem integriert. Dort verortet Bischof den Startpunkt höherer kognitiver umweltanalysierender Leistungen.

Bischof sieht die Phylogenese höherer kognitiver Analyseleistungen in der Nähe der Taxiskomponente und deren Sensorik. Er definiert sein Konzept der Emotion eindeutig im Kontext des Appetenzverhaltens, welches auftritt, wenn eine Antriebsthematik aktiviert, jedoch nicht ausagiert ist. Appetenzverhalten sollte die Voraussetzungen für eine erfolgreiche Endhandlung schaffen. In seinem Modell überlagert Bischof das Instinktsystem durch eine höhere hemmende Instanz (Copingapparat). Diese beiden Instanzen (Instinktsystem und Copingsystem) müssen miteinander kommunizieren. Emotionen teilen dem Copingsystem die im Instinktsystem anstehenden Themata mit. Über Emotionen nimmt das Copingsystem also sozusagen die aktuelle Anreiz- und Bedürfnis- bzw. Antriebslage wahr. Den Kristallisationspunkt der Ausdrucksbewegungen sieht Bischof in intentionalen Rudimenten, welche der Hemmung des Copingblocks nicht gänzlich unterliegen. Einige dieser Rudimente können im Laufe der Evolution als Expressionen kommunikative Funktion erlangen.

Bischofs Detektoren bilden kein unspezifisches Arousal ab, alle Meldungen sind einer spezifischen Thematik zuzuordnen. Unspezifische Meldungen scheinen ihm nachträgliche Abstraktionen. So lässt sich eine allgemeine Erregung eher als Kennwert der allgemeinen Höhe des Fitnesspotentials eines angestrebten Zustandes vorstellen, während die Lust-Unlust-Komponente bei am Erfolg lernenden Organismen den Abstand zur Auslösung der Erbkoordination darstellt. Der Evaluationsschritt „angenehm/unangenehm" erscheint auf diesem Hintergrund eher als komplexe Leistung. Da Bischof ständige Motivkonflikte (streitende Themata, überlappende Einzugsbereiche) konzipiert, sind diese hinsichtlich ihrer Dringlichkeit in eine Rangfolge zu bringen. Gleichzeitig schlägt er vor, dass das dominante Thema durch einen Aufmerksamkeitseffekt seinen Detektor besonders aktiviert. Der Copingblock ist zudem dafür zuständig, die Antriebe zu hemmen, bis über ihre Abarbeitung entschieden ist.

Antriebsmanagement bei sozialen Organismen

Bisher haben wir die Phylogenese emotionaler innerer Wirkgefüge bei einem einzelnen Organismus betrachtet. Wichtig ist es jedoch, auch eine evolutionspsychologische Perspektive auf affektives Interaktionsverhalten zu erarbeiten. Es ist deshalb unumgänglich, das Antriebsmanagement sozial lebender Organismen zu betrachten. Hier stellt sich das Problem der emotionalen Regulation nochmals auf Gruppenebene. Mit der jeweiligen Gruppe nicht koordinierte Antriebshandlungen würden diese sprengen. Als Lösungen für dieses adaptive Problem bieten sich Synchronisierung und Dominanz an (Bischof, 1985). Hierzu müssen Antriebszustände der Gruppenmitglieder wahrgenommen werden, gerade wenn sie sich erst im Zustand der Vorbereitung befinden (Preston & de Waal, 2002). Mit dieser phylogenetischen Aufgabe entsteht der Selektionsdruck, einen Teil des Ausdrucksverhaltens kommunikativ zu nutzen.

Kommunikative Handlungen: Tembrock (1971) schlägt eine Unterscheidung zwischen Gebrauchshandlungen und kommunikativen Handlungen vor: Wird die äußere Schleife zwischen dem Effektor- und dem Rezeptorsystem eines Organismus nicht über ein reaktionsfähiges System mit gleichem Kontext kurzgeschlossen, so liegen Gebrauchshandlungen vor. Etwa beim Raubtier-Beute-Verhältnis. Das Beutetier hat nicht den gleichen Kontext wie das Raubtier, obwohl Verhaltensmuster des Raubtieres sehr wohl zu Signalen für das Beutetier werden können. Es deutet sie jedoch nicht im Sinne des Senders. Also ohne Kenntnis der Bedeutung, die das Verhalten für das Raubtier hat. Es handelt sich folglich nicht um Kommunikation.

Wird die äußere Schleife durch ein reaktionsfähiges Individuum B kurzgeschlossen, welches Informationen von A entschlüsseln kann und selbst Informationen an A sendet, die dieser dekodieren kann, so besteht eine echte (aktuelle) Kommunikation (vgl. Tembrock, 1971, S. 25). Dabei ist die Informationsabgabe darauf gerichtet, einen bestimmten Informationseingang bei einem (oder mehreren) Organismen mit gemeinsamem Kontext abzusichern (vgl. auch Merten, 1995).

Signalsysteme: Teilsysteme eines Organismus, die im Dienste der Informationsübertragung stehen, nennt Tembrock (1971) Signalsysteme. Auch hier kann man Signalstrukturen und Signalhandlungen unterscheiden. Wie bereits erwähnt, hat die Ethologie die Entwicklung von Signalsystemen aus Gebrauchssystemen als Ritualisation bezeichnet (vgl. McFarland, 1999).

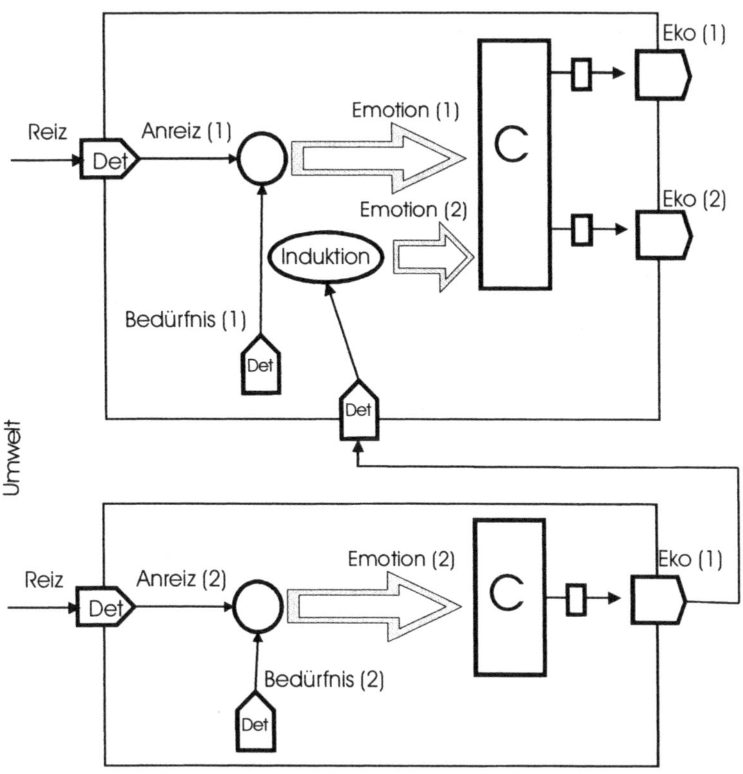

Abbildung 8: *Interindividuelles (soziales) Antriebsmanagement, nach Bischof, 1989, S. 200*

Erläuterung: *Det: Detektor, Eko: Erbkoordination*

Interindividuelles Antriebsmanagement: Die Abbildung 8 zeigt Sender und Empfänger von Ausdruckssignalen (zur Vereinfachung wird nur eine Kommunikationsrichtung exemplifiziert). Der Sender befindet sich in der Appetenzphase zu einer Erbkoordination (2), während der Empfänger im Kontext einer anderen Erbkoordination (1) steht. Wäre das dazu passende Verhalten jedoch angesichts der Motivlage des Senders dysfunktional, so ist der Empfänger in der Lage, die Motivlage von (2) zu übernehmen und zu seiner eigenen zu machen und dann den Konflikt zwischen (1) und (2) in sich selbst auszutragen. Hierzu braucht es einen Detektor für Ausdrucksbewegungen und ein System zur Gefühlsinduktion etwa durch Ansteckung oder Empathie (vgl. Bischof-Köhler, 1989).

Zusammenfassend bietet sich eine Unterscheidung zwischen kommunikativen Handlungen und Gebrauchshandlungen an. Lediglich wenn die äußere Schleife zwischen Effektor- und Rezeptorsystem eines Organismus mit einem reaktionsfähigen Organismus mit *gleichem Kontext* kurzgeschlossen ist, handelt es sich um Kommunikation, bei ungleichem Kontext spricht man von Gebrauchshandlungen. Hier wäre zu spekulieren, ob nicht etwa bei schweren psychischen Störungen der gemeinsame Kontext zweier Personen eingeschränkt oder nicht vorhanden ist, so dass eine stattfindende Interaktion eher als Gebrauchshandlung zu verstehen ist. Auf der Ebene sozial lebender Organismen stellt sich zudem das Problem des Antriebsmanagements erneut. Auch erst in Entstehung begriffene Antriebe der Gruppenmitglieder sollten wahrgenommen werden, um eine Koordination der Gruppe zu gewährleisten. Hierzu eigenen sich besonders Mechanismen der Synchronisierung und Dominanz. Affektansteckung und Empathie liefern über einen Detektor für Ausdrucksbewegungen ein System zur gegenseitigen Gefühlsinduktion, so dass fremde und eigene Gefühlslage verrechnet werden können.

Die anschließenden Überlegungen sollen die Präadaptationen der Entwicklung einer affektiven Kommunikation kurz skizzieren (vgl. von Helversen & Scherer, 1987). Unter dem Begriff der genetischen Reduktion hatten wir oben gefordert, bei der evolutionspsychologischen Analyse stets Vorformen eines zu beschreibenden biologischen Systems zu berücksichtigen. Es muss also eine historische Komponente bei der Betrachtung hinzukommen, welche sich in evolutionären Zeiträumen bewegt (Mayr, 1998; Wilson, 1998).

Präadaptationen affektiver Kommunikation

Der Begriff der Päadaptation wird teilweise heftig kritisiert, da er die Vorstellung nahe legen könnte, die Vorform einer phylogenetischen Gestaltung, die im Anfangsstadium eine andere Aufgabe hatte, habe gewusst, wie es weiter gehen wird und eine Art Vorbestimmung würde existieren. Der Selektion kann natürlich keine Voraussicht unterstellt werden. Dennett diskutiert in diesem Zusammenhang die Verwendung des Begriffs der Exaptation (Dennett, 1997). Im Folgenden soll sich auf Vorformen bezogen werden, welche sich im Rahmen der natürlichen Selektion nicht zu ihrem heutigen Zweck entwickelt haben, da sie bei den Vorfahren eine andere Funktion erfüllten (vgl. von Helversen & Scherer, 1987).

Die Nacht als Nische: In der Trias (vor ca. 200-180 Millionen Jahren) entwickelten sich aus Reptilien die Vorfahren der heutigen Säugetiere. Sie erschlossen in einer von Sauriern beherrschten Welt eine neue Großnische: die Nacht. So steht fast jedes relevante Merkmal der Säuger im Verhältnis zur Nachtaktivität. Die konstante Körpertemperatur etwa war erforderlich, um in der Kälte der Nacht aktiv bleiben zu können. Zunächst wurden die Eier bebrütet, um später die embryonalen Stadien gänzlich in den wohltemperierten mütterlichen Körper zu verlegen. Zur besseren Isolation entwickelte der „beheizte" Körper ein Haarkleid, welches mit Schweißdrüsen zu seiner Kühlung versehen war. Aus diesen Drüsen konnten Milchdrüsen zur Ernährung der Jungtiere sowie Duftdrüsen zur sozialen Kommunikation entwickelt werden. Um den für die Wärmeerzeugung notwendigen erhöhten Stoffwechsel zu ermöglichen, war ein effizienteres Kreislaufsystem mit größerer Lungenoberfläche und ein optimiertes Gebiss notwendig, Präadaptationen der Entwicklung eines Systems zur Lautäußerung. Bei den „Umbauten" des Gebisses etwa wurden zwei Knochen frei, die bei Reptilien noch im Kiefergelenk integriert sind. Sie wurden zu Hammer und Amboss des Mittelohrs und führten so zu einer Steigerung der Sensibilität des Gehörs. Es wird deutlich, wie die Anpassung an ein Leben in der Nacht die Entwicklung der bei Säugetieren typischen akustischen und olfaktorischen Kommunikation bedingte. Dabei verursachte das Vorherrschen von Geruchs- und Gehörsinn auch entscheidende Umbauten im Gehirn dieser Tiere, so dient das relativ große

Vorderhirn bei niederen Säugern vor allem der Verarbeitung verschiedener Düfte. Der Gesichtssinn verlor im nächtlichen Leben zunehmend an Bedeutung („schlechte" Augen, Verlust des Farbsehens).

Tageslicht und Emotionsausdruck: Als jedoch in der Kreidezeit (vor ca. 65 Millionen Jahren) die Saurier verschwanden, begannen einige Säugetiergruppen wieder tagaktiv zu werden. Insbesondere bei den baumlebenden Primaten wurde das Auge wieder eines der wichtigsten Sinnesorgane. Mit dem Farbsehen kam auch wieder Farbe in das äußere Erscheinungsbild der verschiedenen Arten und konnte dort als Signal Verwendung finden. Für eine vertiefende Darstellung der menschlichen Evolution empfehlen sich Harris (1991), Steitz (1993), Henke und Rothe (2003). Auch die Entwicklung der Mimik als bedeutendes Ausdrucksmittel wird erst auf diesem Hintergrund verständlich. Vor allem die fehlende Schuppenpanzerung und die durch den Kieferumbau anders innervierte Gesichtsmuskulatur macht die Verwendung des Gesichts zur Signalproduktion erst möglich.

Eigenschaften verschiedener Signalsysteme: Doch wenden wir uns nun der Beschaffenheit dieser evolvierten Signalkanäle zu. Wichtige Kriterien sind hier die Reichweite, die zur Erzeugung notwendige Energie, das Signal-Rausch-Verhältnis (im jeweiligen Biotop), die Ortbarkeit etc. Wichtig ist auch, dass optische und akustische Signale eine zeitlich begrenzbare Dauer haben (aktueller Zustand des Senders, etwa Affekte), während chemische Signale zeitlich weniger schnell änderbar sind (länger andauernde Zustände des Senders, etwa „Stimmungen"). Ebenfalls beachtet werden muss, dass sich Signale zumeist nicht auf einen Kanal beschränken, sie sind vielmehr multikanale Phänomene: So besteht das Drohsignal eines Schimpansen aus Körperhaltung und Mimik (visuell) sowie aus Vokalisationen (auditorisch). In der Ethologie spricht man hier von Displays (Verhaltens- oder Signaleinheiten), die für Sender und Empfänger eine Bedeutungseinheit bilden. In der Nachrichtentechnik entspricht ein solches Display einem Kode (Grundeinheit des kommunikativen Verhaltens). Dabei steht die Zahl der Displays im Repertoire einer Art im Zusammenhang mit der Komplexität ihrer sozialen Ordnungsformen als auch mit der notwendigen Menge unterschiedlicher zu kommunizierender Bedeutungsgehalte. Tierliche Kodesysteme zeichnen sich durch ihre Geschlossenheit (begrenzte Anzahl von Displays mit je festen Signaleigenschaften) aus. Hingegen findet sich beim Menschen die Sprache als gerade durch ihre Offenheit zu kennzeichnendes Kommunikationssystem (Dunbar, 1998), neben dem nonverbalen Kommunikationsrepertoire, dessen Kodes sich weitestgehend aus tierlichen Teilen herleiten lassen und das wohl ebenso durch seine Geschlossenheit bestimmt ist.

Zusammenfassend findet sich, dass die Entwicklung der Mimik als bedeutendes Ausdrucksmittel erst auf dem Hintergrund der Evolution der Säugetiere verständlich wird. Vor allem die fehlende Schuppenpanzerung und die durch den Kieferumbau anders innervierte Gesichtsmuskulatur machte den Einsatz des Gesichts zur Signalproduktion erst möglich. Die Zahl der Displays (multikanaler Signalpattern) im Repertoire einer Art steht in engem Zusammenhang mit der Komplexität ihrer sozialen Ordnungsformen sowie mit der notwendigen Menge unterschiedlicher zu kommunizierender Bedeutungsgehalte.

Empathie

Nachdem wir kurz die Präadaptationen im Umfeld der Entwicklung einer affektiven Kommunikation umrissen haben, sollen kognitiv-affektive Neuerwerbe der Hominiden betrachtet werden. Kommunikatives Verhalten setzt – wie erinnerlich – eine Verbindung von Effektor- und Rezeptorsystem eines Organismus mit einem reaktionsfähigen Organismus mit *gleichem Kontext* durch eine äußere Schleife voraus. Auf der Ebene sozial lebender Organismen stellt sich zudem das Problem des Antriebsmanagements auf Gruppenniveau. Selbst erst in Entstehung begriffene Antriebe anderer sollten wahrgenommen werden, um eine Koordination der Gruppe zu gewährleisten. Affektansteckung und Empathie sollten über ein System zur gegenseitigen Gefühlsinduktion fremde und eigene Gefühlslage einer inneren Kalkulation zugänglich machen.

Das „perception-action"-Modell: Die Literatur zur Empathie kann als sehr widersprüchlich beschrieben werden. Es lassen sich eine emotionale Perspektive, eine kognitive und eine Perspektive, die Konditionierungsprozesse betont, unterscheiden. Preston und de Waal (2002) schlagen eine vereinheitlichende Theorien der Empathie auf der Basis einer emotionalen Verbindung zwischen Individuen vor. Die Autoren vertreten einen interdisziplinären Ansatz der ultimate und proximate Ebenen in einer Theorie vereint und davon ausgeht, dass Individuen neuronal, physiologisch und auf der Verhaltensebene miteinander verbunden sind. Diese emotionale Verbindung unterstützt Phänomene wie Gruppenalarm, das Nachempfinden von Emotionen, die Mutter-Kind-Beziehung und Bindung sowie die innere Modellierung von Wettkampfgegnern und Raubfeinden. Emotionale Verbindungen finden sich bei unterschiedlichen Spezies und haben entscheidenden Einfluss auf deren reproduktiven Erfolg. Auf der proximaten Ebene basiert die emotionale Verbindung durch ein direktes Mapping des Verhaltenszustands eines anderen Individuums in die Repräsentanzenwelt des Subjekts. Innerhalb des zu beschreibenden „perception action models" (PAM) können Effekte von Gleichheit, Vertrautheit, Erfahrung, explizitem Lernen und Salienz auf empathische Prozesse erklärt werden. Außerdem können Annahmen hinsichtlich verschiedener Störungen der Empathie abgeleitet werden. Die Perspektive erklärt zudem verschiedene Ebenen der Empathie über verschiedene Individuen, Spezies, Entwicklungsphasen und Situationen hinweg.

Emotionale und kognitive Empathie: Weite Bereiche der Literatur zur Empathie haben sich bemüht zu bestimmen, inwiefern Empathie einen emotionalen oder einen kognitiven Prozess darstellt oder inwiefern sich Empathie von Emotionsansteckung, Mitleid oder Perspektivenübernahme unterscheiden lässt. Dabei wird Affektansteckung als emotionaler Zustand in einem Beobachter verstanden, der als direktes Resultat der Wahrnehmung des Zustandes eines Anderen entsteht. Die Unterscheidung zwischen Subjekt und Objekt geht verloren, so dass etwa beide gleichermaßen stark gepeinigt erscheinen und so etwa notwendiges Hilfeverhalten unmöglich wird.

Affektansteckung und Empathie: Empathie bezieht sich auf eine Situation, in der ein Individuum – als Resultat der Beobachtung der Situation des Objekts – den gleichen emotionalen Zustand wie das Objekt hat. Die Subjekt-Objekttrennung bleibt jedoch erhalten und der eigene Emotionszustand wird als objektfokussiert (vs. subjektfokussiert, wie bei der Ansteckung) erlebt. Prosoziales oder helfendes Verhalten wird möglich.

Mitleid: Mitleid bezieht sich auf einen Zustand, in dem das Individuum Bedauern für das Objekt fühlt, im Unterschied zur Empathie und zur Ansteckung kann Mitleid auch ohne übereinstimmenden Emotionszustand erlebt werden. Hilfeverhalten mag auch aus diesem ebenfalls objektfokussierten Zustand folgen.

Perspektivenübernahme: Kognitive Empathie bezieht sich auf Situationen, in denen ein Individuum den Zustand des Objektes mit Hilfe kognitiver Prozesse versteht, etwa durch Perspektivenübernahme. Kognitive Empathie setzt deshalb die Fähigkeit zur Perspektivenübernahme voraus, weshalb sie bei Kindern über zwei Jahren und teilweise bei Affen beobachtbar ist (vgl. zur Kritik Tomasello, 2002).

Tabelle 4

Bezeichnung	*Definition*	*Selbst-anderer-Unterscheidung*	*Zustandsübereinstimmung*	*Hilfeverhalten*	*Synonyme*
Affektansteckung	Eine gleiche Emotion entsteht im Subjekt als Folge der direkten Wahrnehmung der Emotion des Objekts.	Fehlt	Ja	Nein	„personal distress", nachempfundene Emotion, „emotional transfer"
Mitleid	Das Subjekt empfindet Bedauern für das Objekt als Ergebnis der Wahrnehmung des Leides des Objekts.	Vorhanden	Nein	Abhängig von Kosten-Nutzen-Kalkulationen in der Situation	
Empathie	Das Subjekt empfindet den gleichen emotionalen Zustand wie das Objekt als Ergebnis der korrekten Wahrnehmung der Situation oder der misslichen Lage des Objekts.	Vorhanden	Ja	steigt mit Vertrautheit und Ähnlichkeit des Objekts und der Salienz des Ausdrucks.	
Kognitive Empathie	Das Subjekt hat den Zustand des Objektes als Resultat der korrekten Wahrnehmung der Situation des Objektes abgebildet ohne eine notwendige Zustandsübereinstimmung über den einer Abbildung hinaus.	Vorhanden	Teilweise	Wahrscheinlich (abh. von Vertrautheit und Ähnlichkeit)	Wahre Empathie, Perspektivenübernahme
Prosoziales Verhalten	Verhaltensweisen zur Reduktion des Leidens eines Objekts.	Abhängig	Nicht nötig	Inhärent	Hilfe, Beistand

Problematische Definitionsaspekte: Nach Preston und de Waal (2002) teilen sich Empathie und Affektansteckung die ihnen zu Grunde liegenden Prozesse und können nicht eindeutig unterschieden werden. So mag jemand empathisch Hilfe anbieten, auch um den eigenen erlebten negativen Emotionen entgegenzuwirken, oder jemand mag hochgradig (mit-)leiden und zugleich die Ich/Andere-Grenze aufrechterhalten. Empathie beinhaltet stets einige Grade an emotionaler Ansteckung und möglichem persönlichem Leiden (zumindest auf einer repräsentationalen Ebene) und Hilfeverhalten ist niemals ausschließlich zum Wohle des Objekts.

Auch eine weitgehende Zustandsübereinstimmung stellt sich als kritischer Definitionsaspekt dar. Hängt die Übereinstimmung doch entscheidend von einer korrekten Wahrnehmung des Zustandes des Objekts ab. Wahrnehmungen sind jedoch stets subjektiv, so dass eine perfekte Übereinstimmung nicht existieren kann und eine Übereinstimmungszuschreibung nur graduell möglich ist.

Eine breite Empathiedefinition: Es bietet sich an, Empathie als ein breites Phänomen zu begreifen, welches Identifikation, Affektansteckung und kognitive Empathie umfasst (Preston & de Waal, 2002). All dies sind Prozesse, bei denen das Individuum die Art des Gehirns, die Welt zu verstehen, dazu nutzt, die internen Zustände anderer zu erschließen. Der Zustand des Objektes wird dabei im Subjekt modelliert, da dort die relevanten Repräsentationen des Zustands, der Situation, der Person und des Ausdrucks aktiviert werden. Dies aktiviert je nach Situation Verhalten, welches dem Subjekt oder Objekt hilfreich sein kann. Dieser Mechanismus spielt eine zentrale Rolle innerhalb der „Theory of Mind“, bei der Mutter-Kind-Beziehung, Warnrufen an Gruppenmitgliedern und dem Nachempfinden von Emotionen (vgl. auch Tomasello, 2002).

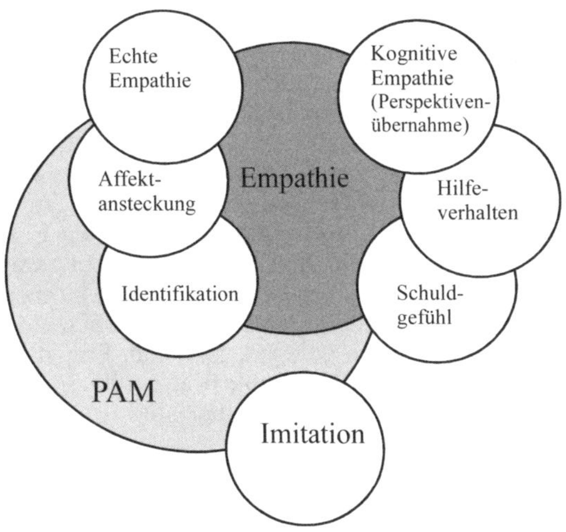

Abbildung 9: "perception-action"-Modell und ein breites Modell empathischer Prozesse (vgl. Preston & de Waal, 2002, S. 5)

Geschichte proximater und ultimater Empathieerklärungen: Der englische Begriff „Empathy“ geht als Übersetzung auf das Deutsche „Einfühlung“ zurück (Titchener, 1909). Einfühlung wurde zunächst verstanden als das Resultat eines Prozesses, bei dem sich der Beobachter in das Objekt der Beobachtung projizierte (Lipps, 1903; Titchener, 1909). Nach Lipps (1903) aktiviert die Wahrnehmung einer Emotion des Gegenübers automatisch dieselbe Emotion im Wahrnehmenden ohne intervenierende Prozesse. Die theoretische Entwicklung ging danach in zwei Richtungen: Eine Theorielinie fokussierte auf den Aspekt der direkten Wahrnehmung und betont Emotionsansteckung und Imitation als Basis der Empathie (etwa McDougall, 1908; Levenson, 1996). Die andere betonte den Aspekt der Projektion, Imitation und Imagination, wodurch Empathie ein kognitives Phänomen höherer Verarbeitungsebenen (des Menschen) wurde (etwa Allport 1961; Feshbach, 1978). Dies ging soweit, Empathie mit Perspektivenübernahme gleichzusetzen oder für Spezies zu reservieren die eine „Theory of Mind" aufweisen (Premack & Woodruff, 1978). Ultimate Erklärungsansätze diskutieren die Phylogenese emotionaler Ansteckungsphänomene als Unterstützung der Mutter-Kind-Bindung (Darwin, 1872; McDougall, 1908). Fraglich bleibt dann jedoch, wieso sich auch Empathie für Nicht-Nachkommen entwickelt haben sollte. Da Empathie und Altruismus in einer Beziehung zueinander stehen, können inklusive Fitness und reziproker Altruismus zur Erklärung der Evolution der Empathie beitragen (Hamilton, 1964; Maynard Smith, 1964; Trivers, 1974).

Der „emotional link": Die direkte emotionale Verbindung über Individuen hinweg wird von Preston und de Waal (2002) als ultimater Aspekt im Zusammenhang mit in Gruppen lebenden Tieren, der Raubfeinddetektion, der Mutter-Kind-Bindung, der Feststellung des Zustandes eines Raubfeindes oder Mitgliedes der Gruppe und aller „Theory of Mind"-Prozesse, in denen der Zustand eines Anderen repräsentiert wird, in den Vordergrund gestellt. Die Vorteile einer emotionalen Verbindung mit anderen sind somit direkt mit dem reproduktiven Erfolg empathischer Spezies verknüpft. Mit zunehmender neuronaler Entwicklung und kognitiver Komplexität einer Spezies werden Formen der Empathie auf Nicht-Nachkommen und nicht-verwandte Gruppenmitglieder ausgedehnt.

Es lassen sich deutliche Parallelen zwischen der Phylogenese der Empathie und der Ontogenese der Empathie beim Menschen aufzeigen (Preston & de Waal, 2002). So weisen Menschen und viele andere Tiere die gleichen robusten Einflüsse von Vertrautheit, zurückliegender Erfahrung und Reizsalienz auf, was vermuten lässt, dass Empathie ein kontinuierliches phylogenetisches Phänomen ist. Trotzdem werden Studien an Tieren in der Literatur zur menschlichen Empathie kaum rezipiert. Diese Studien können jedoch belegen, dass sich Empathie auf verschiedenen Ebenen und in unterschiedlicher Komplexität zeigt, wovon einige vergleichbar auch bei sozial lebenden Tieren beobachtbar sind (für einen Überblick siehe Preston & de Waal, 2002).

Adaptive Funktion: Aus einer evolutionären Perspektive stellt sich u.a. die folgende Frage: Wieso ist es adaptiv für Individuen, vom Ausdruck des Leids ihrer Gefährten emotional berührt zu sein? Wie bereits erwähnt, liefern einige Ansätze im Umfeld der Erklärung des Altruismus wichtige Hinweise (Trivers, 2002; Hamilton, 1964; Krebs, 1998). Preston und de Waal (2002) glauben jedoch, dass die Entwicklung der Empathie weniger im Kontext des Altruismus verortet ist, als vielmehr im Kontext einer emotionalen Verbindung zwischen Individuen. In ihrem Modell nehmen sie weder inklusive Fitness noch reziproken Altruismus als Triebfedern der Selektion der Empathie an, diese unterstützen vielmehr Hilfeverhalten, nachdem Empathie eingesetzt hat oder auch ohne zu Grunde liegendes empathisches Empfinden.

McDougall (1908) führte einen Herdentrieb oder besser -instinkt ein, der bei in Gruppen lebenden Tieren existiert, da diese angeborenerweise von den Emotionen anderer berührt werden. Dieser Instinkt bindet die Gruppe, organisiert deren Verhalten in harmonischer Weise und macht es möglich, die Vorteile des sozialen Zusammenlebens zu nutzen (etwa Alarmrufe; Cheney & Seyfarth, 1994). So erlaubt das „more eyes"-Phänomen sozialen Tieren, weniger Zeit mit der Überwachung der Umwelt nach Raubfeinden zuzubringen. Die freiwerdende Zeit kann in Verhalten, welches ihren Reproduktionserfolg steigert, investiert werden, wie Nahrungsaufnahme und das Finden von Paarungspartnern.

Empathische Regulation: Das Nachempfinden von Aktivitäten wird häufig bei in Gruppen lebenden Tieren beobachtet (etwa wenn Vogelschwärme gemeinsam die Flucht ergreifen). Diese Art der emotionalen Ansteckung entspricht der ersten Ebene der Empathie beim Menschen (etwa, wenn sich Kleinkinder mit ihren Schreien gegenseitig anstecken und Schutz bei einer Pflegeperson suchen). Die emotionale Verbindung unterstützt aber auch wie bereits erwähnt die Mutter-Kind-Bindung durch gegenseitige Ansteckung. So kann man bis auf die neurophysiologische Ebene Einflüsse der Depression der Mutter auf die Hemisphärenaktivität des Kindes nachweisen (Preston & de Waal, 2002). Die Mutter-Kind-Beziehung scheint sich zudem auf die Fähigkeit, emotionale Signale zu senden und zu empfangen, auszuwirken, sowohl bei Primaten als auch beim Menschen. Die emotionale Verbindung unterstützt also die Fähigkeit des Kindes, die Expressionen der Pflegeperson wahrzunehmen und durch sie zu lernen (emotional learning, Buck, 1999). Jedoch wird nicht nur die Fähigkeit des Kindes unterstützt, das Verhalten der Mutter zu verstehen, zugleich werden so die Aktivitäten der Dyade koordiniert, welche die Voraussetzung zur Entwicklung einer Emotionsregulierung darstellen. Diese Emotionsregulation und -kontrolle scheint ebenfalls eine Bedingung zur Entwicklung empathischer Kompetenzen. Die emotionale Verbindung kann jedoch auch das Lernen von Zusammenhängen über die Umwelt unterstützen, wie die sozialen Referenzexperimente mit der visuellen Klippe deutlich belegen. Dabei wird die Emotion der Mutter scheinbar wahrgenommen und in das Verhalten des Kindes integriert, ohne notwendig das gleiche Verhaltensmuster zu generieren oder direkte Erfahrungen vorauszusetzen (wie in Konditionierungsmodellen notwendig).

Eibl-Eibesfeldt (1997) postuliert, dass Pflegeverhalten nicht nur Pflegehandlungen der Eltern umfasst, sondern auch Pflegeanforderungs- oder Nachfrageverhalten durch die Nachkommen. Interaktionelle Perspektiven betonen, dass die Mutter das Verhalten des Kindes ebenso steuert wie umgekehrt. Affektansteckung steigert so den evolutionären Erfolg beider Individuen, indem proximate Mechanismen die Eltern-Kind-Beziehung regulieren. Wird die gleiche Emotion im Subjekt wie im Objekt ausgelöst, ist eine angemessene Pflege wahrscheinlicher.

Vielfach lässt sich jedoch auch Pflegeverhalten beobachten, obwohl kein emotionales Aufforderungssignal vom Kind gesendet wurde. Selbst ohne Perspektivenübernahme (kognitive Empathie) kann ansteckendes Leid/Unbehagen als unkonditionierter Stimulus fungieren, um das Handeln der Eltern einzuleiten bevor ein stresserzeugender Ausdruck beim Kind entsteht. Dies verhindert zudem die nicht erwünschte Aufmerksamkeit von bedrohlichen Gruppenmitgliedern (Infantizid, vgl. Blaffer-Hrdy, 2000) und Raubfeinden, verbessert die

Pflege und hebt (direkt) die Wahrscheinlichkeit des Kindes zu überleben und somit (indirekt) den Reproduktionserfolg der Eltern.

Empathie mag also eine phylogenetische und ontogenetische Basis in der emotionalen Verbindung zwischen Eltern und Kind haben; wieso jedoch lässt sich Empathie über die gesamte Lebensspanne bei vielen Säugetieren beobachten? Wie lässt sich Empathie ausgehend von den beschriebenen rudimentären Formen emotionaler Verbindung ausdehnen?

Empathie in Alarm- und Eltern-Kind-Situationen wird häufig verursacht durch ein auslösendes Signal wie etwa hochfrequente Töne oder Schreie. Der Einsatz Unbehagen erzeugender Auslöser kann durch die direkte emotionale Verbindung zudem Hilfeverhalten von Verbündeten initiieren, Aktivitäten von Raubfeinden beenden oder innerartliche Angriffe unterbinden. Eibl-Eibesfeldt (1997) glaubt, dass infantile Auslöser weiterhin während des gesamten Erwachsenenlebens Verwendung finden, so etwa im Einsatz hoher Stimmlagen oder kindlicher Kosenamen zwischen Liebenden. Neben dieser von der Affektansteckung kommenden ausdrucksvermittelten Empathie, finden sich Ansätze, die eher kognitive Aspekte der Empathie sowie die Fähigkeit zur Perspektivenübernahme betonen.

Kognitive Empathie: De Waal (1997) berichtet als Beispiel kognitiver Empathie eine Anekdote über das Bonoboweibchen Kuni. Kuni fing in ihrem Käfig einen Star, den sie dann nach draußen brachte und vorsichtig auf seine Füße setzte, wo er versteinert sitzen blieb. Als er nicht wegflog, warf sie ihn etwas hoch, worauf der Vogel jedoch nur kurz flatterte. Unzufrieden nahm Kuni den Star und kletterte mit ihm auf den höchsten Baum, entfaltete vorsichtig seine Flügel und warf ihn höher in die Luft. Als der Vogel auch daraufhin nicht das Freigehege verließ, beschützte sie ihn lange Zeit gegen die neugierigen Jungtiere.

Kognitive Empathie entwickelt sich onto- und phylogenetisch mit anderen Merkmalen der Entwicklung eines Bewusstseins (markers of mind) wie Perspektivenübernahme, Selbsterkennen im Spiegel, Täuschung und Werkzeugnutzung. Lediglich Menschen ab einem gewissen Alter sowie Großaffen und einige Wale scheinen solche Tests für diese „markers of mind" zu bestehen und eine Intentionalität höherer Ordnung zu zeigen (Dennett, 1989; Tomasello & Call, 1997). Obgleich die Fähigkeit der Perspektivenübernahme und kognitiver Empathie wohl die Fitness der Individuen weiter erhöht, entwickelt sich die Fähigkeit, mit anderen emotional in Verbindung zu stehen, deutlich früher in der Evolution. Sie mag mit dem Gruppenleben entstanden sein oder einen Teil des grundlegenden Designs des Nervensystems aller Tiere darstellen. Die Basis der Empathie hat sich also lange vor diesen kognitiven Fähigkeiten entwickelt, welche die emotionale Verbindung um komplexere Formen der Empathie erweitern. Arbeitsgedächtnis, Planung und Verhaltensinhibition als Leistungen des präfrontalen Kortex unterstützen die Entwicklung einer kognitiven Empathie, etwa indem sie die gleichzeitige Repräsentation von Subjekt- und Objektzustand im Arbeitsgedächtnis zulassen und so die Perspektivenübernahme erleichtern.

Das „perception-action"-Modell und Spiegelneurone: Die „perception-action"-Hypothese nimmt an, dass Wahrnehmung und Verhalten den gleichen Repräsentationskode verwenden. Die Wahrnehmung des Verhaltens eines anderen aktiviert automatisch die eigenen Repräsentationen für dieses Verhaltens und es erfolgt eine automatische Ausgabe an jene motorischen Zentren des Gehirns, die

Reaktionen vorbereiten und durchführen. Dabei scheinen bereits nur teilweise analysierte Wahrnehmungen an die motorischen Reaktionsbereiche weitergeleitet zu werden, ohne dass die Analyse bereits abgeschlossen wäre („automatic translation hypothesis"; Hommel, 1998). So feuern etwa so genannte *Spiegelneurone* des prämotorischen Areals (F5), wenn in Experimenten ein Affe die Bewegungen eines anderen beobachtet. Diese Spiegelneurone scheinen zielgerichtetes Verhalten abzubilden und so den Individuen zu erlauben, das Verhalten anderer zu verstehen und zu imitieren. Auch lediglich imaginierte Bewegungen scheinen im gleichen Repräsentationskode von Wahrnehmung und Verhalten abgebildet zu werden. Verhaltensweisen, welche selbsterzeugt, beobachtet, vorgestellt oder von einem anderen lediglich vorgeschlagen werden, mögen sämtlich die gleichen Repräsentationskodes zu aktivieren. Diese Repräsentationskodes mögen auf einer abstrakten Bedeutungsebene liegen, sind jedoch verknüpft mit Bereichen, die verantwortlich sind für die Verhaltensdurchführung. Die Aktivation pflanzt sich von den Repräsentationen zum Verhalten fort, insofern keine Unterdrückung erfolgt, wobei das Ausmaß der Aktivierung motorischer Sequenzen vom jeweiligen Input abhängt (Salienz, Aufmerksamkeit, Kontrollfähigkeit). Sowohl Lipps (1903) als auch McDougalls (1908) Überlegungen zur Empathie lassen sich mit der Forschung zu Spiegelneuronen und dem PAM-Ansatz vereinbaren. Zudem haben Überlegungen im Bereich der Untersuchung von imitatorischem Verhalten und der TOM eine Nähe zu diesen Forschungsansätzen. Preston und de Waal (2002) liefern eine Vielzahl neurologischer und physiologischer Belege, die etwa eine Anpassung der Herzrate zwischen emotional interagierenden Primaten oder auch Menschen nachweisen, ähnliche Hirnaktivierungen aufzeigen sowie vergleichbare EMG-Messungen zwischen den Interagierenden belegen. Dimberg, Thunberg & Elmehed (2000) zeigen, dass selbst unterhalb der bewussten Wahrnehmung dargebotene emotionale Gesichtsausdrücke beim Beobachter dieselben Muskelpartien aktivieren. Cummings, Iannotti & Zahn-Waxler (1985) zeigen in einer Studie mit Zweijährigen, dass diese nach der Rezeption eines Videos, das einen Konflikt zwischen Erwachsenen zeigt, eher aggressiv gegenüber Peers handeln. Scheinbar werden ihre Wahrnehmungen und ihre Reaktionen durch die Beobachtung der aggressiven Begegnung „geprimt".

Imitation, Hemmung, Helfen und Lernen: Das Beobachten der Schreie einer um sich schlagenden ertrinkenden Person mag Angst und Kontrollverlust auf den Beobachter übertragen, aber es mag auch die Notwendigkeit, die Person zu retten, in ihm aufkommen lassen. Imitatives Verhalten scheint sich sowohl onto- als auch phylogenetisch früher zu entwickeln als prosoziales, wobei scheinbar gelernt wird, emotionale Ansteckung und Imitation zu unterdrücken oder zu kontrollieren. Ersteres wird durch eine automatische Wahrnehmungs-Verhaltens-Verknüpfung erzeugt, während Hilfeverhalten nach Preston und de Waal (2002) Lernprozesse voraussetzt. Beide Prozesse mögen weitgehend unbewusst ablaufen.

Meltzoff und Moore (1997) formulieren auf der Grundlage ihrer Forschung eine „Active Intermodal Mapping"-Hypothese (AIM), um frühe mimische Imitationen zu erklären. Kopien der eigenen und Objektexpression werden in einem supramodalen Repräsentationsraum miteinander verglichen, Unterschiede werden detektiert und ausgeglichen, es entsteht Imitation. Im Laufe der Ontogenese tritt dieser Prozess zunehmend in den Hintergrund. So würde die Offenheit des Ausdrucks eines Zweijährigen bei einem Erwachsenen eher pathologisch wirken (kindisch). Der PAM-Ansatz nimmt an, dass in der Ontogenese der zu Grunde liegende Prozess verfeinert wird, die Produktion des Ausdrucks unterdrückt wird und interne (Subjekt) und externe (Objekt) Aktivierung des Prozesses zunehmend unterscheidbar werden. Solche gelernten Ausdrucksinhibitionen umfassen auch die so genannten „display rules" (Ekman, 1969). Dabei scheint gerade die Entwicklung der Selbst-Andere-Unterscheidung eng mit der Entwicklung der Empathie verknüpft.

Empathiepathologien: Eine Störung des „perception action links" steht evtl. auch im Zusammenhang mit Soziopathien oder Psychopathien (siehe Kapitel „Darwinsche Modularität und Adaptivität als Klassifikationsheuristik psychischer Störungen"). Ohne die Fähigkeit, durch das Leid anderer infiziert zu werden, können diese Individuen nicht verstehen und auch nicht lernen, wie der Zustand des Gegenübers sein mag, solche Psychopathien lassen sich außerdem auch bei Hunden oder Schimpansen beobachten. Auch im Kontext der Entwicklung eines Autismus mag eine Störung des „perception action links" beteiligt sein. Autisten lächeln seltener zurück und zeigen sich von den Emotionen eines Gegenübers weniger beeinflusst. Zudem scheinen sie Schwierigkeiten zu haben, Körperbewegungen, Gesten oder Objektmanipulationen zu imitieren. Störungen der Empathie können im PAM auf der Ebene der Aufmerksamkeit, der Imitation, der Affektansteckung, der Empathie oder der kognitiven Empathie liegen.

Vertrautheit, Ähnlichkeit und Erfahrung: Wie bereits erwähnt, finden sich in vielen Studien zur Empathie Nachweise des Einflusses von Vertrautheit oder Ähnlichkeit, Erfahrung, Lernen und Reizsalienz. Die Salienz des Reizes aktiviert den „perception action link" in unterschiedlicher Weise, während die anderen Effekte in engem Bezug zu Repräsentationen innerhalb des PAM-Ansatzes stehen.

In seinem berühmten Aufsatz „What it is like to be a bat?" postuliert Nagel (1974), dass man die Erfahrungen eines anderen nur dann einigermaßen objektiv zuschreiben kann, wenn man mit dem Objekt der Zuschreibung genügend ähnlich ist. Je größer die Unterschiede, desto weniger Aussicht auf Erfolg besteht. Es scheint nahe liegend, dass Vertrautheit und Ähnlichkeit Empathie und Perspektivenübernahme unterstützen. Vertrautheit und Ähnlichkeit führen dazu, dass die subjektive Repräsentation des Objektes reichhaltiger ausfällt. Ein komplexeres, elaborierteres und zutreffenderes Muster von Aktivitäten entsteht im Subjekt, welches persönliche Erfahrungen und Erfahrungen mit dem Objekt berücksichtigt. Die Reichhaltigkeit der Repräsentationen eines bekannten Gegenübers reduzieren mögliche Interpretationen von Verhalten als Rauschen, der Zustand des Objektes wird schneller erkannt, es genügen subtile Hinweise und Situationen erscheinen eindeutiger verstehbar. Die Verfeinerung von Repräsentationen durch Erfahrung kann auch erklären, wie empathische Prozesse auch über Speziesgrenzen hinweg zustande kommen. So kann Vertrautheit Mängel der Ähnlichkeit zwischen Subjekt und Objekt ausgleichen.

Die Reizsalienz ist eng verbunden mit dem Grad an Aufmerksamkeit, die ein Subjekt einem Objekt widmet und erhöht somit die Wahrscheinlichkeit für Empathie. Objekte und Situationen die perzeptuell laut sind, (angeborene) Auslöser beinhalten oder dem Subjekt vertraut, sind erscheinen besonders salient.

Der Prozess empathischen Verstehens und Helfens: Empathisches Verstehen kommt dann zustande, wenn die Repräsentationen einer Emotion oder Situation des Subjekts direkt aktiviert werden durch die Wahrnehmung der Emotion oder Situation des Objekts (Preston & de Waal, 2002). Diese Repräsentationen aktivieren physiologische und behaviorale Antworten im Subjekt, die bei Nichtunterdrückung als Reaktion prozessiert werden. Solche Reaktionen sind ideomotorische Aktivitäten, reflexartige Imitationen und emotionale Ansteckung. Diese Reaktionen herrschen in der Onto- und Phylogenese vor, bis präfrontal kortikale Funktionen deren Unterdrückung ermöglichen. Üblicherweise sollte ein empathischer Prozess also wie folgt ablaufen (Preston & de Waal, 2002):

- Aufmerksamkeit:
  - Das Subjekt richtet seine Aufmerksamkeit auf eine Expression (etwa ein Leidensausdruck) des Objekts.
- Repräsentation:
  - Das limbische System sowie (neuronale) Repräsentationen des Objekts der Situation und der Emotion werden aktiviert.
- Verhalten:
  - Das Ausmaß an Aktivierung bestimmt das Ausmaß, in dem dieser Prozess zu Verhalten führt. Ist die Prozessierung nicht tief oder elaboriert genug, wird das Subjekt nicht in den Zustand des Objektes involviert (Hilfeverhalten wird unwahrscheinlich).
  - Ein tieferes Prozessieren führt zu einer Involvierung in den Zustand des Objekts, es entsteht Empathie und Hilfeverhalten wird wahrscheinlicher.
  - Wird zu tief und elaboriert prozessiert, entsteht Affektansteckung und das Subjekt handelt eher selbstbezogen (geringe Wahrscheinlichkeit von Hilfeverhalten).

Der projektive Anteil der Empathie: Das Ausmaß an gelungener Hemmung bestimmt den Grad an Affektansteckung oder Imitation durch das Subjekt. Erwachsenen gelingt meist die Unterdrückung imitativen Verhaltens während der Beobachtung des Verhaltens anderer. Betont werden muss, dass Empathie zwar die Entwicklung des gleichen emotionalen Zustandes des Objekts unterstützt, dies bedeutet jedoch nicht, dass das Subjekt die genau gleiche subjektive Emotion bewusst erleben muss. Kognitive Appraisalprozesse der Situation (Scherer, 2001), Assoziationen mit vergangenen Erfahrungen und projektive Prozesse des Subjekts gehen in die subjektive Erfahrung mit ein und müssen nicht für Subjekt und Objekt gleich ausfallen (Übertragung und Gegenübertragung im psychoanalytischen Prozess). Bei der Projektion dreht sich die Richtung der Abbildung zwischen Subjekt und Objekt um, sie ist der Gegenprozess zur Empathie (vgl. auch Krause, 1998). Da alle Empathie stets von Repräsentationen im Subjekt ausgeht, hat jeder empathische Prozess stets auch einen projektiven Anteil. In der Erfahrung im Umgang mit dem Objekt kann jedoch eine Feinjustage dieser Repräsentationen erfolgen.

Großwildjagd und Phylogenese der Empathie: Bischof-Köhler (1989) entwickelt in ihrer Arbeit auf der Grundlage des Wissens zur Hominisation ein Modell empathischer Motivierung. Die Autorin geht davon aus, dass die ersten Menschen auf dem Weg über die Aasverwertung, dem Erlegen verletzter und kranker Tiere hin zur Jagd von Großwild gelangt sind. Als Großwildjäger setzen sie sich jedoch von anderen Primaten mehr oder weniger deutlich ab. Konkurrierende

Hypothesen werden von Buss (1999, vgl. auch Dunbar, 1998) beschrieben. Neuere Feldstudien (Paul, 1998) zeigen, dass sich das Jagdverhalten der Primaten nicht erst mit dem Auswandern in die Steppenlandschaft evolvieren musste. So konnte bei Schimpansen, die in Waldregionen leben, beobachtet werden, wie diese koordinierte Jagden auf Rotstummelaffen durchführten. Adaptationen in Richtung Großwildjäger sind auch bei Schimpansen beobachtbar.

In unserem Kontext ist es von Interesse, wie die frühen Hominiden den Übergang zu einer jagenden Lebensweise motivational bewältigt haben. Die erfolgreiche Jagd auf Großwild setzt voraus, dass mehrere Individuen kooperieren und bei Erfolg die erjagte Beute auch geteilt wird. Solche Leistungen sind bei Raubtieren durch spezielle Instinkte abgesichert. Bei den Vorfahren der Gattung Homo müssen wir jedoch von einem gänzlich anderen motivationalen Inventar ausgehen, da deren typische Ernährungsweise keinen Anlass zur Ausbildung solcher Instinkte gab. Das zu lösende Problem stellt sich also wie folgt dar:

Wie können wir mit dem Ausgangsmaterial von Verhaltensdispositionen eines Primaten zu ähnlichen Ergebnissen kommen, wie wir sie bei Raubtieren beobachten? Bischof-Köhler (1989) sieht die Lösung im Bereich kognitiver Neuerwerbungen. Die Ausbildung neuer Instinktsteuerungen scheint unwahrscheinlich, da sich – wie oben bereits skizziert – die Hominisation eher durch ein Freiwerden des Verhaltens von instinktiver Steuerung bei gleichzeitiger Erweiterung kognitiver Kapazitäten beschreiben lässt. Zum gemeinsamen Handeln bei der Jagd ist es notwendig zu verstehen, was der andere im Sinn hat, dessen Intentionen aufzugreifen und nicht etwa das Gleiche zu tun, sondern vielmehr das Verhalten des anderen in sinnvoller Weise zu ergänzen. Dieses Problem hat eine kognitive und eine motivationale Seite. Zum einen muss eine Perspektivenübernahme erfolgen und gleichzeitig muss die eigene Selbstdurchsetzung zurückgestellt werden, um die Absichten des anderen zu den eigenen zu machen (prosoziale Motivation). Auch beim Beuteteilen stehen wir vor ähnlichen Problemen. Die Bedürftigkeit des anderen muss wahrgenommen werden, es muss eine Motivation bestehen, um hier Abhilfe zu schaffen. Bischof-Köhler (1989) nennt die motivierende Kraft *Mitgefühl* und bezeichnet die kognitive Fähigkeit zum Erkennen der Notlage des anderen als *Empathie*. In der Welt der Menschenaffen und simischen Primaten finden sich hier deutliche Unterschiede was Jagd- und Beuteteilverhalten angeht, dies scheint im Zusammenhang mit Speiseplan, Lebensraum und Sozialstruktur zu stehen (Paul, 1998).

Empathie als soziale Kognition der Dezentrierung: Empathie versteht Bischof-Köhler als Mechanismus der sozialen Kognition, der Aufschluss über die emotionale Verfassung eines anderen vermittelt. Als Voraussetzung eines solchen Mechanismus beschreibt die Autorin die „Dezentrierung" – wie sie von Piaget (1972) definiert wurde – als die Fähigkeit, mehrere Sachverhalte gleichzeitig im Denken zu berücksichtigen. Im sozialen Kontext würde dies bedeuten, sich die Sichtweise des oder der anderen neben der eigenen vorzustellen. Es sollte also möglich sein, in der Phantasie den Standort des anderen einzunehmen, mit seinen Augen zu sehen. Dabei muss vorausgesetzt werden, dass die Art des anderen, Erfahrungen zu machen, prinzipiell der eigenen entspricht.

Sicherlich ist es bei komplexeren Formen der Empathie notwendig, sich bewusst in die Lage des anderen zu versetzen oder auch zu der Einsicht zu gelangen, dass das eigene Gefühl nicht dem des anderen entspricht. Andererseits kann man sich auch kognitive Mechanismen prärationalen oder ratiomorphen Charakters vorstellen, welche auf einer eher emotionalen Basis zu Erkenntnisleistungen fähig sind. Dabei bewerten Emotionen Situationen und richten das Verhalten entsprechend aus, unabhängig von rationalen Denkprozessen, aber durchaus äquivalent (vgl. Bischof, 1989). Andererseits muss betont werden, dass auch scheinbar rein rationale Handlungsplanungen nicht unwesentliche emotionale Anteile aufweisen.

Soziale Intelligenz der Primaten: Lange Zeit wurde die Intelligenz der Schimpansen vor allem in ihren Fähigkeiten zum Werkzeuggebrauch gesehen. In neuerer Zeit jedoch wird deutlich, dass diese Primaten ihre in der Phylogenese erworbenen Fähigkeiten in erster Linie im Dienste sozialer Interaktionen einsetzen. In vielen Beispielen wird klar, dass Schimpansen die Intentionen anderer verstehen und sogar stellvertretend für andere handeln können. Dabei bleibt die soziale Kompetenz nicht nur auf den prosozialen Bereich beschränkt, sondern sie findet sich auch in Formen sozialer Manipulation, die bis zu einer Art Machiavellismus reicht (vgl. Paul, 1998; McFarland, 1999). Jane Goodall (1989) berichtet etwa, dass soziale Intelligenz gerade in Rangauseinandersetzungen zuverlässiger zum Erfolg führt als etwa körperliche Stärke. Da die Rangstellung den Zugang zu Weibchen garantiert, ist verständlich, dass (sozial) intelligente Tiere eine höhere Chance haben, ihr Genom (inklusive intelligenter Disposition) zur Fortpflanzung zu bringen (soziale Intelligenz als Selektionsvorteil). Das Schimpansenmodell legt es nahe, die „Werkzeugintelligenz“ als sekundäres, auf der Basis kognitiver Strukturen aus dem Umfeld sozialer Interaktion entwickeltes Merkmal der Primaten und Hominiden zu verstehen. Noch deutlicher in diese Richtung zeigen die Studien mit Bonobos, als deren größte intellektuelle Errungenschaft ihr Einfühlungsvermögen beschrieben wird (de Waal & Lanting, 1998).

Die Grenzen hinsichtlich Intelligenz, Sprache, Kultur und Bewusstsein zu unseren „bescheidenen Verwandten“ scheinen zusehends zu verschwimmen (Paul, 1998). Wieso verfügen also Menschen und Primaten über eine solch hohes Maß an Intelligenz? Dass hier die Haupttriebfeder in der Entwicklung komplexer Werkzeugtechniken vermutet wurde, ist wohl eher eine schwer bestätigbare Hypothese im Umfeld der menschlichen Technologiegläubigkeit, sie spielt heute nur noch eine untergeordnete Rolle. Auch Ernährungsweise oder das anforderungsreiche Leben in den Baumkronen scheinen eher als Präadaptationen Erklärungswert zu haben. Zentral scheint das *„Treibhaus des Sozialen“* (Paul, 1998, S. 238) als selegierende Umweltbedingung, was sich in Zusammenhängen zwischen Gehirngröße verschiedener Primatenarten und der Komplexität des jeweiligen sozialen Milieus zeigt. Es ist also nahe liegend, einen sozialen Ursprung der Intelligenz zu vermuten. Dies bestätigen auch evolutionspsychologische Experimente zur menschlichen Intelligenz (Cosmides & Tooby, 1994). Sehr anschaulich argumentiert Dunbar (1998), wie sich in der Evolution des Menschen Intelligenz und Sprache in erster Linie als zwischenmenschliche Adaptationen entwickelt haben.

In verschiedenen Experimenten mit Primaten konnte nahe gelegt werden, dass Schimpansen in der Lage sind, einen Zusammenhang zwischen objektivem Ausdrucksverhalten und subjektiver Intention eines anderen herzustellen und somit Zugang zur Innenseite des Erlebens beim anderen zu erlangen (Premack &

Premack, 1983). Dabei sind die Tiere auch in der Lage, den eigenen Emotionsausdruck zu unterdrücken, etwa mit der Absicht, den Pfleger zu täuschen. Auf dem Niveau der Menschenaffen können wir also die Erfindung der sozialen Kognition als das evolutionär Neue beschreiben.

Antisoziale Empathie: Bischof (1996) nimmt eine Relevanz-Suppression bei erhöhtem Autonomieanspruch an, der mit stabileren Ich-Grenzen einher geht und einer geringen Anfälligkeit für Schamgefühle (Figur des Tricksters, Schlems). Betont werden muss in diesem Zusammenhang, dass Empathie keineswegs mit prosozialem altruistischen Verhalten gleichgesetzt werden darf. Erlebt man, dass es dem Gegenüber schlecht geht und einem selbst gut führt dies nicht zwangsläufig zu Verhalten, welches auf Ausgleich gerichtet ist. Empathie kann sehr wohl in den Dienst antisozialer Motive treten. Schadenfreude und Sadismus liefern hierzu anschauliche Beispiele, dabei wird versucht, das Gefälle zwischen eigener Freude und fremden Leid gesteigert zu erleben. Solche Leistungen lassen sich im Tierreich kaum beobachten und scheinen uns und höheren Primaten vorbehalten. Pro- oder antisoziale Empathiekonsequenzen scheinen von der Einschätzung der Relevanz des Leidenden abhängig. Unterdrückt man die Relevanz der Welt und des Gegenübers erfolgreich, kann man sie sich „emotional vom Leibe" halten (Bischof 1996, S. 515).

„Theory of Mind" (TOM): David Premack stellte 1978 die Frage „Does a Chimpanzee have a Theory of Mind?" sein Beitrag löste ein Fülle von Experimenten und theoretischen Überlegungen aus. In entwicklungspsychologischen Studien (Bischof, 1996; Baron-Cohen, Leslie & Frith 1985) konnte gezeigt werden, dass Kinder bis ins Alter von drei Jahren nicht verstehen, dass man von der Welt unterschiedliche und auch falsche Bilder haben kann. Sie gehen davon aus, dass wenn sie etwas wissen, jeder andere es auch weiß. Mit etwa viereinhalb Jahren sind sie in der Lage zu verstehen, dass die Wirklichkeit nicht identisch ist mit dem Bild, welches sich verschiedene Personen von ihr machen. Diese Erkenntnis ist gemeint, wenn von einer „Theory of Mind" die Rede ist. Dreijährige scheinen nicht in der Lage zu sein zu verstehen, dass verschiedene Personen einen Gegenstand unter verschiedenen Perspektiven sehen (oder eben nicht sehen). Solche Perspektiven beschreibt Bischof (1996) als Bezugssysteme. Eine TOM macht es möglich, Objekte in verschiedenen Bezugssystemen zu erleben, gleichzeitig und ohne Störungen (interferenzfrei). Bischof (ebd.) vergleicht dies mit der Koordinatentransformation in der analytischen Geometrie, – ein Punkt lässt sich gleichzeitig durch verschiedene Koordinaten beschreiben, die beiden Bezugssysteme werden voneinander abgehoben, dissoziiert. Solche Bezugssystemdissoziationen spielen nicht nur bei kognitiven Leistungen ein Rolle, sondern beeinflussen auch unsere Triebe, Gefühle und Stimmungen. Bischof (1996) erläutert dies an den Emotionen Schuld und Scham. Schuldgefühle treten eher im Kontext einer Verstärkung der Grenzen der Ich-Kontur auf, Scham wird erlebbar, wenn Ich-Grenzen unangemessen aufgelöst werden. Mit der Fähigkeit zur Empathie, als Abgrenzung von Ich- und Du-Zuständen, werden Schuldgefühle erlebbar. Sie sind nach Bischof (1996, S. 318) die „Erfahrung des affektiven Ungleichgewichts", man schuldet dem Gegenüber einen Ausgleich. Die Ich-Grenze verursacht dabei ein Gefälle zwischen eigenem Zustand und fremdem emotionalen Erleben. Die Scham verhindert andererseits, diese Grenzen ohne weiteres aufzulösen. Dies tut sie zum einen, um Autonomieeinbußen zu verhindern. Ein hoher Status sollte deshalb mit dem Erleben eines empathischen Gefälles einhergehen (Schulderleben). Zum zweiten geht die Aufgabe der Ich-

Grenzen mit Ungeschütztheit und einer Anfälligkeit für fremdes Wollen einher (Schamerleben).

Scham und Schuld als „Theory of Mind"-Folgen: Die Bewusstseinsentwicklung stellt sich nach Bischof (1996) wie folgt dar: Zunächst wird Seelisches medial erfahren, als „ozeanisches Gefühl", in dem man sich geborgen weiß. Der Erwerb der TOM mag einer affektiven Katastrophe gleichkommen, plötzlich können die Dinge in der Welt so oder auch ganz anders sein, je nach Bezugssystem haben sie gänzlich unterschiedliche Koordinaten. Die verschiedenen Bezugssysteme relativieren sich gegenseitig und erzeugen ein Gefühl der Unbehaustheit, das „Paradies der Selbstverständlichkeit" (ebenda, S. 320) ist verloren. Das Ich wird exzentrisch und sieht sich vielen Interessenpolen anderer gegenüber. Die Reflektierbarkeit verschiedener Bezugssysteme oder Medien macht es zugleich unmöglich, die Ich-Konturen aufzulösen und selbstvergessen im eigenen Medium zu verharren, stattdessen erleben wir nun Schamgefühle und das Aufrechterhalten unserer Grenzen setzt uns Schulderleben aus.

Funktionale Analyse der Empathie: Auch beim Begriff der Empathie bietet sich eine funktionale Betrachtungsweise des Problems an. Dabei geht es um die Frage, aufgrund welcher innerorganischer Wirkzusammenhänge und durch welche Reizgrundlagen bedingt sich empathisches Erleben aufbaut (vgl. Bischof-Köhler, 1989, S. 26):

Als Reizgrundlagen finden sich:

- Wahrnehmung des Ausdrucksverhaltens beim anderen,
- Wahrnehmung der Situation des anderen.

Innerorganismisch finden sich drei Problemfelder:

- Problem der Gefühlsübertragung: Wie nimmt man als Beobachter am Gefühl eines anderen teil?
- Problem des sozialen Erkenntnisgewinns: Wie erkennt man, dass dieses Gefühl dem anderen zugehörig ist?
- Problem der motivationalen Konsequenzen: Wie wirkt das empathische Erleben auf die Handlungsebene?

Beginnen wir bei einem Lebewesen mit vorrationaler Verhaltenssteuerung, ohne Phantasie oder der Fähigkeit zur sozialen Kognition. Wir haben dessen „Konstruktionsplan" oben erläutert. Interagiert ein solcher Organismus mit einem anderen, so wird dieser als in einer *fremden* Situation Stehender wahrgenommen, selbst wenn der Organismus Teil dieser Situation ist (etwa bei Rangauseinandersetzungen). Nehmen wir an, der andere generiere in dieser Situation eine Emotion (etwa Angst), welche sich im Ausdrucksverhalten zeigt. Die Detektoren des beschriebenen Individuums sprechen auf diesen Ausdruck an und führen zu einer emotionalen Reaktion. Diese könnte komplementär sein (Triumph, Wut) oder ähnlich der Emotion des anderen. Dabei ruft die Emotion des anderen beim Organismus lediglich über den Ausdruck eine Reaktion hervor (Bischof-Köhler, 1989). Die Situation des anderen bleibt fremd, es erfolgt keine Perspektivenübernahme. Das Individuum versucht nicht, die fremde Situation für den anderen zu ändern, es ist lediglich an seiner eigenen Situation interessiert. Die Wirkungen auf den anderen erscheinen quasi als Nebeneffekte. Wichtig ist auch, dass Situationen des anderen existieren können, welche für diesen Relevanz besitzen, jedoch für das wahrnehmende Individuum nicht.

Ausdrucks- und situationsvermittelte Gefühlsübertragung: Bischof-Köhler (1989) unterscheidet ausdrucksvermittelte Gefühlsübertragung von situationsvermittelter. Bei Ersterer kann auf bereits vorhandene Detektoren für den Ausdruck des anderen zurückgegriffen werden, während sich etwas Vergleichbares hinsichtlich situationsvermittelter Gefühlsübertragung nicht findet, die Wahrnehmung der Relevanz einer fremden Situation erfordert zusätzliche Kompetenzen. Die ausdrucksvermittelte Gefühlsansteckung ist ein phylogenetisch alter Mechanismus, der von Lorenz (1935) als Stimmungsübertragung beschrieben wurde. Sie dient der Motivsynchronisation und Konfliktreduktion bei sozial lebenden Tieren. Bischof-Köhler (1989) kritisiert sowohl Klassische Konditionierung als auch Assoziationslernen als grundlegende Erklärungsansätze des Phänomens der Gefühlsübertragung. Das Konzept der Empathie geht ursprünglich auf Lipps (1907) zurück. Er vermutet Nachahmung (Ideomotorisches Gesetz, Carpenter Effekt) als Grundlage der Gefühlsübertragung. Ausdrucksbewegung und Emotion sind in diesem Ansatz so eng miteinander verkoppelt, dass das eine ohne das andere nicht denkbar sei. Zum einen ist der Begriff der Nachahmung unpräzise formuliert und zum anderen findet sich eine entwicklungspsychologisch widersprüchliche Befundlage. Eleganter und plausibler erscheinen ethologische Ansätze, welche einen AAM vermuten, der die entsprechende Emotion im Beobachter direkt induzieren kann. Dies erspart „den ganzen Umweg über die motorische ‚Ankurbelung' der Emotion" (Bischof-Köhler, 1989, S. 39). Jedoch muss das Individuum unterscheiden können, ob das Ausdrucksverhalten des anderen als interaktives Signal zu verstehen ist oder ob es sich auf Ereignisse bezieht, welche das Individuum nicht einschließen (etwa der Angriff eines Fressfeindes). Wie Tiere (und auch Menschen) dieses Problem lösen, ist noch ungeklärt, das Blickverhalten scheint jedoch von zentraler Bedeutung (Bischof-Köhler, 1989; Baron-Cohen, 1997; Merten, 1995, 1997) zu sein.

Affektansteckung und Empathie: Der zentrale Unterschied zwischen Gefühlsansteckung und Empathie liegt im Problem des Erkennens, inwiefern die (nach)empfundene Emotion die eines anderen oder die eigene ist. Was muss hinzukommen, damit das Individuum von diesem sozialen Erkenntnisgewinn profitieren kann? Hier spielt die Fähigkeit zu einer Ich-Andere-Unterscheidung eine wichtige Rolle, die psychische Abgrenzung des Ichs, d.h. der Selbstpermanenz inklusive zuordenbarer ich-eigener Erlebnisse von einem anderen als Träger der diesem zugehörigen Erlebnisse. Unter funktionalen Aspekten konzipiert Bischof-Köhler das Prozessgefüge der motivierenden Wirkung von Empathie in folgendem Schaubild (Abbildung 10).

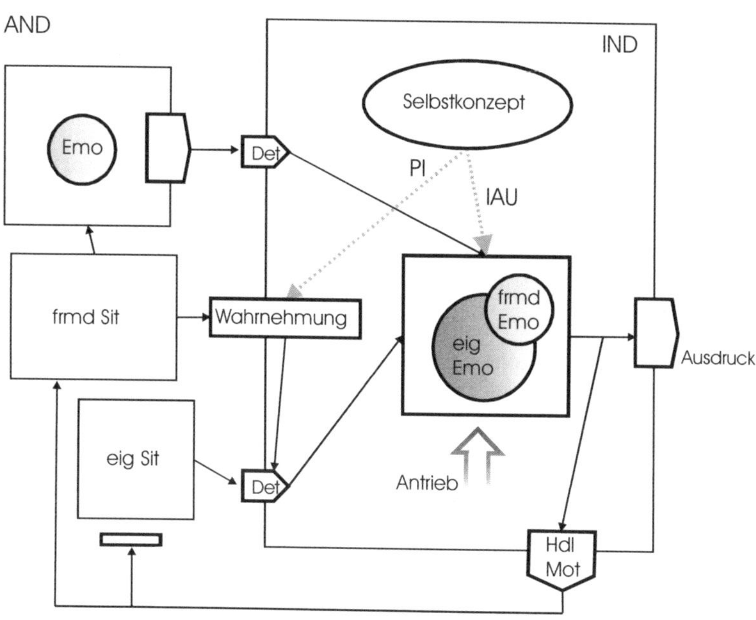

Abbildung 10: Empathische Motivierung (nach Bischof-Köhler, 1989, S. 74)

Erläuterung: IND: Individuum, AND: der andere bzw. das Gegenüber, Ausdr. bzw. Ausdr. Mot: Ausdruck(-smotorik), PI: Perspektiveninduktion, IAU: Ich-Andere-Unterscheidung, Emo: Emotion des anderen, fremde Emo: erschlossene Emotion des anderen, eigene Emo: eigene Emotion, frmd Sit: fremde Situation des anderen, eig Sit: eigene Situation, DET: Detektor, Hdl Mot: Handlungsmotorik.

Empathische Motivierung: Das Individuum (IND) nimmt einen anderen (AND) in einer fremden Situation (frmd Sit) wahr. Der Interaktionspartner zeigt einen bestimmten Ausdruck (Ausdr von AND). Empathie kann nun sowohl ausdrucks- als auch situationsvermittelt stattfinden. Gefühlsansteckung (Aff des Ausdrucksdetektors) und/oder Perspektiveninduktion (PI) können dazu führen, dass sich der Zustand des Partners auf das Individuum überträgt. Die Ich-Andere-Unterscheidung (IAU) ermöglicht, das Erlebte empathisch als ein Gefühl zu klassifizieren, welches den anderen betrifft (fremde Emotion). Ergebnis könnte ein Handlungsimpuls sein, welcher darauf zielt, die Situation des anderen zu verändern (HdlMot auf frmd Sit). Zu bedenken ist, dass das Individuum auch in einer eigenen Situation stehen kann (eig Sit), welche dann moderierend auf die empathische Reaktion einwirkt. Auch der innere Antrieb spielt eine entscheidende Rolle, hierin lassen sich der Einfachheit halber Konzepte wie Unternehmungslust versus Ängstlichkeit, Selbstvertrauen, Kompetenz, Aggressivität, etc. fassen.

Zusammenfassend gilt es festzuhalten, dass Preston und de Waal (2002) Empathie im Rahmen eines „perception-action“-Modells diskutieren. Hierzu unterscheiden sie emotionale und kognitive Empathieperspektiven in einem breiten Modell, welches Affektansteckung, Empathie, Mitleid, prosoziales Verhalten und

Perspektivenübernahme diskutiert. Wie Bischof-Köhler (1989) nehmen sie einen „emotional link" als direkte Verbindung zwischen Individuen an. Die Empathie dient in ihrem Ansatz der Regulation von Dyaden und Gruppen. Neuropsychologisch diskutieren die Autoren das Konzept der Spiegelneurone innerhalb ihres PAM-Ansatzes. Während der Phylo- und Ontogenese werden imitatorische Phänomene zunehmend unter Hemmung gesetzt und erlauben so die Entwicklung helfenden Verhaltens. Vertrautheit, Ähnlichkeit und Erfahrung mit dem Objekt der Empathie zeigen deutliche Effekte auf empathische Prozesse, die in Aufmerksamkeit, Repräsentation und empathisches Verhalten gegliedert sind. Dabei betonen die Autoren, dass alle empathischen Prozesse stets einen projektiven Anteil einschließen.

Bischof-Köhler (1989) unterstreicht, dass sich die Hominisation durch ein Freiwerden des Verhaltens von instinktiver Steuerung bei gleichzeitigem Ausbau kognitiver Kapazitäten beschreiben lässt. Die neuen Anforderungen an das Motiv- und Affektsystem hinsichtlich der Bewältigung der Aufgaben bei Jagd und Beuteteilen haben sowohl eine kognitive als auch eine affektive Seite. Das entsprechende Motiv nennt sie Mitgefühl, die kognitive Kompetenz Empathie. Diese Kompetenz umfasst natürlich auch schon prärationale bzw. ratiomorphe Prozesse der Perspektivenübernahme. Als Grundlage empathischen Erlebens diskutiert sie die Wahrnehmung des Ausdrucksverhaltens und der Situation des anderen.

Ein vorrationales Lebewesen ohne soziale Kognition nimmt den anderen als in einer fremden Situation stehend wahr, auch wenn dieses Lebewesen Teil dieser Situation ist. Seine Reaktionen auf das affektive Ausdrucksverhalten des anderen können komplementär oder ähnlich ausfallen. Es erfolgt keine Perspektivenübernahme, die Situation des anderen bleibt eine fremde, alles Verhalten ist stets auf die Änderung der eigenen Situation gerichtet. Auch wird die Relevanz der Lage des anderen nicht über soziale Kognitionen erschließbar, hierzu bedarf es zusätzlicher Kompetenzen. Hinsichtlich der ausdrucksvermittelten Gefühlsansteckung kann man von einer Art AAM ausgehen, welcher die Emotion direkt induziert. Das Problem, wie entschieden wird, ob das Ausdrucksverhalten des anderen interaktiv gemeint ist oder einem äußeren Ereignis gilt, ist noch kaum geklärt. Das Blickverhalten des anderen scheint jedoch wichtige Entscheidungskriterien zu liefern. Die Empathie unterscheidet sich von der Gefühlsansteckung durch die Möglichkeit zu erkennen, dass die nachempfundene Emotion die des anderen ist (Ich-Andere-Unterscheidung).

Phantasie

Wie wir gesehen haben, lässt sich die Hominisation durch ein Freiwerden des Verhaltens von instinktiver Steuerung bei gleichzeitigem Ausbau kognitiver Kompetenzen beschreiben. Die Anforderungen an das Motiv- und Affektsystem im Rahmen empathischer Prozesse haben sowohl eine kognitive als auch eine affektive Seite. Die Fähigkeit zur Empathie umfasst natürlich auch prärationale bzw. ratiomorphe Prozesse, jedoch spielt die Phylogenese der Phantasie eine entscheidende Rolle. So finden wir auf der Ebene der Anthropoiden, was das Problem des Appetenzverhaltens angeht, neben Zufallsbewegungen und Lernen am Erfolg einen weiteren phylogenetisch entwickelten psychischen Mechanismus. Hierzu wird die Probehandlung in einen *inneren Umweltsimulator* verlegt

(Bischof, 1989, 1996). Dieser innere Simulator entspricht dem, was man *Phantasie* oder produktives Denken nennt.

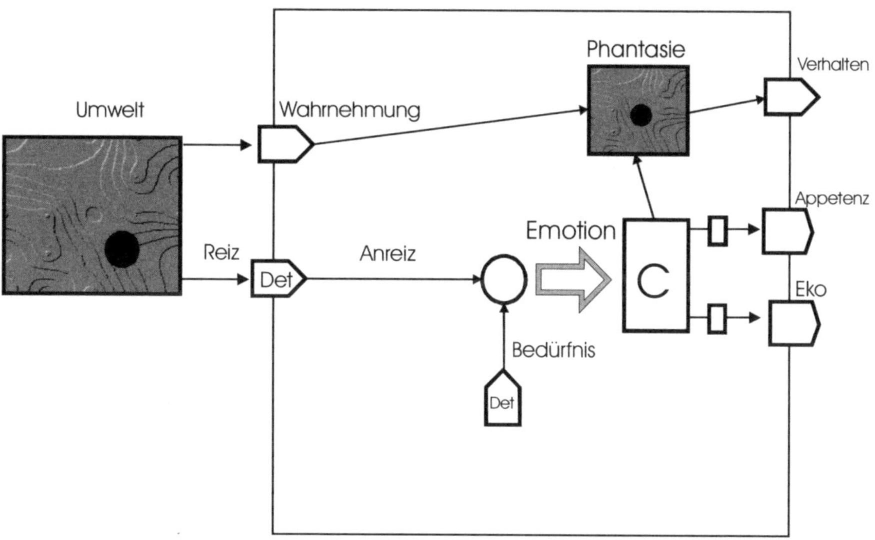

Abbildung 11: Innerer Umweltsimulator und mentales Probehandeln, nach Bischof, 1989, S. 201

Erläuterung: Det: Detektor, Eko.: Erbkoordination, C: Coping.

Mentales Probehandeln: Die Abbildung verdeutlicht eine Situation, bei welcher der Zustandspunkt im Einzugsbereich einer Antriebsthematik, jedoch außerhalb der entsprechenden Erbkoordination liegt. Die Situation wird an das Copingsystem gemeldet, bis auf eventuelle Ausdrucksbewegungen wird die Erbkoordination gedrosselt und Appetenzverhalten eingeleitet. Das neue Wirkgefüge zeigt jedoch nun, dass auch die Appetenzmotorik bis auf rudimentäre Intentionsbewegungen blockiert wird. Deren Aktivität wird auf einen inneren Umweltsimulator verlagert. Die Bewegungen des Zustandspunktes erfolgen nun imaginär. Erst wenn dieses Manöver erfolgreich scheint, wird es in reale Handlungen umgesetzt. Zentral ist hierbei die genügend zutreffende Abbildung der wichtigsten Kausaldrifts und Barrierelabyrinthe der realen Umwelt. Dennett (1997, S. 522 ff) nennt solche Lebewesen mit einer inneren selektionierenden (simulierten) Umwelt passend *„Poppersche Geschöpfe"*, sie lassen ihre Hypothesen über die Welt anstelle ihrer selbst sterben (Popper, 1984). Auch Freud (1933) entwickelte bereits ähnliche Vorstellungen:

„Das Denken ist ein probeweises Handeln mit kleinen Energiemengen, ähnlich wie die Verschiebung kleiner Figuren auf der Landkarte, ehe der Feldherr seine Truppenmassen in Bewegung setzt" (Freud, 1933, S. 524).

Die vom Coping-Apparat zu fordernde Flexibilität, macht es notwendig, dass er über einen eigenen Wahrnehmungseingang verfügt, der nicht mehr auf Detektorenniveau funktioniert, sondern auch eher neutrale, zunächst bedeutungslose

Reize registriert. Auch muss ein Zugriff auf die Motorik so gestaltet sein, dass es möglich wird, Reaktionen auszuprobieren, die vom Instinktprogramm abweichen. Hier wird dann die Fähigkeit, aus dem Erfolg zu lernen, relevant, die alles speichert, was das Individuum beim Probieren dem Ziel ein wenig näher bringt. Lernen aus Erfahrung und Probieren sind sehr riskante Methoden, sich mit der Umwelt auseinander zu setzen. Weshalb die Evolution einer Art inneren Simulators als Schutzmechanismus verstanden werden kann. Die Phantasie ist so als innerer Wirklichkeitssimulator beschreibbar, dessen Vorstellungstätigkeit als mentales Probehandeln bezeichnet werden kann. Die „technischen“ Anforderungen für einen solchen Wirklichkeitssimulator scheinen erheblich, da er auch erst sehr spät in der Evolution in Erscheinung tritt, nicht vor den Menschenaffen. Ganz anders vermutet Dennett (1997, 1999) die Entwicklung eines inneren Simulators wesentlich früher. Zur Entscheidung über den Entstehungszeitpunkt eines solchen Simulators müssen jedoch seine Merkmale genauer festgelegt werden, bevor eine Untersuchung dieser Frage möglich wird. Bischof definiert unter den reichhaltigen Neuentwicklungen die neukonstruierte – oben eingeführte – Identitätskategorie, auf die noch eingegangen wird.

Objektivität und Neutralität der Umweltwahrnehmung: Während auf der Ebene der Detektorsysteme die Welt ausschließlich hinsichtlich bestimmter Antriebsthematiken mit spezifischen Gefühlstönungen wahrgenommen wird, muss sie nun auch sozusagen objektiver als neutrales Betätigungsfeld zur Kenntnis genommen werden. Dieser immense kognitive Aufwand ist qualitativ so andersartig, dass viele Psychologen erst hier von Kognition reden wollen und die Investitionen in ratiomorphe Systeme kaum beachtenswert finden. Diese Konstruktion beschränkt sich nicht nur auf den Entwurf neuer Appetenzstrategien, sondern stellt auch die konsumatorische Erbkoordination zur Disposition (Bischof, 1989). Ob es wirklich möglich ist, die Umwelt als „neutrales Betätigungsfeld“ wahrzunehmen, erscheint eher zweifelhaft. Zu vermuten wäre vielmehr, dass auch bei der kognitiven Wahrnehmung und Analyse der Umwelt das Instinktsystem stets zumindest als „emotionales Hintergrundrauschen“ präsent ist. So mögen unterschiedliche Aufmerksamkeitsbiases (Barkow, 1989) entscheidend unsere „objektive“ Wahrnehmung färben.

Das emotionale Moratorium: Bleibt in der aktuellen Situation genügend Zeit, kann der Organismus sich den „Luxus“ erlauben, Alternativen zur instinktiven Erbkoordination in der Phantasie zu testen und – falls erfolgversprechend – einzusetzen. Antriebe werden so zunehmend in das Moratorium der Emotionalität einbezogen.

„Wir beobachten also mit steigender Entwicklungshöhe eine zunehmende Emotionalisierung des Verhaltens“ (Bischof, 1989, S. 202).

Primäremotionen: Im Verhaltensspektrum höher organisierter Säuger lässt sich ein Zusammenhang zwischen Instinkten und Primäremotionen beschreiben (Wimmer, 1995): Primäremotionen sind angeboren und weisen spezifizierbare physiologische, expressive und subjektiv-phänomenologisch erlebbare Muster auf. Ihre Anzahl ist umstritten und reicht von vier bis zu zehn Emotionen. Im Rahmen eines funktionalistischen Ansatzes werden den einzelnen Emotionen bestimmte biologische Funktionen zugeordnet. Darwin und McDougall beschreiben die Emotionen als Begleitphänomene der Instinkte (Keller, 1981, S. 142f) wobei Furcht im Kontext des Fluchtinstinktes auftritt, Erstaunen im Kontext des

Neugierinstinktes etc. Darwin akzeptierte noch das Prinzip der Vererbung erworbener Eigenschaften (Lamarckismus) als zusätzlichen Evolutionsmechanismus, das dann auch als zentraler Mechanismus in seinen Ideen zur Phylogenese des Emotionsausdrucks auftaucht. McDougall sah den emotionalen Anteil eher im Moment des Vollzuges des Instinktes (Motorik), während die emotionalen Anteile des Appetenzverhaltens von Lorenz und Leyhausen (1973) als Stimmung beschrieben werden. Wimmer (1995) erscheint es zentral zu differenzieren, um welche Emotion es sich handelt, in welchem Bereich diese auftritt und in welcher Verarbeitungstiefe die Emotion generiert wird (sensomotorisch vs. symbolische Emotionsgenese). Er unterschiedet drei Bereiche (Wimmer, 1995, S. 101):

Auseinandersetzung mit der konkreten materiellen Umwelt. Die Primäremotionen treten besonders deutlich hervor, da sich der Organismus direkt mit den Umweltbedingungen konfrontiert sieht. Die Stimulus-Response-Verschaltungen scheinen fix, ohne Integration komplexer Verarbeitungsschritte (z.B.: Ekel als Reaktion auf eine verdorbene Speise).

Emotionen als intraorganismische Signalsysteme. Die Emotionen fungieren als Stimmigkeitsanzeiger, um die jeweilige Form der Umweltbewältigung mit etablierten Strukturen in Einklang zu bringen. Intrasystemische Prozesse stehen im Vordergrund (z.B.: Stolz bei Lösung eines Problems).

Emotionen im Bereich der interindividuellen Interaktion und Kommunikation. Der evolutive Hintergrund dieses Bereichs ist völlig anders, da das Selektionsfeld, in dem die Emotionstypen entwickelt wurden, durch den intersubjektiven Kontext bedingt ist, der Selektionsdruck also durch den sozialen Raum vermittelt wird. Der durch die Primäremotionen eingegrenzte Möglichkeitsraum ist hier weiter als bei direkter Konfrontation mit der physischen Umwelt (z.B.: Lächelformen mit verschiedenen interaktiven Funktionen, siehe oben).

In den verschiedenen Bereichen kann die Art der internen Zustandsniveaus sowie die damit verbundene Sensorik und Motorik unterschiedlich beschaffen sein (Wimmer, 1995). Die Entwicklung komplexer intellektueller Kapazitäten (Lernfähigkeit, symbolische Informationsverarbeitung) führen demnach zur Bildung neuer interner Zustandsniveaus und so zu eigenen Formen motorisch sensorischer Aktivitäten. Es entstehen Funktionsniveaus, welche die unmittelbaren biologischen Bedürfnishorizonte weit übersteigen. Im Bereich der Hominisation scheint es nahe liegend, die Primäremotionen als „constraints" zu verstehen, welche den Entwicklungsprozess innerhalb eines bestimmten Möglichkeitsraumes begrenzen.

Welchen Veränderungen ist die instinktive Verhaltensorganisation im Rahmen der Hominisation unterworfen? Piaget (1967) beschreibt einen Verlust der programmierten Regulationen (Instinkte) und sieht die Funktion der Instinktresiduen im Bereich der Energiebereitstellung ohne jeden Einfluss auf die Strukturbildung. Die Entwicklung kognitiver Funktionen und Strukturen vollzieht sich neutral und ohne Mitwirkung emotionaler Faktoren. Lorenz betont die Wirksamkeit von Instinkten bis in den kognitiven und kulturellen Bereich hinein. Alle feststellbaren Transformationsprozesse sind durch phylogenetische Rahmenbedingungen begrenzt. Scheinbar neutrale Kognitionen werden als unzulässige Abstraktionen beschrieben. Bischof beschreibt die Instinktresiduen beim Menschen im Kontext der Antriebs- und Bewertungsmechanismen (1985, S. 4). Die internen Zustände, Appetenzen sowie die emotionalen Feedbackmechanismen bleiben weitgehend unverändert, wohingegen Aktion und Perzeption Änderungen unterworfen sind. Wimmer (1995) unterscheidet sensomotorische und symbolische Affektivitätsformen.

Affektivitätsformen: Sensomotorische Formen der Affektivität stehen in engem Zusammenhang mit Aktivität und physiologischen Prozessen, einer Verknüpfung also mit konkreten Handlungsvollzügen. Die Genese der aktuellen Emotionalität ist hier an die Aktivierung bestimmter Instinkthandlungen gekoppelt und somit geht sie einher mit bestimmten Wahrnehmungen, Verhaltensakten, physiologischen Konfigurationen. Die Emotionalität ist an Bereiche der Sensorik und Motorik gekoppelt. Die dazwischenliegenden Verarbeitungsschritte können fix programmiert sein (Reflex, Instinkthandlung). Relevante Umweltobjekte (Schlüsselreize) müssen konkret anwesend sein, um emotionsinduzierend zu wirken.

Die Möglichkeiten symbolischer Informationsverarbeitung eröffnen onto- wie phylogenetisch neue Perspektiven. Die Aufspaltung des einst eng verschalteten Bereichs Affekt-Aktion und die Erweiterung des Erfahrungsfeldes in den symbolischen Bereich leitet eine starke Differenzierung der Emotionalität ein. Dies hat einen „emotionalen Treibhauseffekt" (Wimmer, 1995, S. 104) zur Folge. Es wird möglich, Emotionsdimensionen auf Bereiche zu übertragen, die mit den ursprünglichen Auslösern nichts mehr gemein haben. Emotionale Erlebnisqualitäten werden innerhalb des symbolischen Raumes verfügbar. Objekte fern der biologischen Funktionalitätskriterien können so mit emotionalen Qualitäten belegt werden (emotionale Aufladung neutraler Umweltstimuli bis zur wahnhaften Bedeutungsverleihung; vgl. auch Krause, 1998).

Zudem finden sich Formen vergegenständlichter Emotionen (in Objekten aus Riten, Kulten oder der Kunst, affektgeladene Worte, Bilder, Filme) mit deren Hilfe emotionale Erlebensqualitäten künstlich induziert werden können. Strittig ist, ob solches Handeln mit einer emotionalen Abschwächung (Fehlen der körperlich-physiologischen Komponenten) oder mit einer Intensivierung (Kondensierung/Verdichtung der Emotion im Symbol) einhergeht. Zudem scheint der Sozialisationsprozess weitgehend dadurch bestimmt, im Rahmen einer Gesellschaft etablierte „Fühlmuster" zu erwerben inklusive entsprechender Werte und Normen (Hochschild, 1990). Wobei sich unser sozial relevantes Emotionsspektrum phylogenetisch weitgehend in Kleingruppen evolviert hat und die Veränderungen mit zunehmender Vergrößerung und Abstraktheit der Sozialgebilde zu entsprechenden Problemen führen können.

Bischof betont, dass speziell beim Mensch nun auch im internen Simulator, künftige, noch nicht aktuelle Antriebslagen verhandelbar werden. Es konkurrieren bei der Handlungsgestaltung also nicht nur die aktuellen, sondern auch die simulierten Antriebe. Damit diese eine Chance haben, müssen die aktuellen Antriebe eine Abschwächung erfahren (vgl. Freuds Konzept des Sekundärprozesses).

„... die imperative Macht der Triebhaftigkeit transformiert sich bei ihm (dem Menschen) endgültig in die Unverbindlichkeit eines emotionalen Appells. Mit einem ‚Instinktverlust', wie er von anthropologischer Seite gern in Anspruch genommen wird, hat das Ganze gleichwohl wenig zu tun ... in der besprochenen

Evolutionsreihe (ist) nichts verlorengegangen, sondern nur Neues hinzugekommen" (Bischof, 1989, S. 202).

Bischof (1989) glaubt, dass im Rahmen dieser kognitiven Neuerwerbungen auch neue artspezifische Motive zugewachsen sind, die sich aus der phylogenetischen Basis herausdifferenziert haben, diesen fehlen dann die voll funktionstüchtigen Erbkoordinationen, gleichzeitig behalten sie die Ausdrucksmuster ihrer phylogenetischen Stammformen als Relikte bei. Dies bezieht sich etwa auf jene Emotionen, die im Zusammenhang mit der Phantasietätigkeit, als formale „Begleitmusik" auftauchen. Sie wurden wahrscheinlich aus dem sozialen Verhaltensrepertoire gewonnen.

Tabelle 5: *Emotionen und nicht soziales Problemlöseverhalten (vgl. Bischof, 1989)*

	Emotion	Sozialer Kontext
Lösung des Problems	Freude	vertrauten Artgenossen treffen
Widerstand des Problems	Wut/Ärger	Gegner
am Problem versagen	Trauer	Verlust eines Sicherheitspartners
Problem bewältigt	Triumph	Gegner besiegt

Auf dem Niveau der Sekundärprozesse, also unter Berücksichtigung der Zeitdimension, finden sich zudem die Emotionen Hoffnung und Befürchtung. Hoffnung entstammt der Sicherheitsthematik (Vertrauen), Befürchtung ist der Furcht zugeordnet (Angst vor einem Fremden).

Die Scheidung von primären und sekundären Emotionen, wobei nur die ersten dem Menschen angeboren sein sollen und in physiologischer Differenzierung begründet sind, scheint Bischof (1989) unsinnig. Nicht nur ein paar Primitivaffekte gehören zur Biologie des Menschen, sondern auch Scham, Stolz, Schuld, Humor und religiöse Ergriffenheit. Alle Emotionen sind genauso im genetischen Bauplan angelegt und Rationalität und Sozialisation sind für die einen nicht wichtiger als für die anderen. Sie reifen heran, sofern der Mensch in einer Umwelt heranwächst, die nicht allzu weit von seiner angeborenen Ökologieerwartung entfernt ist.

Identität: Die gesamte kognitive Entwicklung bis zum Homo sapiens hat daran gearbeitet, die anfänglich automatenhafte Umweltdetektion zu verfeinern. Einer der frühsten Schritte hierzu umfasst die *Kategorie der Identität*. Identität ist in der Terminologie der Gestaltpsychologen ausgedrückt Schicksalsgemeinschaft. Der kognitive Apparat implementiert diese Schicksalsgemeinschaft zunächst, indem er auch vergangene Erscheinungsweisen desselben Objekts heranzieht. Dazu muss er verstehen, was ein „Objekt" ist und was „dasselbe Objekt" bedeutet: ein zeitüberdauerndes Stück Wirklichkeit, das selbst, wenn es seine Erscheinung wechselt, sein Wesen beibehält. Der Wahrnehmungsapparat kann nicht mehr nur auf aktuelle Reizmuster anspringen, er muss solche Muster mit im Gedächtnis gespeicherten, anders aussehenden verbinden, so dass daraus eine Art zeitüberbrückende Kette dieser Speicherbilder entsteht. Diese Kette nennt Bischof (1996) Trajektorie. Durch Trajektorien wird zeitlich auseinander liegendes zu einer Identitätskategorie verknüpft (diachrone Identität, vgl. Objektkonstanz).

Während die *diachrone Identität* in der Phylogenese relativ früh erfunden wurde, findet sich eine weitere Art der Identitätswahrnehmung erst sehr viel später, auf der Stufe der Schimpansen. Diese neue Identitätskategorie identifiziert zwei gleichzeitig an verschiedenen Orten auftretende Dinge, es wird also keine zeitliche, sondern eine räumliche Distanz überbrückt (*synchrone Identität*). Auch hier wird nicht die Gleichheit der Erscheinungen vorausgesetzt, im Spiegel sieht man anders aus, als man sich von innen anfühlt. Jedoch ist nicht nur das Spiegelbild Gegenstand der Identifikation (Familie, Nation, Fußballclub, Filmheld etc.). Identität bedeutet auch hier gemeinsame Teilhabe an einem einzigen Wesenskern und somit erlebte Schicksalsgemeinschaft.

Für Bischof (1996) baut der entwicklungspsychologische Identitätsbegriff auf dem der Wahrnehmungsforschung auf. Für Erikson hängt Identität eng mit dem Konzept des Ich zusammen, ein bestimmte Art, sich auf sich selbst zu beziehen. Objektiv umfasst sie alles, womit man identifiziert werden kann. Ein Satz von Merkmalen, der ein Individuum von anderen dauerhaft unterscheidbar macht (relativ unveränderliche Kennzeichen). Dabei trennen solche Kategorisierungen nicht nur Individuen, sie verbinden sie auch. Die Kategorie weiblich kontrastiert gegenüber dem Mann, solidarisiert jedoch automatisch die Trägerinnen des Merkmals. Es entsteht eine gemeinsame Identität größerer Gruppen, an denen der Einzelne partizipiert. Die Identität ist ein subjektiver Begriff, sie richtet sich nicht nach den Eigenschaften, die man objektiv besitzt, sondern nach jenen, die man zu glauben besitzt. Abweichungen der erlebten Identität von tatsächlichen Merkmalen liegen in der Lebensgeschichte (Traumatisierungen, Erfolge etc.), aber auch in den Zuschreibungen Anderer begründet; die Identität ist somit auch das Resultat einer gesellschaftlichen Definition. Zentrale Inhalte der Identität sind dabei weniger Äußerlichkeiten als vielmehr Persönlichkeits- und Charaktereigenschaften. Der Charakter lässt sich verstehen als ein Profil aus Grenzen entlang dessen, was man nicht ohne weiteres zu tun bereit ist. Dadurch entsteht für das Gegenüber eine Vorhersagbarkeit im Handeln des Anderen. Dieses Verhaltensprofil verbindet sich mit einer es definierenden Wertewelt. Die Identität spiegelt sich nach Bischof (1996, S. 571) in einer „Matrix der Verpflichtungen, die das Individuum als verbindlich erlebt".

Zeiterleben

Ein weiterer zentraler Neuerwerb im Umfeld des mentalen Probehandeln ist für uns von Relevanz: Das Erleben von Zeit. Tiere, die nicht in der Lage sind, ein mentales Probehandeln auszuführen, verfügen wohl kaum über eine Art Zeitbewusstsein. Sie leben mit ihren aktuellen Reaktionen auf aktuelle Reize in einer Präsenzzeit. Dieses „ewige Jetzt" (vgl. Bischof 1996, S. 581) ist nicht punktuell zu sehen, es muss weit genug gestaltet sein, um die Wahrnehmung von Prozessgestalten zuzulassen.

Gegenwart: Ein universelles Grundphänomen beschreibt Eibl-Eibesfeldt (1997) hinsichtlich dieses Zeiterlebens. Aufeinander folgende Ereignisse scheinen als Wahrnehmungsgestalten zusammengefasst zu werden und als „jetzt" (gegenwärtig) erlebbar. Dieses Jetzt hat etwa drei Sekunden Dauer. Diese Dauer entspricht in etwa den Äußerungseinheiten des Sprechens (Eibl-Eibesfeldt, 1997).

Das Gehirn gliedert scheinbar in Zeitquanten von drei Sekunden (Dauer musikalischer Motive, Länge der Zeilen in der Dichtkunst). Auch die Analyse motorischer Abläufe verschiedener Kulturen zeigt, dass sich Bewegungen ebenfalls entlang eines 3-Sekunden-Taktes gliedern. Verhalten und Wahrnehmung scheinen entlang der gleichen 3-Sekunden-Segmentierung zu funktionieren. Diese Abstimmung präadaptiert bestimmte Bewegungsweisen zur Kommunikation (Schleidt, Pöppel & Eibl-Eibesfeldt, 1987; Steimer-Krause, 1996).

Zwar mag sich die Aktivität der Bedürfnisse einer Tages- oder Jahresperiodik fügen, dies bedeutet jedoch nicht, dass die Tiere hiervon etwas erleben müssten. Auch bedeutet die Option, Lernerfahrungen ins Copingverhalten zu integrieren, nicht, dass sie sich zuvor Erlebtes bewusst in Erinnerung rufen können. Mentales Probehandeln macht nun aber einen Zugriff auf die Zukunft möglich, denn mental entworfene Handlungen sind vorweggenommene Handlungen. Schimpansen planen Umstände immerhin bis zu einer halben Stunde voraus, jedoch bleiben sie stets innerhalb ihrer aktuellen Antriebslage gefangen. Scheinbar beschäftigt sich ihre Phantasie nicht mit der Befriedigung zukünftiger Bedürfnisse.

Unsichere Zukunft: Bischof bezeichnet diese temporale Vorstellungsorganisation als *Primärzeit*, um damit an das Konzept des Primärprozesses bei Freud zu erinnern (Bischof, 1996). Die aktuell heftigste Bedürfnislage organisiert die Phantasietätigkeit (vgl. Lustprinzip sensu Freud). Sollen nun jedoch auch künftige Bedürfnislagen vergegenwärtigbar sein, spricht Bischof von einer *Sekundärzeit* (vgl. Freuds Sekundärprozess und Realitätsprinzip). Es muss geprüft werden, welche der herstellbaren Umweltsituationen mit welcher der bevorstehenden Antriebslagen möglichst optimal adaptiv scheint. Dabei kann es sein, dass versucht wird, diese Umweltsituation unabhängig von gegenwärtigen Bedürfnishierarchien, oder gar im Gegensatz dazu, herzustellen. Die kognitiven Strukturen, die diese Art von Antriebsmanagement ermöglichen, scheinen nur uns Menschen vorbehalten. Die Effizienzsteigerung beim Einsatz der Sekundärzeit löst jedoch beim Homo sapiens gleichzeitig eine affektive Destabilisierung aus. In den Optimierungsprozess mehrerer sich streitender Motive (Bedürfnisse) gehen nun noch künftige Bedürfnisse mit ein, die lediglich auf der Vorstellungsebene repräsentiert sind. Um sie in Konkurrenz treten zu lassen mit den aktuellen Antrieben, ist es – wie bereits skizziert – nötig, das energetische Gefälle zwischen beiden zu nivellieren, indem man Letztere entmächtigt und unter Hemmung setzt. Im Vergleich zum Tier steigt die Gefahr des Gleichgewichtsverlustes, und es wird wesentlich schwieriger, Bedürfniskonflikte zu entscheiden, da ja die Antriebspalette umfangreicher wurde bei gleichzeitiger Dämpfung der Antriebskraft. Bischof bezeichnet das „System der menschlichen Verhaltensregulation [als] konstitutionell labil (...)" (1996, S. 584).

Zusammenfassend lässt sich sagen, dass vor allem höhere Primaten neben Zufallsbewegungen und Lernen am Erfolg eine weitere Fähigkeit zeigen, die als Probehandeln in einem inneren Umweltsimulator beschrieben werden kann. Dieser Simulator entspricht dem, was man Phantasie oder produktives Denken nennt. Die Integration dieser Option in das Motiv- und Affektsystem des Organismus führt dazu, dass nun nicht nur die Erbkoordination, sondern auch das Appetenzverhalten selbst gehemmt wird. Die Aktivierung von Erbkoordination und Appetenzverhalten wird in den inneren Simulator verlagert. Änderungen des Zustandspunktes erfolgen nun imaginär und werden nur bei Erfolgsaussichten in Handlungen umgesetzt. Dieser mentale Wirklichkeitssimulator kann auch als

Schutzmechanismus beschrieben werden, da er ein inneres Testen der flexibleren Handlungsoptionen des Copingblocks zulässt. Der hiermit verbundene immense kognitive Aufwand soll es ermöglichen, die Umwelt als neutrales Betätigungsfeld wahrzunehmen. Bischof ist der Meinung, dass hiermit die konsumatorischen Erbkoordinationen zur Disposition stehen, Handlungsalternativen können so in der Phantasie getestet werden und – falls erfolgversprechend – zum Einsatz gelangen. Die Menschwerdung geht mit einer Absorption der Antriebe in das Moratorium einer zunehmenden Emotionalisierung einher.

Im Rahmen anderer ethologischer Ansätze wird der Zusammenhang zwischen Instinkten und (Primär-)Emotionen verschieden konzipiert: 1) Emotionen als Begleitphänomene der Instinkte (Furcht – Flucht), 2) Emotion im Kontext des Instinktvollzuges (motorischer Anteil), 3) Emotion – oder besser Stimmung – als Anteil des Appetenzverhaltens. Wimmer unterschiedet drei Bereiche: 1) Auseinandersetzung mit der konkreten Umwelt (deutliche Primäremotionen, wenig komplexe Verarbeitung, fix scheinende Verschaltungen, etwa Ekel), 2) Emotionen als intraorganismische Signalsysteme (Emotionen als intrasystemische Feedbacksignale des Copings, etwa Stolz), 3) Emotionen im Bereich der interindividuellen Kommunikation (erweiterter Möglichkeits- und Bedeutungsraum der Primäremotionen). Im Kontext der Menschwerdung versteht Wimmer die Primäremotionen als „constraints" des Entwicklungsprozesses. Weiter unterscheidet Wimmer sensomotorische und symbolische Affektivitätsformen. Sensomotorische Affektivitätsformen scheinen ihm stärker an Instinkthandlungen gekoppelt und mit einer bestimmten Wahrnehmung, einem Verhalten und einer besonderen Physiologie einhergehend. Auslösende Objekte sind konkret anwesend. Symbolische Affektivitätsformen ermöglichen die Übertragung von Emotionen auf Bereiche, die mit den eigentlichen Auslösern kaum etwas gemein haben. Im symbolischen Raum können neutrale Umweltstimuli so immense emotionale Aufladungen erfahren, kulturell werden Emotionen vergegenständlichbar (Riten, Filme, Bilder).

In der Phantasie des Menschen werden nun auch künftige Antriebslagen verhandelbar. Damit diese simulierten Antriebe mit den aktuellen konkurrieren können, erfahren aktuelle Antriebe eine Abschwächung; (An-)Triebe transformieren sich zu weniger verbindlichen emotionalen Appellen. Nach Bischofs Meinung ist nichts verloren gegangen, es ist vielmehr Neues hinzugekommen, welches sich jedoch aus der phylogenetischen Basis herausdifferenziert hat. So beschreibt er Emotionen u.a. im Kontext von (nichtsozialen) Problemlöseprozessen, welche er als „Begleitmusik" des inneren Simulators versteht und die sich aus dem sozialen Verhaltensrepertoire entwickelt haben sollen.

Auf der Ebene des inneren Simulators werden weitere Kompetenzen relevant. Zum einen die Kategorie der Identität: Hierzu ist es nötig, eine zeitüberdauernde Kette von Speicherbildern zu generieren, welche als dasselbe Objekt identifizierbar sind. Diese phylogenetisch alte Leistung nennt er diachrone Identität (vgl. Objektkonstanz). Die evolutionshistorisch neue Kategorie der synchronen Identität, welche zwei räumlich getrennte Objekte als identisch erkennt, eröffnet die Möglichkeit zu Selbstbewusstsein (Spiegelexperimente) und Identifikation.

Zum anderen die Kategorie Zeit: Organismen ohne inneren Simulator leben in einem ständigen Jetzt, welches nach Eibl-Eibesfeldt beim Menschen wohl eine Ausdehnung von etwa drei Sekunden hat. Eine solche Segmentierung würde bestimmte Bewegungsweisen zur Kommunikation präadaptieren. Im mentalen Probehandeln wird nun jedoch ein Zugriff auf eine simulierte Zukunft möglich. Bleiben simulierte Handlungen in der aktuellen Antriebslage gefangen, bezeichnet Bischof diese temporale Vorstellungsorganisation als Primärzeit, werden künftige Bedürfnislagen berücksichtigt, spricht er von Sekundärzeit. So kann entgegen aktueller (An-)Trieb(s)lagen gehandelt werden. Jedoch destabilisiert die Erweiterung der menschlichen Antriebspalette bei gleichzeitiger Dämpfung der Antriebskraft die menschliche Verhaltensregulation.

Zusammenfassung

Sowohl Wimmer als auch Bischof konzipieren einen inneren Motivationsraum, in dem Stimuli der Umwelt ihre Wirkung auf das System „Organismus“ entfalten. Dabei verneinen sie die Existenz einer generellen energetisierenden Motivationsquelle.

Definiert man Kognition, als jeden – auch ratiomorphen – Prozess, der potentiell wahre Abbildungen von der Umwelt liefert, so sind Emotionen selbst ebenfalls kognitiv. Wahr sind Abbildungen von der Umwelt dann, wenn sich die Bedeutungszuweisungen hinsichtlich alimentativer und selektiver Faktoren mit den realen Gegebenheiten der existierenden Umwelt decken, wenn also „angeborene“ bzw. „ökologische Umwelt“ mit der realen Welt einigermaßen übereinstimmt. Einfache Organismen haben das Wissen über die Navigation zwischen ihrem Bedarf und Umweltmerkmalen weitgehend im Genom gespeichert. Detektoren filtern diese Umwelt und ihre Bedarfslage und erzeugen *Anreize* und *Bedürfnisse*, welche über Instinkte verrechnet werden. Das Ergebnis solcher Instinkte sind verschiedene *Antriebe*, welche bei ausreichender Aktivierung die Erbkoordination in Gang setzen. Für den Taxisanteil des Instinktsystems lässt sich ein unspezifischeres Wahrnehmungssystem beschreiben mit kognitiven umweltanalysierenden Fähigkeiten. Ein Organismus erscheint so keineswegs als ein neutrales Gebilde, welches in Abhängigkeit von äußeren Stimuli Emotionen generiert. Dieses Instinktsystem wird im Laufe der Evolution von einer höheren hemmenden Instanz überlagert, dem Coping-Apparat. Diese beiden Instanzen (Instinktsystem und Copingsystem) müssen miteinander kommunizieren. Emotionen teilen hierzu dem Copingsystem die im Instinktsystem anstehenden Themata, die einer Umsetzung bedürfen, mit. Über Emotionen nimmt das Copingsystem so die aktuelle Antriebslage wahr. Ausdrucksbewegungen entwickeln sich aus intentionalen Rudimenten, welche der Hemmung des Copingblocks nicht gänzlich unterliegen. Einige dieser Rudimente erlangen im Laufe der Evolution kommunikative Funktion. Die Entwicklung der Mimik als bedeutendes Ausdrucksmittel ist jedoch erst vor dem Hintergrund der Evolution der Säugetiere verständlich.

Auf der Ebene sozial lebender Organismen stellt sich das Problem des Antriebsmanagements erneut. Auch erst in Entstehung begriffene Antriebe der Gruppenmitglieder sollten wahrgenommen werden, um eine Koordination der Gruppe zu gewährleisten. Affektansteckung und Empathie liefern über einen Detektor für Ausdrucksbewegungen ein System zur gegenseitigen Gefühlsinduktion, so dass fremde und eigene Gefühlslage Berücksichtigung finden. Diese Kompetenz umfasst natürlich auch schon prärationale bzw. ratiomorphe Prozesse der Perspektivenübernahme. Als Grundlage empathischen Erlebens finden sich die Wahrnehmung des Ausdrucksverhaltens und der Situation des anderen. Preston und de Waal (2002) beschreiben Empathie im Rahmen ihres „perception-action“-

Modells. Sie unterscheiden emotionale und kognitive Empathieperspektiven in einem breiten Modell, welches Affektansteckung, Empathie, Mitleid, prosoziales Verhalten und Perspektivenübernahme diskutiert. Neuropsychologisch diskutieren die Autoren das Konzept der Spiegelneurone innerhalb des PAM-Ansatzes. Während der Phylo- und Ontogenese werden imitatorische Phänomene zunehmend unter Hemmung gesetzt und erlauben so die Entwicklung helfenden Verhaltens. Vertrautheit, Ähnlichkeit und Erfahrung mit dem Objekt der Empathie zeigen deutliche Effekte auf empathische Prozesse, die in Aufmerksamkeit, Repräsentation und empathisches Verhalten gegliedert sind. Dabei betonen die Autoren, dass alle empathischen Prozesse stets einen projektiven Anteil einschließen.

Vor allem höhere Primaten sollten zudem eine Fähigkeit zeigen, die als Probehandeln in einem inneren Umweltsimulator beschrieben werden kann. Dieser Simulator entspricht dem, was man Phantasie oder produktives Denken nennt. Die Integration dieser Option in das Motiv- und Affektsystem des Organismus führt dazu, dass nun nicht nur die Erbkoordination, sondern auch das Appetenzverhalten selbst gehemmt wird. Die Aktivierung von Erbkoordination und Appetenzverhalten wird in den inneren Simulator verlagert. Auch die motivierende Kraft antizipierter Emotionen sollte sich erst mit der Entwicklung eines „inneren Simulators“ bzw. einer „mental-affektiven Repräsentanzenwelt“ entfalten. Dieser mentale Wirklichkeitssimulator kann als Schutzmechanismus beschrieben werden, da er ein inneres Testen der flexibleren Handlungsoptionen des Copingblocks zulässt. Handlungsalternativen können so in der Phantasie getestet werden und – falls erfolgversprechend – zum Einsatz gelangen. In der Phantasie des Menschen werden nun auch künftige Antriebslagen verhandelbar. Damit diese simulierten Antriebe mit den aktuellen konkurrieren können, erfahren aktuelle Antriebe eine Abschwächung; (An-)Triebe transformieren sich zu weniger verbindlichen emotionalen Appellen. Nichts ist jedoch verloren gegangen, es ist vielmehr Neues hinzugekommen, welches sich aus der phylogenetischen Basis herausdifferenziert hat.

Auf der Ebene des inneren Simulators werden weitere Kompetenzen relevant. Zum einen die Kategorie der Identität, zum anderen die Kategorie der Zeit. Bleiben simulierte Handlungen in der aktuellen Antriebslage gefangen, kann man diese temporale Vorstellungsorganisation als Primärzeit bezeichnen, werden künftige Bedürfnislagen berücksichtigt, kann dies als Sekundärzeit bezeichnet werden. So kann entgegen aktueller (An-)Trieb(s)lagen gehandelt werden. Jedoch destabilisiert die Erweiterung der menschlichen Antriebspalette bei gleichzeitiger Dämpfung der Antriebskraft die menschliche Verhaltensregulation.

Evolutionspsychologische Emotionstheorien

Die Evolutionspsychologie (Cosmides & Tooby, 2000) beschreibt Emotionen als Metaprogramme, die zur Lösung adaptiver Probleme unsere kognitiven Subroutinen in spezifischer Art und Weise beeinflussen. Als Adaptationen haben Emotionen einen Einfluss auf die Netto-Lebensspannen-Reproduktivität des Organismus. Diese Anpassungen haben sich in einer Umwelt evolutionärer Angepasstheit (=EEA) entwickelt, so dass eine Beziehung zwischen Details der vergangenen Umwelt und Details der Struktur der Emotion besteht. Die emotionalen Metaprogramme wirken in unserer mentalen Architektur auf eine Vielzahl von Aspekten (Ziele, Motivprioritäten, konzeptuelle Interpretationsrahmen etc.). Hinsichtlich der Kommunikation und Expression von Emotionen müssen (a) die Beziehung des Senders zum Gegenüber, (b) Die Natur der Information, die ein Emotionssignal mitteilt sowie (c) der Rechenaufwand zur Einzelfallberechnung der Kosten und Nutzen einer emotionalen Expression berücksichtigt werden. Eine wichtige Funktion emotionaler Metaprogramme liegt in der Rekalibration zurückliegender Entscheidungen.

Evolvierte Metaprogramme

Orchestrierungsfunktion der Emotionen: Die Evolutionspsychologie betrachtet den Geist als ein mit evolvierten, domainspezifischen Programmen gefülltes System. Die Existenz dieser verschiedenen Mikroprogramme erzeugt jedoch ein neues adaptives Problem. Programme, die gestaltet wurden, um je spezifische adaptive Probleme zu lösen, können bei gleichzeitiger Aktivierung Ausgaben produzieren, die konfligieren. Um dies zu verhindern, sollte ein evolvierter Geist mit übergeordneten Programmen ausgestattet sein, die einige Subprogramme deaktivieren, wenn andere aktiviert sind. Andererseits lassen sich bestimmte adaptive Probleme nur lösen, wenn verschiedene Komponenten unserer kognitiven Architektur gleichzeitig aktiviert werden. Auch hier sind übergeordnete Programme notwendig zur effizienten Koordination der Programme und ihrem Ineinandergreifen zur rechten Zeit. Cosmides und Tooby (2000) definieren Emotionen als solche übergeordneten Programme. Sie stellen eine Anpassung zur Orchestrierung verschiedenster Mechanismen dar. Die Emotionen bestimmen also maßgeblich darüber, welches „tool" der adaptiven „toolbox" wie zum Einsatz gelangt. Dabei hängt gewinnbringende Zusammenschaltung verschiedenster Mechanismen von der exakten Natur der zu bewältigenden Situation ab. Es ist deshalb zentral die statistische Struktur jener Situationen zu erforschen, welche bei unseren Ahnen emotionale Reaktionen auslösten bzw. notwendig machten.

Merkmale emotionaler Situationen: Jede Emotion ruft verschiedene adaptive Programme durch Aktivierung, Deaktivierung und Parameterjustage auf, um das Gesamtsystem in einen harmonischen und effektiven Zustand zu bringen, wenn es mit bestimmten Hinweisreizen oder Situationen konfrontiert wird. Emotional relevante Situationen zeichnen sich durch folgende Merkmale aus (Cosmides & Tooby, 2000):

- Sie tauchen wiederholt in der angestammten Umwelt auf.
- Sie lassen sich nur bewältigen unter Hinzuziehung einer übergeordneten Ebene der (Sub-)Programmkoordination.
- Sie haben eine sich wiederholende reichhaltige und reliable Struktur.
- Sie besitzen Hinweisreize, die ihre Präsenz anzeigen.
- Fehlverhalten muss zu schwerwiegenden Fitnesseinbußen führen.

Beeinflussbare Subprogramme: Wird eine solche Situation einer evolutionären Passung festgestellt, sendet das Emotionsprogramm ein Signal, welches eine bestimmte Konstellation von Subprogrammen aktiviert oder deaktiviert. Diese Konstellation war in der Lage, in der Vergangenheit im Mittel die meisten adaptiven Probleme, die mit der Situation verbunden waren, zu lösen. Zu den so zu steuernden Subprogrammen gehören Aufmerksamkeit, Wahrnehmung, Schlussfolgern, Lernen, Gedächtnis, Zielwahl, motivationale Prioritäten, Kategorisierung und konzeptuelle Rahmen sowie physiologische Reaktionen. Aber auch Reflexe, Entscheidungsregeln für Verhalten, motorische Systeme, Kommunikationsprozesse, energetische Prozesse, affektive Färbung von Ereignissen und Stimuli, die Rekalibrierung von Wahrscheinlichkeitseinschätzungen, Situationseinschätzungen, Werte und regulierende Variablen, wie etwa der eigene Selbstwert etc. Eine Emotion ist in diesem Ansatz nicht reduzierbar auf eine Kategorie dieser Effekte wie etwa Physiologie, Verhaltensfolgen, kognitives Appraisal oder erlebte Gefühlszustände.

Angst als Dirigent evolvierter psychischer Mechanismen

Angst wird als Emotionsprogramm aktiviert, wenn wir nachts alleine unterwegs sind und ein Situationsdetektor Hinweise entdeckt, welche die mögliche Anwesenheit eines menschlichen oder tierlichen Räubers anzeigen. Dies erzeugt die Angst verfolgt zu werden. Möglicherweise werden alltagsprachlich unter dem Etikett „Angst“ verschiedene Emotionsmodi zusammengefasst, die empirisch und von der inneren Verrechnung her zu unterscheiden wären (Höhenangst, Verfolgungsangst, soziale Ängste etc.). Spricht der Situationsdetektor auf die Möglichkeit eines sich anschleichenden Feindes an, werden folgende mentale Programme gestartet oder modifiziert (Cosmides & Tooby, 2000):

1. Wahrnehmung und Aufmerksamkeit werden verändert: Ein Krachen oder Rascheln, welches man nicht beachtet hätte, wird plötzlich deutlicher vernehmbar. Grenzwerte der Signaldetektion ändern sich. Geringere Evidenzen zur Vermutung einer akuten Bedrohung genügen nun. Fehlalarme werden in Kauf genommen.
2. Ziele und motivationale Gewichtungen ändern sich: Sicherheit rückt auf der Prioritätenliste nach oben. Konfligierende Subsysteme werden deaktiviert, der zuvor vorhandene Hunger oder Durst ist vergessen, die Experimentierfreudigkeit zur spielerischen Erprobung neuer Fähigkeiten rückt weit in den Hintergrund. Kognitive Planspiele verengen sich auf die aktuelle Situation, grüblerische Gedanken über das Gestern und Morgen werden schnell irrelevant. Schmerzen werden kaum noch wahrgenommen.
3. Informationssammelprogramme werden umdirigiert: Wo ist mein Kind? Wer könnte mir in der Nähe helfen? Gibt es einen sicheren Ort im näheren Umkreis?
4. Konzeptuelle Rahmen verändern sich entlang der Aspekte Sicherheit und Gefahr: Orte und Wege ändern ihre Eigenschaften von schön oder langweilig nach sicher oder bedrohlich.
5. Gedächtnisprozesse erhalten neue Zugriffsaufgaben: Wo stand der Baum mit dem Hochsitz? Haben mich Passanten zuvor eigenartig gemustert?
6. Kommunikationsprozesse ändern sich: Man stößt einen Hilfeschrei aus, zeigt den Gesichtsausdruck von Angst oder erstarrt.
7. Verschiedene schlussfolgernde Systeme werden aktiviert: Aus der Trajektorie (vgl. auch Blythe, Todd & Miller, 1999) und der Blickrichtung eines möglicherweise bedrohlichen Gegenübers (Tier oder Mensch) werden auf der Grundlage einer „Theory of Mind“ oder empathischer Prozesse Schluss-

folgerungen über das mentale System des Angreifers (Wissen, Fühlen etc.) gezogen.
8. Spezialisierte Lernsysteme werden aktiviert: Furchtkonditionierungen, Posttraumatische Belastungsstörungen.
9. Die Regulation der Physiologie ändert sich: Die Herzfrequenz steigt, das Blut wird aus dem Verdauungstrakt abgezogen und zur Versorgung der Peripherie eingesetzt (zur Fluchtvorbereitung). Dabei hängen die physiologischen Veränderungen mit der Natur der Bedrohung und den Verhaltensmöglichkeiten zusammen.
10. Entscheidungsregeln für das Verhalten werden aktiviert: Verstecken, Flüchten, Selbstverteidigung, Immobilität. Einige Verhaltensweisen werden evtl. fast als Automatismus oder zwanghaft erlebt.

Produkte der Selektion

Emotionen als evolutionäre Schätzungen: Diese Verrechungsmodifikationen haben es mit hoher Wahrscheinlichkeit möglich gemacht den zu Grunde liegenden adaptiven Problemen während der Phylogenese in einer überwiegend erfolgreichen Weise zu begegnen. Sie sind jedoch nur eine evolutionär gestaltete beste Schätzung, basierend auf den Ergebnissen aus der Zeit und in der Umwelt unserer Ahnen. Es handelt sich nicht um optimale Schätzungen basierend auf einem allumfassenden Wissen über die Gegenwart und die jetzige Umwelt (vgl. „bounded rationality“, Gigerenzer et al., 1999).

Häufig verhalten sich Individuen ganz eindeutig als wären sie in einem emotionalen Zustand, während sie das Empfinden und Erleben einer solchen Emotion verneinen, weshalb das subjektive Erleben einer Emotion nicht als sine qua non einer Emotion gelten kann. Funktion und Regulation bewusster Wahrnehmung sind äußerst komplex und in weiten Bereichen ungelöst, insbesondere was den bewussten Zugang zu Emotionen angeht.

Funktion und Organisation: Forscher, die sich mit der Untersuchung organischen Designs beschäftigen, berücksichtigen natürliche Selektion als eine wichtige Komponente, da sie die einzige natürliche Kraft darstellt, die funktionelle Organisation in einem Organismus erzeugen kann. Sie wählt unter alternativen Designs aus, indem sie deren Funktionsgüte als Entscheidungskriterium zu Grunde legt und so einen Feedbackprozess installiert. Für Biologen determiniert deshalb die Funktion die beobachtbare Struktur. Die natürliche Selektion ist der kausale Prozess, der es ermöglicht, dass sich eine Struktur wegen ihrer funktionalen Konsequenzen ausbreitet. Dieser Zusammenhang macht adaptive Theorien für Biologen und Psychologen gleichermaßen heuristisch fruchtbar. Das Wissen über die generationsübergreifenden adaptiven Probleme unserer Ahnen macht es möglich, nach (psychologischen) Mechanismen zu suchen, die gestaltet wurden, diese Herausforderungen zu lösen. Der evolutionäre Prozess von Zufall und Selektion erzeugt in Organismen drei unterscheidbare Ergebnisse (Cosmides & Tooby, 2000):

1. Anpassungen: eine durch Selektion erzeugte, üblicherweise speziestypische funktionelle Maschinerie

   Etwa: Sexuelle Eifersucht

2. Nebenprodukte von Anpassungen: Merkmale, die mit selegierten Eigenschaften ursächlich verknüpft sind (üblicherweise speziestypisch)
   Etwa: stress-induzierte physiologische Beeinträchtigungen als Nebenprodukt des Flucht-Kampf-Systems
3. Zufallsrauschen: durch Mutation und sonstige Zufallsprozesse erzeugte üblicherweise speziesuntypische Merkmale
   Etwa: vererbliche Persönlichkeitsvariationen emotionalen Funktionierens, wie extreme Schüchternheit oder krankhafte Eifersucht.

Der Grad der Koordination zwischen adaptivem Problem und Gestaltungsmerkmalen der mutmaßlichen Anpassung erlaubt es, zwischen Anpassungen, Nebenprodukten und Rauschen zu unterscheiden. Organismen als Produkt einer Millionen Jahre andauernden Selektion stecken voller evolvierter Anpassungen von hochgradiger Funktionalität zur Lösung adaptiver Probleme. Lediglich Gould und seine Anhänger (1997) argumentieren zumeist eher populärwissenschaftlich gegen die natürliche Selektion als wichtige evolutionäre Kraft, die Mehrheit der Evolutionsbiologen und informierten Philosophen betonen jedoch die Schwächen seiner Argumentation (etwa: Dennett, 1997; Dawkins, 1999; Cosmides & Tooby, 2000). Während also auf der einen Seite Anpassungen nicht optimal sein können, sind sie meist vielfach besser als irgendeine von Menschen entwickelte Maschine, die das gleiche Problem angeht (Biokybernetik, Pfeifer, Nachtigall). Unsere mentalen Anpassungen, zu denen unsere Emotionen als übergeordnete Programmstrukturen gehören, können also keineswegs als grob und primitiv bezeichnet werden, vielmehr erscheinen sie als erstaunliche Ingenieursleistungen der Selektion.

Überleben und Reproduktion: Adaptive Probleme sind evolutionär lange bestehende, wiederkehrende Gruppierungen von Bedingungen, welche reproduktive Möglichkeiten oder reproduktive Hindernisse konstituieren. Anpassungen wurden von der Selektion geformt, um solche Möglichkeiten auszunutzen oder Hindernisse zu umgehen, um zu einer Steigerung der Netto-Lebenspannen-Reproduktivität des Organismus und seiner biologischen Verwandten (kin) beizutragen. Keineswegs darf man dabei adaptive Probleme lediglich mit kurzfristigen Bedrohungen oder dem physikalischen Überleben gleichsetzen. Überleben ist nicht von zentraler Bedeutung für die Evolution, schließlich sterben alle Organismen früher oder später. Überleben ist nur insofern bedeutsam, als es zur Reproduktion bestimmter Gestaltungsmerkmale beiträgt, es kann deshalb riskiert oder auch geopfert werden, wenn dies zur eigenen Reproduktion oder jener der Kinder und Verwandten beiträgt.

Langfristiger Nutzen: Die Thematik der Reproduktion durchzieht in einem komplexen Netzwerk kausaler Verknüpfungen jeden Aspekt menschlichen Lebens von den feinsten Subtilitäten mimischen Ausdrucks bis zu den Leistungen unserer Phantasie und Kulturfähigkeit. Der Bereich adaptiver Informationsverarbeitung ist also nicht auf bestimmte Bereiche des Lebens wie etwa Sexualität oder Gewalt beschränkt. Die zu berücksichtigenden Konsequenzen adaptiver Problemlösungen sind dabei Fitnesskonsequenzen der Gesamtlebensspanne und nicht nur kurzfristige Folgen. Emotionsprogramme, die das Individuum zu scheinbar nutzlosem Verhalten anhalten (Spielverhalten, Schuldgefühle, Faszination, Trauer und Depressivität etc.) müssen in einem erweiterten Zeithof untersucht werden, inwiefern sie langfristig nicht zu der Wahrscheinlichkeit eines

Nutzens beitragen (Ansammlung von Wissen, Rekalibrierung von Handlungszielen etc.).

EEA als statistische Regelmäßigkeit: Durch die Betonung der Umwelt evolutionärer Angepasstheit (=Environment of Evolutionary Adaptedness: EEA) ist die Evolutionspsychologie in ihren funktionellen Analysen sowohl umweltorientiert als auch vergangenheitsorientiert (Mayr, 1998). Jedes Emotionsprogramm unterstellt, dass bestimmte Hinweisreize eine Ereignis- und Bedingungskonfiguration anzeigen, die während der Evolution dieser Emotion stabil waren. Dabei ist diese Umwelt evolutionärer Angepasstheit kein konkreter Raum oder eine bestimmte Zeit, vielmehr handelt es sich um eine statistische Konfiguration von Selektionsdrücken, welche die Häufigkeit von Genen, die einem bestimmten Design zu Grunde liegen so verändert haben, dass diese speziestypisch oder in einer stabilen Anzahl vertreten sind. Die EEA wird also durch statistische Regelmäßigkeiten definiert, die einen systematischen Einfluss auf die Reproduktion haben, der lange genug andauert, um evolutionäre Veränderungen zu etablieren.

Emotion und Kognition: Die Evolutionspsychologie betrachtet den Geist als zusammengesetzt aus informationsverarbeitenden Prozeduren (= kognitiven Programmen). Hierzu werden Aspekte wie extrahierte Umweltinformationen, Transformationsprozeduren, Repräsentations- und Speicherformate, Entscheidungsoperationen, Regulation von Physiologie und Verhalten unterschieden. Das Gehirn wird als ein Organ verstanden, welches von der Evolution gestaltet wurde, um Informationen der Umwelt und des Körpers zu nutzen, um das Verhalten und Körperfunktionen zu regulieren. In der Umgangssprache wird Kognition meist nur mit einer bestimmten Untergruppe von Informationsverarbeitungsprozessen in Zusammenhang gebracht, vereinfacht gesagt dem aufwendigen, bewussten, willentlichen Denken, das bei mathematischen Problemen oder dem Schachspiel Verwendung findet, also eher so genannte kalte Kognitionen. Dies liegt auch der alltagssprachlichen Unterscheidung zwischen Fühlen und Denken zu Grunde, die sich auch teilweise durch Disziplinen der Psychologie zieht. Innerhalb der Evolutionspsychologie sind solche Unterscheidungen unsinnig und auch die Frage nach Beeinflussung der Kognition durch Emotionen und umgekehrt stellt sich so nicht, da die „kognitive“ Terminologie lediglich eine Beschreibungssprache der Hirnprozesse darstellt und nicht auf bestimmte Operationen begrenzt ist. Die Evolutionspsychologie löst das so genannte Denken in verschiedene unabhängige domainspezifische Programme auf, auf welche Emotionen in vielfältiger, funktionell unterschiedlicher Weise Einfluss nehmen können. Diese kognitiven Module entsprechen funktionell der Entwicklung von Organstrukturen wie der Leber zur Entgiftung oder dem Herzen zum Bluttransport. Die menschliche kognitive Architektur wird als multimodular verstanden, wobei viele Programme funktionell zur Lösung bestimmter Probleme gestaltet sind. Solche domainspezifischen Programme sind domainunabhängigen Strukturen überlegen etwa in dem Sinn wie Experten Novizen überlegen sind. Experten lösen ihnen bekannte Probleme meist schneller und effektiver als Neulinge, da sie bereits Wissen über die jeweilige Domain besitzen und Werkzeuge und Praktiken hierzu bereits entwickelt haben. Solche selektionsgestalteten Mechanismen sind sogar in der Lage, individuell nicht beobachtbare Folgeschäden von Entscheidungen zu berücksichtigen, da sie über Generationen hin gestaltet werden (etwa: Inzesttabu: Westermark-Effekt).

In ein bestimmtes Emotionsprogramm sollte eine bestimmte Art und Weise, die Welt zu sehen und zu fühlen, eingebaut sein, welche einen Bezug zu dem Cluster der emotionsauslösenden Umwelt unserer Ahnen herstellt. Diese Beziehung zwischen Details der vergangenen Umwelt und Details der Struktur der Emotion macht den evolutionären Ansatz besonders fruchtbar für Emotionsforscher. Theorien zu bestimmten Emotionen sollten drei Schritte berücksichtigen (Cosmides & Tooby, 2000):

1. Rekonstruktion des Merkmalsclusters angestammter (ancestraler) Situationen
2. Eine technologische Analyse, wie vermutliche psychologische Mechanismen der mentalen Architektur gestaltet sein sollten, um mit Bedingungsclustern der angestammten (ancestralen) Umwelt umzugehen, sowie eine Integration dieser Mechanismen in ein Emotionsprogramm.
3. Konstruktion und Durchführung von Experimenten oder Untersuchungen, um das Modell des Emotionsprogramms zu testen.

Dabei kann zwischen hochstrukturierten auslösenden Situationen und wenig strukturierten auslösenden Situationen unterschieden werden, was sich auch in der Gestaltung des Emotionsprogramms niederschlagen sollte (hochstrukturiert: Eifersucht / niedrigstrukturiert: Vergnügen).

Kriterien einer emotionalen Adaptation: Welches sind jedoch die Voraussetzungen um einen vermuteten psychischen Mechanismus als das Produkt einer emotionalen Adaptation zu klassifizieren? Zur Charakterisierung einer emotionalen Anpassung müssen nach Cosmides und Tooby (2000) folgende Merkmale der Umwelt und des Mechanismus identifiziert werden:

1. Eine evolutionär wiederkehrende Situation oder Bedingung: Diese mag als Merkmalsgruppierung in der Umwelt oder im Organismus auftreten, meist als komplexe statistische Konfiguration.
2. Ein adaptives Problem: Welche organismischen Zustände und Verhaltenssequenzen führen im Mittel zum besten Ergebnis unter Berücksichtigung der Lebensspanne bei der gegebenen Situation oder Bedingung.
3. Hinweisreize, welche die Situation anzeigen.
4. Situationsdetektionsalgorithmen: Sie fungieren als Dämonen innerhalb eines multimodularen Verstandes. Dabei arbeiten durch die Selektion geformte Entscheidungsregeln nicht auf der Basis dessen, was höchstwahrscheinlich der Wahrheit entspricht, sondern auf der Basis gewichteter Konsequenzen von Verhalten unter der Annahme, dass etwas für wahr gehalten wird. Kosten und Nutzen von Fehlalarmen, Versäumnissen, Treffern und korrekten Ablehnungen sind meist deutlich verschieden voneinander. Entscheidungsregeln mögen so unwahrscheinliche aber kostspielige Situationen eher wie zutreffende Situationen behandeln. Dies mag in modernen Umwelten dann irrational oder teilweise gar phobisch erscheinen. Die Situationsdetektoren können verschiedene Grade an Komplexität umfassen und in einem auch unbewussten Repräsentationsraum abgebildet werden, der in anderen Ansätzen als kognitives Appraisal bezeichnet wird (Scherer, 2001). Auf diese Weise rahmt („frames“) unsere evolutionäre Vergangenheit unsere erlebte Gegenwart und

deren innere Repräsentation ein. So ist die Welt, in der wir heute leben, geformt durch den kontinuierlichen interpretativen Hintergrundkommentar unserer emotionalen Mechanismen.

5. Algorithmen, die Prioritäten zuweisen: Sie fungieren als supervidierendes System, welches über den einzelnen Emotionsprogrammen angeordnet ist.
6. Internes Kommunikationssystem, welches Signale zur Steuerung der evolutionären psychischen Mechanismen (EPMs) sowie Rückmeldungen umfasst.
7. Jedes Programm und jeder physiologische Mechanismus, der von einem Emotionsprogramm angesprochen wird, muss einen assoziierten Algorithmus besitzen, der steuert, wie auf jedes Emotionssignal (vgl. 6.) reagiert werden soll (Anschaltung, Ausschaltung, Parameteränderung, etwa Änderung der Schwellwerte etc.).

Wirkgefüge

Emotionale Einflüsse: Jeder kontrollierbare biologische Prozess, der durch eine spezifische Veränderung seiner Performanz zu einer Verbesserung der mittleren Fitness beiträgt (beitrug), sollte zumindest teilweise durch Emotionen beeinflussbar sein. Hierzu gehören (Cosmides & Tooby, 2000):

Ziele: Wobei solche Zielveränderungen keineswegs bewusst abgebildet werden müssen.

Motivationale Prioritäten: Mit der Präsenz einer evolutionären (emotionalen) Situation sollten sich Möglichkeiten, Risiken, und Kosten-Nutzenrelationen verändern, die auch eine Veränderung der Schwellenwerte und Valenzen der unterschiedlichen Motive beeinflussen sollten.

Konzeptuelle Rahmen (frames): So sollten unter der Regie des Emotionsprogramms „Ärger" Rahmenkonzepte wie soziale Verursachung, Schuld, Verantwortung und Strafe auf die Ereignisse angewandt werden. Angst sollte Konzepte wie Sicherheit und Bedrohung aktivieren. Die Welt wird in Kategorien erlebt, die in Teilen vom emotionalen Zustand des Individuums abhängig sind.

Wahrnehmung: Die Wahrnehmungssysteme schalten in emotionsspezifische Betriebsmodi (Angst: (Über-)Empfindlichkeit des Gehörs, (Um-)Interpretation der visuellen Wahrnehmung von undeutlichen Schatten etc.).

Gedächtnis: Sowohl aktuelle Speicherprozesse als auch der Zugriff auf zurückliegende Inhalte sollte sich je nach emotionalem Zustand verändern (Detailerinnerungen unter traumatischen Affektzuständen oder Amnesien bzw. Zugriff auf zuvor vergessene vergangene Kleinigkeiten unter Eifersucht).

Aufmerksamkeit: Einfache perzeptuelle Aufmerksamkeitsprozesse, aber auch höhere reasoning-Prozesse sollten sich entlang der herrschenden Emotion umgestalten (etwa positive Emotionen, Fredrickson, 1998).

Physiologie: Das weit verbreitete Arousal-Konzept bildet hier bei weitem nicht die Spezifität und Koordination der physiologischen Veränderungen ab. Die emotionalen Instruktionen an die periphere Psychologie sollten entlang der zu Grunde liegenden adaptiven Situation je spezifisch ausfallen.

Kommunikation und Expression: Viele Emotionen scheinen speziestypische Displays zu generieren, die den emotionalen Zustand an andere mitteilen (Ekman,1988). Eine Vielzahl emotionaler Ausdrücke scheint nach einer Informationsfunktion gestaltet; mit koevolvierten Interpretationsprogrammen auf Empfängerseite zur Interpretation des mentalen Zustandes des Gegenüber. Sicher mag es hier betrügerische Versuche auf Senderseite geben, jedoch sollten sich auf Emotionszustände schließende Programme nicht entwickelt haben, wenn nicht auf Empfängerseite ein Netto-Vorteil entstehen würde, so dass entsprechende Zuschreibungen häufiger zutreffen als nicht. Ein authentisches emotionales Signal teilt zwei Dinge mit: (1) das jeweilige Emotionsprogramm wurde aktiviert mit den entsprechenden Konsequenzen für die Physiologie und mentale Architektur des Senders (2) die jeweilige evolutionäre Situation, die der Sender gerade wahrnimmt. Beide Informationen sind für das gegenüber meist hochrelevant und zeigen Bedeutungszuschreibungen und Kommentare durch den Sender an.

Kommunikation

Aus einer evolutionären Perspektive ist es manchmal günstig, Informationen weiterzugeben und manchmal schädlich, so dass viele Kommunikationssysteme, die Informationsabgabe genaustens je nach Umständen steuern. Fridlund (1994) geht deshalb davon aus, dass Expressionen willentlich erfolgen und eine intentionale Kommunikation darstellen, die von emotionalen Prozessen weitgehend unabhängig erfolgt. Dies ist sicher hin und wieder der Fall. Ekman (1985) beschreibt jedoch Mikroexpressionen der Stimme und des Gesichts, welche die Täuschungsabsicht erkennbar machen (leakage), da die Emotionsprogramme unfreiwillige Signale produzieren, die den zutreffenden Emotionszustand mitteilen. Wieso sollte dies der Fall sein?

Die Signalfunktion unterschiedlicher Emotionsprogramme sollte von der Selektion je nach den mit einer Signalisierung einhergehenden Kosten und Nutzen verschieden gestaltet sein. So entsteht für jedes Emotionsprogramm eine Kalkulation der Kosten- und Nutzenposten der Mitteilung des emotionalen Zustandes gemittelt über Individuen und Generationen in evolutionären Zeithöfen. Diese Kalkulationen sollten verschieden ausfallen für so verschiedene Emotionen wie Eifersucht, Einsamkeit, Ekel, Furcht, Stolz etc. Für evolutionäre Situationen, in denen eine Mitteilung im Mittel von Vorteil war, sollten sich speziestypische mimische und andere Ausdrücke durch Selektionsdrucke entwickelt haben. So hatte der Furchtausdruck sicher positive Effekte (Netto-Nutzen) für den Sender und die empfangenden Mitglieder einer kooperativen Gruppe mit einer Vielzahl von Verwandten, die diese über eine Gefahr informierten und evtl. zur Hilfe anhielten.

Nichtsdestotrotz war nur für einige Emotionen funktionell auch ein Ausdruck zu generieren, so dass man nur für einige speziestypische Emotionen auch deutlich unterscheidbare emotionale Gesichtsausdrücke finden sollte, für andere eben nicht (etwa Eifersucht, Schuld, Langeweile). Es stellt sich also nicht die Frage, wieso Emotionen automatisch mitgeteilt werden, sondern wieso einige Emotionen automatisch mitgeteilt werden.

Nimmt man an, dass die Selektion gegenüber dem Emotionsausdruck neutral wirken würde, so sollten Emotionssignale Nebenprodukte der Aktivierung eines Emotionsprogramms sein, ohne irgendwelche Gestaltung durch selektive Prozesse, die den Informationsgehalt des Signals unterstützt. Sollte die Selektion gegen ein Wissen über den inneren emotionalen Zustand eines Organismus arbeiten, so sollten externe Hinweise unterdrückt und verheimlicht werden. Da sich jedoch einige Emotionen als Ausdrucksphänomen gut beobachten lassen, schenken wir diesen überproportional viel Aufmerksamkeit. Dieser Umstand hat sicher auch die Emotionsforschung entscheidend gelenkt.

Vor- und Nachteile des Ausdrucks einer Emotion: Cosmides und Tooby (2000) beschreiben drei Faktoren, welche über die Nützlichkeit oder Nachteiligkeit eines Emotionsausdrucks entscheiden:

1. die Beziehung des Senders zum Gegenüber,
2. die Natur der Information, die ein Emotionssignal mitteilt,
3. der Rechenaufwand zur Einzelfallberechnung der Kosten und Nutzen einer emotionalen Mitteilung.

Meist gilt, dass bei kooperativen Beziehungen und geteilten Fitnessinteressen es eher von Vorteil ist, Emotionen mitzuteilen, während bei weit voneinander entfernten oder gar gegenläufigen Interessen in den Beziehungen dies eher nachteilig ist. Vermutlich haben sich hier Mechanismen etabliert, die unterscheiden, ob man allein oder mit Menschen zusammen ist, welche die eigenen Interessen teilen oder mit sozialen Antagonisten kommuniziert, wie feindlichen oder hierarchisch höherstehenden Individuen. Diese Regulationen sollten weitgehend unbewusst ablaufen und offene Parameter für kulturelle und ontogenetische Justierungen umfassen. Außerdem sollten sich Männer und Frauen auf Grund ihrer unterschiedlichen evolutionären Geschichte in ihrer Expressivität unterscheiden, wobei sich Männer häufiger in Situationen mit möglichen Gegnern befunden haben. Dabei ist die Mitteilung bestimmter Informationen auch an Gegner von Vorteil (Ärger, Triumph, Unterwerfung), während andere eher unterdrückt werden sollten (Angst vor dem Gegner oder der eigenen Schwäche, Schmerzen).

Expression, Non-Expression und Regulation des emotionalen Ausdrucks: Um über die Mitteilung einer Emotion zu entscheiden, muss berücksichtigt werden, inwiefern einerseits ihre Expression zuverlässig zu Vorteilen führt und andererseits inwiefern dies vom jeweiligen Kontext einer Emotionsexpression abhängig ist. Die Zuverlässigkeit, mit der eine bestimmte Emotionsmitteilung im Mittel zu Vorteilen führt, kann durch eine automatisierte Mitteilung bestimmter Emotionen realisiert werden. Die Ermittlung kontextspezifischer Konsequenzen einer Mitteilung an die soziale Umwelt erscheint mit hohem kognitivem Verrechnungsaufwand verbunden. Solche teuren Einzelfallberechungen müssen sich evolutionär lohnen, um Niederschlag in entsprechenden Gestaltungen unserer mentalen Architektur zu finden. Vermutlich werden also einige Emotionen automatisch mitgeteilt, andere sollten kein Signal evolviert haben und eine weitere Klasse sollte mit Regulationsmechanismen ausgestattet sein, welche ihre Mitteilung steuern.

Verhaltenskonsequenzen: Natürlich sollten Emotionen auch ins Verhalten wirken. Bestimmte Handlungen und Verhaltensabfolgen sollten in bestimmten

Emotionszuständen eher abrufbar sein als andere. Der jeweilige emotionale Zustand sollte auch in die Konstruktion organisierter Verhaltenssequenzen wirken, die der Problemlösung dienen.

Die Evolutionspsychologie berücksichtigt bei der emotionalen Verhaltensbeeinflussung auch Überlegungen, die aus der Spieltheorie stammen, als einem einflussreichen Ansatz innerhalb neuerer Evolutionstheorien. Es sollten sich, je nach zu Grunde liegendem evolutionärem Spiel, verschiedenste Emotionsprogramme und Subroutinen entwickelt haben (Nullsummenspiel, Wettstreitspiel, Austauschspiel mit positiver Summe, Lotteriespiele auf Koalitionsbasis, Spiele aggressiven Wettstreits etc.). Korrespondierende emotionale Programme sollten den Organismus bei der angemessenen interindividuellen (Verhaltens-)Strategie unterstützen, je nach zu Grunde liegendem sozialen Spiel. Dies kann zu überwältigenden, beinahe zwanghaften Verhaltenstendenzen führen. Rachegefühle wegen eines Mordes oder Untreue werden nicht selten in dieser Weise erlebt und im Alltag als „crimes of passion“ bezeichnet (Daly & Wilson, 1988). In modernen Staaten mit Gerichten und Polizeikräften wird die Wichtigkeit solcher strafender und Vereinbarungen überwachender Emotionen (Eifersucht, moralische Aggression, Rache etc.) vielfach unterschätzt, weshalb sie nur selten explizit Gegenstand emotionspsychologischer Forschung sind. Tooby und Cosmides (1992, 1994, Cosmides & Tooby, 2000) haben detailliert die psychischen Mechanismen von Betrug und Betrugsdetektion untersucht.

Regulation des Denkens und Lernens: Die Evolutionspsychologie konnte zeigen, dass Schlussfolgern und Denken keineswegs eine einheitliche Kategorie darstellen, sondern durch verschieden spezialisierte Mechanismen realisiert werden. Emotionen aktivieren oder unterdrücken das Denken also nicht in einer generellen Weise, vielmehr aktivieren sie sehr selektiv bestimmte angemessene Schlussfolgerungssysteme wie Betrugsdetektionsroutinen, Bluffdetektionsroutinen, Zuschreibungssysteme für Schuld und Verantwortung etc.

Des Weiteren regulieren Emotionen unsere Lernmechanismen durch die Steuerung unserer Aufmerksamkeit, unserer Motivation durch situationsspezifisches Schlussfolgern usw. Je nach Emotionszustand wird der gleiche Stimulus in der gleichen Umwelt ganz unterschiedlich interpretiert. Zudem werden teilweise deutlich unterschiedliche Lernmechanismen aktiviert, wie etwa beim Erlernen von Nahrungsaversion (Gracia, 1990) oder Furchtkonditionierungen (LeDoux, 1998). Freude (Fredrickson, 1998) etwa aktiviert Lernmechanismen im Umfeld von Spielverhalten und explorativem Erkunden.

Stimmungsregulation: Emotionsprogramme sollten außerdem in Zusammenhang stehen mit der Regulation des Energiehaushaltes, der Lenkung von Anstrengungen und der Steuerung unserer Stimmungen. Nesse (1990) hat vorgeschlagen, dass die Funktion von Stimmungen darin liegt anzuzeigen, wie angemessen bestimmte Umwelten für ein spezifisches Verhalten sind. Cosmides und Tooby (2000; 1990a) schlagen vergleichbar vor, dass Stimmungen einen Verhaltensbelohnungsquotienten ermitteln, der Umwelteigenschaften ebenso berücksichtigt wie die gegenwärtige Interpretation der Umwelt durch das Individuum (wobei gewichtete Zusatzinformationen und Verrechungsalgorithmen unterschiedlicher Struktur die Interpretation beeinflussen). Es können so Diskrepanzen zwischen erwarteten Belohnungen und tatsächlichen Entlohungen durch die Umwelt als Aspekt der Stimmung erfahren werden. Depressive Verstimmungen sind in diesem Ansatz erklärbar als (a) kostspielige Verhaltensinvestitionen, die nicht den erwarteten oder keine Entlohnung brachten oder (b) sie entsprechen einer ungenügenden Investition in eine wertgeschätzte Person oder Beziehung, welche verloren wurde oder (c) sie entsprechen der Erkenntnis, dass lange verfolgte Verhaltenspattern oder Lebenspläne nicht zu evolutionär relevanten Ergebnissen geführt haben. Andererseits mögen Freude und Lust durch eine unerwartete und positive Diskrepanz zwischen der Interpretation der Umwelt und der tatsächlichen Entlohung durch diese verursacht sein. Die Emotionsprogramme fungieren dann zur Reevaluation der Erwartungs- und Investitionsverrechnungen für folgende Verhaltensplanungen. Hierzu können auch Informationen über die Lebenserfahrungen anderer von Bedeutung sein: man ist gut gelaunt, weil man sich anders entschieden hat, nicht den gleichen Fehler begangen hat; missgestimmt, weil andere erfolgreicher gehandelt oder gewählt haben etc.

Rekalibrationsfunktion: Die Rekalibration von grundlegenden Variablen unserer mentalen Architektur ist eine der zentralen Funktionen vieler Emotionsprogramme. Eifersucht etwa führt zu einer Neueinschätzung des eigenen Partnerwertes und einer Verringerung des Vertrauens in den verdächtigten Partner. Zu den in erster Linie rekalibrierenden Emotionen zählen Schuld, Scham, Depression, Trauer und Dankbarkeit, sie führen eher zu einer inneren Verrechung als zur Koordination von Verhaltenskonsequenzen. Schuld dient nach Cosmides und Tooby (2000) dazu, die von Hamilton (1964) beschriebene Verwandtenkooperation als proximaten Mechanismus im Individuum zu installieren. Sie rekalibriert und reguliert innere Variablen zur Kontrolle der Austauschprozesse mit anderen. Depressive Zustände mögen dazu führen, dass in der Vergangenheit zunächst als lustvoll erlebte Verhaltensweisen eine neue affektive Beurteilung erfahren, so dass in Zukunft veränderte Gewichtungen in Entscheidungsprozessen Berücksichtigung finden. Die Autoren nehmen so genannte rekalibrationsauslösende Maschinen an, welche die Situationsdetektionsalgorithmen der Emotionsprogramme ergänzen. Sie stellen vergleichbare Bezugsrahmen zur affektiven Neubewertung zur Verfügung, wenn wiedererkennbare evolutionäre Situationen auftauchen. Durch sie erfolgt zudem eine Koordination mentaler Innenwelten, indem ein gemeinsamer Referenzrahmen bereitgestellt wird.

Phantasie und Fiktion: Emotionale Programme integrieren also einen immensen Reichtum an Weisheit, der für viele Organismen jedoch nur zugänglich ist, wenn sie mit Umwelten und Situationen konfrontiert werden, die entsprechende Hinweisreize offenbaren, um das Programm zu aktivieren, dies reduziert den Vorteil dieser Programme immens. Ein entscheidender evolutionärer Vorteil entstand, als es möglich wurde, auf die Programme zuzugreifen, indem entkoppelte fiktionale oder contrafaktische Abbilder oder Ereignisse eingespeist werden konnten, so dass die Antworten der Emotionsprogramme erfahrbar wurden. Dies konnte zur Planung und Analyse von Verhalten, Motiven sowie Rekalibrationen herangezogen werden.

Emotionstheorien der Evolutionspsychologie machen es wahrscheinlich, dass viele als rein kognitiv beschriebene mentale Zustände besser als Emotionszustände beschreibbar sind, zugleich sollten auch Forschungsfragen angeregt werden, die sich nicht aus dem Theorienpool des „Standard Social Science Models“ ableiten lassen, wie etwa die Untersuchung des „Jagdfiebers“ als emotionales Programm zur Unterstützung einer zentralen Tätigkeit vergangener Jägergemeinschaften unserer Ahnen (Reiz etlicher Computerspiele).

Zusammenfassung

Die Evolutionspsychologie (Cosmides & Tooby, 2000) beschreibt Emotionen als Dirigenten eines kognitiven Orchesters. Diese emotionalen Dirigenten oder Metaprogramme erkennen bestimmte Situationen etwa durch Hinweisreize und beeinflussen in je spezifischer Art und Weise unsere kognitiven Subroutinen. Emotionen wählen adaptive Werkzeugkombinationen aus der „tool box" unserer mentalen Fertigkeiten aus und justieren und verwenden sie zur Lösung adaptiver Probleme. Emotionale Metaprogramme sind in ihrem Funktionieren keineswegs unfehlbar, vielmehr handelt es sich um evolvierte Schätzungen als Grundlage des Umgangs mit den jeweiligen Anforderungen. Emotionen bzw. Aspekte einer Emotion sind als Anpassungen definiert, die sich von evolvierten Nebenprodukten und phylogenetischem Zufallsrauschen unterscheiden lassen. Als Adaptationen haben sie einen Einfluss auf die Netto-Lebensspannen-Reproduktivität des Organismus, es handelt sich also keineswegs nur um kurzfristige Problemlösestrategien (Notfallemotionen). Die selegierende Umwelt eines emotionalen Mechanismus beschreiben Evolutionspsychologen als statistische Regelmäßigkeit. Die Umwelt evolutionärer Angepasstheit (=EEA) entspricht also kaum einem konkreten Ort bzw. einem konkreten engen Zeithof. Die angenommene Beziehung zwischen Details der vergangenen Umwelt und Details der Struktur der Emotion macht den evolutionären Ansatz für Emotionsforscher besonders fruchtbar. Eine Unterscheidung von Emotion und Kognition wird abgelehnt, da der Terminus „kognitiv" lediglich eine Beschreibungssprache mentaler oder neurophysiologischer Prozesse darstellt. Zu den Kriterien einer emotionalen Adaptation gehören: (a) Eine evolutionär wiederkehrende Situation oder Bedingung, (b) ein adaptives Problem, (c) Hinweisreize, (d) Situationsdetektionsalgorithmen, (e) Algorithmen, die Prioritäten zuweisen, (f) ein internes Kommunikationssystem und (g) spezifische Reaktionsalgorithmen der zu steuernden kognitiven Subroutinen. Emotionale Metaprogramme wirken in unserer mentalen Architektur auf Ziele, Motivprioritäten, konzeptuelle Interpretationsrahmen, Wahrnehmung, Gedächtnis, Aufmerksamkeit, Physiologie, Kommunikation und Expression. Hinsichtlich der Kommunikation und Expression von Emotionen müssen (a) die Beziehung des Senders zum Gegenüber, (b) die Natur der Information, die ein Emotionssignal mitteilt sowie (c) der Rechenaufwand zur Einzelfallberechnung der Kosten und Nutzen einer emotionalen Expression berücksichtig werden. Hieraus lassen sich Annahmen über die Expression oder Nicht-Expression von Emotionen ableiten. Evolutionspsychologische Ansätze unterscheiden Stimmungen von Emotionen; Erstere dienen der Umweltevaluation entlang von Verhaltensoptionen und Belohnungserwartungen. Eine weitere wichtige Funktion der emotionalen Metaprogramme liegt in ihrer Rekalibrationsfunktion hinsichtlich zurückliegender (emotionaler) Entscheidungen. In Kombination mit der Möglichkeit, Phantasie und Fiktionen zu nutzen, kann Homo sapiens sapiens auf das in seinen Emotionen gesammelte evolvierte Wissen entschieden flexibler und ungefährdeter zugreifen.

Bilanz

Welche Aussagen kann man unter Zugrundelegung evolutionären Denkens hinsichtlich der Beziehung der Emotionen zu den Kognitionen festhalten?

Eine Unterscheidung zwischen Emotion und Kognition muss dann abgelehnt werden, wenn man den Terminus „kognitiv“ lediglich als eine Beschreibungssprache mentaler oder neurophysiologischer Prozesse versteht. Emotionen sind dann ebenfalls in dieser Sprache beschreibbar, also als kognitiv zu verstehen. So zeigen etwa die Arbeiten der „embodied artificial intelligence“ (Pfeifer & Scheier, 1999) wie man kognitive Systeme sozusagen „buttom up“ entwickeln kann. Deren autonome kognitive Leitungen erinnern vielfach an Triebe und emotionales Verhalten aus dem Tierreich. Versteht man Kognitionen als Prozess, der potentiell wahre Abbildungen von der Umwelt liefert, so sind auch (ratiomorphe) Emotionen als kognitiv zu bezeichnen. Dabei mögen einige Aspekte einer Emotion vergleichbar einer simplen Heuristik im Sinne Gigerenzers (1999) funktionieren oder – im Sinne eines Metaprogramms – auf diese Heuristiken zugreifen. Sie erscheinen im Vergleich zur Rationalität kognitiver Modellierungen aufgrund ihrer Einfachheit als unterlegen, sind dies aber nachweislich in vielen Kontexten der Entscheidungsfindung keinesfalls. Sie liefern vielmehr sehr effiziente Problemlösungen, auch ohne die jeweilige Information der Umwelt vollumfänglich abzubilden. Mit Buck (1999) könnte man „syncretische“ Kognitionen von analytischen Kognitionen unterscheiden. Erste entsprechen eher den Emotionen: sie sind als heiß, holistisch, direkt, selbstevident zu bezeichnen, während analytische Kognitionen als kalt, sequentiell und seriell definiert sind. Analytische Kognitionen und das damit verbundene Wissen werden konstruiert durch eine Restrukturierung und Prozessierung von Wahrnehmungsdaten in einer internen Repräsentation der Realität (vgl. „innerer Simulator“, Bischof, 1989).

Inwiefern bilden auch Emotionen ebenso wie analytische Kognitionen die Umwelt angemessen ab?

Es gibt „Scherzbolde“, die in der Diskussion um Rationalität zwischen logischen und psychologischen Entscheidungen trennen wollen (Gigerenzer et al., 1999). Wobei in der Alltagsauffassung psychologische Entscheidungen als eher emotional und irrational diskriminiert werden, während die akademische Psychologie sich viel lieber mit kognitiven (analytischen) Entscheidungen beschäftigt hat. Liefern also unsere Emotionen ein verzerrtes irrationales Bild der Welt, während erst analytische Kognitionen die Welt zutreffend abbilden? Aus einer evolutionären Perspektive sind Abbildungen der Welt dann wahr, wenn die „angeborene“ bzw. „ökologische Umwelt“ mit der realen Welt nahezu übereinstimmt, was keineswegs immer der Fall sein muss. „Nahezu“ bedeutet jedoch nicht vollkommen. Emotionale Metaprogramme sind in ihrem Funktionieren von der Selektion eben nicht auf Unfehlbarkeit hin entwickelt. Es handelt sich vielmehr um durch die Selektion geformte erfolgreiche Kalkulationen oder evolvierte Spekulationen als Grundlage des Umgangs mit den jeweiligen aktuellen Herausforderungen der Umwelt. Dabei können nur solche Umweltdrücke formend auf die Phylogenese des Affektsystems gewirkt haben, die auch einen Einfluss auf die Netto-Lebensspannen-Reproduktivität des Organismus hatten. Es haben sich also nicht nur kurzfristige emotionale Problemlösestrategien ausgebildet, sondern durchaus auch langfristige an Lebensphasen orientierte emotionale Mechanismen. Solche selegierenden

Umwelten, die emotionale Mechanismen über Jahrtausende geformt haben, können als statistische Regelmäßigkeit dargestellt werden. Die Umwelt evolutionärer Angepasstheit (=EEA) entspricht also nicht einem konkreten Ort bzw. einem konkreten engen Zeithof. Vielmehr schlagen sich die genügend stabilen statistischen Regelmäßigkeiten in der Gestaltung des emotionalen Mechanismus nieder und liefern die Grundlage der Navigationsappelle in der Fitnesspotentiallandschaft. Gestaltungsmerkmale unseres Affektsystems müssen deshalb zum Teil einen Bezug zur Fitness oder Gesamteignung zeigen. Motivthemata, Emotionen, ratiomorphe Kognitionen und die ihnen zuarbeitenden analytischen Kognitionen, sie alle dienen dem Individuum zur Navigation in einer Potentiallandschaft, welche aus Tälern und Bergen besteht, welche die lokalen Fortpflanzungschancen oder das jeweilige Fitnesspotential anzeigen.

Stimmungen dienen ebenfalls der Umweltevaluation entlang von Verhaltensoptionen (Motivthemata) und Belohnungserwartungen. Die Möglichkeit der Umsetzung eines bestimmten Motivs (bzw. einer Erbkoordination) geht mit entsprechendem Lust- bzw. Unlusterleben einher.

Die mentale Architektur, wie die Verhaltensweisen des Organismus, versuchen durch adaptives Navigieren die Netto-Lebensspannen-Reproduktivität zu optimieren. Gelang unseren Ahnen das Navigieren in günstige Bereiche, gehörte ihr affektives Gestaltetsein zu unserem Erbe, gelang dies nicht oder unzureichend, verschwand der Entwurf eines solchen Affektsystems in einem der Täler. Die angenommene Beziehung zwischen formenden Aspekten der vergangenen Umwelt und geformten Struktureigenschaften der Emotion macht den evolutionären Ansatz für Emotionsforscher besonders fruchtbar.

Stimuli und Hinweisreize als Teilaspekte der objektiven Umwelt zeigen dem Motiv- und Affektsystem fitnessrelevante Situationen an, auf welche der Organismus mit der Orchestrierung kognitiver Subroutinen und gegebenenfalls mit Verhalten reagiert. Zu den Kriterien einer emotionalen Adaptation gehören: Auf der Seite der Umwelt (a) eine evolutionär wiederkehrende Situation oder Bedingung, die (b) ein adaptives Problem durch (c) Hinweisreize anzeigt. Auf diese Hinweisreize spricht der Organismus mit (d) Situationsdetektionsalgorithmen an und aktiviert (e) mentale Algorithmen, die Prioritäten zuweisen. Ein (f) internes Kommunikationssystem organisiert die Abstimmung der mentalen Module, wobei (g) spezifische Reaktionsalgorithmen kognitive Subroutinen steuern.

Einfache Organismen haben das Wissen über die Navigation aufgrund dieser Umweltmerkmale und unter Berücksichtigung ihrer Bedarfslage weitestgehend im Genom gespeichert. Detektoren filtern die Umwelt und ihre Bedarfslage und erzeugen *Anreize* und *Bedürfnisse*, welche in der Ethologie über Instinkte verrechnet werden (die Evolutionspsychologie würde hier von EPMs sprechen). Das Ergebnis solcher Instinkte sind verschiedene *Antriebe*, welche bei ausreichender Aktivierung die Erbkoordination als Verhalten in Gang setzen. Die Ethologie beschreibt das Instinktsystem mit einem Taxisanteil, der ein unspezifischeres Wahrnehmungssystem mit kognitiven umweltanalysierenden Fähigkeiten umfasst – Startpunkt der Phylogenese analytischer Kognitionen.

Die Evolutionspsychologie (Cosmides & Tooby, 2000) beschreibt Emotionen als Dirigenten eines kognitiven Orchesters. Emotionen wählen adaptive Werkzeugkombinationen aus der „tool box“ unserer mentalen Fertigkeiten aus und justieren und verwenden sie zur Lösung adaptiver Probleme. Nach Bischof (1998) wird das Instinktsystem im Laufe der Evolution von einer hemmenden Instanz überlagert, dem Coping-Apparat. Diese beiden Instanzen (Instinktsystem und Copingsystem) müssen miteinander kommunizieren. Emotionen teilen hierzu dem Copingsystem die im Instinktsystem anstehenden Themata, die einer Umsetzung bedürfen, mit. Über Emotionen nimmt das Copingsystem so die aktuelle Antriebslage wahr. Copingsystem und „tool box" scheinen vergleichbare Instanzen, sie liefern die kognitiven Werkzeuge zur Problemlösung. Emotionen dirigieren, wählen und justieren die verschiedenen kognitiven Mechanismen. Unterschiede bestehen dennoch zwischen den Ansätzen: Während Bischof eher die Appellfunktion der Emotionen in Richtung höherer rationalerer kognitiver Mechanismen betont, bezeichnen Cosmides und Tooby (2000) Emotionen als übergeordnete Organisationsprinzipien der mentalen Architektur, die durch verschiedenste Schichten unterschiedlich komplexer kognitiver Werkzeuge hindurch wirkt. Diese emotionalen Metaprogramme zeigen Effekte auf Ziele, Motivprioritäten, konzeptuelle Interpretationsrahmen, Wahrnehmung, Gedächtnis, Aufmerksamkeit, Physiologie, Kommunikation und Expression.

Wie kann man sich das Zusammenspiel der Emotionen mit höheren kognitiven Fähigkeiten wie Phantasie, Erwartungen und fiktionalen Narrativen vorstellen?

Höhere Primaten besitzen eine kognitive Fähigkeit, die als Probehandeln in einem inneren Umweltsimulator beschrieben werden kann und gleichzusetzen ist mit Phantasie oder produktivem Denken. Die Integration dieser Fähigkeiten in das Motiv- und Affektsystem führt dazu, dass mit den Worten der Ethologie Erbkoordination und Appetenzverhalten gehemmt werden. Ihre Aktivierung wird in den inneren Simulator verlagert. Auch die motivierende Kraft antizipierter Emotionen sollte sich mit der Entwicklung eines „inneren Simulator" bzw. einer „mental-affektiven Repräsentanzenwelt" entfalten. Dieser mentale Wirklichkeitssimulator kann als Schutzmechanismus beschrieben werden, da er ein inneres Testen flexibler Handlungsoptionen zulässt. Handlungsalternativen können in der Phantasie getestet werden und – falls erfolgversprechend – zum Einsatz gelangen. In der Phantasie des Menschen werden zudem künftige Antriebslagen verhandelbar. Damit diese simulierten Antriebe mit den aktuellen konkurrieren können, erfahren aktuelle Antriebe eine Abschwächung; sie transformieren sich zu emotionalen Appellen. So kann gegen aktuelle Antriebslagen gehandelt werden. Gleichzeitig destabilisiert dies die menschliche Verhaltensregulation, die gewonnene Freiheit geht mit einem Bedürfnis nach Orientierung einher, was den Menschen zu einem „kulturbedürftigen" Wesen macht. Aber nicht nur die Zukunft wird zum Gegenstand emotionaler Vorstellungen, Erwartungen und Phantasien. Eine wichtige Funktion der emotionalen Metaprogramme liegt in ihrer Rekalibrationsfunktion hinsichtlich zurückliegender (emotionaler) Entscheidungen. In Kombination mit der Möglichkeit, Phantasien und kulturelle angebotene Fiktionen zu nutzen, können wir auf das in unseren Emotionen gesammelte evolvierte Wissen entschieden flexibler zurückgreifen.

Wie lässt sich das Problem des emotionalen Ausdrucks aus einer evolutionären Perspektive angehen?

Humanethologen wie etwa Bischof (aber auch Darwin, Ekman, Eibl-Eibesfeldt) betonen, dass sich Ausdrucksbewegungen vor allem aus intentionalen Rudimenten entwickelten. Sie unterliegen einer unvollständigen Hemmung, so dass einige dieser Rudimente in der Phylogenese kommunikative Funktion erlangt haben. Keineswegs jedoch kann sich in der Evolution des Affektsystems eine generelle Neigung zum Ausdruck von Emotionen entwickelt haben. All zu leicht könnten emotional kommunizierende Altruisten, die ihr Innerstes preisgeben, Opfer antisozialer Ausbeuter werden. Auch besteht die Gefahr der Etablierung einer Rüstungsspirale zwischen Täuschung und Täuschungsdetektion innerhalb emotionaler Kommunikationssysteme. Der Ausdruck von Emotionen sollte deshalb abhängen von (a) der Beziehung des Senders zum Gegenüber, (b) der Natur der Information, die ein Emotionssignal mitteilt sowie (c) dem Rechenaufwand zur Einzelfallberechnung der Kosten und Nutzen einer emotionalen Expression in einer spezifischen sozialen Situation. Hieraus lassen sich verschiedene Hypothesen über die Expression oder Nicht-Expression von Emotionen formulieren.

Emotionale Kommunikation stellt in Teilen die Grundlage eines gemeinsamen Antriebsmanagements von sozialen Gruppen dar, mögen diese auf reziprokem oder verwandtenselektionistischem Altruismus beruhen und verschiedene Grade an Manipulationsbemühungen einschließen. Affektansteckung und Empathie liefern über einen Detektor für Ausdrucksbewegungen ein System zur gegenseitigen Gefühlsinduktion, so dass fremde und eigene Gefühlslage Berücksichtigung finden. Diese Kompetenz umfasst natürlich auch schon prärationale bzw. ratiomorphe Prozesse einer so genannten „rein kognitiven“ Perspektivenübernahme. Als Grundlage empathischen Erlebens finden sich einerseits die Wahrnehmung des Ausdrucksverhaltens der Gegenüber sowie andererseits der Situation des anderen. Preston und de Waal (2002) beschreiben Empathie im Rahmen ihres „perception-action“-Modells. Sie unterscheiden emotionale und kognitive Empathieperspektiven in einem breiten Modell empathischen Prozessierens, welches Affektansteckung, Empathie, Mitleid, prosoziales Verhalten und Perspektivenübernahme diskutiert. Neuropsychologisch diskutieren die Autoren das Konzept der Spiegelneurone innerhalb des PAM-Ansatzes. Während der Phylo- und Ontogenese vermutet dieser Ansatz, dass imitatorische Phänomene zunehmend unter Hemmung gesetzt werden und so die Entwicklung helfenden Verhaltens erlauben. Vertrautheit, Ähnlichkeit und Erfahrung mit dem Objekt der Empathie zeigen deutliche Effekte auf empathische Prozesse, die in Aufmerksamkeit, Repräsentation und empathisches Verhalten gegliedert sind. Dabei betonen die Autoren einen projektiven Anteil innerhalb empathischer Prozesse.

Weiterführende Literatur:

Darwin, C. R. (1872/1965). Der Ausdruck der Gemüthesbewegungen bei dem Menschen und den Thieren. Stuttgart, Schweitzerbart'sche Verlagsbuchhandlung.

Bischof, N. (1985). Das Rätsel Ödipus. München, Piper.

Meyer, W., Schützwohl, A. & Reizenstein, R. (1997). Einführung in die Emotionspsychologie. Bd.2, Evolutionspsychologische Emotionstheorien. Bern, Verlag Hans Huber.

Cosmides, L., Tooby, J. (2000). Evolutionary Psychology and the Emotions. Handbook of Emotions. 2nd Edition. M. Lewis and J. M. Haviland-Jones (Hrsg.) New York, Guilford: 91-115.

Merten, J. (2003). Einführung in die Emotionspsychologie. Stuttgart, Kohlhammer.

Klinische Psychologie

In den folgenden Kapiteln beschäftigen wir uns mit der Relevanz adaptiven Denkens innerhalb verschiedener Anwendungsbereiche der Psychologie. Zuvor wurde gezeigt, dass der evolutionäre Gedanke als Leitidee der Analyse menschlichen Verhaltens vielversprechende Anstöße liefern konnte. Trotzdem tauchen immer wieder Missverständnisse auf, die in erster Linie auf Trugschlüssen beruhen. Die Grundlagen adaptiven Denkens wurden in den Teilbereichen Humanethologie, Soziobiologie, Darwinsche Anthropologie, und Evolutionspsychologie skizziert. Evolutionäre und nicht-evolutionäre Erklärungen wurden voneinander abgegrenzt. Es gelang, die Frage nach der Funktion und Organisation als zentrale Suchstrategie dieser Forschungsansätze herauszuarbeiten. Der darwinsche Algorithmus lässt sich jedoch nicht nur zur Erklärung biologischer Prozesse verwenden, sondern ist außerdem die Grundlage verschiedener evolutionärer Kulturtheorien.

Gerüstet mit den Basiskonzepten adaptiven Denkens haben wir uns sodann mit verschiedenen Emotionstheorien und Annahmen über das menschliche Affektsystem auseinander gesetzt. Unter einer humanethologischen Perspektive wurden Emotionen mit Hilfe der Begriffe Homöostase, Taxis, Appetenz und Antrieb diskutiert. Kommunikative Anteile unserer Emotionen wurden als Aspekte des Antriebsmanagements bei sozialen Organismen diskutiert (Präadaptationen, Empathie). Das Affektsystem erweiternde kognitive Leistungen sind vor allem die Entwicklung der Phantasie und des Zeiterlebens. Evolutionspsychologische Emotionstheorien verstehen Emotionen als evolvierte Metaprogramme. Als Produkte der Selektion modulieren sie unser mentales Wirkgefüge und unser kommunikatives Verhalten.

Im Folgenden werden wir zunächst einige Überlegungen zu einer Emotionstheorie zwischen Biologie und Psychoanalyse wagen. Nach einer Gegenüberstellung der Theorien Freuds und Darwins betrachten wir die Tauglichkeit psychoanalytischer Konzepte innerhalb einer evolutionären Perspektive. Libido und Oedipuskonflikt sowie die psychoanalytischen Überlegungen zu Trieben, Reflexen und Motiven werden diskutiert. Affekte und Abwehrmechanismen werden aus der Perspektive einer „darwinistischen" Psychoanalyse betrachtet. Auf der Grundlage dieser Überlegungen werden Darwinsche Modularität und Adaptivität als Klassifikationsheuristik psychischer Störungen vorgestellt.

Überlegungen zu einer Emotionstheorie zwischen Biologie und Psychoanalyse

Freud und Darwin

In den letzten Jahren haben mehrere Autoren eine Synthese von Freud und Darwin versucht (Badcock, 1998, 1999; Bischof 1985; Nesse & Lloyd, 1992; Krause, 1998). Krause und Badcock nähern sich als Psychoanalytiker darwinistischen Argumentationen, während Bischof als Schüler Lorenzens eine humanethologische Perspektive mit psychoanalytischen Überlegungen anreichert. Nesse und Lloyd haben in der Entstehungsphase der Evolutionspsychologie psychoanalytische Gedanken in die Diskussion um eine darwinistische Psychopathologie eingebracht.

Evolvierte psychodynamische Mechanismen: Die Vertreter der Psychoanalyse glauben, in der Evolutionsbiologie Möglichkeiten einer theoretischen Fundierung der psychoanalytischen Metatheorie zu entdecken (Badcock, 1998, 1999; Krause, 1997, 1998; Lincke, 1981). Inwiefern dies möglich ist, wird jedoch davon abhängen, inwieweit psychoanalytische Konzepte legitime Gegenstände einer evolutionären Begründung sein können. Sowohl Verdrängung als auch andere psychodynamische Mechanismen lassen sich als im Prozess der Evolution entstanden beschreiben (Nesse & Lloyd, 1992):

- Es gibt Indizien der Einheitlichkeit psychodynamischer Mechanismen über verschiedene Kulturen hinweg.
- Ihre Entwicklungsabfolge scheint einen Bezug zu verschiedenen Aufgaben der Lebensphasen zu haben (Krause, 1997; Bischof, 1996).
- Ihre Komplexität und Feinregulierung legen die Vermutung nahe, dass sie wichtigen Funktionen dienen.
- Das Verhalten, auf das sie sich beziehen, ist bedeutend für den Fortpflanzungserfolg: Beziehungsregulation (Krause, 1998; Merten, 1995), soziale Kommunikation, Flirtverhalten (Grammer, 1993), Hemmungen, innere Abbildung der äußeren Welt etc.
- Bei gestörter Funktion der Mechanismen senkt dies häufig die Fitness.

Nichtsdestotrotz muss der Nachweis gelingen, dass das Funktionieren psychodynamischer Mechanismen zu einer Verbesserung der Fitness beiträgt. Dabei mögen sich diese Mechanismen nicht immer als die optimale Beschreibung eines EPM (s.o.) herausstellen, aber zumindest liefern sie einen guten Startpunkt für die Diskussion einer möglichen biologischen Funktionalität.

Vereinbarkeit und Unvereinbarkeit freudschen und darwinschen Denkens: An dieser Stelle sollten auch einige Bedenken hinsichtlich psychoanalytischer Theoriegebilde berücksichtigt werden. Freud war offensichtlich Lamarckianer, glaubte, dass die Ontogenese die Phylogenese wiederholt und hielt an der Gruppenselektion fest (Nesse & Lloyd, 1992), wie übrigens viele seiner Zeitgenossen und teilweise auch Darwin selbst (Meyer et al., 1997). Dies machte ihn wohl für viele evolutionär orientierte Theoretiker unakzeptabel, gleichwohl er einer der ersten war, der nicht bei proximaten Erklärungen des Verhaltens stehen blieb und nach Herkunft und Funktion mentaler Mechanismen fragte. Nicht zuletzt dokumentierte er selbstsüchtige, aggressive und sexuelle Antriebe als Grundlage menschlicher Motivation[11]. Ein weiteres Problem besteht in der Datenstruktur und -erhebung vieler psychoanalytischer Studien. Oft scheinen die empirischen Beobachtungen unentwirrbar mit der bei der Erfassung zu Grunde gelegten Theorie verbunden, was einer Intersubjektivierung in Richtung anderer Disziplinen nicht selten im Wege steht.

---

[11] Einen interessanten Vergleich zwischen Freud und Darwin stellt Sulloway (1997) an, wobei er wissenschaftlich-kreatives Denken in einem historisch, familiendynamischen Kontext auf der Grundlage der Evolutionstheorie, untersucht.

Andererseits hat Freud in einigen seiner theoretischen Überlegungen den „egoistischen Gen"-Ansatz beinahe vorweggenommen, jedoch bedurfte es der Fortschritte in der Genetik und den Evolutionstheorien, um einige von Freuds Überlegungen neu zu gewichten. So betont Freud, dass es sich bei der Libido keineswegs um einen prosozialen Antrieb handelt und steht damit näher bei Dawkins und seinen Anhängern als bei Gruppenselektionisten und vielen Theoretikern des „Standard Social Science Model" (Badcock, 1998).

„Das Individuum führt wirklich eine Doppelexistenz als sein Selbstzweck und als Glied in einer Kette, der es gegen, jedenfalls ohne seinen Willen dienstbar ist. Es hält selbst die Sexualität für eine seiner Absichten, während eine andere Betrachtung zeigt, dass es nur ein Anhängsel an sein Keimplasma ist. Dem es seine Kräfte gegen eine Lustprämie zur Verfügung stellt, der sterbliche Träger einer – vielleicht – unsterblichen Substanz, wie ein Majorsherr nur der jeweilige Inhaber einer ihn überdauernden Institution" (Freud, 1949, S. 143).

Es lässt sich zeigen, dass viele Psychoanalytiker, die sich dem SSSM verpflichtet fühlten ihren Teil dazu beigetragen haben Freuds Ansichten zu entbiologisieren. Badcock (1998, 1999) betont demgegenüber, dass Freud vergleichbar einem modernen Darwinisten, der kulturell-deterministischen Sichtweise des SSSM sehr kritisch gegenüberstand. So hebt Freud immer wieder die Macht der Instinkte gegenüber den Leistungen der Kultur hervor (Freud, 1914b). Schuldgefühle etwa versteht er als Ausdruck konfligierender biologischer Triebe, was durchaus an Ansätze von Trivers (2002) oder die Arbeiten von Cosmides und Tooby erinnert (1992, 2000) .

Das Unbewusste: Neben der Betonung der Biologie gehen die modernen Evolutionspsychologen, ebenso wie die Psychoanalyse, von einem Unbewussten aus, da Strategien zur Maximierung der Fitness keineswegs stets mit einem Selektionsdruck zur Information des Bewusstseins einhergehen müssen. Vielmehr bleiben ultimate Intentionen häufig „zweckdienlicherweise" unbewusst. Sowohl die natürliche Selektion, als auch biologische Wettrüstungsmechanismen zwischen Täuschung und Täuschungsdetektion – etwa im Bereich der Kooperation – sollten bestimmte Inhalte vom Bewusstsein fernhalten. Parasprachliche Merkmale, Körpersprache und Mimik können bewusste Täuschungsabsichten verraten (Ekman, 1985; Merten, 2003), so dass Mechanismen zur Selbsttäuschung ein probates Gegenmittel darstellen. In einem interessanten Experiment konnten Gur und Sachheim (1979) Selbsttäuschungseffekte nahe legen: Probanden, deren Selbstachtung experimentell manipuliert wurde, sollen Tonbandaufzeichnungen ihrer eigenen Stimme erkennen. Jene mit hohem Selbstvertrauen erkannten ihre Stimme häufiger und glaubten, selbst andere Stimmen als die ihre zu erkennen, die Gruppe mit niedrigem Selbstvertrauen verleugnete ihre eigene Stimme und empfand sie zudem als unangenehmer. Badcock (1998) wertet dies als einen Ausdruck des Abwehrmechanismus der (Wahrnehmungs-)Verdrängung. Dabei ist zu beachten, dass Hautwiderstandmessungen das (unbewusste) Erkennen der eigenen Stimme aufdeckten, selbst wenn sich das Bewusstsein davon uninformiert zeigte.

Libido und Ödipuskonflikt – eine evolutionspsychologische Perspektive

Narzissmus: Freud unterscheidet in seinen Arbeiten Ego-Libido und Objekt-Libido, wobei Letztere eine deutlich reproduktive Funktion hat, während er Erstere später im Konzept des Narzissmus fasst. Die narzisstische Libido herrscht zunächst vor, dies ist biologisch verstehbar, da wir wie viele Organismen zunächst unser reproduktives Alter erreichen müssen und verfrühte Reproduktion kaum von Erfolg gekennzeichnet ist. Das Überleben bis ins reproduktive Alter zählt dabei lediglich als Mittel zur Erreichung reproduktiven Erfolgs und stellt keinen evolutionären Selbstzweck dar. So haben die Gene, deren Ziel die eigene Reproduktion ist, zumindest bis zum Erreichen einer reproduktiven Lebensphase eine Art Selbstinteresse am Überleben und Wachsen des Organismus. Die Ego-Libido erscheint so nach Badcock (1998) als Ausdruck einer Emotion, welche das Interesse der Gene an ihrem Vehikel darstellt – an Körper und Geist des Individuums (vgl. auch Bucks Ansatz (1999) unten). Freuds Narzissmus reflektiert nach diesem Verständnis den Wert des Organismus für seine Gene. Bei Geburt sollte dieser Narzissmus sehr hoch sein und während der reproduktiven Phase abnehmen, in Objekt-Libido umgewandelt oder durch diese ersetzt werden (Badcock, 1998). Auch ein Geschlechtsunterschied ließe sich vermuten, so sollten Frauen wegen der zentralen Bedeutung der eigenen Gesundheit während der Schwangerschaft und Kinderpflege (Laktation, vgl. auch Blaffer-Hrdy, 2000) und wegen der Bedeutung eigener physischer Attraktivität als Ausdruck dieser Gesundheit und Fruchtbarkeit einen deutlicher körperbezogenen Narzissmus zeigen (Buss, 1997). Männer scheinen andererseits dazu zu neigen, in der reproduktiven Phase ihren Organismus in der intra- und intersexuellen Auseinandersetzung auf das Spiel zu setzen (risk-seeking, Eifersucht(-smorde); Daly & Wilson, 1988). Auch scheinen Männer einen eher externalisierten Narzissmus (zwischen Ego- und Objekt-Libido) in Form von Kunstwerken, Statussymbolen und verbalen „Ergüssen“ verschiedenster Form zu betreiben, der als Balzverhalten verstehbar ist (Miller, 2000). Lediglich wenn es um die Verteidigung der eigenen Kinder geht, neigen Frauen dazu, höhere Risiken einzugehen als Männer, was Freud als „elterlichen Narzissmus“ bezeichnete (Freud, 1914a, s. 91).

Ödipuskonflikt und parentales Investment: Auch die psychosexuelle Entwicklung lässt sich im Lichte darwinscher Theoriebildung verstehen. So geht es in der oralen Phase aus einer evolutionstheoretischen Perspektive nach Badcock (1998) vor allem um den kontrazeptiven Effekt des Saug- und Stimulationsverhaltens des Kindes. Die Geburt eines Geschwisters stellt in vielen Jäger und Sammler - Gesellschaften eine ernste Bedrohung für das Leben des Kleinkindes dar (vgl. auch Blaffer-Hrdy, 2000). Das orale Verhalten des Kleinkindes kann durchaus als darwinsche Anpassung verstanden werden, um sich die Pflege und Aufmerksamkeit der Mutter möglichst lange zu sichern. Die orale Phase wird ultimat verstehbar als Ausdruck des von Trivers (2002) beschriebenen Eltern-Kind-Konfliktes um das parentale Investment.[12]

[12] Anschaulich wird dies anhand zweier genetischer Auffälligkeiten („genomic imprinting“; mit schwerwiegenden Erbkrankheitsfolgen): Das Prader-Willi-Syndrom (Fehlen einer väterlichen Genkopie, Deletion am väterlichen Chromosom 15) verursacht beim Neugeborenen ein Verhalten, welches durch Schläfrigkeit, Inaktivität und geringere Aktivität bei der Brustfütterung auffällt sowie ein nur leises Schreien, während das Angelman-Syndrom hyperaktive, intensiv trinkende und laute Kleinkinder

Der Konflikt um das parentale Investment führt zudem zwischen Eltern und Kind zu einem Wettrüsten. Ausdruck dieses Aufschaukelns ist die Entwicklung von die Eltern verführenden positiven Signalsystemen: Lächeln – verliebte Blicke – Umarmungen – Küsse etc. Badcock (1998) sieht hierin die Grundlage des Oedipus-Konflikts: Die Demonstration von Liebe und Zuneigung für die Mutter und das Erleben des Vaters als Rivalen um die Zuneigung der Mutter. Kinder beiderlei Geschlechts versuchen, die Mutter für sich zu monopolisieren. Die hierzu verwendeten geschlechtsspezifischen Strategien lassen sich ebenfalls aus einer darwinschen Perspektive verstehen (Badcock, 1998, 1999). Dabei geht es in erster Linie um die Sicherung parentaler Investitionen und nicht um inzestuöse Tendenzen.

Die Freudsche Psychologie zeigt also eine gewisse Nähe zur Evolutionspsychologie (Badcock, 1998, 1999): Sie sieht den menschlichen Geist als grundsätzlich von Konflikten geprägt. Das Unbewusste ist verstehbar als eine Form erfolgreicher evolutionär sinnvoller Selbsttäuschung. Die psychoanalytischen Ideen zur psychosexuellen Entwicklung werden in Teilen verstehbar als Wettstreit um parentales Investment.

Sowohl die Psychoanalyse als auch die Humanethologien entwickeln detaillierte Vorstellungen zur Rolle der Triebe und der Emotionen. Es stellt sich somit die Frage, inwiefern die beiden Ansätze miteinander kompatibel sind oder im Widerspruch zueinander stehen.

Triebe, Reflexe und Motive – zwischen Psychoanalyse und Biologie

Triebschicksale: Im zweiten Band seiner Allgemeinen Psychoanalytischen Krankheitslehre entwickelt Krause (1998) entlang analytischer und evolutionsbiologisch-ethologischer Modelle seine Sicht einer Trieb- und Affekttheorie. Dabei bezieht er sich zunächst auf Freuds Arbeit „Triebe und Triebschicksale" von 1915, in der Affekte als Derivate von Triebprozessen beschrieben werden. Gleichzeitig betont er jedoch, dass dieser Teil der analytischen Theoriebildung sicher den meisten Veränderungen unterworfen sein sollte, da sich die Nachbarwissenschaften Biologie, Physiologie und Allgemeine Psychologie vielversprechend weiterentwickelt haben (vgl. auch Wilson, 1998). Freud versuchte zu seiner Zeit – auch wohl wegen des Fehlens humanethologischen Wissens – die Physiologie als deskriptive Heuristik im Rahmen einer Modellbildung anzuwenden. Insbesondere die Reflexphysiologie stand immer wieder Pate bei seinen Überlegungen. Krause betont hierbei, dass es sich um provisorische Modelle handelte, die zunächst eine Beschreibung der klinischen Empirie ermöglichen sollten. Jedoch finden sich in der Freudschen Modellbildung Schlussfolgerungen, die untragbar sind. So hat Freud das Reflexmodell überdehnt und zur Grundlage alles Lebendigen erhoben und auf diesem Weg die angeblich biologische Tendenz zur Reizfernhaltung eingeführt.

„Die Heuristik hat sich unter der Hand zum pseudobiologischen Dogma verwandelt (Krause, 1998, S. 11)."

---

verursacht (Fehlen einer mütterlichen Kopie an einem Gen; Deletion am mütterlichen Chromosom 15) (Haig, 1993).

Gleichzeitig wird durch die Psychoanalyse Reizverminderung als lust-, Reizsteigerung als unlustgenerierend definiert. Bei der Konstruktion seiner Theorie sind Freud mehrere wichtige Punkte entgangen (vgl. Krause, 1998):

- Freud bezieht sich vor allem auf aversive Reize, wie man sie im Kontext von Fluchtkonditionierungen findet. Aus der Ethologie weiß man jedoch, dass der Mensch (aufgrund seiner Neugier) eher dazu neigt, auf externe Reize eine Hinwendungs- oder Orientierungsreaktion zu zeigen und mit Interesse und Explorationsverhalten zu beginnen. Freuds Ideen greifen lediglich im Kontext phylogenetisch aversiv gefärbter Stimuli (bzw. Reizquellen).
- Das Bindungs- und Attachmentverhalten hat er weitgehend ausgeklammert.
- Das in Freuds Modellbildung implizit enthaltene Entropieprinzip scheint ebenfalls nach heutigem Wissen nicht gerechtfertigt. Untersuchungen zur „sensory deprivation" widersprechen Freuds Idee der lustvollen Reizminderung.
- Des Weiteren scheint ein großer Teil der Lust an Negentropie gebunden (Exploration, Neugier, „sensation seeking"). Eher scheint das Wohlbefinden bei mittleren Reizgrößen am höchsten zu sein.
- Er bleibt sowohl die Integration von Handlungsabläufen zur Maximierung lustvoller Spannung schuldig, als auch die lustvoller sozialer Interaktionen.
- Das Reflexmodell ist kein grundlegendes Axiom der Biologie.
- Viele Triebabläufe sind in soziale Prozesse eingebunden. Dann haben jedoch die inneren Reize, (Bedürfnisse) die eventuell vermindert werden sollen, ebenso einen Anteil an der Auslösung des Verhaltens wie äußere Bedingungen (andere, bzw. Verhalten und Merkmale des Gegenüber etc.; siehe oben doppelte Bedingtheit).
- Lust und Unlust können nicht mit Affekten gleichgesetzt werden (z.B. lustvolle „negative" Affekte: Angst-Lust, Balint 1956).
- Affekte können nicht ausschließlich als Folge von Triebabläufen definiert werden. Es handelt sich vielmehr um autochthone biologische Prozesse.

Hinsichtlich der Zukunft seiner Triebtheorie war Freud selbst wenig zuversichtlich:

„Es ist mir überhaupt zweifelhaft, ob es möglich sein wird, aufgrund der Bearbeitung des psychologischen Materials entscheidende Winke zur Scheidung und Klassifizierung der Triebe zu gewinnen. Es scheint vielmehr notwendig, zum Zwecke dieser Bearbeitung bestimmte Annahmen über das Triebleben an das Material heranzubringen, und es wäre wünschenswert, dass man diese Annahmen einem anderen Gebiete entnehmen könnte, um sie auf die Psychologie zu übertragen" (Freud, 1915, S. 217).

Die Reflex-Heuristik: Bereits oben wurde auf die Wichtigkeit verwendeter Heuristiken eingegangen und die Verwendung unfruchtbarer Heuristiken aus anderen Disziplinen (Physik) innerhalb der Psychologie kritisiert. Die Verwendung des Reflexmodells als Heuristik führte in der Psychoanalyse Freuds dazu, den Mensch als eine Art monadisches Regulationssystem zu beschreiben, das sich nur ungern öffnet. So liefert die damalige Physiologie, als nur scheinbar biologische Heuristik, falsche Modelle. Jedoch bietet Freud in seiner Arbeit noch eine zweite Definition des Triebes an, indem er ihn als psychischen Repräsentant der aus dem Körperinneren stammenden seelischen Reize definiert (vgl. Freud, 1915, S. 214). Dieser Triebbegriff verortet den Trieb im Bereich der Phantasien und mentalen Repräsentanzen. Die Beschreibung der Triebe kann nun durch die in ihnen liegenden bewussten und unbewussten Intentionen erfolgen, also durch Angabe der Ziele, nicht der Ursachen, wie beim Reiz zuvor geschehen. Alternativ stellt sich die analytische Triebtheorie als eine Theorie der Intentionalität dar, welche mit Wünschen und Hoffnungen operiert.

Insgesamt steht nach Krause (1998) eine Verankerung der psychoanalytischen Triebrepräsentanzen in der Biologie noch aus. Die Klassifikation von Trieben aufgrund von Intentionen und Zielen erklärt allein eigentlich nichts. Listet man lediglich Triebziele auf, um zielgerichtetes Handeln zu erklären, landet man leicht in Tautologien der Art, dass das Kind eben spielt, da es einen Spieltrieb hat, Ähnliches gilt für den biologisch völlig unplausiblen Todestrieb.

Intentionale Systeme: Die heutige Biologie ist wie alle Wissenschaften, die sich mit sich selbst entwickelnden Systemen beschäftigen, in Teilen eine Theorie intentionaler Systeme (Dennett, 1999). Psychoanalytische und ethologische Triebtheorien unterscheiden sich nach Krause (1998) jedoch darin, wie sie Intentionen erfassen. Ethologen orientieren sich am äußeren, beobachtbaren Verhalten, während Analytiker ihr Augenmerk nach Krause auf innere Prozesse und mentale Repräsentanzen (Phantasien, Träume) richten.

Dies kennzeichnet den Unterschied nur teilweise, da ja auch der Analytiker keinen direkten Zugang zu inneren Prozessen hat, vielmehr erschließt oder (re-) konstruiert er – mit dem Patienten zusammen oder teilweise auch allein – dessen innere Repräsentanzenwelt, die er aus der (empathischen) Beobachtung des verbalen und nonverbalen Verhaltens abgeleitet hat. Die Konzepte von Übertragung und Gegenübertragung betonen diesen Aspekt. Dabei tauchen ebenfalls Fragen der Funktionsanalyse auf, jedoch werden diese innerhalb der heuristisch unfruchtbaren Trieb- und Affekttheorie der Psychoanalyse betrachtet.

Organisation biologischer Motive: Ethologie und Evolutionspsychologie hingegen stellen in den Mittelpunkt ihres Interesses ebenfalls die Funktion, hierzu wählen sie den Weg über eine Beschreibung der Motive oder Instinkte entlang der Ziele. Unsere erlebten Wünsche und Sehnsüchte scheinen in diesen Ansätzen zwar vielfältig, jedoch nicht un*organisiert*. Ihre thematische Verwandtschaft wird in Funktionskreise zusammengefasst. Hierunter werden Prozessgefüge von gehobenem Komplexitätsgrad verstanden, denen man eine bestimmte Lebensfunktion als Thematik zuordnen kann. Stets mündet die Zielstrebigkeit des Verhaltens in der Ultima Ratio aller organistischen Existenz – der darwinschen Fitness. Die Fitnessmaximierung steht also immer ganz oben in der Pyramide der Funktionen. Jedoch verfügen weder Fitness noch Selbsterhaltung über eine direkte sensorische Rückkopplung. Das motivierte Verhalten kümmert sich lediglich um Vorbedingungen der Fitness. Ansonsten setzt es – wie oben skizziert – auf das Vorhandensein einer „natürlichen Ökologie“ oder „angeborenen Umwelt“ des Phänotyps. Die Genomverbreitung taucht als letzter Zweck auf, jedoch nicht als Ziel (innerhalb einer motivationalen Ist-Soll-Regulierung).

Analytische und evolutionäre „just-so-stories“: So finden sich in der psychoanalytischen Triebtheorie (und nicht nur dort) eine Vielzahl von „just so stories“, die von Freud und anderen konstruiert wurden. Evolutionäre „just so stories“ müssen sich jedoch im wissenschaftlichen Diskurs der Evolutionstheorien behaupten und unterliegen einem steten wissenschaftlichen Selektionsdruck entlang ausformulierter Standards (Cartwright, 2000). Dies unterscheidet Wissenschaften von Religionen (Wilson, 1998). Analytiker und Evolutionsbiologen unterscheiden sich zumeist hinsichtlich der Zeitdistanzen, die sie zwischen Ursachen und Wirkung diskutieren. Die Analyse betrachtet, außerhalb ihrer Metatheorie, wie zumeist auch die Psychologie ontogenetische Zeithöfe, die Evolutionspsychologie bewegt sich darüber hinaus in ihren Erklärungen in evolutionären Zeitdimensionen. Die große Zeitdistanz generiert dabei nicht automatisch unzuverlässigere Aussagen, so sind einige Eigenschaften der angestammten Umwelt äußerst zuverlässig (Lichtverhältnisse, Ernährung, Körperbau etc.) während einige Aussagen über die Kindheit eines Patienten vielfältige Probleme hinsichtlich des Wahrheitsgehalts produzieren können („retrospektive Phantasien“, Kirsch, 2001).

Funktion der Affekte

Flexibilisierungsfunktion der Affekte: In Anlehnung an ethologische Überlegungen beantwortet Krause (1998) die Frage nach dem Nutzen einer Organisation der Objektbeziehungen entlang der Primäraffekte. Er geht wie Bischof (1985, 1996; vgl. auch Scherer, 1994; Buck, 1999) davon aus, dass im Verlauf der Hominisation eine Lockerung fester Instinktabläufe mit einer Hypertrophierung des Affektsystems und der Entwicklung höherer kognitiver Funktionen einherging. Der Anteil des Appetenzverhaltens am instinktiven Verhalten wurde dabei immer bedeutender. Die Kooperation unter den frühen Hominiden erzeugte die Notwendigkeit eines Signalsystems. Zwar geht die Mobilisierung eines Affekts auch mit einer Erhöhung der Wahrscheinlichkeit der betreffenden Verhaltensweise einher (z.B.: Angriff oder Flucht), durch die gleichzeitige Unterbrechung der aktuellen Aktivitäten entsteht jedoch ein Moratorium, welches die Unumgänglichkeit der festgelegten Endhandlung aufhebt. So ist ein Wutausdruck zwar mit einer entsprechenden Intentionsbewegung gekoppelt und erhöht die Wahrscheinlichkeit eines Angriffs. Jedoch verringert die Benutzung des affektiven Zeichens (Wut) die Wahrscheinlichkeit der innerartlichen Aggression. Die phylogenetisch erworbene Kenntnis eines Affektzeichens erlaubt eine Berücksichtigung potentieller Intentionen des Interaktionspartners, ohne dass diese Intentionen notwendig realisiert werden müssen. Dabei sind die Affekte genetisch auch als Reaktionsoptionen vorgegeben, ebenso wie wir genetisch prädeterminiert eine Selbststruktur als innere Simulation von uns entwickeln. Jedoch können traumatische Erfahrungen etwa zu einer Veränderung der Phasenabfolge der Affektentwicklung beitragen, ebenso wie entsprechende Umweltereignisse auch die Entwicklung und das Funktionieren des Affektsystems wesentlich verändern können. Die Affekte dienen also unter anderem der Verhaltensökonomisierung, der innerartlichen Schadensminimierung und sie bieten die Chance der Bewusstwerdung von Intentionen.

Im Prozess der Hominisation betont Krause (1998) das Zusammenleben in kleinen Gruppen, die Kinderaufzucht und gegenseitige Kooperation und Stützung (vgl. auch Dunbar, 1998; Buck, 1999; Eibl-Eibesfeldt, 1997; Blaffer-Hrdy, 2000). In dieser sozialen Umwelt erweisen sich die Affekte als Organisationsgrundlage der Beziehungsregulierung als äußerst fitnessmaximierend. Der Verlust oder die Deformation der ordnenden Strukturgeber ist von mentalen und psychosozialen Erkrankungen begleitet (Krause, 1998; Eibl-Eibesfeldt, 1990, 1997; Bischof, 1995; McGuire, Fawzy, Spar, Weigel & Troisi 1994; Baron-Cohen, 1985, 1995, 1997).

„Affekte dienen der Interaktionssteuerung und der inneren Handlungsregulierung und sind von den Systemen, die die Homöostase aufrechterhalten, sowie denjenigen Verhaltenssystemen, die aufgrund innerer physiologischer Veränderungen Verhalten belohnen bzw. bestrafen, abzugrenzen“ (Krause, 1998, S. 30).

Krause (1998) versucht eine Integration der Ideen der Psychoanalyse und der Konzepte der Biologie ((Human-)Ethologie), die zu seiner Sicht einer psychoanalytischen Trieb- und Affekttheorie führen. Er beschreibt die Zusammenhänge wie folgt (1998, S. 49):

„Affekte sind die psychischen Repräsentanzen von hierarchisch organisierten aus dem Körperinneren und durch externe Reize aktivierbaren zielorientierten Motivsystemen. Diese Motivsysteme sind die Nachfolger der Instinkte. Affekte steuern die Objektbeziehungen, aber auch andere nicht soziale Handlungen in spezifischer Weise. Sie bieten eine spezifische protokognitive Wahrnehmung der Subjekt-Objektbeziehungen und eine spezifische Bedeutungsstruktur sowie rudimentäre Programme an, durch welche die physiologischen, kognitiven, motorischen und motivationalen Ressourcen für eine spezifische Handlung bereitgestellt werden. Gleichzeitig wird der Handlungspartner informiert, was wahrscheinlich als Nächstes passieren wird. Viele dieser rudimentären Handlungsprogramme sind unvereinbar, so dass jede Form von Konflikt auf die Frage der Unvereinbarkeit gleichzeitig aktivierter Emotionen und der sie tragenden Verhaltensthemata abgeprüft werden muss. Die Motivthemata und die mit ihnen verbundenen Affekte werden während der ontogenetischen Entwicklung sukzessive abgerufen und in das Individuum prägender Weise rahmenhaft festgelegt. Unter dem Einfluss der schwerpunktmäßig wirkenden Motivsysteme werden in bestimmten Entwicklungsperioden die Umweltreize, aber auch körpereigene Prozesse in Bezug auf ihre Eignung, diesen zu genügen, abgeprüft.“

Triebe zeigen sich in Krauses Ansatz meist in Form spezifischer Appetenzen, also als Affekte. Die Triebe an sich sind stumm, erst durch Affekte und Gefühle werden sie sicht- und fühlbar. Definiert man Triebe entlang der ihnen zugeordneten terminalen Handlungen (consumatory actions) ist zu beachten, dass diese im Organisationsrahmen der Motivsysteme ganz unten angeordnet sind, was es möglich macht, diese auch in andere Organisationsprogramme einzubetten. Der sexuelle Akt, ebenso wie die Nahrungsaufnahme, können so in gänzlich andere Motivsysteme eingebunden werden (z.B. bei Perversionen oder Essstörungen). Mit Bischof (1985) ist Krause der Meinung, dass die Endhandlung – durch die Entwicklung der Phantasie – insgesamt zur Disposition steht.

Versteht man die Affekte als den Appetenzanteil der Triebhandlungen, ist die große Plastizität gerade der „Dreh der Natur“ um die protokognitive Wissensbasis der Affekte auf möglichst viele Objekte zu übertragen. Fraglich bleibt nach Krause, inwiefern Es-Aufträge, Motivthemata oder die Endhandlung modifiziert oder umgangen werden können.

Evolvierte Abwehrmechanismen

Im nun Anschließenden sollen verschiedene psychoanalytische Konzepte der Abwehr skizziert und ihre Beschreibungen dann jeweils einer evolutionsbiologischen Betrachtung unterzogen werden. Natürlich können nicht alle Abwehrmechanismen in all ihren verschiedenen – teilweise widersprüchlichen – Konzeptualisierungen dargestellt werden.

Verdrängung: Als ein grundlegender psychodynamischer Mechanismus wird häufig der Vorgang der Verdrängung beschrieben. Die psychoanalytische Erklärung von Verdrängung betont ihre Rolle bei der Regulation von Affekten und Trieben. Verdrängung soll die Angst senken, indem sie das Bewusstwerden von schmerzhaften Tatsachen und Wünschen verhindert. Zudem verhindert sie den Ausdruck von Wünschen, indem sie diese vom Bewusstsein fernhält. Diese Erklärungen lassen jedoch nicht verstehen, wieso unakzeptable Gedanken und Wünsche nicht einfach gänzlich aus der Psyche gelöscht werden (vgl. Moser, 1983, 1985). Sie verbleiben vielmehr in der Psyche und beeinflussen das Verhalten und Wohlbefinden nicht unerheblich. Hinsichtlich der Verdrängung betont Krause (1998), dass nicht der Trieb oder Affekt verdrängt wird, sondern die mit ihm verbundenen inneren Repräsentanzen.

Betrachtet man sich die verschiedenen Beschreibungen des Funktionierens des Verdrängungsmechanismus, scheint dieser recht komplex und störanfällig. Weshalb sind so viele Abwehrmechanismen nötig, ganz zu schweigen von den immensen Nachteilen der Verdrängungsprozesse (Störung anderer Aufgaben, Energieabzug, Kosten der Entwicklung und Erhaltung komplexer Abwehrmechanismen)? Will man diese Prozesse im Rahmen einer evolutionären Funktionsanalyse verstehen, muss man sich die Frage stellen, inwiefern die Kosten durch Fitnessvorteile aufgewogen werden können.

Verdrängung als Selbsttäuschung: Eine mögliche biologische Funktion der Verdrängung mag in der Möglichkeit liegen, andere durch Selbsttäuschung effizienter zu hintergehen. Zu diesem Zweck mag es sinnvoll sein, bestimmte Motive vom Bewusstsein fern zu halten. Wenn die Fähigkeit andere zu täuschen, die eigene Fitness steigert, und wenn Selbsttäuschung die Fähigkeit zu täuschen verbessert, dann ist die Ansicht, dass mentale Systeme eine stets verbesserte Abbildung der Welt liefern, eine recht einfache Sicht der Evolution mentaler Strukturen (Trivers, 1976; Alexander, 1975). Geht man außerdem davon aus, dass unsere Aufmerksamkeit und unsere kognitiven Ressourcen beschränkt sind, mag es von Vorteil sein, den Zugang zu diesen raren Gütern zu beschränken. Nun ist jedoch Verdrängung auf Inhalte beschränkt, welche Angst, Schuld oder sonstige schmerzvolle Emotionen hervorrufen. Es wäre jedoch maladaptiv, die Warnfunktion negativer Affekte einfach auszuschalten (vgl. physischer Schmerz). Andererseits kennt man die Funktion des Endorphinsystems, unter bestimmten Umständen unser physisches Schmerzsystem zu blockieren. Möglicherweise arbeitet die Verdrängung teilweise vergleichbar, indem sie schmerzhafte Stimuli vom Bewusstsein fernhält. Dies sollte jedoch nur in Situationen geschehen, in denen die Schmerzmeldung keinen oder geringen Nutzen hätte. Unerfüllbare Wünsche, nicht wieder gut zu machende Übergriffe, Gründe für Hoffnungslosigkeit und ein niedriges Selbstwertgefühl mögen dann besser außerhalb des Bewusstseins gehalten werden, um Ressourcen für nützliche Aufgaben zu reservieren. Diese Erklärungen scheinen interessant, jedoch nicht hinreichend, um den aktiv-blockierenden Anteil der Verdrängung zu erklären.

Slavin (1987) arbeitet die Vorteile der Täuschung im Eltern-Kind-Konflikt heraus. Der Konflikt besteht zwischen Eltern und ihren Kindern um das Ausmaß parentalen Investments. Nachkommen, welche durch Manipulation ihrer Eltern mehr Ressourcen von ihnen erlangen können, als in deren reproduktivem Interesse, werden von der Selektion in gewissem Umfang unterstützt. Andererseits werden die Eltern ihre Nachkommen in einer Weise zu beeinflussen trachten, welche hin und wieder nicht in deren biologischem Interesse liegen kann (vgl. auch Krebs & Davies, 1996). Slavin beschreibt, inwiefern Täuschung und Selbsttäuschung adaptive Strategien für das ansonsten wenig mächtige Kind darstellen. Wünsche, welche von den Eltern akzeptiert werden, bleiben dem Kind eher bewusst, während von Bestrafung bedrohte Tendenzen scheinbar eher unbewusst verfolgt werden bzw. deren Umsetzung aufgeschoben wird. Verdrängung funktioniert so als Mechanismus zur Erhaltung der Unabhängigkeit der Nachkommen vom Familiensystem. Auf diese Weise sind Kinder in der Lage, ihre Eltern zu beschwichtigen und gleichzeitig (unbewusst) zu manipulieren. Bestehen diese Tendenzen weiterhin im Erwachsenenalter, mögen sie zur Erklärung neurotischer Entwicklungen beitragen.

Vorteile der Selbsttäuschung: Die zentrale Aussage der Hypothese von der biologischen Funktion von Abwehrmechanismen besteht in der Annahme, dass Selbsttäuschung einen Vorteil bedeuten kann. Dieser Selbsttäuschungsprozess sollte so funktionieren, dass die verheimlichten Motive nun verdeckt weiter verfolgt werden können. Dabei liegt jedoch die Betonung auf der Betrugsabsicht und weniger auf benevolenten Selbsttäuschungen; etwa wenn die Verdrängung dazu dient, sozial nicht akzeptierte Impulse vom Bewusstsein fern zu halten (z.B. sexuelle Attraktion durch die Stieftochter); oder wenn die Motive eines langjährigen Beziehungspartners, besonders eines hierarchisch höher Stehenden, trotz gegenläufigen Handelns, positiv zu interpretieren versucht werden (vgl. auch Identifikation mit dem Aggressor) (Nesse & Lloyd, 1992). Es mag also von Vorteil sein, durch Selbsttäuschung kurz- und mittelfristig Opfer zu bringen, um auf lange Sicht (besonders in andauernden Beziehungen) Vorteile zu erzielen. Psychische Störungen, welche Defekte der Verdrängungsmechanismen einschließen, sollten Abweichungen in der Wahrnehmung von Täuschungsversuchen und den Fähigkeiten zur Selbsttäuschung umfassen. Es kann darüber spekuliert werden, ob Schizophrene möglicherweise an der Unfähigkeit leiden, sich adaptiv über die Motive anderer selbst zu täuschen, während Neurotiker eher zu einer überzogenen Anwendung der Verdrängung neigen, und Depressive die Option verloren haben, sich benevolent die Wirklichkeit etwas angenehmer einzufärben (Nesse & Lloyd, 1992; vgl. auch Nesse & Williams, 1998). Im Kontext der skizzierten Hypothese wäre auch zu vermuten, dass, falls die Psychoanalyse Zugang zu verdrängtem Material schafft und die Verdrängung als adaptiver Mechanismus zur Erhaltung und zum Aufbau langer Beziehungen beschreibbar ist, Lehranalysen die Kompetenzen zum Führen langer Beziehungen schädigen können. Da der Analysand, sofern er genügend gesund ist, zusammen mit seinem Analytiker an der Destabilisierung oder Deinstallation benevolenter Abwehrmechanismen arbeiten mag.

Versucht man eine Integration freudschen und darwinschen Denkens, stellen sich weitere interessante Fragen: Wieso kann die Verdrängung die Aufgabe der Täuschung der anderen und des Selbst nicht alleine erledigen; weshalb wird in der Psychoanalyse eine Vielzahl von Abwehrmechanismen beschrieben? Kann die evolutionsbiologische Täuschungshypothese zur Klärung der Frage einen

Beitrag leisten? Lassen sich Abwehrmechanismen als Täuschungsstrategien beschreiben? Nach der Diskussion der Verdrängung, sollen nun einige Abwehrmechanismen etwas genauer betrachtet werden, um aufzuzeigen, wo Berührungspunkte zu evolutionären Konzepten bestehen:

Regression: Regression lässt sich als Rückkehr zu frühen Verhaltens- und Interaktionsmustern verstehen. Man kann regressives Verhalten teilweise als Signal für (elterliche) Hilfeleistungen verstehen (vgl. Bischof, 1985). Dabei gibt man sich jünger, als man ist, um von den Ressourcen des Interaktionspartners mehr zu erhalten als notwendig. Der Ärger, mit dem teilweise auf regressives Verhalten reagiert wird, mag am ausbeutenden Anteil des Täuschungsverhaltens liegen. Zu beachten ist jedoch, dass etwa Eibl-Eibesfeldt (1997) die Verwendung von Signalen aus dem Brutpflegekontext im Umfeld der Etablierung und Aufrechterhaltung zärtlicher Liebesbeziehungen zwischen Erwachsenen beschreibt. Die Interpretation des Auftauchens dieser (regressiv anmutenden) Signale allein als die Einleitung einer ausbeutenden Beziehung wäre jedoch unzutreffend. Entscheidend ist, inwiefern regressive Verhaltensweisen und Signale eingesetzt werden, um in einer kooperativen Beziehung (Eltern-Kind/Eltern untereinander) ein Ungleichgewicht zum eigenen Vorteil zu etablieren.

Identifikation und Introjektion stellen Mechanismen dar, welche Werte und Eigenschaften anderer im eigenen Selbst installieren. Kinder identifizieren sich mit ihren Eltern und introizieren Normen und Überzeugungen; ein zentraler Mechanismus kultureller Evolution (vgl. Imposition oben). Erwachsene scheinen unbewusst die Wünsche eines machtvollen Höherstehenden als ihre eigenen zu übernehmen. Eine Selbsttäuschungsstrategie, die in hierarchisch organisierten sozialen Gruppen zu deutlichen Vorteilen gereichen kann. In diesem Kontext mag sich auch die Identifikation mit einem mächtigen Aggressor evolviert haben, als zeitweise Duldung der nachteiligen Ziele des Mächtigeren durch einen Selbsttäuschungsmechanismus. Die Identifikation ließe sich im Psychodarwinismus Badcocks (1998) als proximater Mechanismus verstehen, der es erlaubt, narzisstische Gefühle auf nahe Verwandte zu erweitern. Damalige und heutige Jäger und Sammler-Gesellschaften bestehen zumeist aus nah verwandten Kleingruppen. Die Identifikation mit parentalen Führern und der eigenen Person ähnlichen Anderen (Hordenmitgliedern) mag dabei der Erkennung von Verwandten bei anderen Tierarten entsprechen (etwa über Geruch).

Neben dem Verwandtenaltruismus findet sich unter Primaten auch vielfach reziproker Altruismus, dessen Entstehung meist unter Zuhilfenahme der Spieltheorie erklärt wird. Als erfolgreiche Strategie in vielen Spielen wird der „tit-for-tat"-Algorithmus betont. Badcock (1998) sieht die „Identifikation mit dem Aggressor" als eine Form der Identifikation, die nun nicht wie zuvor zu kooperativem Verhalten führt, sondern auf schädigendes Verhalten umschaltet. Die Identifikation mit dem Aggressor würde also das „Heimzahlen" betrügerischer oder aggressiver Handlungen durch ein Gegenüber unterstützen. Trivers (1981) betont, dass die Evolution des reziproken Altruismus die Entwicklung eines angeborenen Sinns für Fairness, Schuld und Gewissen unterstützt hat. So ist das Über-Ich eben keineswegs lediglich ein Produkt der Sozialisation, sondern ein Mechanismus zur Regelung des reziproken und Verwandtenaltruismus. Moralische Aggression und selbstgerechte Empörung sind aus dieser Perspektive betrachtet wichtige Emotionen, um Verletzungen der Reziprozität zu ahnden. Schuldgefühle, Werte und das Gewissen warnen das Individuum vor Konsequenzen eines Zuwiderhandelns. In Scherers appraisaltheoretischem Ansatz der Emotionsgenese werden als Bestimmungsschritte einer Emotion (Sequential Evaluation Checks) denn auch Aspekte der Fairness und die Vereinbarkeit mit internen und externen Normen genannt (Scherer, 2001; Kaiser & Wehrle, 2001).

Projektion: Auch der Prozess der Projektion ist an sich nicht pathologisch, sondern Teil der durch das Affektsystem generierten Situationswahrnehmung. „Das Objekt der wütenden Situationswahrnehmung ist per definitionem böse" (Krause, 1998, S. 233). Um im klinischen Sinn von projektiven Prozessen reden zu können, muss die Verleugnung der eigenen Intention hinzukommen. Bereits bei der Darstellung der Empathie wurde der stets vorhandene projektive Anteil betont; eine projektionsfreie Empathie gibt es nicht (vgl. Kapitel „Empathie").

Konversion: Am Beispiel der Konversion wird deutlich, dass hier mehrere Abwehr- oder Copingmechanismen zusammenarbeiten. Die evolutionsbiologisch-ultimate Funktion des beteiligten Mechanismus der Verdrängung wurde oben bereits diskutiert. Es sollen nun, vor dem Hintergrund der Überlegungen zum Affektsystem, proximate und ultimate Überlegungen zu den zu beschreibenden Funktionszusammenhängen dargestellt werden. Die Konversion soll nicht als einheitlicher Abwehrmechanismus betrachtet werden, sondern als ein Bündel an Prozessen (Identifikation, Verleugnung, Verdrängung etc.), die auch zu Symptomen führen können. Wobei der „Sprung vom Seelischen ins Körperliche" (Krause, 1998, S. 242) weitestgehend ungeklärt ist. Bei der Konversion geht Krause von einer Entkopplung der physiologischen, motorischen und expressiven Anteile des Affektsystems von den entsprechenden inneren Repräsentanzen aus, etwa durch Verleugnung, Dissoziation und Verdrängung. Dies kann soweit gehen, dass das affektiv-expressive Signal weder für den Sender noch den Empfänger verstehbar wird. Eine andere Variante besteht in einer spezifischen Verknüpfung des expressiven Moduls und der Motorik mit falschen introspektiven Anteilen (z.B. Formen der Hysterie). Die Alexithymie ließe sich ebenfalls als Konversion beschreiben, hier bleibt lediglich die Physiologie aktiviert, während Wahrnehmung, Motorik und Expression ausfallen.

Alexithymie: Das Konzept der Alexithymie (von Rad, 1983) unterstellt eine Art emotionales Analphabetentum auf Seiten psychosomatisch Erkrankter. Alexithyme Patienten hätten Schwierigkeiten, Gefühle zu benennen und auszudrücken, eine wenig entwickelte Phantasie, eine Neigung zu sozialer Konformität und symbiotischer Partnerwahl. Häufig wird nicht präzisiert, welche Komponente des beschriebenen Affektsystems eigentlich gemeint ist (zur Kritik siehe: Anstadt, Merten, Ullrich & Krause, 1996). Auch hier ist es wenig klar, was eigentlich genau unter Affektivität verstanden wird. Krause (1998) vermutet, dass es sich meist um ein niedriges Niveau der inneren Repräsentation von Emotionen handelt, wobei er dies jedoch für alle schweren Störungen unterhalb der Neurosen für bezeichnend hält. Auch in diesem Ansatz bleiben mehrere Fragen unbeantwortet: Hypertrophiert die Physiologie, weil die Ausdrucks- und Erlebensseite fehlt? Ist dies Folge jeder Hemmung und biologisch zwingend? Könnte es nicht auch sein, dass durch das Fehlen der affektiven Signale der Sozialpartner die affektiven Wünsche des Betroffenen nicht kennt und so andauernd missachtet bzw. unangemessen reagiert?

Hierzu verdeutlicht ein Tierexperiment die Zusammenhänge zwischen sozialer Interaktion und Physiologie. Hochrangige Meerkatzen (Cercopithecus) zeigen einen hohen Serotoninspiegel. Isoliert man sie, sinkt er. Sehen sie in der Isolation durch einen Einwegspiegel niederrangige Artgenossen, drohen sie. Wegen des Einwegspiegels reagieren die anderen jedoch nicht auf das Drohen. Der Serotoninspiegel der Isolierten sinkt weiter. Erst wenn die rangniederen Tiere auf das Drohen reagieren, steigt der Serotoninspiegel wieder an. Dies zeigt auf beeindruckende Weise physiologische Rückwirkungen sozialer Interaktion (Raleigh, McGuire, Brammer, Pollack, & Yuwiler, 1991).

Abwehrmechanismen: Nesse und Lloyd (1992) beschreiben weitere Abwehrprozesse und deren Funktion zur interaktionellen Beeinflussung. Zudem sollte das bisher gesagte deutlich gemacht haben, dass sich spezifische Abwehrprozesse im Kontext spezifischer sozialer Situationen und Beziehungsstrategien entwickelt haben. In die gleiche Richtung argumentiert Krause (1998), wenn er veränderte Prozesse innerhalb des Affektsystems teilweise als Abwehrformationen beschreibt und eine Unterscheidung von Abwehrmechanismen und Copingstilen für zwingend hält. Gleichzeitig betont er, dass bestimmte Abwehrvorgänge in entsprechenden Situationen Copingqualität besitzen können, während sie in anderen Situationen pathologisch erscheinen. Damit wird die Situation, bzw. Situationswahrnehmung zu einem entscheidenden Teil der Unterscheidung. Außerdem kritisiert Krause, dass in der psychoanalytischen Theoriebildung der soziale Teil des Vorgangs kaum erfasst oder beschrieben wird, obgleich dieser teilweise besser zur Beschreibung des Prozesses geeignet wäre (z.B. Partnerbeeinflussung und interaktives Verhalten; vgl. auch Mentzos, 1992).

Neurotische Konflikte lassen sich entlang der Bestandteile Wunsch, Gefahrensignal und Abwehr beschreiben. Das Ablaufmodell eines solchen Konfliktes lässt sich als das teilweise Zulassen eines Handlungsmodells oder eines Wunsches vorstellen. Dieser wird also sozusagen in einem inneren Simulator erprobt und die in den verschiedenen Simulationen generierten Gefahrensignale werden bei der Zulassung oder Umkonstruktion des Handlungsmodells durch Abwehr- oder Copingmechanismen verrechnet. Der Abwehrmechanismus der Hemmung würde sich auf die Nichtzulassung der ursprünglichen Handlungsbestandteile beziehen, während die Verleugnung und eventuell damit einhergehende Illusionen bestimmte Gefahrensignale ausblenden könnten. Die Feststellung der aktuellen Maladaptivität bestimmter Copingstrategien ist äußerst schwierig. Hierzu müssen u.a. Personenmerkmale (Alter, Intelligenz) und Situationsmerkmale berücksichtigt werden, vielfach erfolgt sie ex post facto. So ist die feste Zuschreibung der Schädlichkeit eines bestimmten Coping- bzw. Abwehrmechanismus kaum möglich.

Abwehr und Coping: Krause (1998) versucht eine Ordnung der Abwehr- und Copingmechanismen entlang der auslösenden Konflikte. Diese unterscheidet er in inter- und intrapersonelle und Letztere in inter- und intrastrukturelle. Interstrukturelle Konflikte können zwischen den Subsystemen ES, ICH und Über-ICH sowie einem Wissenssystem, welchem vom Individuum „Wirklichkeit" zugeschrieben wird, auftreten. Dies bezeichnet er als „Realität". Es bietet sich eher der Begriff *„erlebte Realität"* an, da damit auch eine bestimmte Form der Wahrnehmung und des Denkens einhergehen soll. Als Hilfskonstruktion oder hypothetischen Raum nimmt Krause im ES alle biologischen Vorgänge an, da nur so die klassischen Abwehrmodelle der Psychoanalyse vorstellbar werden. Interstrukturelle Konflikte setzen innere Repräsentanzen voraus, welche dann nach Art eines Optimierungsprozesses entlang der Ansprüche der verschiedenen

Subsysteme moduliert werden (innere Simulation). Besonders auf diesen Konflikttypus hat die Psychoanalyse ihr Hauptaugenmerk gelegt (vgl. auch Moser, 1983, 1985). Intrastrukturelle Konflikte sind innerhalb einer Struktur zu verorten. Etwa die Aktivierung zweier unvereinbarer Affekte (Wut/Angst) oder verschiedener Motive (Autonomie/Nähe) (vgl. Bischof, 1985) im ES oder widersprechende und nicht integrierbare Informationen der erlebten Realität bzw. konfligierende Über-ICH-Forderungen. Die im ES zu lokalisierenden Konflikte setzen nicht notwendigerweise eine innere Simulation voraus.

Konflikte werden also mit viel Aufwand und mentalen Ressourcen verhandelt (ICH-Funktionen, Über-ICH-Struktur). Zu welchem Zweck sollte die Selektion solch kostenintensive Mechanismen evolviert haben? Ließen sich nicht „billigere Algorithmen“ vorstellen? Welche biologisch relevanten Konflikte werden in der psychoanalytischen Modellbildung gefasst?

Ein wichtiger Aspekt scheint, dass das so genannte ES der Psychoanalyse Verhalten motiviert, welches Befriedigung auf dem kürzeren Weg verspricht, während das Über-ICH normatives Verhalten motiviert, das kurzfristige Kosten verursacht und zudem anderen zu nutzen scheint (vgl. Primärzeit und Sekundärzeit; siehe oben).

Evolutionstheoretische Funktionshypothesen: Lassen sich die skizzierten inter- und intrastrukturellen Konflikte auf eine evolutionsbiologische Basis stellen? War es adaptiv, solche oder vergleichbare Strukturen zu entwickeln? Es sollte sich eine Umwelt beschreiben lassen, welche den entsprechenden Selektionsdruck hierzu lieferte. Menschliche Fitness, es wurde bereits mehrfach betont, besteht zu einem großen Teil im Erfolg in sozialen Beziehungen. Hier muss u.a. ständig entschieden werden, wann Kooperation und wann Durchsetzung angebracht scheint (Cosmides & Tooby, 1994). Überzogene Selbstsucht führt zu sozialer Isolation, während überzogene Großzügigkeit zu sozialer Ausbeutung führt. Im Zentrum vieler Konflikte steht somit die Abwägung zwischen langfristigen (ICH, Über-ICH) und kurzfristigen (ES) Nutzen und Kosten (vgl. hinsichtlich des Zeitaspekts Bischof, 1996). Die Verdrängung könnte einen Weg darstellen, die im inneren Konfliktmanagement vorhandenen Ambivalenzen zu reduzieren und so effektives Handeln zu ermöglichen.

Lässt sich auch etwas zur Phylogenese der Übertragung aus evolutionsbiologischer Perspektive sagen? Eine psychodynamische Erklärung geht in die Richtung, dass die ersten Beziehungserfahrungen der Kindheit als Vorlagen für die kommenden benutzt werden. Jedoch erweisen sich solche Vorlagen als unflexibel und zudem scheinen viele zu versuchen, ihr Gegenüber so zu manipulieren, dass es tatsächlich in erwarteter Art und Weise reagiert. Worin sollte hier der adaptive Anteil liegen? Einleuchtend scheint die Argumentation, dass Übertragungserwartungen in traditionellen, für das Pleistozän typischen Gesellschaftsformen deutlich stabiler waren, als dies in den letzten, evolutionsbiologisch kaum relevanten Jahrhunderten der Fall war. In einer stabilen Kultur mögen Schlussfolgerungen über andere aufgrund weniger Hinweise adaptiver funktionieren, als langwieriges, aufwendiges Sammeln von „objektiven“ Informationen (Nesse & Lloyd, 1992). So könnte unsere Übertragungsneigung zumindest teilweise ein ehemals adaptives evolutionsbiologisches Relikt unserer Phylogenese sein.

Geschlechtsunterschiede: Oben wurde bereits betont, dass sich unsere EPMs entlang der typischen Probleme, denen wir in evolutionär relevanten Zeiträumen gegenüberstanden, entwickelt haben. Diese Probleme sind jedoch für die Geschlechter in weiten Bereichen recht unterschiedlich (vgl. Buss, 1997, 1999; Wickler & Seibt, 1990; Eibl-Eibesfeldt, 1997; Bischof-Köhler, 2002; Mealey, 2000). In überzeichnender Weise bringt dies Wickler zum Ausdruck, wenn er formuliert:

„Biologisch wäre es realistischer, männliche und weibliche Wesen als zwei verschiedene Arten aufzufassen, die zu einer Symbiose gezwungen sind, weil sie zum Überleben durch Fortpflanzung aufeinander angewiesen sind" (Wickler, 1985, S. 48).

Es liegt daher für den evolutionsbiologisch denkenden Kliniker nahe zu vermuten, dass sich Psychopathologien bei Männern und Frauen ganz unterschiedlich niederschlagen. Das Vorgehen jedoch, bei der Untersuchung von Störungen, Männer und Frauen nicht zu unterscheiden oder schlimmer noch, von männlichen Stichproben einfach auf weibliche zu generalisieren, kritisieren Malatesta und Culver (1993). Dabei zeigen sich schon im frühen Säuglingsalter bedeutende Geschlechtsunterschiede, welche auch frühzeitig durch die spezifischen Erwartungen und das Verhalten der Eltern ausgeformt werden. Es entstehen auf diese Weise verschiedene emotionale Erlebenswelten für Jungen und Mädchen (vgl. auch Malatesta & Haviland, 1982; Mealey, 2000; Bischof-Köhler, 2002). Man kann dies auch als geschlechtsspezifische Alimentation genotypischer Unterschiede verstehen. Hinsichtlich ihrer Emotionalität werden Männer und Frauen in westlichen Kulturen polarisierend verschieden beschrieben: Männer gelten als stoisch, aggressiv, ärgerlich, emotional gehemmt und wenig sensibel für die Gefühle anderer. Frauen hingegen seien affektiver, emotional labil, neigten zu Gefühlen von Scham und Depression, seien emotional falsch und konflikthaft, neurotischer als Männer, jedoch besser im Lesen fremder Emotionen (Malatesta & Culver, 1993; Mealey, 2000). Schon allein diese Unterschiede machen es notwendig, bei jeder Untersuchung des Zusammenhangs zwischen emotionalem Verhalten und Erleben und psychischen Störungen Geschlechtsunterschiede zu berücksichtigen. Derzeit weiß man noch recht wenig, wie Muster der Beziehungen zwischen psychischer Störung und Affektsystem durch das Geschlecht moderiert werden. So berichten Malatesta und Culver (1993) in ihrer Untersuchung, dass sie nicht einen einzigen Fall finden konnten, in dem die Korrelationen zwischen Symptomgruppen und Ausdruck bzw. Unterdrückung von Emotionen für Männer ebenso wie für Frauen galten. Alle Verknüpfungen scheinen hochgradig geschlechtsspezifisch (vgl. auch Frisch, Schwab & Krause, 1995; Frisch, 1995). Es darf also vermutet werden, dass sich unsere evolvierten emotionalen Mechanismen entlang geschlechtsspezifischer ökologischer Umwelten adaptiert haben. Diese unterschiedlichen Mechanismen werden in der Ontogenese der Person je unterschiedlich alimentativ ausgeformt und zeigen deshalb auch zwangsläufig je unterschiedliche Störungsmuster.

Zusammenfassung

Es lässt sich die vorgestellte Emotionstheorie wie folgt skizzieren: Krause kritisiert an Freuds Triebtheoriebildung den historisch verstehbaren Fehler, das Reflexmodell der damaligen Physiologie nicht auf eine Heuristik zu beschränken, sondern es zu einer Art pseudobiologischem Dogma zu erheben, in dem

Reizverminderung als Lust und Reizsteigerung als Unlust erlebt wird. Freud selbst hatte seine Modellbildung als Provisorium gesehen und so nennt Krause mehrere Konzepte, welche in der alten analytischen Theoriebildung kaum berücksichtigt wurden. Hierzu gehören Explorationsverhalten, Attachment, lustvolle Sozialkontakte, gleichzeitige Berücksichtigung von äußerem Anreiz und innerer Bedarfslage, Unabhängigkeit der Emotionen von der Lust-Unlustkomponente sowie die Lockerung der Beziehung Trieb-Emotion. Fast könnte man sagen, der Mensch degeneriere im historischen psychoanalytischen Modell zu einem sich allem und allen verschließenden Einzelgänger. Eine zweite von Freud angebotene Definition scheint Krause erwähnenswert; dort werden die Triebe als Bestandteil der Phantasien und mentalen Repräsentanzen, als Intentionen und Ziele definiert. Ethologie und Psychoanalyse beschäftigen sich zwar beide mit intentionalen Systemen, unterscheiden sich jedoch zunächst in der Art und Weise, wie sie Intentionen erfassen, Erstere entlang des beobachtbaren Verhaltens, Letztere auf der Basis mitteilbarer oder (re-)konstruierbarer innerer Prozesse. Beide betreiben Funktionsanalysen auf je unterschiedlich fruchtbarem theoretischem Hintergrund.

Ähnlich wie viele Ethologen diskutiert auch Krause die Evolution und den Nutzen einer Organisation der Objektbeziehungen entlang der Primäraffekte (Lockerung der Instinktabläufe, Ausbau des Appetenzverhaltens, Notwendigkeit von Kooperation und Entwicklung eines Signalsystems sowie ein Handlungsoptionen erschließendes Moratorium der Emotionalität). Die Affekte dienen der Verhaltensökonomisierung, der innerartlichen Schadensminimierung und sie bieten den Individuen die Möglichkeit, sich der eigenen Intentionen bewusst zu werden. Der Verlust oder die Deformation dieser ordnenden Strukturgeber etwa durch Traumatisierungen ist von mentalen und psychosozialen Erkrankungen begleitet. Affekte dienen der Handlungsregulierung und der Interaktionssteuerung, sie unterscheiden sich von den Systemen, welche die Homöostase aufrechterhalten, sowie von belohnenden und bestrafenden inneren physiologienahen Prozessen.

Zwischen Ethologie und Psychoanalyse definiert Krause Affekt als psychische Repräsentanzen von hierarchisch organisierten, zielorientierten Motivsystemen, welche die Nachfolge der Instinkte angetreten haben. Sie sind durch innere und äußere Reize aktivierbar. Affekte steuern soziale aber auch nicht soziale Handlungen. Sie aktivieren für eine spezifische Handlung Programmrudimente, welche entsprechende physiologische, kognitive, motorische und motivationale Ressourcen zur Verfügung stellen. All dies ist gekoppelt an eine spezifische Bedeutungsstruktur und eine passende protokognitive Wahrnehmung der Subjekt-Objektbeziehung. Ausdrucksseitig wird der Interaktionspartner über die Intentionen des Senders informiert. Konflikte entstehen im Kontext gleichzeitig aktivierter widersprechender Emotionen und ihrer Motivthemata. Die Motivthemata entwickeln sich nach Krause sukzessive während der Ontogenese und haben prägenden Einfluss. Die an sich stummen Triebe zeigen sich meist als spezifische Appetenzen, also Affekte. Krause ist wie Bischof der Meinung, dass die Endhandlungen wegen der „Erfindung" der Phantasie zur Disposition stehen. Die so entstandene große Plastizität macht es möglich, die Endhandlungen in gänzlich verschiedene Motivsysteme zu integrieren und die protokognitive Basis der Affekte auf verschiedenste Objekte zu übertragen.

Es konnte gezeigt werden, dass psychodynamische Abwehrmechanismen Startpunkte einer Diskussion zur theoretischen Fundierung der Psychoanalyse in der

Evolutionsbiologie und -psychologie darstellen können. Dabei müssen die einzelnen Konzepte die Hürde einer adaptiven Funktionsbestimmung in Richtung auf die Steigerung der menschlichen Fitness nehmen. Die soziobiologische Hypothese von der Optimierung von Täuschungsstrategien durch Selbsttäuschung spielt für die ultimate Erklärung der Abwehrmechanismen eine entscheidende Rolle. In diesem Ansatz kann nicht einfach davon ausgegangen werden, dass „innere Simulationen" stets eine „realitätsnahe" Abbildung äußerer Zusammenhänge liefern.

Die Verdrängung wird adaptiv verstehbar, wenn man in Rechnung stellt, dass es Situationen geben kann, in welchen die Warnfunktion andauernder negativer emotionaler Meldesysteme wenig Nutzen hätte. Hier könnten die entsprechenden Inhalte außerhalb des Bewusstseins gehalten werden, um das System handlungsfähig zu halten und die beschränkten mentalen Ressourcen effizient einzusetzen. Verdrängte Motive mögen dabei teilweise unbewusst weiter verfolgt werden oder aber als benevolente Täuschung zur Stabilisierung wichtiger sozialer Beziehungen dienen. Beide Mechanismen wären kaum als pathologisch zu bezeichnen, sie erfüllen vielmehr adaptive Leistungen.

Bei Beschreibung der Vorstellungen zur Konversion und Alexithymie wird deutlich, dass eine Vielzahl proximater Erklärungsversuche existiert, die jedoch wenig präzise operationalisiert sind. Berücksichtigt man die Einbettung der Konzepte in das Affekt- und Motivsystem, ist eine Art naiver Glaube an die Gesundheit des kongruenten (harmonischen) Zusammenspiels der einzelnen Komponenten oder Module zu beobachten. Dabei wird vergessen, dass die adaptive Funktion der Emotionalität gerade in der Flexibilisierung liegt. Auch werden die interaktionsregulierenden Funktionen des Affektsystems wenig beachtet. Störungen des Affektsystems und der Abwehrmechanismen sollten gerade in der Aufhebung dieser durch die Selektion produzierten emotionalen Flexibilität zu suchen sein. Es mögen also sowohl besonders rigide als auch besonders destabilisierte Motivations-Emotions-Verkopplungen beobachtbar sein.

Die Unterscheidung in maladaptive Abwehrmechanismen und adaptive Copingmechanismen erweist sich als äußerst problematisch. Es sollte deutlich geworden sein, dass sich per se maladaptive Mechanismen nicht evolviert haben können. Phylogenetisch müssen sich Abwehrmechanismen als adaptive Copingmechanismen entwickelt haben. Ist eine pathologische Funktionsweise dieser Mechanismen feststellbar, mag dies an einer falschen Situations- oder Selbstwahrnehmung liegen oder an einem ontogenetischen Einfluss auf die Entwicklung dieser Funktionen. Im folgenden Kapitel wird eine Systematisierung pathologischer Funktionsweisen aus einer evolutionären Perspektive vorgestellt werden. Betont werden muss in diesem Zusammenhang nochmals, dass unsere Adaptationen vor allem an die evolutionsbiologisch relevante Phase unseres Daseins als Jäger und Sammler erfolgten. Dabei standen die Geschlechter vor teilweise sehr verschiedenen Problemstellungen und haben so unterschiedliche emotional-motivationale Lösungsmechanismen entwickelt, welche auch bei vorhandenen Dysfunktionen zu Unterschieden führen. Die Anpassung an eine pleistozäne Lebensweise erklärt nicht nur die Rigidität unserer Übertragungsneigungen, sondern auch grundlegend das Problem etablierter Coping- oder Abwehrmechanismen in einer sich ständig ändernden industriellen und heute postmodernen Gesellschaft. Die Copingmechanismen, welche sich im Kontext der Evolution des Motiv-Affektsystems etabliert haben, funktionieren dabei als

Navigationshilfen im sozialen Beziehungsraum, der sich zunehmend umfangreicher und komplexer gestaltet. Wie lassen sich aus der Perspektive der Evolutionspsychologie Störungen solch evolvierter Copingmechanismen und ihrer Subsysteme beschreiben?

Modularität und Adaptivität als Klassifikationsheuristik

In der klinischen Psychologie werden häufig die Terme „angemessen" oder „unangemessen", „adaptiv" oder „maladaptiv", „normal" oder „abnormal" im Kontext der Beschreibung psychischer Störungen verwendet. Im Alltag des Klinikers ist es jedoch oft strittig, was genau darunter verstanden werden soll. Die Entwicklung des diagnostischen und statistischen Manuals psychischer Störungen in seinen verschiedenen Fassungen (etwa DSM-IV; Saß, Wittchen & Zaudig, 1996) macht diese Probleme anschaulich.

Evolutionäre Psychopathologien: In den letzten Jahren wurden zunehmend evolutionstheoretische Überlegungen auch auf psychopathologische Fragestellungen angewandt. Dabei wurde versucht, für eine Reihe von Störungsbildern adaptionistische Erklärungen zu liefern (etwa Nesse & Williams, 1998; Baron-Cohen, 1997). Murphy und Stich (2000) bieten erste Ideen an zu einer Neuklassifikation der Störungsbilder entlang evolutionspsychologischer Überlegungen. Es wird u.a. deutlich, dass einige Störungen, die im DSM-IV (Saß et al., 1996) aufgelistet sind, nicht als Störungen in einem evolutionären Sinn bezeichnet werden können, solche „Patienten" haben teilweise keine Probleme, sie verursachen sie vielmehr (für andere; s.u.).

Modularität und Adaptivität: Die Evolutionspsychologie betont – wie bereits mehrfach ausgeführt – einerseits die Modularität und andererseits die Adaptivität unseres Geistes. Sie nimmt eine Vielzahl verschiedener angeborener Module oder mentaler Organe als domainspezifische Mechanismen an. Einige Evolutionspsychologen (etwa Tooby & Cosmides, 1990), betonen, dass bei diesen Modulen erbliche Faktoren kaum eine Rolle spielen. Sie unterscheiden angeborene Merkmale, wie etwa unsere Zweibeinigkeit, die kaum genetische Variation aufweist, also eine geringe Heritabilität zeigt, von Merkmalen die variieren, wie etwa die Augenfarbe und entsprechend große Heritabilität zeigen. Für die komplexe Gestaltung des Gehirns und der menschlichen Psyche sprechen sie von einer „psychic unity of mankind". Murphy und Stich (2000) gehen jedoch in der Normalpopulation von einer erblichen Variation innerhalb der mentalen Module der Evolutionspsychologie aus (vgl. auch Miller, 2000). Dabei sind die mentalen Module im Rahmen der „massive modularity hypothesis" der Evolutionspsychologie deutlich breiter und weniger streng definiert, als etwa von Fodor (1983) in seiner Definition gefordert (für eine Diskussion der Modularitätsannahmen siehe Carruthers & Chamberlain, 2000). Evolutionspsychologen definieren ein Modul als (a) informationell geschlossen und (b) weitestgehend unzugänglich für andere Prozesse. Fodor (eb.) beschrieb vor allem periphere mentale Prozesse wie Sprachverarbeitung, Bewegung und Wahrnehmung. Evolutionspsychologen interessieren sich eher für zentrale Prozesse, die als Emotion und Kognition bezeichenbar sind.

Die Adaptivitätshypothese besagt, dass diese mentalen Module Adaptationen darstellen, geformt von der natürlichen Selektion während der Phylogenese der jeweiligen Spezies in ihrer je spezifischen natürlichen Umwelt. Um evolutionspsychologische Module von den Fodorschen abzugrenzen, sprechen Murphy und Stich von „Darwinschen Modulen" (Murphy & Stich, 2000, S. 64). Tooby und Cosmides (1995) beschreiben die Architektur unseres Geistes als eine Konföderation einer Vielzahl von Modulen zur Lösung adaptiver Probleme, welche in der Welt unserer Jäger und Sammler-Vorfahren von besonderer Bedeutung waren. Jedes Modul hatte und hat dabei seine eigene Aufgabe und Organisation für spezifische Ausschnitte der Welt. Die Module lassen sich vergleichen mit einem Computernetzwerk aus verschiedenen Rechnern mit unterschiedlichen domainspezifischen Funktionen, wobei der Output eines Moduls der Input oder Teilinput eines anderen sein kann. Dabei mag es durchaus Module geben, welche nicht domainspezifisch arbeiten und ebenso mögen nicht-proprietäre Informationsspeicher in unserer mentalen Architektur existieren („domain general modules" und „non-proprietry information stores").

Heterogene Klassifikationen von Störungsbildern: Die verschiedenen Versionen des DSM (Saß et al., 1996) sind bemüht, ausschließlich deskriptiv und mit Konzepten und Kategorien einer klinischen Phänomenologie zu arbeiten. Diese Konzepte sind dabei häufig vage, wenig quantifizierbar und unpräzise, zudem beruhen sie auf Urteilen in einer emotional geladenen, von verborgenen Zielen und Neigungen durchsetzten Situation. Die DSM-Klassifikationen sind also weder theoriegeleitet noch folgen sie Annahmen über das Funktionieren des normalen Geistes.

Man stelle sich z.B. die Konstruktion eines Klassifikationssystems für Computerfunktionsstörungen vor. Hierzu verwende man lediglich Cluster verschiedener Nutzerbeschreibungen von Symptomen, ohne Hinweise auf die Gestaltung des zu Grunde liegenden Mechanismus oder Annahmen über die verschiedenen Komponenten und deren Aufgaben zurate zu ziehen. Sicher erhält man eine recht heterogene Sammlung verschiedenster Beschreibungen. Störungen würden kaum entlang der sie verursachenden Mechanismen klassifiziert. Vergleichbar geht das DSM-System vor. Murphy und Stich (2000) empfehlen, bei der Konstruktion zukünftiger Klassifikationssysteme evolutionspsychologische Überlegungen mit zu berücksichtigen, u.a. da sich die Evolutionspsychologie wie die Klinische Psychologie hauptsächlich auf der Analyseebene kognitiv mentaler Prozesse bewegt. Ein weiterer Vorteil wäre die Überwindung der Heterogenität der DSM-Klassifikationen. Zudem liefert der Ansatz einen klaren theoretischen Rahmen, in dem sich die Frage nach den Definitionskriterien einer Störung an sich stellen lässt: Was gilt als Krankheit, was nicht?

Kriterien für Dysfunktionen: Gelingt in Zukunft die Beschreibung so genannter EPMs (evolutionäre psychische Mechanismen) sowie die zutreffende Beschreibung ihres Funktionierens, so könnten sich daraus Kriterien für die Feststellung von Dysfunktionen ableiten lassen, die teilweise Relevanz für klinische Probleme besitzen (Buss, 1999).

"Dysfunction occurs when the mechanism is not performing as it was designed to perform in the context in which it was designed to function" (Buss, 1999; S. 399).

Die Evolutionspsychologie kann zwei grundlegende Arten von Störungen unterscheiden. Solche, bei welchen Komponenten des Geistes eine Fehlfunktion zeigen („mechanism performing") und solche, bei welchen eine Fehlpassung zwischen der Welt, in der wir leben und der Umwelt, für die wir von der Selektion gestaltet wurden, besteht („context"). Es wird also unterschieden zwischen Störungen innerhalb einer Person und Störungen, welche durch einen Unterschied der Umwelten (damals/heute) generiert werden (Murphy & Stich, 2000).

Intrapersonelle Störungen

Störungen innerhalb einer Person können durch die Probleme in einem Darwinschen Modul entstehen, dies mag direkt oder indirekt zu diagnostizierbaren Symptomen beitragen. Erzeugt ein Darwinsches Modul einen problematischen Output, mag die Störung im Modul liegen und dessen Kalkulationen und/oder Informationsspeicher betreffen. In anderen Fällen mag das Problem außerhalb des Moduls liegen, etwa wenn das die Störung produzierende Modul bereits einen fehlerhaften Input erhält (in der Sprache der Informatik wird dies als „garbage in, garbage out" bezeichnet). Buss (1999) nennt dies *Koordinationsfehler*: Der EPM läuft nicht in der Art und Weise wie er entwickelt wurde ab (auch hinsichtlich der Koordination mit anderen psychischen Mechanismen).

Autismus: Aktuelle Arbeiten (Baron-Cohen, 1985, 1995) nehmen etwa an, dass das Störungsbild des Autismus erklärbar ist durch einen Zusammenbruch der Module oder Modulsysteme, welche mit der „Theory of Mind" (TOM) betraut sind (vgl. zur Kritik Tomasello, 2002). Es gelingt den Patienten meist nicht, anderen Personen Intentionen zuzuschreiben und so deren Verhalten als angetrieben von Sehnsüchten und Überzeugungen zu verstehen (vgl. auch Dennett, 1999; „intentional stance"). Autistische Kinder sind u.a. nicht in der Lage, die „false belief task" zu bestehen und zeigen sich zudem überrascht über das Wissen gesunder Personen, was Denken und Fühlen anderer angeht. Bei der „false believe task" gehen Autisten davon aus, die Protagonistin einer Bildergeschichte, wisse fälschlicherweise alles, was auch sie selbst über ein verstecktes Objekt wissen, obgleich die Protagonistin während des Versteckens des Objekts nicht im Raum anwesend war.

Psychopathie: Blair (1995) beschreibt Psychopathie als Defekt eines Moduls, das er VIM nennt (violence inhibition mechanism). Als Kernmerkmale der Psychopathie nennt er (1) frühes, extrem aggressives Verhalten, (2) ein Fehlen von Schuld und Reue und (3) Herzlosigkeit und einen Mangel an Empathie (s.o.). Seine Idee geht auf Konzepte der Ethologie zurück, welche einen Mechanismus zur Kampfbeendigung bei Submissionssignalen behauptet (Beißhemmung, Eibl-Eibesfeldt, 1997). Ein solcher Mechanismus mag auch eine Rolle bei Schuld- und Reuegefühlen spielen. Nach diesem Modell sind Psychopathen nicht automatisch aggressiv, doch kommt es zur Aggression, können sie ihr Verhalten schwerer beenden. Es handelt sich um einen so genannten *Aktivierungsfehler* (Buss, 1999): Trotz Konfrontation mit dem entsprechenden adaptiven Problem wird der entsprechende Mechanismus nicht gestartet.

Dysthymie: Basierend auf Trivers (1971) Überlegungen zum reziproken Altruismus entwickelten Cosmides und Tooby (1992) Ideen zu einem Betrugsdetektor-Modul. Störungen dieses Moduls führen zu Fehlwahrnehmungen in kooperativen

Situationen und reziprokem Austausch. So mag die Person systematisch ihren eigenen Beitrag überschätzen oder den des Gegenübers regelhaft unterschätzen. Aus der Perspektive des Betroffenen mag er sich in sozialen Austauschsituationen ausgebeutet und betrogen vorkommen, sich zurückziehen oder depressive Verstimmungen entwickeln. McGuire et al. (1994) halten dies für einen wichtigen Aspekt der Dysthymie, in ihren Studien konnten sie zeigen, dass dysthyme Patienten glauben, sie helfen anderen bedeutend mehr als ihnen geholfen wird, während Daten von Geschwistern und Freunden das Gegenteil nahe legen. Scheinbar überzeichnen die Patienten ihre Hilfsbereitschaft und untertreiben jene der Anderen.

Das gleiche Phänomen könnte jedoch auch durch kulturell unterschiedliche Wertsysteme verursacht werden, welche die Verrechnung beeinflussen (was gilt als gleichwertiges Tauschobjekt?). In einem Fall wäre der Darwinsche Mechanismus gestört, im anderen hätte die Person ein anderes soziales Wertsystem übernommen als jenes, in welchem sie sich aktuell bewegt. Der zweite Fall wäre sicher einer Art therapeutischem Nachlernprozess leichter zugänglich.

„upstream"-Störungen: Eine weitere Klasse von Störungen entsteht durch so genannte „upstream"-Probleme im kognitiven System. Ein gestörtes Modul produziert in mehreren anderen Modulen problematische Outputs, eine Annahme, welche die beobachtbare Komorbidität vieler Patienten erklären könnte. Dabei mag der gestörte Datenaustausch bei einigen Personen zu Folgestörungen führen, während andere Individuen zu einer Kompensation in der Lage sind, so dass das resultierende Störungsprofil von Patient zu Patient recht unterschiedlich ausfallen kann. Im Rahmen der Diagnostik sollten Störungen eines bestimmten Moduls von solchen „upstream"-Problemen unterschieden werden.

Crawford (1998) würde diese Störungen als *wahre Pathologien* bezeichnen. Sie sind abträglich sowohl in der angestammten wie in der gegenwärtigen Umwelt, da sie das Funktionieren der operationalen Adaptation in beiden Umwelten behindern.

Es lassen sich zwei weitere Ursachengruppen für Fehlfunktionen verschiedener Module unterscheiden (Murphy & Stich, 2000):

1. ein Defekt bei einem voll entwickelten, einst normal funktionierenden Modul,
2. ein Defekt bei einem Modul, welches durch Probleme in der Ontogenese nie wie geplant funktioniert hatte.

Aktueller Defekt: Ein einst normales Modul kann gestört werden, indem Gehirnverletzungen durch Unfälle oder sonstige physikalische Traumata einwirken, Stoffwechselstörungen oder Autoimmunerkrankungen auftreten. Auch genetische Störungen mit spätem Ausbrechen bieten eine Erklärung. Im Rahmen der Diagnostik sollte zweidimensional vorgegangen werden, zum einen sollte das Netzwerk problematischer Module betrachtet werden, zum anderen gilt es, eine Ätiologie der Fehlfunktion (Physiologie, Ontogenese etc.) zu erfassen.

Ontogenese eines Defekts: Weiter kann davon ausgegangen werden, dass einige Module einen angemessenen Input verlangen, um sich normal zu entwickeln (Murphy & Stich, 2000). So nimmt Baron-Cohen (1985) an, dass bei der Störung des TOM-Moduls in der Ontogenese eine Dysfunktion des „shared attention"-Mechanismus vorliegt (möglicherweise verursacht durch pränatale Probleme), dieser liefert defizitäre Informationen, so dass es dem TOM-Modul an jenem Input mangelt, der seine normale Entwicklung vorantreiben würde. Der „shared attention"-Mechanismus organisiert die gemeinsame Aufmerksamkeitszuwendung zweier Personen für ein gemeinsam beobachtetes Umweltobjekt/-ereignis.

Wie bereits skizziert vermutet Blair (1995) in seiner Psychopathietheorie einen Ausfall des VIM-Moduls, welches nachträglich die Entwicklung moralischer Emotionen und positiver Empathie verhindert.

Synchrone und diachrone Module: Weitere Funktionsstörungen eines modularen Geistes werden verstehbar, wenn man synchrone und diachrone Module unterscheidet (Murphy & Stich, 2000). Bisher beschriebene Module gehören zu den synchronen Modulen, einmal während der Ontogenese in Betrieb genommen, bleiben sie normalerweise für den Rest des Lebens intakt. Andererseits sind Module beobachtbar, die ein Feintuning aufgrund von Umweltinformationen während der Entwicklung vornehmen, so dass diese Module mit großen Variationen in der Population anzutreffen sind. Diachrone Module nutzen die in der Umwelt vorhandene Information hierzu aus. Das bekannteste Modul dieser Art ist das Chomskysche „language aquisition device" (LAD). Ist ein diachrones Modul während der Entwicklung gestört, wird dies zu einer Fehljustage oder einem Funktionsausfall des synchronen Moduls führen, bei dessen Einstellung es mitwirken sollte.

Phobien: In Experimenten mit Rhesusaffen konnten Mineka und Tomarken (1989) zeigen, dass Affen, die nie eine Schlange gesehen haben, auch keine Angst ihr gegenüber entwickeln. Sie tun dies jedoch nach nur einigen Beobachtungen eines anderen Affen mit Furchtreaktionen auf ein Schlange. Keineswegs gelingt dieses Experiment jedoch bei der Beobachtung von Furchtreaktionen auf Blumen. Man könnte hier ein diachrones „fear aquisition device" (FAD) annehmen, welches vergleichbar beim Menschen vorliegt und an der Entstehung von Phobien beteiligt ist oder entgegengesetzt in der Entwicklung von „risk seeking behavior" eine Rolle spielt.

Differenz zwischen aktueller und angestammter Umwelt

Wie bereits erwähnt, mögen sich psychische Störungen auch durch eine Differenz zwischen aktueller Umwelt und der Umwelt unserer Phylogenese erklären. Die natürliche Selektion zeigt keinerlei Voraussicht, sie beschäftigt sich ausschließlich mit dem hier und jetzt. Deshalb nimmt die Evolutionspsychologie an, dass unser Geist gestaltet wurde, um in unserer Jäger- und Sammlerumwelt (EEA) zu überleben.

Depression: Nesse und Williams (1998) vermuten, dass depressive Zustände bei einem Verlust an Status oder bei einem misslungenen Versuch Status zu erlangen auftreten. Depressive Stimmungen wären somit ein Indikator dafür, dass die gegenwärtig gezeigten Verhaltensweisen nicht zum reproduktiven Erfolg beitragen und das Verhalten einer ernsthaften Neubewertung bedarf (rekalibrative Funktion der Emotionen, s.o.). Hierzu mag ein vorübergehender Rückzug aus sozialen Situationen durchaus angemessen erscheinen. Stammesgeschichtliche

Gesellschaften können als kleine soziale Ökosysteme aufgefasst werden, in denen das Individuum seine Nische sucht, in der es erfolgreich leben kann (*social competition hypothesis*). In den heutigen modernen Gesellschaften ist es jedoch kaum möglich, in einem bestimmten Gebiet herauszuragen, der/die Beste zu sein. Im „global village" des Informationszeitalters sehen wir uns auch einem globalen Wettstreit ausgesetzt, der zu einem überproportionalen Anspringen des Moduls für die emotionale Analyse von Niederlagen führen kann. Buss (1999) nennt dies einen *Kontextfehler*: Der EPM wird in Kontexten aktiviert, für die er nicht entwickelt wurde.

Wieso – lässt sich nun fragen – sind wir dann nicht alle depressiv? Zum einen mögen die Module unterschiedlicher Personen verschiedene Schwellenwerte ihres Einsetzens besitzen, zum anderen mögen unsere sozialen Netzwerke (welche in ihrer Größe den Jäger- und Sammlergruppen nahe kommen) Effekte dieser Art dämpfen (Dunbar, 1998). Murphy und Stich (2000) nennen neben der „social competition hypothesis" noch eine weitere Erklärung für depressive Störungsbilder. So mag die Postpartum Depression von Stimuli ausgelöst werden, welche eine für die Kindererziehung nachteilige Umwelt anzeigen. Dabei sind die Kennwerte des Moduls entlang der Kriterien der stammesgeschichtlichen Umwelt gestaltet und lassen eine Reduktion des mütterlichen Investments in der heutigen Umwelt evtl. deutlich verfrüht einsetzen. Diese so genannte *„defection"-Hypothese* der Depression mag auch auf andere Kontexte übertragbar sein. Das Modul veranlasst ein „In-Streik-treten" gegenüber Personen, mit denen wir uns in einem kooperativen Bündnis befinden, dessen Erfolg jedoch unwahrscheinlich erscheint. In beiden Beispielen funktionieren die mentalen (emotionalen) Mechanismen, welche die Störung bedingen, entlang ihrer Designvorgaben, jedoch in einer Umwelt, für die ihr Design nicht gestaltet wurde. Weitere Beispiele liefern Phobien wie Platz- und Höhenangst, die durchaus adaptive Funktionen in unserer Phylogenese besessen haben.

Pseudopathologien: Crawford (1998) nennt die beschriebenen Störungen Pseudopathologien, und zählt dazu auch krankhafte Eifersucht oder Anorexie. Sie haben ihre Basis in einer Adaptation, welche die Fitness in der angestammten Umwelt steigerte, jedoch durch Umweltveränderungen gegenwärtig evtl. maladaptiv, unethisch oder ansonsten nachteilig sind. Buss (1999) bezeichnet dies als *Diskrepanzen zwischen angestammter und moderner Umwelt:* Ein EPM mag hervorragend, präzise entlang der entwickelten Prozesse, funktionieren. Jedoch kann sich die Umwelt soweit geändert haben, dass seine Ausgabe maladaptiv erscheint. Unterschiede der Welt, in der wir derzeit leben, zur „natürlichen Ökologie" oder „angepassten Umwelt" unseres Phänotyps können also nicht als Dysfunktionen eines EPM verstanden werden.

Quasinormales Verhalten und antisoziales psychisches Design

Von den Pseudopathologien grenzt Crawford (1998) quasinormales Verhalten ab – dies hätte nachteilige Effekte in einer angestammten Umwelt, es mag jedoch aktuell zum Wohlsein beitragen oder kulturell als akzeptabel oder gar förderungswürdig gelten (Adoption genetisch unverwandter Kinder, kurze Geburtsintervalle, große Familien etc.). Quasinormales Verhalten mag auch auftreten, wenn ein neues Problem in einer Umwelt auftaucht, auf das alte Mechanismen anspringen, die für vergleichbare – aber unterschiedliche – Probleme gestaltet wurden. Der mentale Mechanismus mag dann suboptimal funktionieren. Er kann deshalb instabil sein und über historische Zeiträume fluktuieren.

Auch mögen zwischen verschiedenen Adaptationen neue Konflikte in einer aktuellen Umwelt auftreten, die vorher nicht in dieser Weise implantiert waren. So mag Geburtenkontrolle einige Kosten rekreativen Sexualverhaltens beseitigt haben, gleichzeitig mögen Mechanismen, welche die Installation einer Langzeitbeziehung fördern, das nun mögliche Verhalten als negativ evaluieren und mit Schuldgefühlen und konfligierenden Wünschen reagieren. Fremden zu helfen oder sein Leben für seine Kameraden zu opfern, mag heutzutage kaum der eigenen Fitness dienen, im Pleistozän, in welchem kleine interdependente vielfach verwandte Kleingruppen zu unserer Umwelt gehörten, ist zu vermuten, dass altruistisches Verhalten sehr wohl fitnessfördernde Wirkungen gezeigt hat. Altruismus kann deshalb teilweise ebenfalls als quasinormales Verhalten beschrieben werden.

Antisoziales psychisches Design: Nicht außer Acht gelassen werden darf, dass es auch Verhalten geben mag, welches wir als pathologisch erachten, das jedoch in vergangenen wie in aktuellen Umwelten durchaus adaptive Funktionen gehabt hat bzw. hat. Einige Menschen mögen durchaus ein antisoziales psychisches Design aufweisen. So sind manche Persönlichkeitsstörungen problematischer für das Gegenüber als für den „Patienten" selbst. McGuire et al. (1994) beschreibt antisoziale Persönlichkeitsstörungen als eine durchaus adaptive, deviante Verhaltensstrategie, die zu Geld, Macht und sexuellen Möglichkeiten beitragen kann. Auch Aspekte einer histrionischen Persönlichkeit, wie aufmerksamkeitsheischendes sexuell provokantes und verführerisches Verhalten, zeichnet sich durch manipulative Verhaltensstrategien aus, die durchaus in der Lage sind, das soziale System effizient auszubeuten. So können antisoziale Mechanismen erfolgreich genug sein, um in die nächste Generation zu gelangen. Diese Personen funktionieren wie sie sollen (im evolutionären Sinn), sie besitzen weder ein defektes Modul noch eine andere Dysfunktion, auch hat sich in diesem Fall die Umwelt nicht ausschlaggebend verändert. Die vergangene wie die aktuelle soziale Umwelt bieten eine Vielzahl an Möglichkeiten, andere zu betrügen oder auszunutzen. Eine Population mit einer begrenzten Anzahl an Soziopathen mag zudem in einem evolutionär stabilen Zustand sein (vgl. Evolutionär Stabile Strategien = ESS), der die jeweilige Häufigkeitsverteilung an Störungsbildern unterstützt. Zugleich ist ein Wettrüsten zwischen soziopathischen Betrugsmechanismen und Betrugsdetektoren auf der Gegenseite erwartbar. Fraglich ist bei einer solchen Sachlage, inwiefern eine Therapie in diesem Fall nicht in erster Linie einen Manipulationsversuch im Interesse der sozialen Harmonie darstellt. Solch abweichendes Verhalten nennt Buss (1999) *sozial unerwünschtes Verhalten auf der Grundlage eines normal arbeitenden EPMs:* Hierzu gehören unerwünschte und teilweise grausame Dinge wie evolvierte Ausbeutungsmechanismen (etwa im Kontext der Psychopathie oder narzisstisch ausbeutender Beziehungsstrategien), Kindesmissbrauch und Kindstötung (Kinder mit einem Stiefelternteil erfahren eine immens höhere Missbrauchswahrscheinlichkeit; Buss, 1999, vgl. auch Daly und Wilson, 1988; Blaffer-Hrdy, 2000).

Des Weiteren scheint es eine Menge maladaptiver, subjektiv unangenehmer und kostspieliger Verhaltensweisen und Erlebensformen zu geben, die sich ebenfalls nicht als EPM-Fehler oder Dysfunktionen beschreiben lassen (Buss, 1999):

Normale Fehler, welche das „mittlere" Funktionieren des Mechanismus begleiten: Alle EPMs sind auf ein genügend zuverlässiges Funktionieren im Mittel evolviert, nicht auf ständigen Erfolg. Bei Nacht fälschlicherweise ein gefährliches Tier hinter einem Baum zu vermuten und die Höhe des Sprungturms oder des Baums, auf dem wir sitzen, zu überschätzen, lassen die inklusive Fitness des Organismus eher steigen. Solche „Standardfehler" sollten ebenfalls nicht zu den Dysfunktionen eines EPMs gerechnet werden.

Durch normale Operationen eines funktionierenden Mechanismus ausgelöstes subjektives Leid: Viele der evolvierten Mechanismen führen trotz adaptiver Funktion zu subjektiv unangenehmem „Output" (etwa Trauer, Depressivität, Eifersucht, Angst etc.). Subjektives Leid ist also nicht per se Gegenstand klinischer Störungen, sondern mag im Gegenteil dem zuverlässigen Funktionieren eines EPMs entsprechen. Wobei die Evolutionspsychologie biologisch ultimat die Frage nach dem „Warum" des Erlebens negativer Emotionen beantwortet.

Zusammenfassung

Zunehmend werden evolutionstheoretische Überlegungen auch auf psychopathologische Fragestellungen angewandt. Dabei findet man für eine Reihe von Störungsbildern adaptionistische Erklärungen. Außerdem lassen sich erste Ideen zu einer Klassifikation von Störungsbildern entlang evolutionspsychologischer Überlegungen entdecken. Diese Einteilung erfolgt entlang der beiden Konzepte Modularität und Adaptivität und versucht so, die heterogene Klassifikation von Störungsbildern zu überwinden. Gelingt in Zukunft die Definition evolutionärer psychischer Mechanismen sowie die zutreffende Beschreibung ihres Funktionierens, so könnten sich daraus Kriterien für die Feststellung von Dysfunktionen ableiten lassen, die auch Relevanz für klinische Probleme besitzen.

Die Evolutionspsychologie unterscheidet zwei grundlegende Arten von Störungen, solche bei welchen Komponenten des Geistes eine Fehlfunktion zeigen und solche bei welchen eine Fehlpassung zwischen der Welt, in der wir leben und der Umwelt, für die wir von der Selektion gestaltet wurden, besteht. Erstere, so genannte intrapersonelle Störungen werden am Beispiel des Autismus, der Psychopathie und der Dysthymie erörtert. Es werden Fehler innerhalb eines Moduls von Koordinationsfehlern und „upstream"-Fehlern unterschieden. Ursachen für solche „wahren Pathologien" lassen sich unterscheiden in Defekte bei einem einst funktionsfähigen Modul und Defekte, welche während der Ontogenese entstanden sind. Unterscheidet man zudem synchrone und diachrone Module, werden weiter Entwicklungsstörungen klassifizierbar (Phobien; risk seeking behavior).

Differenzen zwischen angestammter und aktueller Umwelt können eine weitere Klasse psychischen Leidens produzieren, welche die Evolutionspsychologie teilweise als Kontextfehler oder Pseudopathologien bezeichnet. Hierzu gehören bestimmte Aspekte der Depressionen, welche durch die „social competition"-Hypothese oder die „defection"-Hypothese teilweise erklärbar scheinen.

Zudem beschreibt die Evolutionspsychologie einige Störungsbilder als antisoziales psychisches Design, welches sozial unerwünschtes Verhalten auf der Grundlage eines normal arbeitenden evolvierten psychischen Mechanismus produziert.

Bilanz

Im Kapitel „Darwinsche Modularität und Adaptivität als Klassifikationsheuristik psychischer Störungen" wurde skizziert, dass ein Nichtfunktionieren eines EPMs auf dreierlei Arten vonstatten gehen kann: Durch (a) einen *Aktivierungsfehler* (b) *Kontextfehler* oder (c) einen *Koordinationsfehler.* Viele EPM-Fehler mögen kaum von klinischer Relevanz sein, da sie keine beobachtbaren Dysfunktionen zu generieren scheinen. Andererseits scheint es eine Menge maladaptiver, subjektiv unangenehmer und kostspieliger Verhaltensweisen und Erlebensformen zu geben, die sich nicht als EPM-Fehler oder Dysfunktionen beschreiben lassen. Solche Störungen ließen sich in verschiedene Klassen unterteilen (Buss, 1999):

1. *Diskrepanzen zwischen angestammter und moderner Umwelt:* Dies wurde bereits oben bei der Diskussion der dem Menschen eigentümlichen Übertragungsneigung dargestellt. Übertragungserwartungen in einer traditionellen Jäger- und Sammlergesellschaft sollten deutlich stabilere und treffsichere Voraussagen zugelassen haben, als dies in unserer hochmobilen, individualisierten, postmodernen, meist urbanen Gesellschaft der Fall ist.
2. *Normale Fehler, welche das „mittlere" Funktionieren des Mechanismus begleiten:* Alle EPMs sind auf ein genügend zuverlässiges Funktionieren im Mittel evolviert, nicht auf ständigen Erfolg. „Standardfehler" wie etwa leichte phobische Reaktionen sollten ebenfalls nicht zu den Dysfunktionen eines EPMs gerechnet werden.
3. *Durch normale Operationen eines funktionierenden Mechanismus ausgelöstes subjektives Leid.*
4. *Sozial unerwünschtes Verhalten auf der Grundlage eines normal arbeitenden EPMs.*

Bereits im Kapitel „Evolvierte Abwehrmechanismen" hatten wir die evolutionsbiologische Täuschungshypothese als Erklärung der psychodynamischen Abwehr- und Copingmechanismen eingeführt. Sie kann ebenfalls unter den hier aufgeführten Punkten diskutiert werden. Fehlwahrnehmungen des Selbst und der (Beziehungs-)Umwelt, welche Fitnessvorteile erbringen und nicht über den unter (2) skizzierten Standardfehler hinausgehen, sollten eine gute Chance haben, sich im Prozess der Evolution zu etablieren. Unter eng umrissenen phylogenetischen Bedingungen mag so die Verdrängung als eine Strategie des inneren Simulators entstanden sein.

Dabei müssen die Konzepte der Psychoanalyse jedoch die Hürde einer adaptiven Funktionsbestimmung mit der Gesamtfitness als „Ultima ratio" nehmen. Einer der schwächsten Kandidaten ist sicher der Todestrieb und auch der Ödipuskomplex wird nicht, wie in der Psychoanalyse, einen der ersten Plätze belegen (vgl. Krause, 1998; Bischof, 1985; Sulloway, 1997). Der Letztgenannte kann jedoch neu im Umfeld der evolutionsbiologischen Theorien zu Konflikten um das parentale Investment diskutiert werden. Die soziobiologische Hypothese der Optimierung von Täuschungsstrategien durch Selbsttäuschung kann für die ultimate Erklärung der Copingmechanismen eine entscheidende Rolle spielen. Dann liefert unser innerer Simulator nicht in jedem Fall eine realitätsnahe Abbildung äußerer Zusammenhänge; ein Aspekt, der in Bischofs Modellbildung wenig berücksichtigt wird.

Der Prozess der Verdrängung wird adaptiv verstehbar, wenn man in Rechnung stellt, dass es Situationen geben kann, in welchen die Warnfunktion andauernder negativer emotionaler Meldesysteme wenig Nutzen hätte. Dann würden diese Inhalte außerhalb des Bewusstseins gehalten, um das System handlungsfähig zu halten und beschränkte mentale Ressourcen effizient zu nutzen. Zudem können verdrängte, aber zentrale Motive teilweise unbewusst weiter verfolgt werden, oder die Verdrängung kann im Kontext benevolenter (Selbst-)Täuschung zur Stabilisierung wichtiger sozialer Beziehungen dienen. Beide Mechanismen wären kaum als pathologisch zu bezeichnen, sie erfüllen vielmehr adaptive Leistungen.

Bei Beschreibung der Vorstellungen zur Konversion und Alexithymie wird deutlich, dass eine Vielzahl proximater Erklärungsversuche existiert, die jedoch wenig präzise operationalisiert sind. Berücksichtigt man die Einbettung der Konzepte in das Affekt- und Motivsystem, ist eine Art naiver Glaube an die Gesundheit des kongruenten (harmonischen) Zusammenspiels der einzelnen Komponenten zu beobachten. Dabei wird, wegen der Außerachtlassung evolutionsbiologischer Historizität, vergessen, dass die adaptive Funktion der Emotionalität gerade in der Flexibilisierung liegt. Auch werden die interaktionsregulierenden Funktionen des Affektsystems wenig beachtet. Ein Fehler, der nur erklärbar ist, wenn man die Geschichte der Hominisation als Psychologe unter den Schreibtisch seines wissenschaftlichen Arbeitens hat fallen lassen. Störungen des Affektsystems und der Coping- bzw. Abwehrmechanismen sollten gerade in der Aufhebung dieser durch die Selektion produzierten emotionalen Flexibilität zu suchen sein.

Die im Kontext der Klinischen Psychologie immer wieder anstehende Unterscheidung in maladaptive Abwehrmechanismen und adaptive Copingmechanismen erweist sich, wie wir gesehen haben, als äußerst problematisch. Es sollte deutlich geworden sein, dass sich per se maladaptive Mechanismen nicht evolviert haben können. Phylogenetisch müssen sich Abwehrmechanismen als adaptive Copingmechanismen entwickelt haben. Ist eine pathologische Funktionsweise dieser Mechanismen feststellbar, mag dies an einer veränderten Situations- oder Selbstwahrnehmung liegen und/oder an einem ontogenetischen Einfluss auf die Entwicklung dieser Funktionen.

Die Möglichkeiten, mit Hilfe der Evolutionspsychologie die Funktion psychischer Mechanismen besser zu verstehen, erhöhen einleuchtenderweise die Chancen, ein System zu „reparieren“ oder zu beeinflussen, falls es nicht wünschenswert arbeitet. Um eine Metapher aus der Technik zu wählen: Viele von uns wissen, wie man einen Computer bedient und damit arbeitet, jedoch vertrauen wir bei ernsten Problemen auf die Hilfe eines Spezialisten. Bei ihm hoffen wir, dass er aufgrund seiner Ausbildung genauer weiß, *wozu* (ultimate Frage) ein Mechanismus entwickelt wurde und *wie* (proximate Frage) er genau funktionieren sollte. Die meisten Psychologen würden wohl der Feststellung zustimmen, dass wir Menschen Produkte der Evolution sind. Das Problem ist, dass diese Zustimmung kaum irgendwelche Konsequenzen zeigt. Klinische Psychologen oder Psychotherapeuten müssen meist aufgrund des Fehlens wissenschaftlich gesicherter und klinisch bedeutsamer psychologischer Grundlagentheorien vergleichbar einem kompetenten „Anwender“ handeln. Sie stehen dann zwangsläufig häufig in der Situation, nach dem Motto zu handeln: „Ich weiß jetzt zwar nicht, wozu dieses hier gut ist und wie es genau funktioniert, versuch' aber trotzdem mal daran zu drehen!" Eine evolutionäre Klinische Psychologie könnte sich jedoch bemühen, Beiträge zur Klärung der psychotherapeutisch wichtigen Fragen nach dem ultimaten wozu und proximaten wie unserer psychischen Mechanismen zu leisten.

Weiterführende Literatur:

Merten, J. (1995). Affekte und die Regulation nonverbalen, interaktiven Verhaltens. Bern, Peter Lang AG.

Bischof, N. (1996). Das Kraftfeld der Mythen – Signale aus der Zeit, in der wir die Welt erschaffen haben. München, Piper.

Baron-Cohen, S. (1997). The Maladapted Mind. Classic Readings in Evolutionary Psychopathology. East Sussex, Psychology Press.

Krause, R. (1997). Allgemeine Psychoanalytische Krankheitslehre. Stuttgart, Verlag W. Kohlhammer.

Badcock, C. (1999). Psychodarwinismus. Die Synthese von Darwin und Freud. München, Carl Hanser Verlag.

Medienpsychologie

Versucht man einen evolutionären Zugang zu medienpsychologischen Fragestellungen zu erarbeiten, so kann man sich zunächst fragen, inwiefern die wahrnehmungspsychologische Basis der Medienrezeption als Produkt der Selektion verstehbar ist. Die Wahrnehmung und Verarbeitung medienvermittelter Inhalte wird also im Folgenden unter einer evolutionären Perspektive untersucht, zudem werden verschiedene kameradramaturgische Techniken vor diesem Hintergrund betrachtet. Die Einteilung von TV- und Kinoangeboten in verschiedene Genres scheint ebenfalls entlang einer evolutionstheoretischen Sicht verstehbar. Solche Medienangebote sind als Produkte unserer Kultur durchaus kunstvoll und nach ästhetischen Aspekten gestaltet. Es stellt sich also die Frage, inwiefern Kunst und Ästhetik als Produkte der menschlichen Natur erschließbar sind.

Grundsätzlich erscheint die Auseinandersetzung mit medialen Inhalten – insbesondere Fiktionen – aus einer evolutionären Perspektive zunächst kontraproduktiv. Wieso verbringen wir so viel Zeit und Energie mit der Rezeption von Fiktionen, die Emotionen bei uns auslösen, welche zudem vielfach inadäquat anmuten? Hierzu wird nach ultimaten und proximaten Ursachen der Medienrezeption gefragt.

Am Beispiel der Unterhaltungsrezeption werden Wirkmomente evolvierter emotionaler Architektur erläutert. Zunächst werden verschiedene Ansätze der Unterhaltungsrezeptionsforschung skizziert. Evolutionspsychologische Konzepte der Empathie und einer „Theory of Mind" ergänzen Überlegungen zur Unterhaltungsrezeption ebenso wie Überlegungen zur Phylogenese von Normen und Moral. Das Phänomen Unterhaltung scheint eng verbunden mit einer positiven Emotionalität. Es wird deshalb nach der adaptiven Funktion von Humor und Lachen im Rahmen der Medienrezeption ebenso gefragt werden, wie nach der mit der Unterhaltungsrezeption verbundenen bzw. angestrebten positiven emotionalen Evaluation.

Medienrezeption

Nimmt man eine evolutionspsychologische Perspektive ein, dann könnte man Folgendes vermuten: Medienproduzenten können durch (impliziten) Zugriff auf die Grundlagen unserer evolvierten mentalen Architektur eine Mediendramaturgie entwickeln, die den Rezipienten lenkt und bis auf eine psychosomatische Ebene hinein beeinflusst. Dabei haben sich verschiedene Gestaltungstechniken entwickelt, die evolutionspsychologischen Gesetzmäßigkeiten folgen. Es stellt sich also die Frage: Nutzen Film- und Fernsehtechnik die evolvierte Architektur unserer Sinnesorgane und unseres Gehirns, um angestrebte Effekte zu erzeugen? Lässt sich die Funktion unserer Wahrnehmungs- und Informationsverarbeitungsorgane als Ergebnis der Selektion beschreiben? Auf welche Weise nutzen Medientechnologien diese Anpassung an eine (vergangene) Ökologie, um Rezeptionseindrücke zu erzeugen?

Und weiter: Lassen sich nur formale Gestaltungsmittel und Medientechnologie als kompatibel zu unserer evolvierten mentalen Architektur beschreiben oder sind auch die Inhalte verschiedenster Medienangebote einer evolutionären Perspektive zugänglich? Besitzen die Inhalte der Medienangebote irgendeine Form von Fitnessrelevanz oder handelt es sich um evolutionär neutrale kulturelle Kunstprodukte, die mit unseren phylogenetisch entwickelten Neigungen und Interessen kaum etwas zu tun haben?

Wahrnehmung, Verarbeitung und Kameradramaturgie

Zunächst werden evolutionspsychologische Aspekte der Wahrnehmung und Verarbeitung von Medien erörtert (Schwender, 2001; vgl. Mikunda, 2002; Monaco, 1998). Film- und Fernsehtechnik nutzen, so wird angenommen, die Gestaltung unserer Sinnesorgane als Produkte der Selektion, um gewünschte Effekte zu generieren. Schwender vergleicht u.a. deshalb die Medien mit den Attrappen der Ethologie. Wie sich ein Film als visuelle Fiktion entlang von Simulationen verschiedener „body-mind states" ausrichtet, beschreibt Grodal (1997). Filme sind nach Grodal besonders elaborierte Versuche, die verschiedenen Aspekte menschlicher Wahrnehmung, menschlichen Fühlens, Denkens, Handelns, Erinnerns und der Vergesellschaftung zu simulieren und zugleich zu manipulieren. Folglich sollten in der Gestaltung fiktionaler Filme die fest verdrahteten Grundlagen unserer Psyche besonders deutlich zu Tage treten. Filme nutzen unsere angeborene mentale Architektur, um ihre jeweilige Wirkung zu erzielen.

Verschmelzungsfrequenz: Neben Aspekten des Kontrast- und Farbsehens spielt vor allem die Eigenschaft der Retina, Bilder einen Moment länger abzubilden als sie tatsächlich erscheinen, eine wichtige Rolle bei der Film- und Fernsehrezeption. Während für helle Lichteffekte die Verschmelzungsfrequenz bei 100 Wiederholungen pro Sekunde liegt, genügen für zwei zeitlich aufeinanderfolgende Lichtsignale bereits 50 Präsentationen in der Sekunde, um sie als kontinuierlich zu erleben.

Phi-Effekt: Ein weiterer wichtiger Aspekt unseres visuellen Systems, den sich die Filmtechnik zunutze macht, ist der so genannte Phi-Effekt. Zwei nacheinander aufscheinende Lichtquellen, an verschiedenen Orten werden, wenn der räumliche und zeitliche Abstand stimmt, als ein sich bewegender Lichtpunkt wahrgenommen. Das Licht scheint zu wandern. Bereits 20 Tage alte Säuglinge erwarten, dass ein Gegenstand der hinter einem Objekt (Wand, Schirm) verschwindet, am anderen Ende wieder auftaucht. Verschmelzungsfrequenz und Phi-Effekt liefern die wesentlichen Bedingungen für die Illusion von Bewegung im Film (vgl. Schwender, 2001; Monaco, 1998).

Räumliche Tiefe: Um die Lichtquellen als nahe, entfernte, bewegte oder unbewegte Objekte zu erkennen, verwenden wir sowohl im Laufe der Ontogenese erworbenes als auch phylogenetisch gestaltetes Wissen über unsere Umwelt. Bewegungen richtig zu erkennen, war und ist eine zentrale Fähigkeit, die unser Überleben sicherte. Eine Vielzahl filmischer Mittel nutzt evolvierte Module unserer Wahrnehmung (Monaco, 1998; Hickethier, 1996; Mikunda, 2002). Unsere Tiefenwahrnehmung etwa wird nicht nur durch Informationen aus unserem stereoskopischen Wahrnehmungssystem gespeist, so dass Filme auch ohne 3D-Technologie Tiefenwirkungen erreichen können. Räumliche Tiefe wird etwa auch über den Einsatz der Zentralperspektive vermittelt, über die Dar stellung entfernter (kleiner) und naher (großer) Objekte (Mikunda, 2002), über die Verschiedenheit naher und ferner Texturen. So interpretieren wir einen steigenden Texturgradienten als Ausdehnung in die Tiefe. Auch gehen wir davon aus, dass nahe Objekte dahinterliegende ferne verdecken. Dies kann durch ein geschicktes szenisches Arrangement (Vordergrund/Mitte/Hintergrund) unterstützt werden. Andererseits kann durch ein spezielles Arrangement der Schauspieler und Kulissen die Größe von Objekten durch genau kalkulierte Kameraperspektiven (forced perspective, moving forced perspective) manipuliert werden, wie dies in Peter Jacksons Verfilmung des „Herr der Ringe" beeindruckend zum Einsatz kommt. Schließlich erscheinen entfernte Objekte bläulicher: Je entfernter das Objekt ist, desto mehr Luftpartikel streuen das Licht und heben somit den Blauanteil (Schwender, 2001).

Schärfe: Ein Aspekt, der kameradramaturgisch das Filmnarrativ unterstützen kann, ist der Einsatz der Tiefenschärfe. Beim normalen (nicht mediengestalteten) Sehen stellt unser Auge den Bereich, auf den wir unsere Aufmerksamkeit richten, automatisch scharf. Die filmische Erzählung kann durch den gezielten Einsatz der Bildschärfe unsere Aufmerksamkeit lenken. Die Kamera zeigt über Schärfenverlagerungen, worauf es ankommt. Aber auch andere Effekte können über den Einsatz der Schärfe erzeugt werden: Wird das Gesamtbild zunehmend unscharf, wird der Protagonist möglicherweise schläfrig oder ohnmächtig, wir erwarten gar eine Abblende ins Schwarz als Zeichen der Ohnmacht. Der Film simuliert hier psychosomatische Wahrnehmungsverzerrungen, um dem Rezipienten das Erleben des Protagonisten nahe zu bringen.

Schnitt und Kameradramaturgie sollen nach Oatley (1999) nicht die unterschiedlichen Perspektiven eines realen Beobachters imitieren, sondern vielmehr den Eindruck untermauern, man sei als Rezipient exakt zur richtigen Zeit an genau dem richtigen Ort, um der Handlung (dem Plot) zu folgen. Schnitt und Kameradramaturgie liefern Interpretationshinweise und Verweise auf die Ziele der Protagonisten. Dies generiert eine Art Leitsystem für den Zuschauer, um aus dem Fluss der Ereignisabfolgen ein angemessenes Modell (bzw. eine Simulation) zu konstruieren.

Kameraposition und Einstellungsgröße: Unterschiedliche Kamerastandpunkte können den Standpunkt des Betrachters oder Beobachters gestalten (Mikunda, 2002; Schwender, 2001). Die Kameraposition vertritt die Sichtweise des Rezipienten. Sie lenkt sowohl die Aufmerksamkeit als auch in Teilen die emotionale Einbindung in das Geschehen (Perspektivenübernahme/Empathie). Extreme Kamerapositionen können so extreme Sichtweisen transportieren, etwa indem sie gegen unser Gleichgewichtsempfinden arbeiten und so Unbehagen erzeugen. Mikunda (2002) schildert eine Vielzahl solcher kameradramaturgischen Effekte zur Gestaltung der emotionalen Dramaturgie eines Films. Verschiedene Einstellungsgrößen vermitteln unterschiedliche Distanz zum Geschehen (Proxemik) und können mit psychischen und emotionalen Phänomenen einhergehen: intime Distanz, öffentliche Distanz, Fluchtdistanz. Unterschiedliche Distanzen – meist zum Protagonisten oder Antagonisten des Films – entsprechen verschiedenen Kameraeinstellungen (Einstellungsgrößen; Winterhoff-Spurk, Heidinger & Schwab, 1994). Kameraeinstellungen als Distanz zwischen Zuschauer und Szene bzw. Protagonisten können verschiedenene emotionale Wirkungen unterstützen, so können etwa Effekte von Fremdheit vs. Vertrautheit oder Intimität erzeugt werden (vgl. Bente & Fromm, 1997). Über Kameradistanzen kann aber auch der

Ausdruck des emotionalen Zustands der Protagonisten verstärkt und teilweise sogar in eine bestimmte Richtung gelenkt werden.

Bewegung und Schnitt: Die Gestaltung der Bewegung im Film ist ein weiterer wichtiger Punkt der Filmwirkung. Grundsätzlich kann man sich zunächst fragen, wieso wir überhaupt die meiste Zeit so aufmerksam einer Vielzahl von Bewegungen folgen. Aus einer evolutionären Perspektive (ultimate Funktion) lässt sich vermuten, dass uns die Selektion darauf vorbereitet hat, auf Gefahren und soziale Situationsveränderungen zu reagieren. Jedoch sind wir evolutionär nicht darauf vorbereitet, auf mediale Darstellungen von Bewegungen vergleichbar adaptiv zu reagieren. Scheinbar antwortet das limbische System auf mediale visuelle und akustische Reize beinahe so, als ob sie real wären, auch wenn uns stets bewusst ist, dass wir gerade ein Medium rezipieren (Schwender, 2001).

Der Bewegungswahrnehmung liegen zwei grundlegende Augenbewegungen zu Grunde: Suchen und Verfolgen. Die ruckartig suchende Augenbewegung ist nach Schwender (2001) die evolutionsbiologische Grundlage der Schnitttechnik. Wie beim Filmschnitt blendet unser Gehirn Bewegungen zwischen zwei Suchpositionen aus, wir sehen eben keine andauernden Schwenks und Reißschwenks. Dabei werden Schnitte üblicherweise entlang der vermuteten oder gestalteten Aufmerksamkeit des Rezipienten gesetzt, die wiederum abhängig ist von der angebotenen Einstellungsgröße und den Verarbeitungskapazitäten des visuellen Systems. Erfolgt ein Schnitt für den Rezipienten zu spät, können als emotionale Reaktionen Langeweile und Ungeduld entstehen.

Auch die Bewegung von Objekten im Film kann zur emotionalen Gestaltung verwendet werden. So scheint das Wissen, dass Objekte, die auf uns zukommen größer werden, angeboren. Bereits zwei- bis dreiwöchige Säuglinge reagieren auf symmetrisch größer werdende Projektionen eines schwarzen Flecks mit Abwendung, Blinzeln und dem Heben eines Arms zum Schutz. Scheinbar erleben sie das Objekt als auf Kollisionskurs befindlich (Eibl-Eibesfeldt, 1997). Vor allem Actionfilme verwenden häufig den Effekt des Zurasens eines Objektes auf die Kamera, um emotionale und physische Reaktionen beim Publikum zu erzeugen. Sich entfernende Objekte können, je nach ihrer emotionalen Evaluation als gut oder böse empfunden werden und Erleichterung oder Trauer auslösen. Schwender (2001) und Mikunda (2002) diskutieren weitere emotionale Wirkabsichten hinter den kameradramaturgischen Mitteln Schwenk, Reißschwenk, Fahrt, Handkamera, Zoom sowie den Einsatz von Dolly, Kranfahrt und Steadycam etc.

Realitätserleben: Viele Kameratechniken zielen darauf, Gegenwärtigkeit zu erzeugen. Schwender (2001) grenzt dies vom Realitätserleben ab; man kann medienvermitteltes Gegenwärtigkeitserleben aber auch als ein Phänomen im Rahmen des Erlebens von Telepräsenz verstehen (Schwab, 1995).

Der Begriff der *Telepräsenz* umfasst sowohl Merkmale der Technologie (Lebhaftigkeit, Interaktivität) als auch Merkmale des Rezipienten (Engagement). Präsenz kann beschrieben werden als das Erleben der physikalischen Umwelt, als ein durch mentale Prozesse vermittelter Wahrnehmungsprozess. Dieses Empfinden wird durch unterschiedliche sensorische Kanäle generiert. Es kann zwischen Telepräsenz (= Wahrnehmung der medial vermittelten Umwelt) und Präsenz (= Wahrnehmung der natürlichen Umwelt) unterschieden werden.

Information wird in diesem Konzept nicht direkt vom Sender zum Empfänger übermittelt, sondern vermittelnde Umwelten werden erzeugt und erlebbar gemacht. So ist dann eine Unterhaltung am Telefon das Zusammentreffen zweier Gesprächspartner in einer akustischen virtuellen Realität, die vom Telefonsystem erzeugt wird. Auch Kino, Fernsehen und Videogame generieren für ihre Zuschauer und Spieler je verschiedene virtuelle Räume. Erfasst wird virtuelle Realität über das Messen der individuellen Erfahrung. Telepräsenz entsteht dabei aus Merkmalen der Technologie und Merkmalen des Empfängers, nämlich:

1. Ausmaß sensorischer Information,
2. sensorische Kontrolle in Bezug zur Umwelt,
3. Möglichkeit, diese Umwelt zu modifizieren,
4. Schwierigkeit der Aufgabe und
5. Grad der Automatisierung.

Unterschiedliche Kommunikationstechnologien (E-Mail, WWW, Computerspiele oder virtuelle Realitäten etc.) können angeordnet werden entlang zweier Dimensionen, die die technischen Möglichkeiten des Mediums beschreiben: :

(1) „Vividness“ (= Lebhaftigkeit): Möglichkeiten der Technologie, eine sensorisch reiche Umwelt zu erzeugen.
(2) „Interactivity“ (= Interaktivität): Möglichkeiten des Anwenders, Formen oder Inhalte der vermittelten Umwelt zu beeinflussen.

Mit einer eher eingeschränkten *sensorischen Breite oder vividness* arbeiten traditionelle Medien (Film, Fernsehen). Einige Kino-Künstler haben versucht, diese Grenzen zu überschreiten („Earthquake“: Robson, 1974 (vibrierende Kinosessel) oder „Polyester“: Waters, 1981 (Rubbelkarten mit Geruchsstoffen)). Multimedia forciert eine zunehmende sensorische Breite (z.B. durch Soundkarten). „Vividness“ hängt jedoch auch ab von der erlebten Tiefe einer sensorischen Information (= Qualität). Dabei deckt kein gegenwärtiges visuelles oder akustisches Aufnahmeverfahren die volle Bandbreite menschlicher Wahrnehmungskapazität ab. Film etwa repräsentiert eine sehr große *sensorische Tiefe*, während Fernsehen deutliche technische Grenzen aufweist, an denen ständig experimentiert wird (z.B. Bildauflösung: HDTV, Super-PAL; Akustik: Dolby-Surround: 5.1, 7.1). Das Zusammenwirken von Tiefe und Breite zur Erzeugung von Telepräsenz scheint eher multiplikativ, ist jedoch bisher wenig erforscht.

Interaktivität ist das Ausmaß, in welchem der Anwender Inhalte und Formen der medialen Umwelt in „Echtzeit“ beeinflussen kann. Bücher etwa sind demgemäß nicht interaktiv, obwohl man sie interaktiv lesen kann. Die Programmierung eines CD-Spielers hat schon eher interaktive Qualität und ein HMD (Head Mounted Display) mit Positionsregistrierung, welches eine virtuelle Umwelt generiert und kontrolliert, liegt am anderen Pol dieser Dimension. Die meisten traditionellen Medien sind in diesem Sinne nicht einmal teilweise interaktiv. Entscheidend für Interaktivität sind die Faktoren *„Speed“* (= Geschwindigkeit, mit der eine Änderung in der medialen Umwelt erfolgt), *„Range“* (= Bereich -oder auch Anzahl an Optionen – in dem Veränderungen möglich sind) sowie *„Mapping“* (= Art, wie menschliche Aktionen mit der medialen Umwelt verbunden sind). Durch einen hohen „Speed“-Wert (z.B. niedrige Reaktionszeit des Spiels) werden selbst niedrigauflösende Videogames sehr lebhaft. „Mapping“-

Lösungen verlaufen von der (QWERTY-)Tastatur des Computers, über die Computermaus zu „Data gloves“ und Spracherkennungssystemen.

Telepräsenzerleben kann auf verschiedene Art und Weise erzeugt werden: durch weltweite computernetzgenerierte schwarze Bretter, Telekonferenzsysteme oder Lichtspieltheater. Relevant ist aber auch, inwieweit der Anwender gewillt ist, sich auf das vom Medium Präsentierte einzulassen (= Engagement).

Grodal (1997) geht davon aus, dass der Film zur Simulation verschiedenster Grade und Arten von Realität auf dieselben kognitiven und affektiven Mechanismen zugreift, die auch im Alltagserleben und dessen Repräsentation verwendet werden (Schwan, 2001). Da unser Verstand keinen direkten Zugriff auf die Umwelt hat, muss er auf kognitiv-emotionale Evaluationen des Realitätsstatus einer Bewegtbildkonfiguration vertrauen, wie etwa perzeptuelle Salienz, vermutete Absicht, sensorische Ganzheitlichkeit, etc. (vgl. auch Rothmund, Schreier & Groeben, 2001). Diese unterschiedlichen Evaluationen können vom Filmschaffenden zu ästhetischen Zwecken verwendet werden, indem er sie manipuliert und so nach Belieben auch Paradoxien oder Ambiguitäten für den Rezipienten erzeugen kann.

Setting: Nicht nur wie ein Film gestaltet ist, sondern auch wie die Situation, in der man ihn rezipiert, gestaltet ist, hat einigen Einfluss auf unser emotionales Filmerleben. So unterscheidet sich die Filmrezeption via TV-Bildschirm deutlich von der Rezeption via Kinoleinwand bzw. dem dazugehörigen Setting (Schwender, 2001). Beim Kino finden wir eine Ausschließlichkeit der Wahrnehmung, die beim Wohnzimmer-TV-Filmgenuss so nicht gegeben ist. Die Dunkelheit und die Ausfüllung des visuellen Wahrnehmungsbereichs erzeugen ein intensiveres Erleben des Filmgeschehens. Zudem unterscheidet sich mehrkanaliges Hören auf einem klangtreuen Lautsprechersystem deutlich von den Klanggeschehnissen, die ein TV-Lautsprecher zu erzeugen in der Lage ist. In der Theorie der Telepräsenz wird dies unter dem Aspekt „Vividness“ abgehandelt.

Auch die Kommunikationssituationen der beiden Rezeptionssettings sind unterschiedlich, im Kino ist man auf seinen Sitz bis zum Ende des Films beschränkt und wagt kaum zu reden (Ausnahmen bestätigen die Regel), während das TV-Setting allerlei Ablenkungen bietet, oder dieselben sich aufdrängen. Im Kino werden zudem Emotionsäußerungen des Publikums quasi in einer Gruppe erlebt, alle erschrecken, atmen erleichtert auf, lachen oder schluchzen. Es entsteht häufig eine emotionale Bestätigung, Ansteckung oder evtl. Verstärkung eigener emotionaler Bewertungen (Affektansteckung, PAM-Theorie; Preston & de Waal, 2002; s.o.). Die TV-Rezeption ist meist durchsetzt von Gesprächsinseln und Nebentätigkeiten, emotionale Ansteckungen und Empathie mit den Medienprotagonisten sollten weniger stark zu Tage treten. Auch die Entscheidung über die Zuwendung gestaltet sich je nach Kino oder TV grundlegend unterschiedlich.

Sprache und Genres

Sind lediglich formale Gestaltungsmittel und Medientechnologie an die evolvierte mentale Architektur des Homo sapiens sapiens angepasst oder lassen sich auch die Inhalte verschiedenster Medienangebote unter einer evolutionären Perspektive betrachten? Verschiedene Genres unterscheiden sich vor allem entlang der in ihnen erzählten Geschichten. Geschichten wurden und werden seit langer

Zeit vor allem mit Hilfe der Sprache mitgeteilt. Daher ist es sinnvoll, die Phylogenese der Sprache unter der Perspektive ihrer adaptiven Funktion zu betrachten.

Funktionale Überlegungen zur Phylogenese der Sprache: Sprache hinterlässt zwar keine Fossilien, dennoch gibt es einige evolutionspsychologische Theorien zur Entstehung der menschlichen Sprache. Gleichzeitig scheint es ein tiefes „Bedürfnis" des Menschen zu sein, andere Spezies von der Zuschreibung einer Sprachfähigkeit auszuschließen (Zimmer, 1988; Stamp-Dawkins, 1996). Wie konnte es also vonstatten gehen, dass ein affenartiges Säugetier, aus dem sich der Homo sapiens sapiens entwickelt hat, irgendwann den Sprung zur Entwicklung dieser scheinbar elitären Sprachfähigkeit bewerkstelligte? Wie iM Kapitel „Empathie" bereits skizziert, ging man lange davon aus, dass die Werkzeugherstellung oder die gemeinsame Jagd Kristallisationskerne der Sprachphylogenese gewesen sein könnten. Untersuchungen von Dunbar (1998) liefern Belege, dass die Evolution des Gehirns eng mit dessen Funktion als sozialem Kommunikationsinstrument zur Aufrechterhaltung der Gruppenkohäsion unter Primaten zusammenhängt (vgl. auch Miller, 2000). Dunbar beschreibt die Sprachentwicklung als funktionales Analogon zum sozialen Kraulen (Grooming). Er findet unter Primaten einen proportionalen Zusammenhang zwischen der für Fellpflege beim Anderen verwendeten Zeit und der Größe der Gruppe. Je größer die Gruppe, desto mehr Zeit muss für soziale Kontaktpflege (durch Grooming) aufgewendet werden. Müsste der Homo sapiens sapiens seine sozialen Bindungen in erster Linie über Groomingverhalten aufrechterhalten, so würde er etwa 40% seiner Zeit mit diesem Verhalten zubringen – eine überlebenstechnische Unmöglichkeit. Also, so kann man annehmen, hat sich ein anderer Mechanismus zur sozialen Kontaktpflege entwickelt – nur welcher?

Dunbar (1998) betont, dass viele Affenarten sehr stimmbegabt scheinen, wie etwa die Marmosetten und Tamarins, die fast ununterbrochen beim Klettern durch das Unterholz vor sich hin plappern bzw. zwitschern. Dabei produzieren sie Erkennungsrufe, welche die Tiergruppe zusammenhält. Während die kleinen eichhörnchenartigen Tamarinrudel eher wie Vögel pfeifen, grunzen Paviane bei ihren Wanderungen und Dscheladas scheinen fast ständig mit ihren Angehörigen zu plappern. Meerkatzen produzieren nachgewiesenermaßen Laute und Rufe mit Mitteilungsfunktion. Cheney und Seyfarth (1994) konnten mit stimmspektrographischen Analysen Unterschiede in den Vokalisationen entdecken, auf welche Gruppenmitglieder angemessen reagieren. Meerkatzen scheinen verschiedene natürliche Feinde zu identifizieren und sie mit verschiedenen Rufen anderen mitzuteilen.

Sprache zur Etablierung sozialer Bindungen einzusetzen, beinhaltet deutliche Vorteile. Sprache macht es möglich, gleichzeitig mehrere Personen anzusprechen. Sie erlaubt es zudem, über andere Informationen auszutauschen, so dass wir nicht jeden Verhaltensaspekt selbst beobachtet haben müssen („man weiß es vom Hörensagen"). Eine phylogenetisch entscheidende Funktion der Sprache scheint somit die Erzeugung von Klatsch und Tratsch als soziales Bindemittel. Etwa zwei Drittel aller Gespräche drehen sich um zwischenmenschliche Belange (Beziehungen, Vorlieben, Abneigungen, Erlebnisse und das Verhalten anderer; (Dunbar, 1998)). Klatsch und Tratsch definiert die soziale Gruppe; wir lügen, intrigieren, erfinden Geschichten. Den Ruf, den man erwirbt, kann man bei Fehlverhalten auch wieder verlieren, so dass Sprache als Klatsch auch zur Festigung sozialer Normen eingesetzt wird. Deshalb ist der Normverstoß auch ein zentraler Gegenstand der Unterhaltung(en). Normverstöße sind außerdem beliebte Themen der Talkshows und Soap Operas. Wer ist glaubwürdig, wer ein Lügner? Wer ist wessen Sexualpartner, wo besteht Anlass zu Eifersucht und Neid? Gerade exklusive und eigentlich verschweigenswerte Informationen geben uns einen möglichen Vorteil in unseren sozialen Umwelten. Gruppen, die Klatsch und Tratsch pflegen, scheinen verschworen, von Klatsch und Tratsch ausgeschlossene Gruppenmitglieder leiden häufig unter dieser Isolation (Mobbing). Dabei gilt es nicht, alles über jeden zu wissen. Themen und Personen mit geringer evolutionärer Fitnessrelevanz sind von minderem Interesse. Es ist weniger wichtig, wie tief ein Popidol oder die junge Nachbarin schläft, sondern mit wem. Es ist weniger wichtig, welche Politik ein Bundeskanzler im Detail macht, sondern ob seine Haare zur Vortäuschung von Jugendlichkeit gefärbt sind.

Unter Primaten sind Verstöße gegen den Sozialcode ein häufiger Grund für Aggressionen (de Waal, 1991). Klatsch und Tratsch installieren Koalitionen teilweise auch gegen Abweichler, man streut Gerüchte. Tratsch-Gemeinschaften können einerseits solidarische Zusammenarbeit stiften, sie können jedoch auch andere ausschließen; Nichtkommunikation ist die Strafe. So finden sich als Mediennutzungsmotive eher „unseriöse“ soziale Motivaspekte, die in erster Linie den Einsatz medialer Inhalte (Inhaltsgratifikationen) zum Zweck des Smalltalks betonen (Wenner, 1985; Schwab, Unz, Mangold & Winterhoff-Spurk 1998; Winterhoff-Spurk, 1999). Auch Oatley (1999) beschreibt die Evolution der Sprache mit Dunbar als Basis der menschlichen Kunstfertigkeit im Erfinden und Erzählen realer und fiktionaler Narrative: „Fiction in the form of myths and cultural themes contribute to the forming of societies and indiviuals’ identities within them“ (Oatley, 1999, S. 110).

Gespräche und parasoziale Beziehungen: Schwender (2001) untersucht verschiedene Genres, die Gespräche als gemeinsames Merkmal haben. Monologe im Fernsehen scheinen vor allem zur autoritätsgetragenen Übermittlung von Werten zum Einsatz zu kommen (etwa: Das Wort zum Sonntag) und betonen Hierarchien und Rangunterschiede. Dialoge unterscheidet er in Interviews und Gespräche, wobei sich der Interviewer einer eigenen Meinung enthält oder enthalten sollte. Mit seinen Fragen gibt der Interviewer dem Zuschauer die Möglichkeit einer (emotionalen) Evaluation des Befragten. Die Interviewten sind meist Zeugen, Betroffene, Urheber, Opfer oder Experten. Wobei Letzteren besondere Erfahrungen oder Kompetenzen zugesprochen werden. Eine in Gesprächen häufig auftretende Gruppe ist jene der so genannten Prominenten. Wieso interessieren wir uns für diese uns nicht direkt bekannten Personen? Als medial häufig und über die Kameradramaturgie nah präsentierte Personen, behandeln wir sie teilweise wie Personen aus unserem nahen sozialen Umfeld, mit denen wir häufig zu tun haben (Vorderer, 1996, 1998; Gleich, 1996). Offenbar macht es unser phylogenetisch erworbener mentaler Apparat nur teilweise möglich, die (phylogenetisch relativ neue) mediale Welt von Film und Fernsehen als Stimuluscluster unserer Umwelt gänzlich von unserer Alltagsumwelt zu differenzieren. Unsere evolutionären psychischen Mechanismen (EPMs) scheinen mit dem Phänomen der parasozialen Beziehung auf diese „bekannten Unbekannten“ zu reagieren. Wenner (1985) beschreibt dies als parasoziale Prozessgratifikationen (companionship, para-social interaction, substitution, para-social guidance).

Klatsch und Tratsch waren ursprünglich die einzigen Mittel, mit denen unser Bekanntheitsgrad in vormedialer Zeit ausgehandelt wurde. Heute übernehmen Massenmedien vermehrt diese Rolle (medialer Dorfplatz). Dabei entstehen Rückkopplungsprozesse: Wer bekannt ist, kommt in die Medien und wer in den Medien ist, wird noch bekannter. Um prominent zu werden, muss man – wie das Beispiel „Lara Croft" zeigt – nicht einmal real existieren. Medienprominente genießen häufig ein Ansehen, welches mit einem Prestigegewinn einhergeht. Schon unter sozial lebenden Tieren werden Ranghohe meist überdurchschnittlich häufig angesehen. Der Ranghöchste wird häufig von vielen gleichzeitig angeschaut (Eibl-Eibesfeldt, 1997). Diese Ranghöhe ging und geht dabei meist einher mit einer besonderen Attraktivität als Kooperations- und Sexualpartner. Status und Prestige sind besondere Motoren in der menschlichen Kultur (Barkow, 1989) – sexuelle Selektion, kulturelle Leistungen und Prestige sind eng miteinander verflochten (Miller, 2001).

Die Talkshow ist weder eine Diskussion noch ein Interview, eher schon eine Folge von Unterhaltungen, wie man sie auf Partys, an Stammtischen oder in Treppenhäusern erleben kann. Unterschiede produziert jedoch der Moderator, der als eine Art Gastgeber konfrontativ, aber oft dann auch verständnisvoll die Gespräche lenkt und für die Zuschauer inszeniert. Der Moderator ist so „Mittelpunkt einer Kommunikationsgemeinschaft, die scheinbar Normen aushandelt und deviantes Verhalten verurteilt" (Schwender, 2001, S. 145). Die Gäste, ihre Themen und Meinungen sollen bei den Zuschauern vor allem emotionale Evaluationen auslösen (Bente & Feist, 2000).

Attrappen und Mimikry: Nach Schwender (2001) reagieren wir auf prominente Medienpersonen wie auf Attrappen. Wir sehen sie als potenzielle Rivalen oder Kooperationspartner und wollen folglich möglichst viel über ihre privaten klatsch- und tratschtauglichen Lebensumstände erfahren. So sind Medienstars zwar einerseits ein evolutionär unerwartetes Phänomen, welches jedoch zugleich unsere phylogenetisch entwickelten Wahrnehmungsbiases und Interessen zu bedienen in der Lage sein muss. Auch die Attrappe ist ein Kunstprodukt und so in der Ökologie der jeweiligen Spezies nicht vorgesehen, jedoch ist ihre Wirkung gerade von den Funktionsmechanismen der Spezies und ihrer Ökologie hochgradig abhängig. Attrappen dienen der Ethologie zur Überprüfung der Wirksamkeit von Auslösern und Schlüsselreizen (Immelmann, Pröve & Sosinka, 1996). Anders als in der Alltagsprache sind Attrappen der Verhaltensforschung oft wenig naturgetreu, es werden nur Teile nachgebildet oder bestimmte Merkmale verändert dargeboten. Nachdenkenswert erscheint, inwiefern Medienangebote nicht zutreffender mit dem Konzept der Mimikry zu vergleichen sind. Attrappen sind Produkte eines Forschers, der eine bestimmte Spezies untersucht. Die Mimikry ist das Produkt einer Koevolution. Die Mimikry (= Nachahmung, auch physiologischer Merkmale) kann zur Täuschung (Batesche Mimikry: etwa Kopie der Warntracht der Wespen bei der Schwebefliege) oder als kooperatives Signal zu beiderseitigem Vorteil eingesetzt werden (Müllersche Mimikry: etwa Warntracht der Wespen).

Grodal (1997) geht davon aus, dass Filme in ihrer Dramaturgie bestimmte Aspekte unserer mentalen Architektur nachahmen. Vergleichbar beschreibt Oatley (1999) das auf Aristoteles zurückgehende Konzept der Mimesis als Beziehung zwischen fiktionalem Text und realer Welt. Zumeist wird Mimesis mit Imitation oder Repräsentation der Realität gleichgesetzt. Jedoch betont

Oatley, dass diese einfach Kopie-Methapher nicht zutrifft, vielmehr arbeitet der Autor das Essentielle menschlicher Handlungen heraus und lässt dies deutlicher zutage treten als in einer 1 zu 1 Kopie (etwa der Audiomitschnitt eines realen Gesprächs vs. Dialoge in Theateraufführungen, Spielfilmen und fiktionaler Literatur).

Versteht man Filme als Kunstprodukte, so stellt sich die Frage nach der Rolle der Kunst und des ästhetischen Empfindens in der Evolution der Primaten und besonders des Menschen.

Kunst und Ästhetik

Schönheit zu erleben heißt aus evolutionspsychologischer Sicht, unbewusst Wege zu optimierter Fitness wahrzunehmen. Schönheit ist das „Versprechen" auf eine gute Funktion in der Umgebung, in der das Merkmal auftritt (Thornhill, 1998).

Schönheit: Wie aus der Landschaftsforschung bekannt, sind Zuschreibungen von Schönheit jahreszeit- und wetterabhängig, aber auch von den Bedürfnissen und Merkmalen des Individuums (Alter, Geschlecht, Gesundheitszustand etc.). Diese Variabilität ist ein Grundmerkmal aller instinktiven oder emotionalen Mechanismen, die stets doppelt bedingt sind (Umweltanreiz und Bedürfnislage; Hassenstein, 1987). Jedoch ist die Genese ästhetischer Urteile einer direkten Introspektion selten zugänglich. Ästhetische Urteile werden meist schnell und einfach getroffen, sie sind affektiv, erzeugen Gefühle und Stimmungen, die teilweise auch tief erlebt werden können. Ein häufig beforschter Bereich ästhetischen Urteils betrifft potentielle Sexualpartner (Henss, 1992; Buss, 1997; Grammer, 1993).

Seltener wird sich mit den schönen Künsten aus einer evolutionären Perspektive auseinandergesetzt. Kunstproduktionen dienen dem (emotionalen) Selbstausdruck, als Erkennungszeichen einer Gruppe, als Anzeichen von Hierarchie und Status oder als Aufmerksamkeitssignal. Kunst dient aber auch als Medium der Partnerwahl (Kleidung, Körperschmuck etc.; Miller, 2000). Kunstformen wie der Tanz haben oft einen mehr oder weniger direkten Bezug zur Sexualität und meist dient er dem direkten Ausdruck von Lebenskraft und Fitness des Tänzers. Rhythmus und Klang der Musik erzeugen eine emotionale Gruppenbindung, wobei die reflexive Distanz zum anderen Mittanzenden häufig deutlich abgesenkt wird. Hier scheinen Bezüge zum Phänomen der Affektansteckung und Empathie zu bestehen. Vermutbar wäre, dass über das oben beschriebene PAM-Konzept, welches auf die Leistungen der Spiegelneurone rekurriert, der Abbau von Hemmungen durch Tanz und Musik erzeugt wird, indem die Musik die Synchronisierung der Körper soweit unterstützt, dass Auflösungen der Ich-Du-Grenzen optimiert werden (Ozeanische Gefühle, Verschmelzung).

Ernste Kunst: Die meisten Künste verschiedener Kulturen und Historien schaffen Gemeinsamkeiten und ein positives Gefühl. Spaß und Freude werden jedoch in der abendländischen Kulturdiskussion häufig als etwas Anrüchiges dargestellt. Physisch-biologische Faktoren werden eher ausgeklammert, so dass diese Art der Diskussion eher elitär und abgrenzend geführt wird. Dies mag auf die lange Tradition der Unterscheidung von Körper und Geist zurückzuführen sein, die meist auch emotionsfeindlich oder emotionsunterdrückend imponiert. Emotionen und

Instinkte wurden lange Zeit in der Psychologie als eine Art Last der Natur oder Abwärme angesehen, welche – wenn überhaupt zur Kenntnis genommen – eher störend der Erforschung des freischwebenden Intellekts (den so genannten Kognitionen) im Wege stehen (Winterhoff-Spurk, 1999).

Diese Art von Kunst und Kunstauffassung beinhaltet ein Element der Hierarchie und Gruppendefinition. Geschmack dient der Gruppenabgrenzung. Wechselnde Moden, Stile und Trends sind eine Form der Auseinandersetzung zwischen Schichten und Generationen und treten gerade in individualisierten und heterogenen Gesellschaften deutlicher zutage, als in traditionellen und starren. Dabei geht der Streit vielfach um die Aufbereitung und weniger um die Themen der Kunst: „Teenager begehen Doppelselbstmord, Eltern beenden jahrelangen Streit" könnte eine boulevardeske Schlagzeile zu Shakespeares „Romeo und Julia" lauten (Schwender, 2001, S. 175). Moden, Stile und Trends erscheinen als eine Auseinandersetzung zwischen dem kulturell Alten und Neuen (vgl. auch Barkow, 1989). Ästhetische Auffassungen sind identitäts- und gruppenstiftend. Man hört und mag die Musik, die den Hörer einer bestimmten Gruppe, der er angehören möchte, zuordnet. Anhänger anderer Kunststile werden nicht selten sanktioniert, ausgelacht oder verachtet. Kollektive Vereinbarungen darüber, was schön oder „cool" ist, dienen auch der Kontrolle innerhalb der Gruppe.

Der vom Menschen gezeigte Spaß, der Zeit- und Energieaufwand sowie die Universalität über Zeiten und Räume hinweg, sind Indizien für eine evolutionäre Basis künstlerischer Kulturleistungen. Dabei erscheint leicht zugängliche Kunst einem spontanen, weil phylogenetisch vorbereiteten Verstehen zugänglich, während die so genannte höhere Kunst teilweise über ihre schwere Zugänglichkeit definiert wird. Es findet sich hier die elitäre Unterscheidung in seichte Kunstformen und ernste Darbietungen, wobei eine gesellschaftliche Schicht darüber zu Befinden trachtet, wie ästhetische Urteile zu treffen seien. Winterhoff-Spurk (2000) diskutiert diesen Aspekt der gesellschaftlichen Auseinandersetzung um Kultur am Beispiel des „Ekels vor dem Leichten".

Kunst und Sexualität: Künstlerische Leistungen im Tierreich kann man am deutlichsten im Kontext der Partnerwerbung beobachten. Singvögel versuchen, die Wahl der Weibchen durch ihre Darbietungen zu beeinflussen, während andere Organismen und auch der Mensch durch tanzähnliche Aufführungen ihren/seinen Körper und ihre/seine Fitness präsentieren (Miller, 2001).

Kunstvolle Werbung ist somit keine Erfindung der Medien, vielmehr ist sie eine Erfindung der Zweigeschlechtlichkeit. Sie ist ein Ausdruck der Konkurrenz zwischen sexuellen Angeboten und der Wahl durch eine oder einige Interessentinnen. Produktwerbung und sexuelle Werbung nutzen beide ästhetische Mittel. In beiden Fällen geht es nicht darum, altruistisch Informationen zu verbreiten, sondern möglichst wirksam verschiedene Interessenten anzulocken und zu verführen. Auffallend ist auch, dass die künstlerische Schaffenskraft mit der Adoleszenz voll zu erblühen scheint, um im Alter deutlich nachzulassen (Miller, 2001).

Proximate und ultimate Grundlagen der Medienrezeption

Aus einer evolutionspsychologischen Perspektive erscheinen mediale Fiktionen zunächst kontraproduktiv. Wieso verbringt unsere Spezies so viel Zeit und Energie damit? Wieso werden bei der Rezeption von Fiktionen Emotionen bei uns ausgelöst, die doch eindeutig inadäquat erscheinen müssen? Wieso leiden wir mit den Schauspielern, die im Film oder auf der Bühne lediglich so tun als hätten sie die entsprechenden vorgetragenen Emotionen?

Proximate Ursachen: Eine proximate Erklärung liefert der Aufbau unseres Gehirns, welches aus Modulen besteht, die eine jeweilige Aufgabe erledigen. So können verschiedene Module ganz unterschiedliche Einschätzungen abliefern. Das limbische System reagiert eben unmittelbar auf optische und akustische Reize. Zwar weiß unser Neokortex, dass wir im Kino sitzen und filmischen Narrationen folgen, jedoch ist dieser Teil des Gehirns nicht durchgehend an der emotionalen Evaluation beteiligt und wird in Teilen, was unser Mitempfinden angeht, ignoriert (Schwender, 2001; Grodal, 1997). Wir kennen zumeist den Unterschied zwischen Realität und Fiktion, jedoch scheint er uns ab und an egal (Rothmund et al., 2001).

Wie kann jedoch eine solche Auseinandersetzung mit einer Nicht-Realität von evolutionärem Vorteil sein? Wie zuvor schon mehrfach ersichtlich, geht es bei den Gestaltungen der Evolution nicht um das Erkennen von Wahrheit, sondern um Adäquatheit. Funktioniert eine Lösung besser als eine andere, ist sie u.U. genügend adaptiv (Viabilität; Maturana & Varela, 1984; vgl. auch Trivers, 2002).

Ultimate Ursachen: Wie bereits deutlich wurde, verbessert unsere Fähigkeit zur Imagination (innerer Simulator) unsere Überlebens- und Reproduktionschancen als Jäger und Sammler. Die Funktion der Fiktion liegt im gefahrlosen ausprobieren hypothetischer Situationen. „Wenn wir in ein Buch oder einen Film eintauchen, sehen wir atemberaubende Landschaften, sind mit wichtigen Leuten auf Du und Du, verlieben uns in hinreißende Männer oder Frauen, beschützen die, die uns nahe stehen, erreichen unmögliche Ziele und besiegen üble Bösewichte" (Pinker, 1999, S. 539). Fiktionale Medieninhalte sind insofern bebilderte und vertonte Probehandlungen (Bente & Feist, 2000; Schwab, 2001). Ähnlich wie in vielen Spielen wird zwangsläufig die komplexe – meist soziale – Realität des Lebens auf stereotype Figuren und Situationen im Umfeld moralischer Konflikte reduziert. Auch Oatley (1999) beschreibt fiktionale Texte als Simulationen im Sinne der Kognitionswissenschaften. Historisch leitet er diese Idee aus der Idee der Fiktionen als Träume oder Imaginationen ab. „A play or a novel runs on the minds of the audience or reader as a computer simulation runs on a computer" (Oatley, 1999, S. 105).

Emotionale Medienthemen: Freude bzw. Lust (s.u.) erleben wir bei Dingen, die unsere Fitness erhöhen, so haben wir auch Spaß am Erkennen kausaler Zusammenhänge (Dörner, 1999), die nach Schwender (2001) besonders effektiv in sozialen Narrationen transportiert werden können. Fiktionale emotionale Erzählungen eignen sich besonders als moralische Instrumente, da es ohne Emotionen auch keine Wertmaßstäbe gibt. Wir können aus Fiktionen lernen, wie wir uns verhalten und fühlen sollten oder könnten.

In fiktionalen Filmen und Literatur sind wir es gewohnt, in erster Linie strategische Informationen zu erhalten, meist haben diese Strategien der Informationsgabe unsere Emotionen als Ziel. Als erfahrene Rezipienten eines Films achten wir deshalb auf das, was wir zu sehen, oder gerade nicht zu sehen bekommen. Effektive Unterhaltung versorgt unsere evolvierte mentale Architektur mit den für unsere EPMs zugänglichen Problemen, diese müssen genügend nahe an den für den Homo sapiens sapiens und seine Ahnen gültigen evolutionären Problemen verortbar sein. Die Endziele der Evolution – Reproduktion und Überleben – betonen Liebe, Sexualität, Kampf, Flucht, Kooperation und Betrug etc. (Bischof, 1985; Cosmides & Tooby, 1992). Narrative Spannung wird dadurch erzeugt, dass die Ziele des einen auf die Widerstände eines anderen treffen, ein Konflikt und dessen Lösung steht also zumeist im Zentrum des Geschehens. Mit dem Film simulieren wir Zug und Gegenzug sowie entsprechende Konsequenzen, wir kalkulieren Ereignishorizonte (Dörner, 1999), hoffen und fürchten unsere Prognosen. „They [Novellen, Theaterstücke und Filme] offer a laboratory space that, relative to real life, is save and can make the relations of emotions to goals and action easier to understand" (Oatley, 1999, S. 112).

Dabei beurteilen Rezipienten die wahrgenommene Realität einer Geschichte auch entlang der Kategorien des im Gedankenexperiment Film gesetzten Kontextes. Wie realistisch ein Film erlebt wird, ist deshalb keine absolute Größe (Rothmund et al., 2001).

Massenkommunikation als evolutionspsychologisches Feldexperiment: Unter einer evolutionspsychologischen Perspektive betrachtet Schwender (2001) Massenkommunikation als eine Art Feldexperiment mit unterschiedlichen Attrappen. Einer Vielzahl von Versuchspersonen werden Medieninhalte angeboten und man kann beobachten, welchen sich in erster Linie zugewandt wird. Gattungen- und Genrezuweisungen verschiedenster Medienangebote sind jedoch evolutionstheoretisch neu zu konzipieren. Gängige Einteilungen mischen produktionsästhetische, inhaltliche und Genrezuordnungen meist wahllos. Schwender (2001) erfasst in seiner Untersuchung 13948 Sendungen (10000 Stunden) mit Stichproben über einen Zeitraum von einem Jahr (1998/1999) entlang zweier Programmzeitschriften und Internetdaten. Nahezu die Hälfte der Programmzeit wurde im untersuchten deutschen Programmangebot mit fiktionalen Inhalten gefüllt. Das Programm wurde mehrdimensional, besonders nach evolutionspsychologischen Erkenntnisinteressen kodiert. Inhaltlich wurde unterschieden zwischen Partnerschaft (12,6% / Soap Operas und Melodramen als fiktionale Formen von Klatsch und Tratsch), Action (20,8% / Krimis und Abenteuerfilme als Kampf, Betrügerdetektion, Bestrafung), Sex und Erotik (1,5% / als Sonderform von Partnerschaft und -wahl) Prominenz (5,3%), Nichtsoziales (4,2% / Wissenschaft, Umwelt, Technik) und Humor (12,7% / vielfach auch aggressiver Humor).

„Wenn Sprache – also Klatsch und Tratsch – das Mittel ist, das eine Gruppe konstituiert, dann ist Massenkommunikation das Mittel, das Massen organisieren kann, sofern diese in bedeutendem Umfang rezipiert werden. Gedruckte Literatur, ausgestrahlte Radio- und TV-Programme und Filmvorführungen sind *das Kraulen von Millionen*. Gemeinschaft definiert sich nicht mehr nur als Sprachgemeinschaft, sondern als Mediengemeinschaft" (Schwender, 2001, S. 312).

Zusammenfassung

Es lässt sich festhalten, dass Film- und Fernsehtechnik die Architektur unserer Sinnesorgane und unseres Gehirns nutzen, um angestrebte Wahrnehmungseffekte zu erzeugen. Das Gestaltetsein dieser Organe ist jedoch ganz entscheidend ein Produkt evolutionärer Selektion. Medienprodukte lassen sich als kunstvolle Versuche beschreiben, das psychologische Gestaltetsein des Menschen zu simulieren und ihn so zugleich zu manipulieren. Verschmelzungsfrequenz und Phi-Effekt zeigen, wie Medientechnologien die Anpassung unserer Wahrnehmungsorgane an eine (vergangene) Ökologie nutzen, um Rezeptionseindrücke zu erzeugen. Auch das Erleben räumlicher Tiefe wird durch die Simulation von Hinweisreizen für reale Raumtiefe in einer nicht-tiefen (zweidimensionalen) Projektion hergestellt (Texturen, Perspektive, Lichtverhältnisse, Verdeckungen etc.). Die Verwendung der Schärfe macht deutlich wie die Kameradramaturgie in Anlehnung an unsere visuellen Aufmerksamkeitsprozesse den Fokus des Betrachters zu lenken sucht oder sogar hin und wieder psychosomatische Phänomene (drohende Ohnmacht) nachzustellen versucht. Die Gestaltung von Kameraposition und Einstellungsgröße nutzt anscheinend Gesetze der Proxemik und unterstützt Perspektivenübernahmen, Affektansteckung und Empathie beim Zuschauer. Bewegung, Schnitt und weiter kameradramaturgische Gestaltungsmittel lassen sich ebenfalls zur Unterstützung emotionaler Effekte einsetzen. Dabei besitzen die Stilmittel meist keine direkte emotionale Bedeutung, sondern können unterstützend im Zusammenwirken mit der filmischen Narration emotionale Tönungen herausarbeiten. Neben der Kameradramaturgie lassen sich eine Vielzahl technischer Möglichkeiten beschreiben, die das (Tele-)Präsenzerleben oder das Erleben von Gegenwärtigkeit beim Rezipienten unterstützen sollen. Fernseh- und Kinotechnologien bemühen sich in erster Linie um Innovationen in Richtung sensorische Tiefe und Breite.

Das emotionale Filmerleben wird jedoch auch entscheidend vom Setting geprägt, in dem das Medienprodukt rezipiert wird. Das herkömmliche Fernsehgerät und der Kontext, in dem man TV-Angebote nutzt, unterscheiden sich deutlich vom Heimkino-Equipment, dessen Nutzungskontext oder dem Rezeptionsstil und der Kommunikationssituation bei einem Kinobesuch.

Jedoch scheinen nicht nur formale Gestaltungsmittel und Medientechnologie kompatibel zu unserer evolvierten mentalen Architektur bzw. zur Struktur unserer Wahrnehmungsorgane und unseres Gehirns zu sein, auch die Inhalte verschiedenster Medienangebote lassen sich unter einer evolutionären Perspektive betrachten. Verschiedene Genres unterscheiden sich vor allem entlang der in ihnen erzählten Geschichten. Das Erzählen von Geschichten geschieht bei unserer Spezies zumeist mit Hilfe der Sprache. Die Phylogenese der Sprache scheint jedoch in engem Zusammenhang zu stehen mit der Aufrechterhaltung von Kohäsion und großen Primatengruppen, sie dient als soziale Kontaktpflege (vergleichbar dem Grooming). Eine phylogenetisch entscheidende Funktion der Sprache scheint die Weitergabe von Klatsch und Tratsch als soziales Bindemittel. Exklusive und eigentlich verschweigenswerte Informationen geben uns mögliche Vorteile in unseren sozialen Umwelten, wobei es nicht erstrebenswert ist, alles über jeden zu wissen. Personen und Themen mit mutmaßlich hoher Fitnessrelevanz sind von besonderem Interesse. Klatsch und Tratsch installieren und deinstallieren Koalitionen. Auf prominente Medienpersonen scheint der Rezipient wie auf Attrappen zu reagieren. Er sieht sie als potentielle Rivalen oder Kooperationspartner (parasoziale Beziehung) und will folglich möglichst viel über ihre privaten Lebensumstände erfahren. So sind Medienprominente zwar ein evolutionär unerwartetes, teilweise kunstvoll inszeniertes Phänomen, welches jedoch zugleich in der Lage ist, unsere phylogenetisch entwickelten Wahrnehmungsneigungen und Interessen zu bedienen. Massenkommunikation ist unter dieser

Perspektive vergleichbar mit dem „Kraulen von Millionen“ zur Erzeugung einer Mediengemeinschaft.

Nicht selten suchen Rezipienten in Medienproduktionen nach etwas ästhetischem, etwas Schönem in künstlerisch aufwendig gestalteten Produkten. Nicht selten wird dies jedoch auch vorwurfsvoll vermisst oder bestimmten Medienangeboten abgesprochen. Schönheit verweist jedoch unter einer evolutionären Perspektive aus Fitnessvorteile. Wie alle evolvierten emotionalen Mechanismen ist auch das Schönheitserleben abhängig von Bedürfnissen und Merkmalen des wahrnehmenden Individuums. Kunstproduktionen dienen dem (emotionalen) Selbstausdruck, als Erkennungszeichen einer Gruppe, als Anzeichen von Hierarchie und Status oder als Aufmerksamkeitssignal. Kunst dient jedoch auch wie Schönheit als Medium der Partnerwahl. Kunstvolle Werbung ist keine Erfindung der Medien, sondern eine Innovation der Zweigeschlechtlichkeit. Die Werbung hat in beiden nicht das Ziel, altruistisch Informationen zu verbreiten, sondern möglichst wirksam verschiedene Interessenten anzulocken und zu verführen.

Die abendländische Kultur- und Kunstdiskussion hat sich vor allem auf den Status- und Hierarchieaspekt künstlerischer Darbietungen konzentriert. Geschmacksstreitigkeiten dienen häufig der Gruppenabgrenzung. Auch Moden, Stile oder Trends scheinen eine Form der Auseinandersetzung zwischen Schichten und Generationen in individualisierten und heterogenen Gesellschaften, wobei eine gesellschaftliche Gruppe darüber zu Befinden beabsichtigt, wie ästhetische Urteile zu treffen sind.

Psychologen versuchen in erster Linie proximate Begründungen der Unterhaltungsnutzung und der Unterhaltungswirkung anzubieten. Die evolutionäre Perspektive betont die Modularität unserer mentalen Architektur, die sich auch in den Strukturen unseres Gehirns beschreiben lässt. Neurologische bzw. mentale Prozesse mögen bei der Medienrezeption parallel und verteilt und nicht immer integriert verlaufen. Ultimat lässt sich fiktionale Medienrezeption mit unserer Fähigkeit zur Phantasie, Vorstellung und Imagination vergleichen. Fiktionale Medieninhalte sind bebilderte und vertonte Probehandlungen. Neben der Phantasie ist wohl auch das Spiel eine Adaptation, in dessen Kontext fiktionale (auch ausagierte) Narrative eine wichtige Rolle spielen. Unterhaltung versorgt unsere evolvierte mentale Architektur mit den für unsere EPMs zugänglichen Problemen, diese müssen genügend nahe an den für den Homo sapiens sapiens und seine Ahnen gültigen evolutionären Problemen verortbar sein. Die Ziele der Evolution betonen Liebe, Sexualität, Kampf, Flucht, Kooperation und Betrug etc. (Bischof, 1985; Cosmides & Tooby, 2000). In Auseinandersetzung mit dem Film simulieren wir Zug und Gegenzug sowie entsprechende Konsequenzen. Dabei trainieren wir u.a. unsere mentalen Strategien zur Prognose von in erster Linie sozialen Ereignishorizonten.

Unterhaltungsrezeption

Sichtet man die wissenschaftliche Literatur zur Unterhaltung, so ist es erstaunlich, wie wenig Theoriebildung und Grundlagenforschung im Vergleich zur Betrachtung kognitiver Aspekte der Medienwirkung zu diesem Thema vorliegt (Winterhoff-Spurk, 1999b; Zillmann & Vorderer, 2000; Bonfadelli, 1999). Für die Psychologie im Allgemeinen wie für die Medienpsychologie im Besonderen ist die Unterhaltung als wissenschaftliches Problem ein vernachlässigtes Thema. Andererseits lässt sich das so genannte „Informationszeitalter", mit gleichem Recht auch als „Entertainment Age" beschreiben (Zillmann & Vorderer, 2000). Lange Zeit hat sich an der diesbezüglich unbefriedigenden Forschungssituation wenig geändert (vgl. dazu auch Bente & Fromm, 1997; Bosshart & Hoffmann-Riem, 1994; Kübler, 1994; Vorderer, 1997; Bonfadelli, 1999). Aktuell lässt sich eine auf verschiedenste Disziplinen verstreute Forschungslandschaft beschreiben, der es vor allem an der Integration der Einzelergebnisse mangelt (Zillmann & Vorderer, 2000). Erst kürzlich wurde von Früh (2002) der Versuch unternommen, die verschiedenen Ansätze und Ergebnisse der „Unterhaltung durch das Fernsehen" in einer integrativen Theorie zu vereinen.

Im Folgenden werden wichtige bestehende Konzepte zur Erklärung der Unterhaltungsrezeption skizziert, um davon ausgehend eine emotionspsychologische Perspektive einzuführen, die vor allem evolutionsbiologische (darwinistische) Ideen der Emotionalität berücksichtigt. Bestehende Forschungstraditionen werden in explorative und theoriegeleitete Ansätze unterschieden werden (für einen detailreicheren Überblick siehe Vorderer, 1996a). Im Mittelpunkt steht die Übertragung evolutionspsychologischer Konzepte auf die Unterhaltungsrezeption, wobei Emotionen als ein Paradebeispiel „Evolvierter Psychischer Mechanismen" (EPMs) diskutiert werden.

Explorative Ansätze

Uses and Gratification: Fragt man Rezipienten direkt nach dem „Warum" ihrer Zuwendung zum Medium, so erhält man meist als Antwort, dass es sie „interessiere", dass sie die „Zeit totschlagen" wollen oder sie verweisen auf den „Spaß" an der Rezeption. Die gesammelten oberflächlich wirkenden Antworten wurden zusammengefasst oder mit den statistischen Gruppierungsverfahren der Cluster- oder Faktorenanalyse komprimiert und systematisiert (für einen Überblick, Kritik und Weiterentwicklungen siehe Bonfadelli, 1999). Besitzt eine Disziplin kaum theoretische Modelle, aus denen sich Hypothesen ableiten lassen, ist dieses explorative Vorgehen ratsam. Ein solches Vorgehen findet häufig im Rahmen des „Uses and Gratification"-Ansatzes statt. Er stellt die Frage „Was machen die Menschen mit den Medien?"(Rosengren & Windahl, 1989).

Das Eskapismuskonzept: Beim Eskapismuskonzept wurde zunächst vermutet, dass die Rezipienten aus ihren unbefriedigenden Lebensverhältnissen kognitiv und emotional auszusteigen versuchen (vergleichbar dem Tagträumen). Fiktionen und virtuelle Welten können so ohne die Gefahr, selbst Schaden zu nehmen oder die Verantwortung tragen zu müssen, erfahren werden. Die Begründungen für die Flucht fiel je nach theoretischer Herkunft und historischem Hintergrund der Forscher unterschiedlich aus. Zunächst wurde vermutet, dass ältere, ungebildete und ärmere Personen Unterhaltung besonders exzessiv nutzen, da sie in einer sozial unattraktiven Situation leben. In den 1960ern und 1970ern machte man die entfremdeten Lebens- und Arbeitsbedingungen der Unterschicht verantwortlich. Schließlich fand man, dass nahezu alle gesellschaftlichen Schichten eskapistisches Mediennutzungsverhalten zeigen (Groeben & Vorderer, 1988) und jede Mediennutzung zudem eskapistische Bedürfnisse befriedigen kann (McQuail, 1985).

Mit Katz und Foulkes (1962) betont Bonfadelli (1999) die Vieldeutigkeit des Eskapismusbegriffs (a) als Bedürfnis, welches die Rezeption motiviert, (b) als das Spezifische der Rezeption selbst, (c) als bezeichnend für bestimmte Medieninhalte und (d) als persönlichkeitsverändernde (-schädigende) Folge der Rezeption. Zudem besteht bei der eskapistischen Erklärung der Unterhaltungsrezeption die Gefahr eines „Third Person"-Effekts (Davison, 1996). Menschen neigen demnach dazu, davon auszugehen, dass Andere von Medien stärker beeinflusst werden als sie selbst. Der Effekt tritt umso deutlicher zu Tage, wenn eine besondere soziale Distanz zur Referenzgruppe vorliegt oder die Urteilenden sich durch höhere Bildung auszeichnen.

Neuere Darstellungen scheinen sich weniger deutlich auf eine Realitätsflucht zu beziehen, vielmehr wird zunehmend die Frage nach dem „weg von" durch eine Betrachtung des „hin zu" ersetzt (etwa Mikos, 1994; Vorderer, 1996a).

Theoriegeleitete Ansätze

Neben der Eskapismusthese lassen sich nach Vorderer (1996a) zwei weitere Bezugssysteme unterscheiden: Erregungspsychologische Konzepte und psychologische Einstellungsmodelle. Auf Letztere soll hier nicht eingegangen werden, da sie zur Beantwortung der Fragestellung (noch) wenig beitragen können.

Erregungspsychologische und -physiologische Konzepte

Erregungsmanagement: Erregungstheoretische Modellannahmen der Psychologie oder Psychophysiologie gehen davon aus, dass wir handeln, um bestimmte physiologische Erregungszustände, die wir als angenehm erleben, herbeizuführen oder aufrechtzuerhalten. Menschen suchen eine Reduktion oder Steigerung ihres Erregungsniveaus. Das Erregungsoptimum kann sowohl interindividuell (entlang bestimmter Persönlichkeitsmerkmale), als auch intraindividuell (etwa entlang verschiedener Situationsmerkmale) unterschiedlich ausfallen (vgl. auch Donohew & Tipton, 1973; Früh, 1978).

Neugier und Exploration: Berlyne (1960) entwickelte eine empirische Ästhetikforschung (New Experimental Aesthetics) mit dem Konzept der Neugiermotivation in ihrem Zentrum. Die Bedingungen für dieses Verhalten sieht Berlyne vor allem in den Qualitäten der Objekte oder Stimuli. Zu den Merkmalen gehören: Komplexität, Neuartigkeit, Überraschungswert, Ambiguität und Ungewissheit. Beim kognitiven Vergleich des Objektes mit Gedächtnisinhalten kann dies bei Diskrepanzen zu Erregung führen, die nur durch Exploration des Objektes reduziert werden kann. Dabei verhält sich das Erregungspotential zum hedonischen Wert eines Objektes entsprechend einer inversen U-Funktion (mittelkomplexe, mittelneuartige, mittelambige usw. Objekte besitzen also hohe hedonische Qualität). An den beiden Enden der Funktion empfindet der Medienrezipient Langeweile oder Überforderung. Betont werden muss, dass die Merkmale des Stimulus stets relativ zu den Wahrnehmungs-, Verhaltens- und Geschehnisschemata des Wahrnehmenden betrachtet werden müssen (Dörner, 1999). Ein integratives Modell der Aufmerksamkeit und Entwicklung schlagen Rice, Huston und Wright (1984) vor und beziehen über eine Verschiebung ihrer Verstehenskurve kognitive Entwicklung und Medienerfahrung des Rezipienten mit ein.

Angst und Angstlust: Dieser Ansatz wurde vor allem hinsichtlich der Selektion audiovisueller Angebote weiterverfolgt (Zuckerman, 1979; Vitouch, 1993). Dabei werden inter- oder intraindividuelle Unterschiede betont, wie etwa in Zuckermans (1979) Untersuchungen zu Persönlichkeitsunterschieden mit Hilfe des Konzepts der „sensation seekers". Diese Personen sind vermehrt auf der Suche nach „thrill"-Erfahrungen. Eine Idee, die auf den Psychoanalytiker Balint (1956) zurückgeht, der aufgrund der frühen Bindungserfahrungen der Kindheit verschiedene Persönlichkeitsausformungen hinsichtlich ihres Bedarfs an Angstlust (= „thrill") unterscheidet. „Sensation seekers" sollten dementsprechend besonders spannende Unterhaltungsangebote auswählen.

Eine spezifische Form der Erregung im weitesten Sinne hat Vitouch (1993) betrachtet. Unter dem Aspekt der Ängstlichkeit differenziert er zwischen „Repressern" und „Sensitizern". „Sensitizer" suchen aktiv nach Informationen, um Gefahrenhinweise zu entdecken und diese Situationen zu meiden, damit Angst als unangenehmer Erregungszustand nicht erlebt werden muss. „Represser" unterdrücken Angst erregende Umweltreize und suchen angstfreie Situationen. Letztere sollten stereotype, altbekannte unterhaltende Medienangebote bevorzugen, Erstere sollten eher an Nachrichten interessiert sein und diese nach möglichen Gefahrensignalen durchsuchen. Auch die Vielseherforschung hat vor allem die Angst erzeugenden Wirkungen des Fernsehens zum Thema: Das Fernsehen zeige eine insgesamt bedrohliche Welt; wer sich dieser Welt in starkem Maße aussetze, müsse dieses Weltbild – so die Annahme – im Laufe der Zeit übernehmen. Es finden sich vor allem korrelative Hinweise darauf, dass Vielseher ängstlicher, sozial isolierter, passiver, dogmatischer, ja sogar reizbarer, feindseliger und unglücklicher als andere Zuschauergruppen sind (etwa Vitouch, 1993).

Stimmungsmanagement: Besonders fruchtbar erwies sich der situationistische Ansatz Zillmanns, die so genannte „Mood-Management"-Theorie (1988). Der Autor betrachtet Menschen als hedonistische Wesen, welche schlechte Stimmung vermeiden und durch weniger schlechte oder gute zu ersetzen trachten bzw. danach streben, ihre gute Stimmung aufrechtzuerhalten. Beim Management der eigenen Stimmung handelt es sich um einen meist unbewussten Mechanismus, weshalb sich Befragungen als Untersuchungsinstrument kaum eignen. Zillmann verwendet in seinen Studien in erster Linie Beobachtungsdaten. Bei seinem „Selective Exposure" -Ansatz werden Medienangebote ausgewählt, die mit einer bestimmten Wahrscheinlichkeit zu einer bestimmten Stimmung beitragen. Bryant und Zillmann (1984) haben in verschiedenen Experimenten Langeweile oder Stress induziert und in einer Wartesituation verschiedene Medieninhalte zur Wahl dargeboten. Gelangweilte wählten vor allem aufregende Angebote, während die gestressten Versuchspersonen beruhigende Inhalte vorzogen. Mit den vorgestellten Konzepten ist es jedoch nur teilweise gelungen, das Phänomen Unterhaltungsrezeption zu beschreiben und im Ansatz zu erklären.

Emotional getönte Genres: Einen weiterführenden Vorschlag macht Grodal (1997), wenn er emotional getönte Genres unterscheidet. Er schlägt vor, acht Genre-Prototypen entlang ihrer emotionalen Tönung zu charakterisieren. Assoziativ-lyrische Erzählungen (1), kanonische aktionsorientierte Narrative (2), obsessionale Fiktionen paratelischer Kognitionen und Inszenierungen (3), Melodramen, die eine passive Position des Protagonisten beschreiben (4), Horrorfiktionen (5), schizoide Fiktionen (6), Komödien (7) und Metafiktionen

(8). Dabei geht er davon aus, dass die Rezipienten bei der Wahl eines Genres die emotionale Wirkung als wichtigen Entscheidungsparameter berücksichtigen, während die Produzenten genau diese emotionale Wirkung zu optimieren trachten. Grodal (1997) unterstellt natürlich kein angeborenes Genresystem, sondern vermutet zu Grunde liegende emotionale Funktionen und Schemata, welche die emotionale Tönung des Films bestimmen. Veränderungen bestimmter Genreparameter und Genremischungen sollten deutliche Effekte auf die jeweilige emotionale Tönung zeigen.

Identitätsmanagement und parasoziale Interaktion

Vorderer (1996a) kritisiert an der Unterhaltungsforschung die Vernachlässigung von Rezeptionsprozessen, die mit negativen oder belastenden Zuständen und Erfahrungen einhergehen: das Buch, das traurig macht; der Film, der Ekel und Furcht hervorruft. Etliche Rezipienten von Unterhaltung nutzen jedoch solche Angebote, wählen sie freiwillig aus, obwohl sich nur schwer ein genügend starker positiver, tätigkeitszentrierter Anreiz entdecken lässt (Vorderer & Knobloch, 2000; Vorderer, 1998).

Vorderer (1996a) bringt die Unterhaltungsrezeption mit der Identität bzw. dem Selbstkonzept der Zuschauer in Zusammenhang. Fiktionale Geschichten könnten – über die Auseinandersetzung mit der eigenen Biographie – einen Beitrag zur Erweiterung oder Stabilisierung der eigenen Identität leisten. Eine Hypothese wäre, dass Rezipienten jene Geschichten wählen, die ihnen zur Bewältigung ihrer Lebensprobleme funktional erscheinen (vgl. auch Vorderer, 1998). Medienfiguren können im Prozess der Rezeption zu guten Bekannten werden, welche Lebensentwürfe liefern. Diese Identitätsarbeit muss dann aber nicht immer zu einer positiven Veränderung der eigenen Stimmung führen oder dies als Ziel haben. Es geht bei dieser Perspektive um das Nutzen von gefahrlosen Schonräumen, denen man sich – nicht unbedingt ohne jegliche Belastung – aussetzen kann. Identitätsarbeit bedeutet für Vorderer zugleich Beziehungsarbeit, was den Forschungsgegenstand der parasozialen Beziehung (Vorderer, 1996b) relevant werden lässt. Oatley (1999) beschreibt dies als einen Prozess der Einsicht, bei dem emotionales Erleben und Miterleben eine zentrale Rolle spielt. Fiktionale Geschichten mögen die Verarbeitung selbstrelevanter Emotionen und die Einsicht in uns antreibende Motive leichter möglich machen als dies in vielen Alltagssituationen der Fall ist.

Unterhaltung als Makroemotion

Früh (2002) beschreibt in seiner kommunikationswissenschaftlichen Theorie der Unterhaltung (durch das Fernsehen) zwei parallele Verarbeitungsebenen (Mikro-Makroebene) vor dem Hintergrund verschiedener Kontrollprozesse (Passung). Unterhaltung wird nur möglich, wenn Personenmerkmale, Medienangebotsaspekte und soziale bzw. gesellschaftliche Situation in einer Art Passung Unterhaltungserleben zulassen. Unterhaltung stellt nach Früh (eb.) ein positives Erleben dar, welches im Prozess medialer Informationsverarbeitung generiert wird. Während auf der Mikroebene verschiedene „Als-ob"-Emotionen (auch negative) erlebbar sind, generiert Unterhaltung ein tendenziell positives Hintergrunderleben, welches einen retrospektiven, aktuellen und prospektiven Aspekt besitzt. Positive mit Unterhaltung einhergehende Erwartungen können sich auf verschiedene zeitlich kurzfristige bis langfristige Ziele beziehen (Lustgewinn, Persönlichkeitsentfaltung, Identitätsfindung etc.). Von besonderer Relevanz ist die Souveränität und Selbstbestimmung des Unterhaltungsrezipienten. Die zu Grunde liegende Idee einer Multiemotionalität ist auch mit Scherers Appraisal-Ansatz kompatibel, wobei sich bei Früh die Mikroemotionen auf medial dargebotene Situationen beziehen, während Unterhaltung als Makroemotion die Rezeptionssituation des Nutzers evaluiert (inklusive der erlebten „Als-ob"-Emotionen) (vgl. Scherer, 1998; Mangold, Unz & Winterhoff-Spurk, 2001). Meist erlangt die Hintergrund-Makroemotion erst postrezeptiv Aufmerksamkeit, jedoch können auch schon kleinere Szenen durchaus unterhaltend evaluiert werden. Auf der Mikroebene sind empathische Prozesse oder so genannte Kommotionen (Scherer, 1998) zum Erleben der dargebotenen Emotionsepisoden von besonderer Bedeutung.

Empathie und Theory of Mind

Die Fähigkeit, sich in die Vorstellungswelten, Sichtweisen und Annahmen anderer hineinzuversetzen, ist eine grundlegende Kompetenz, um sich auf fiktionale Narrative verschiedenster Art einzulassen. Grodal (1997, S. 280) formuliert dies so: „Fiction films are about human concerns, and it follows that identification with and simulation of the cognitive, motivational-affective, and enactive processes of the protagonists are central activities in film-viewing."

Zentral ist die Einfühlungsfähigkeit in den emotionalen Zustand des Schauspielers bzw. Protagonisten. Hierzu nutzt die filmische Erzählung evolvierte Mechanismen der Stimmungsübertragung (Bischof-Köhler, 1989; Preston & de Waal, 2002) und des Zeiterlebens (Erwartungen, Prognosen) sowie der Phantasie (Bischof, 1989, 1996).

Die zuvor beschriebene „Theory of Mind" (TOM) lässt den Begriff der Identifikation in neuem Licht erscheinen. Wir müssen uns nicht an die Stelle einer medial dargebotenen Figur versetzen. Die TOM-Module erlauben vielmehr einen Einblick in die Innenwelt der anderen (fiktionalen) Person. Beim empathischen Verstehen des Protagonisten durch den Rezipienten, empfindet jener die Emotionen der anderen nach. Damit die Empathie gelingt, benötigt der Zuschauer neben einer Darstellung der Situation, in der sich der Protagonist befindet, auch Informationen über nonverbale Reaktionen, Gestik, Mimik oder parasprachliche Phänomene. Die subjektive Kamera als alleiniges Stilmittel lässt kaum etwas über den Zustand des anderen erkennen und fokussiert vielmehr visuell auf eine Protagonistenperspektive der (emotionalen) Situation. Oatley (1999) beschreibt die Prozesse emotionaler Rezeption: Identifikatorische Prozesse versteht er als Übernahme der Ziele und Pläne des Protagonisten. Ereignisse und Handlungen der Geschichte werden sodann in Relation zu den Zielen des Protagonisten emotional evaluiert. Die erlebte Emotion ist jedoch die des Rezipienten. Im Modus der Einfühlung (Sympathy) schreibt der Rezipient den Charakteren Emotion aufgrund der Geschichte zu, die er sodann mitfühlend selbst erlebt. Schließlich kann die Rezeption autobiographische emotionale Erinnerungen auslösen, welche dann aus einer optimalen ästhetischen Distanz eine erneute Verarbeitung erfahren können (Assimilation, Einsicht).

Die emotionalen Darbietungen des Schauspielers sind ein zentrales Merkmal seiner Glaubwürdigkeit sowie jener der dargebotenen Geschichte. Mimik,

Stimme und Gestik sollen Betroffenheit, Anteilnahme und Involvement (Vorderer, 1998) beim Zuschauer erzeugen. Ein wichtiger Bestandteil der Schauspielkunst ist die Vermittlung des emotionalen Zustandes des Protagonisten. Entwicklungspsychologisch hat das Schauspiel seine Basis wohl im „pretend play" der Kinder. Soziale Rollen werden im Spiel eingeübt und soziale Kooperation trainiert. Dabei ist die Fähigkeit, die Emotionen anderer zu verstehen und deren Pläne und Absichten zu erschließen, eine wichtige Grundlage kommunikativen Miteinanders. All dies wird im gemeinsamen „pretend play" eingeübt (vgl. Buck, 1999; emotional education).

Themen: Medial präsentierte Fiktionen sind vor diesem Hintergrund verstehbar als das Durchspielen von Handlungskonstellationen und deren Konsequenzen (Schwab, 2001). Unter evolutionspsychologischer Perspektive ist zu erwarten, dass unser internes Probehandeln in erster Linie soziale Sachverhalte anbelangt, besonders solche, denen man große Relevanz zuschreibt. Mit Barkow (1989) lässt sich vermuten, dass grundlegende Themata weitgehend evolutionär in unserer mentalen Architektur verankert sind, während vor allem komplexere Handlungspläne und Unterziele einer kulturellen Formung unterliegen. Wichtig scheinen in filmischen Auseinandersetzungen mögliche Situationen mit besonders negativen Konsequenzen („sad film paradox", Gleich, 2001; Vorderer & Knobloch, 2000). Die jeweiligen (tieferen) Inhalte des Probehandelns sind vornehmlich bestimmt durch evolutionäre Themen oder Problemstellungen (Schwender, 2001, S. 91):

- Wie schütze ich mich vor Schaden?
- Wie finde und halte ich Geschlechtspartner?
- Wie beschütze ich meine Nachkommen, Verwandten und Sexualpartner?
- Wie werde ich Rivalen los?
- Wie finde und halte ich Kooperationspartner?
- Wie stelle ich mich positiv dar?
- Etc.

Intensive Phantasien können bis zur Aufhebung des Zweifels an der Wirklichkeit des phantasierten und der Hingabe an die Vorstellungen beim Probehandeln erlebt werden. Solch phantasiertes Probehandeln kann auch stellvertretend von anderen durchgeführt werden (Buchautoren, Filmproduzenten etc.). Perspektivenübernahme, Empathie und die Mechanismen im Umfeld der „Theory of Mind" erlauben den Bezug auf den Rezipienten und dessen Erleben und Handeln. Medien wie TV und Kino bedienen einerseits direkt die Wahrnehmung, bieten jedoch gleichzeitig Inhalte für Phantasien und Vorstellungen. Versteht man Probehandlungen und Phantasien als präventive Problemlösungsstrategien sind Mediendarstellungen teilweise als deren audiovisuelle Darstellung zu verstehen (Schwender, 2001).

Emotionen: Rezipieren wir einen Film als eine Art „Sandkastenmodell" der Welt, geschieht dies nie emotionslos. Die erlebten Emotionen liefern entscheidende Hinweise zur Interpretation der dargebotenen Welten. Die physikalische Welt an sich ist zunächst wertfrei, nicht jedoch die Ökologie, in der wir leben (Bischof, 1989, 1995); sie erlangt Bedeutung durch die emotionale Evaluation der jeweiligen Umweltaspekte und -ereignisse. Mit den Emotionen, die durch bestimmte Aspekte und Ereignisse der Umwelt ausgelöst werden, ändert sich auch die

Interpretation der in der emotionalen „Färbung" wahrgenommenen sonstigen Informationen aus der Umwelt (Cosmides & Tooby, 2000), wobei der Kern jedes emotionalen Mechanismus stets ein Produkt selektiver evolutionärer Kräfte darstellt. Sie sind gestaltet, um mit lebenswichtigen Problemen in einer Art und Weise zu verfahren, die für die Mehrheit unserer Vorfahren für die meiste Zeit unserer Phylogenese von Vorteil war (Buss, 1999; Barkow, Cosmides & Tooby, 1992). Dies bedeutet nicht, wie bereits mehrfach betont, dass jede Emotion auch aktuell stets von Vorteil sein muss. Außerdem bedeutet dies nicht, dass es sich lediglich um kurzfristige Probleme handeln muss, vielmehr geht es um Problemkonstellationen auf dem Wirkungsniveau der Lebensspannenreproduktivität, die sogar über Generationsgrenzen hinweg beachtet werden müssen (s.o. Kapitel „Evolutionspsychologische Emotionstheorien" und „Glossar").

Situations- und ausdrucksvermittelte Empathie: Schwender (2001) beschreibt ein Experiment Lew Kuleschows, der als junger Filmemacher Versuche mit der Filmmontage anstellte. In Großaufnahme wurde der ruhige, nichts sagende Gesichtsausdrucks eines Schauspielers zwischen verschiedene emotionale Situationen geschnitten. Die Zuschauer waren vom subtilen Spiel des Darstellers angeblich begeistert und beschrieben das stets gleiche Gesicht als tief versonnen, in schmerzlicher Trauer, als zart lächelnd. Die Anekdote legt eine starke Wirkung der Montage nahe. Scheinbar interpretieren wir den Filmkontext (die Situation, in der sich der Protagonist befindet) emotional und dekodieren dann den (Nicht-)Ausdruck des Darstellers entsprechend. Auch Munn berichtet 1940 ein vergleichbares Ergebnis. Interpretieren wir eher emotionale Kontexte als den Ausdruck des Darstellers? Untersucht man jedoch darstellerische Leistung unterschiedlicher Schauspieler, so lässt sich zeigen, dass expressive Schauspieler unterschiedliche Emotionen intensiver und eindeutiger darstellen. Werden also tatsächlich Emotionsausdrücke dargeboten, sind Zuschauer auch ohne Kontextinformationen in der Lage, den emotionalen Zustand des Protagonisten zu erkennen. Zudem scheinen bei Schauspielern je nach geforderter Emotion Unterschiede in der Darstellungskompetenz zu existieren (Wallbott, 1988). Außerdem zeigen Experimente zu übereinstimmenden und nicht-übereinstimmenden Informationen zwischen dargestellter Situation und mimischem Ausdruck, dass bei Übereinstimmung relativ einfach vom Rezipienten eine emotionale Urteilsbildung erfolgt, während bei nicht-übereinstimmenden Darbietungen komplexe Schlussfolgerungsstrategien Anwendung finden. Eine vereinfachende Position die eine Dominanz der Montage oder Situationsinszenierung unterstellt, ist ebenso unzutreffend wie die alleinige Betonung des Ausdrucksverhaltens unabhängig von der Passung zwischen emotionaler Darbietung und Dramaturgie der Situation (Wallbott, 1986). Die Unterscheidung zwischen Gesichtsausdruck und Situation (als Ergebnis der Montage etwa) entspricht der von Bischof-Köhler (1989) gemachten Unterscheidung zwischen situations- und ausdrucksvermittelter Empathie.

Emotionale Filmgestaltung: Neben der Darbietung emotionaler Zustände durch die Darsteller, hat der Filmemacher also die Möglichkeit, über die Gestaltung der Situation und des Filmbildes den zugeschriebenen emotionalen Zustand des Protagonisten in die gleiche (amplifizierend) oder in eine andere Richtung (diskrepant) zu beeinflussen. So hat der deutsche Expressionismus im Film die innere Welt der Empfindungen durch äußere Entsprechungen sichtbar zu machen versucht. Das Äußere stand hier für das Innere. Auch dies funktioniert, wie wir gesehen haben, durch eine Nutzung der Gestaltungsmerkmale unserer Emotionen. Ein bestimmter Emotionszustand legt einen bestimmten Interpretationsrahmen um die scheinbar objektive Wahrnehmung der Welt (Cosmides & Tooby, 2000; Bischof, 1996). Unter Angst werden Bäume zu bedrohlichen Kreaturen mit Klauen, überall vermuten oder sehen wir Augenpaare, die uns folgen, Wolken scheinen aufzuziehen und der zuvor romantische Sonnenuntergang verändert gänzlich seine Bedeutung. Dieses emotionale „framing“ nutzen Dramaturgen und Regisseure, um in umgekehrter Richtung über eine veränderte Filmweltwahrnehmung beim Rezipienten Emotionen zu induzieren.

Aber nicht nur die Bildgestaltung kann das Emotionale unterstreichen und kommentieren: auch die akustische Gestaltung in Sprache, Parasprache, Geräuschkulissen und Musik dient der emotionalen Filmdramaturgie (Schwender, 2001). So werden komplexe Tongebilde gestaltet, die Aufmerksamkeit lenken, akustische Ablenkungen verbergen und emotionale Interpretationen musikalisch untermalen. Kaum je ist die Tonspur eines Films besonders realistisch, vielmehr werden auch hier sämtliche Register der emotional veränderten (eingefärbten und getönten) Umweltwahrnehmung in einem Umkehrprozess zur Beeinflussung des Rezipienten verwendet. Vielfach könnte man von einer Art hyperrealistischen Tongestaltung sprechen. Emotional aktivierende Tonformationen werden in einer Weise amplifiziert, welche die Grenze des Realistischen längst hinter sich gelassen hat. Schwertkämpfe, Schlägereien und Schießereien klingen effektvoller als in der Realität hörbar und im lautlosen Weltraum explodieren Raumschiffe lautstark unter Verletzung physikalischer Gesetze.

Ereignisse und Stimuli des Films werden vom Zuschauer affektiv bewertet, Situationen werden emotional evaluiert, Erinnerungen werden verglichen, selbstkonzeptuelle Informationen abgeschätzt und Ziel- und Wertvorstellungen zu Rate gezogen. Es werden Alternativen berücksichtigt und der Aufwand kalkuliert. Die Prozesse während der Filmrezeption entsprechen einer Art medialen Simulation unterschiedlichster hintereinander geschalteter häufig protokognitiver Appraisalprozesse zur Generierung verschiedenster Emotionsprofile (Unz et al., 2003; Scherer, 2001). Dabei versuchen die Filmschaffenden die emotionalen Reaktionen des Rezipienten durch narrative und kameradramaturgische Inszenierungen zu lenken.

Jedoch lassen sich auch filmische Fiktionen beschreiben, die empathisches Einfühlen verringern oder zu blockieren versuchen (Grodal, 1997). So führen Komödien (etwa Slapstick-Filme) durch Genrekonventionen einen Realitätsstatus der beobachtbaren Handlungen ein, der Reaktionen erlaubt, die einer empathischen Identifikation zuwiderlaufen (etwa Schadenfreude). Grodal versucht, unterschiedliche Genres entlang ihrer Beziehung zu mentalen Funktionen zu beschreiben (eb.). Das lyrische Genre scheint ihm eng verbunden mit autonomen und paratelischen (schwach zielgerichteten) mentalen Funktionen. Kanonische Narrative entsprechen zielorientierten mentalen Funktionen, während Horrorfiktionen in einer engen Beziehung zu autonomen Reaktionen stehen, etc.

Filmschaffende versuchen also, die emotionalen Reaktionen des Rezipienten durch narrative und kameradramaturgische Inszenierungen zu lenken. Lassen sich Medienthemata finden, die zugleich auch wichtige Themata unserer Phylogenese waren oder noch sind und deshalb mit evolvierten emotionalen Mechanismen in einem engen Zusammenhang stehen?

Normen und Moral

Die Suche nach Betrügern ist eine wichtige Fähigkeit der Mitglieder kooperierender Gruppen. Tooby und Cosmides (1992) haben gezeigt, dass wir hierzu scheinbar einen speziellen EPM entwickelt haben. In den Medien finden wir sowohl in den unterhaltenden, als auch in den Informationsangeboten eine Vielzahl von Inhalten, die sich um die Detektion von fiktionalen und non-fiktionalen Betrügern drehen. Gerade Nachrichten und Magazinsendungen suchen nach Schuldigen und Verantwortlichen, die Objekte eines Skandals werden könnten.

Nicht-fiktionale Medieninhalte und Emotionen: Seriöse (TV-)Nachrichten bieten keine reinen Fakten an, die jeweilig hinzugefügte Interpretation (das so genannte Framing) schafft für den Rezipienten eine (meist emotionale) Bedeutung (Unz & Schwab, 2003). Zwangsläufig raffen die objektiven Übermittler der Nachricht die Zeit, betonen die ihrer Meinung nach wichtigen Momente und Handelnden oder Untätigen. Dabei geben sie sich besonders interesselos und bestens informiert und versuchen den eigenen Standpunkt zumeist außen vor zu lassen, all dies soll ihre Glaubwürdigkeit fördern. Personen, die einen vielfältigen Zugang zu Informationen besitzen, stehen allem Anschein nach im Zentrum kommunikativer Gruppen, sie erscheinen uns zwangsläufig bedeutsam und statushoch. Boulevard-Magazine zeigen häufig Menschen in außergewöhnlichen, oft traumatisierenden Situationen oder abnorme Menschen. Häufig sollen Emotionen wie Ekel, Trauer, Abscheu, Mitleid oder Verachtung ausgelöst werden. Vielfach dienen die Magazine auch der „Visualisierung von Gerüchten" (Schwender , 2001, S. 269).

Fiktionale Medieninhalte und Spiel: Während Melodramen, Soap Operas und Biographien meist soziale Konflikte, Krankheit und Partnerschaft thematisieren, finden sich in action-orientierten Fiktionen die Helden zumeist bedroht und müssen für ihr eigenes Überleben oder das der Familie oder der Nation kämpferisch eintreten. Fiktive kämpferische Auseinandersetzungen können im Umfeld der evolutionspsychologischen Theorien zum „play fight" diskutiert werden. Play Fighting trainiert Kinder und Jugendliche (auch tierliche) für Jagd und Verteidigung, weshalb Spielverhalten vor allem bei räuberischen Arten zu beobachten ist und seltener bei Pflanzenfressern. Primaten sind sowohl gelegentliche Fleischfresser, als auch sozial organisierte Gruppentiere, die sich mit den sozialen Gegebenheiten ihres Gesellschaftslebens zunächst spielerisch auseinander setzen. Primaten und Menschen weisen zudem eine sehr lange Jugend als Phase intensiveren spielerischen Lernens in Relation zur Lebensspanne auf. Insgesamt scheinen Homo sapiens sapiens eine äußerst verspielte Primatenart.

Im Spiel werden Realitätsaspekte mit Fiktionsaspekten gemischt, so bleibt das Wollknäuel für die Katze ein Wollknäuel und wird nicht nach mehrfachem Spielen mit einer Beute verwechselt, wiewohl die Katze es im Spiel wie ein Beuteopfer traktiert. Die Unterscheidung zur Realität bleibt im tierlichen Spiel erhalten.

Auch im Spielverhalten lassen sich deutliche Geschlechtsunterschiede nachweisen (Bischof-Köhler, 2002; Mealey, 2000). Unter Jungs gibt es ab einem gewissen Alter eine Form von spielerischem Raufen, die sich unter Mädchen nur selten beobachten lässt (stoßen, schlagen, ziehen, treten sowie das Fixieren des Gegners). Spielerisch werden Status und Rangpositionen verhandelt. An Fang- und Nachlaufspielen jedoch scheinen beide Geschlechter in gleicher Weise ihre Freude zu haben (Sprints, Hakenschlagen etc.). Es zeigt und etabliert sich mit zunehmenden motorischen Fähigkeiten eine Freude an temporeichen Aktionen (Geschwindigkeitskick). Dies schließt auch Fortbewegungsmittel wie Roller, Fahrrad, Motorrad, Autos und Pferde mit ein, deren Eigenschaften und Beherrschung prestigeträchtig (vor allem von Jungs) hervorgehoben werden. Spielzeugpräferenzen lassen sich auch bei jungen Affen nachweisen. So zeigen männliche grüne Meerkatzen eine deutliche Bevorzugung von typischem Spielzeug für Jungen, während weibliche Affen „weibliche Spielzeuge" auswählen (Alexander & Hines, 2002).

Teilweiser Kontrollverlust, Gefahr, Überraschungen und spielerische Angst, also „risk seeking" oder „sensation seeking"-Verhalten ist in viele Spielformen vor allem der Jungmänner integriert. Unser Gehirn und unser Körper wird trainiert in der Kalkulation und Vorhersage von vor allem zwischenmenschlichen Ereignissen. Während in den amerikanischen Actionfilmen vielfach prahlerische Helden mit allerlei Waffen Imponier- und Drohverhalten an den Tag legen, findet sich in den westlichen Kulturen in der Realität eine „Vermausgrauung" des erwachsenen Mannes (Eibl-Eibesfeldt, 1997). Die Kleidung wird schlicht, Männerschmuck dezent und Waffen sowie Prahlereien werden gesellschaftlich geächtet. In den filmischen Fiktionen des Kinos wird jedoch Aggression weiterhin zur Erlangung von Rang, Ressourcen und Sexualpartnerinnen eingesetzt. Bestrafung, Rache und Wut sowie imposantes Drohen sind beliebte Themen von Actionfilmen, die meist die Aufrechterhaltung, Wiederherstellung oder Veränderung von männlichen Hierarchien zu ihren Inhalten machen. Kommt es nicht zu direkter Aggression, so werden ritualisierte Kommentkämpfe ausgefochten als sportliche Turniere (etwa „Ritter aus Leidenschaft") oder geistreiche Intrigenspiele (etwa die Figur des J.R. aus der Serie „Dallas"). Dabei werden nicht selten ethnozentrische Neigungen der Zuschauer bedient, die den andersartigen Antagonisten (Aliens, „Mutanten", geisteskranke Kriminelle, bösartige Terroristen) angreifenswürdig erscheinen lassen. Das Menschsein wird definiert und andersartige Opfer werden ausgegrenzt. Positive Protagonisten bringen Opfer, zeigen Verantwortung und lassen den Rezipienten stolz auf seinen Helden sein. Männliche Helden zeigen schützende Verhaltensweisen, wie das Enttarnen, Finden, Jagen, Bestrafen und Vernichten von Betrügern. Nicht selten treten sie als männliche Brutpfleger auf, welche eigene oder altruistisch fremde Kinder und Familien beschützen und deren Ressourcen sichern. Fast regelmäßig werden sie dann auch im „Happy End" entsprechend sexuell entlohnt oder zumindest wird diese Entlohnung angedeutet (das klassische Ende vieler „James Bond"-Abenteuer). Bösewichte sind im Film meist schnell zu erkennen, sie personifizieren fitnessnachteilige Merkmale: unsymmetrisches Gesicht, Hautunreinheiten, schmutzige Kleidung, unangemessenes, auffälliges Verhalten entlang deutlich egoistischer Motive. Zudem verweigern sie zumeist Hilfeleistungen und zeigen weder Tiernoch Kinderliebe. Angetrieben sind sie von Eifersucht, Neid und Verachtung oder anderen negativen Emotionen, die sie meist überdeutlich zum Ausdruck bringen.

Betont werden muss in diesem Zusammenhang, dass gut und böse in der Evolutionspsychologie keine unabhängig definierbaren universellen Begriffe sind (Schwender, 2001; Sommer, 1993). Werte und Normen sind abhängig vom aktuellen Zustand und der Situation, in der sich die Gemeinschaft befindet. Deshalb sind ständige Anpassungen nötig, die heutzutage in den Medien vielfältig erörtert werden. Talkshows bieten eine Möglichkeit, moralische Aspekte des Miteinanders zu bearbeiten. Sie thematisieren Scham, Schuld, Peinlichkeiten unterschiedlicher Grade und lassen die Gäste nicht selten als Witzfiguren erscheinen, auf die die Rezipienten teilweise mit Spott und Hohn reagieren. Dabei scheint das gemeinsame Auslachen medienvermittelter Dritter zugleich den Gruppenzusammenhalt zu fördern. Das Lachen des Rezipienten über Personen, die von der Gruppennorm abweichen, etwa in Slapstickfilmen oder Komödien kann als milde erzieherische Aggression verstanden werden. Welche Funktion haben also Lachen und Humor aus einer evolutionären Perspektive?

Humor und Lachen

Der Ursprung des Grinsens und Lächelns wird in der Humanethologie (Eibl-Eibesfeldt, 1997) im Angstgrinsen der Primaten gesehen (s.o.). Teilweise scheint dieses Grinsen auch präventiv vor innerartlichen Bedrohungen aufzutreten. Im Kontext der Fellpflege kommt es ebenfalls zu einem freundlichen Zähnezeigen, welches der Ursprung des menschlichen Lächelns gewesen sein könnte. Beim Menschen scheint Lächeln vor allem zur Signalisierung von Zusammengehörigkeit, Spiel, Zustimmung und Befriedigung aufzutreten. Möglicherweise kann man Grinsen, Lächeln und Lachen entlang verschiedener Funktionen unterscheiden. Grinsen (etwa als „happy unfelt", s.o.) könnte dann motiviert sein als eine Kombination aus Furcht, leichtem Drohen und Unterwerfung, während Lächeln („happy felt", s.o.) ein freundlicher Appell oder auch eine defensive Unterwerfung darstellt und Lachen (inkl. Lautäußerungen) ein Signal für das Erkennen einer Fehlleistung ist, der auch eine hierarchische Evaluation zu Grunde liegt (Schwender, 2001).

Darwin (1872) vermutete einen engen Zusammenhang zwischen Kitzeln und Humor, sowohl die körperliche Kitzelattacke als auch die psychologische Humorattacke beinhalten einen Moment des Unerwarteten (Dörner, 1999; Bischof, 1996). Das Spielerische des Angriffs und das Signalisieren einer nicht-aggressiven Absicht sind von zentraler Bedeutung. Witze bedienen sich häufig der plötzlichen Verschiebung oder der unerwarteten Kombination von Bezugs- und Interpretationsrahmen.

Lachen als Ausdruck des Humors wurde lange Zeit als eine Besonderheit des Menschen betrachtet. Aber auch Menschenaffen (insbesondere jene mit einem Sprachtraining) scheinen ebenfalls eine eigene (hölzerne) Art des Humors zu zeigen (Stamp-Dawkins, 1996). Vermutlich stellen sich jedoch die Zusammenhänge deutlich komplexer dar (Krämer, 2001; Bachorowski & Smoski, in review).

Widersprüche und Fehlleistungen, die mit Lachen beantwortet werden, können verschiedene Ursachen haben (vgl. Schwender, 2001):

- Sprachliche Fehler (in Syntax, Semantik oder Phonetik)
- Soziale Fehler (etwa der Verstoß gegen kulturelle Normen)
- Intellektuelle Fehler (häufig bestimmter Gruppen: Ostfriesen, Blondinen etc.)
- Motorische Fehlleistungen (in Mimik, Gestik, Fein- und Grobmotorik)
- Körperliche Fehler und Gebrechen (Abweichungen vom Schönheitsideal)

Humor und Gruppennorm: Eibl-Eibesfeldt (1997) beschreibt das Lachen einer Gruppe von Menschen über eine Person, die von der Gruppennorm abweicht, als milde erzieherische Aggression und sieht im gemeinsamen Lachen einen normerhaltenden Mechanismus. Dabei fördert das gemeinsame Auslachen und Hänseln eines Dritten zugleich den Gruppenzusammenhalt. Dabei hat die Gegenwart, Zahl und Vertrautheit anderer Einfluss auf unser Lachverhalten. Die Verweigerung des Mitlachens wird als unfreundlich und teilweise aggressiv erlebt. Lachen verweist auf Kooperation, schafft und festigt soziale Bindungen. Wer lacht, hat zumindest aktuell die Macht, wer ausgelacht wird, landet in der Hierarchie weiter unten. Aus humanethologischer Perspektive betont Eibl-Eibesfeldt (1997) auch den Zusammenhang zwischen Spott und (be-)spucken. Witze und das Lachen über Mächtige werden und wurden deshalb nicht selten unter Strafandrohung gestellt (Majestätsbeleidigung, Sakrileg etc.). Im Unterhaltungsgeschäft hat die Darstellung des Deformierten, Niedrigen, Andersartigen eine lange Tradition (etwa Hofnarren, Kleinwüchsige, Clowns und Freak-Shows).

Es lässt sich zudem ein geschlechtsspezifischer Humorgebrauch nachweisen (Tannen, 1996). Frauen scheinen eher miteinander zu lachen, während Männer witzeln und lustige Bemerkungen machen. Ersteres evaluiert das Gegenüber positiv und erzeugt einen Gruppenzusammenhalt, während die zweite Strategie eher dem Sprecher Aufmerksamkeit verschafft und meist ein Opfer braucht.

Vaid (1999) unterschiedet vier evolutionspsychologische Funktionen des Humors:

- Humor verhindert kontraproduktive (situationsunangepasste) Verhaltensweisen. Der Lachende wechselt den interpretativen Rahmen der Situation und zeigt dies zugleich dem Gegenüber mit dem entsprechenden Ausdruck an. Es handelt sich also um eine ansteckende emotionale Reaktion zum (gemeinsamen) Wechsel des Interpretationsrahmens.
- Humor ist, vergleichbar dem Kitzeln, ein sozialer Stimulus, der eine nichtaggressive, soziale Verhaltensweise einleitet. Eine Art sozio-intellektuelles Spiel, das uns auf verschiedenen Situationen trainiert.
- Humor dient der Statusmanipulation. Es werden andere Gruppen, Personen oder Verhaltensweisen verächtlich gemacht. Humor wäre also eine akzeptiertere und evtl. mildere Form der Verachtung oder Aggression.
- Humor und Lachen sind Weiterentwicklungen der Fellpflegefunktion, soziale Bindungen und Kooperation zu etablieren und zu pflegen (Dunbar, 1998). Dabei ist der Erwerb einer Theory of Mind eine Voraussetzung des Einsatzes und Verstehens von Humor.

In Dunbars Ansatz können die anderen Funktionen integriert werden: Positive Unterbrechung der Situation, positive und negative soziale Sanktion hinsichtlich fitnessrelevanter Themen (Bindung und Abgrenzung). Außerdem scheinen humorvolle Partner sexuell besonders attraktiv (Buss, 1997; Miller, 2001).

Humor in den Medien: In den Medien sind Missgeschicke, Schädigungen und Fehlleistungen einfachste Strategien, ein Publikum zum Lachen zu bringen. Cantor (1976) findet, dass in 81% der von ihm untersuchten 310 Sendungen mindestens eine humorvolle Bemerkung oder Aktion beobachtbar war, jedoch nahm dies nur 9% der Sendezeit in Anspruch. Mehr als 90% sind somit eher ernste Inhalte (Humorvolles in Unterhaltungsshows: 19%, in Kindersendungen:

23%, in Sitcoms: 34%). Zillmann (1976) beschreibt in einer Studie 15% der angebotenen Sendungen als humororientiert. Dabei spielt Schadenfreude in vielen Sendungen eine wichtige Rolle (etwa „Verstehen sie Spaß?", „Bitte lächeln", „Pleiten, Pech und Pannen" etc.).

Late Night Talk Shows versuchen sich oft humorvoll entlang der Grenze der Normverletzung (etwa: „Die Harald Schmidt Show", „TV total"). Oft geht es auf Opferseite um dessen Demütigung und Bloßstellung. Im politischen Kabarett übernimmt Humor zudem die Funktion der Kritik als überwachende moralische Instanz gegenüber den Mächtigen (Hofnarrenfunktion).

In Slapstick-Komödien geht es um den Kampf des später Unterlegenen gegen die Tücke des Objekts, die Umwelt oder die Technik (Chaplin, Laurel und Hardy). Sachbeschädigung und unrealistisch geringschmerzende Körperverletzungen begleiten das Geschehen. Die moralische oder normative Justage wird medienvermittelt unterstützt auch durch das Auslösen emotionaler Rezipientenreaktionen. Die teilweise sehr verschiedenen durch die Medien vermittelten emotionalen Reaktionen scheinen wir zumeist als unterhaltend zu erleben. Wir evaluieren medienvermittelte Ereignisepisoden als unterhaltend und suchen diese unterhaltenden Angebote zugleich aktiv auf. Die evolutionäre Perspektive fragt nach einem reproduktiven Vorteil eines solchen Verhaltens bei einer zu beobachtenden Spezies, das durch entsprechende Motive und Emotionen in die mentale Architektur eingebaut zu sein scheint.

Positive Emotionalität und Unterhaltung

Bente und Feist (2000) vergleichen Unterhaltungsangebote mit einem externalisierten „inneren Simulator" sensu Bischof (1989). Bischofs Idee des „inneren Simulators" ist jedoch eindeutig als Produkt unserer Evolution konzipiert und beschäftigt sich zwingend mit dem „Coping" evolvierter Bedürfnisse, welche schlussendlich Überleben und Reproduktion sichern. Nach Vorderers Meinung (1996a) aber hat Unterhaltungsrezeption kaum etwas mit der Sicherung des Lebenserhalts zu tun. Unter einer evolutionspsychologischen Perspektive ist jedoch gerade diese Frage eine der wichtigsten Heuristiken. So sind Lebenserhalt und Reproduktion die „Ultima Ratio" jeder evolutionsbiologischen Argumentation (Buss, 1999; Dennett, 1997; Wilson, 1998). Die Evolutionspsychologie ist neben der Betrachtung proximater Ursachen immer auch auf der Suche nach ultimaten Erklärungen, während sich die Psychologie meist nur um proximate Erklärungen bemüht. Versteht man Emotionen als maßgeblich biologische Phänomene, liegt eine ultimate Erklärungssuche nahe. Funktionen und Mechanismen unserer Emotionen werden deutlicher, wenn man die evolutionsbiologische Geschichte ihrer Entstehung berücksichtigt (Meyer et al., 1997; Bischof, 1989; Schwab, 2001). Dobzhansky (1973) bringt diese Sichtweise auf den Punkt: „Nothing in biology makes sense except in the light of evolution."

Evolutionspsychologen fragen, welchen reproduktiven und überlebenssichernden Vorteil die Phylogenese eines Unterhaltungsmotivs, einer dazugehörigen Emotionalität sowie kultureller Tradigenese haben kann. Als Startpunkt kann man die mögliche Funktion positiver Emotionalität betrachten, in deren Kontext die Evolution des Unterhaltungsmotivs zu untersuchen ist.

Positive Emotionalität: Das emotionale Erleben von Unterhaltung wird meist übereinstimmend auf den Dimensionen Abwechslung, neue Informationen, Spaß und Genuss beschrieben (Dehm, 1984; Faktoranalyse von Adjektivlisten).

Positive Emotionen wie Spaß und Genuss sind jedoch in der Emotionsforschung bis anhin wenig untersucht und auch die Theoriebildung fokussiert, wie übrigens die Medienforschung auch, eher auf negative Emotionen (Fredrickson, 1998). So dominiert in der Forschung die Frage nach den unangenehmen Gefühlen wie Furcht, Angst oder Wut. Im Rahmen des „Mood-Management"-Ansatzes liegen jedoch Untersuchungen vor, nach denen schlechte Stimmungen und Ärger durch anregende, erfreuliche oder erotische Unterhaltung oder durch angenehme Musik abgebaut oder beendet werden können. Auch findet sich, dass gute Stimmung durch anregende, erfreuliche und wenig involvierende Unterhaltung aufrechterhalten werden kann (Zillmann & Bryant, 1994).

Evolutionsbiologisch orientierte Theorien definieren Emotionen meist im Kontext der Notwendigkeit in bestimmter Art und Weise zu handeln („specific action tendencies"). Bei diesen Handlungstendenzen handelt es sich um verkörperlichte Gedanken, welche eine physiologische Veränderung organisieren, um so das optimale körperliche Milieu für ein entsprechendes Verhalten herzustellen (u.a. verschiedene spezifische Erregungsmuster). Evolutionsbiologisch funktional lassen sich Emotionen als evolvierte Anpassungen beschreiben. Unter ihrem Gestaltungsaspekt werden sie in der Evolutionspsychologie als gutes Design zu schnellem und spezifischem lebenserhaltendem Verhalten in sich wiederholenden, bedrohlichen Situationen der Welt unserer Ahnen konzeptualisiert (Tooby & Cosmides, 1990).

Positive Emotionen im Rahmen der Unterhaltungsrezeption scheinen jedoch schwer in Modelle lebenssichernder spezifischer Verhaltensdispositionen integrierbar. Welche spezifischen Handlungstendenzen sollen bei positiven Emotionen vorliegen? Interesse, Zufriedenheit und Freude tauchen eben nicht in lebensbedrohlichen Situationen auf. Entlang welcher gut definierten Notwendigkeit sollten sie gestaltet sein? Was macht unter einer evolutionspsychologisch funktionalen Perspektive ihren adaptiven Wert aus?

Berücksichtigt man, dass sich die Hominisation (Menschwerdung) durch eine zunehmende Lockerung unserer Instinktprogramme hin zu einer verstärkten Emotionalisierung beschreiben lässt (Scherer, 1990; Schwab, 2001), so stellt sich die Frage, ob positive Emotionen zwingend spezifische Handlungstendenzen nach sich ziehen müssen (Fredrickson, 1998). Liefern nicht unspezifische Handlungstendenzen bzw. freie Aktivationen (vgl. Frijda, 1986) bessere Beschreibungen?

Ersetzt man nun solche Handlungstendenzen durch Denk-Handlungstendenzen (vgl. auch „innerer Simulator" nach Bischof, 1989), dann kann man die Breite bzw. Enge eines solchen Denk-Handlungsrepertoires als wichtiges Bestimmungsstück in eine Theorie positiver Emotionalität einbauen. Negative Emotionen lassen sich als „Verenger" des aktuellen Denk-Handlungsrepertoires beschreiben, da schnelles, entschiedenes Handeln zur Lebensrettung notwendig ist.

Umstände, in denen positive Emotionen auftreten, sind gerade nicht bedrohlich. Hinsichtlich der Unterhaltung beschreibt Früh (2002) die Passung der Situation als Voraussetzung des Erlebens von Unterhaltung. Situationen, die Unterhaltung zulassen, sind eben nicht im weitesten Sinne bedrohlich. Auch scheinen positive Emotionen das Handlungs- und Denkrepertoires nicht einzuschränken, sondern sie erweitern es vielmehr. Sie rufen das Individuum dazu auf, zeitkritische und automatische Handlungsskripts hintanzustellen und neue, kreative, unerschlossene Pfade zu riskieren. Zudem scheinen positive Emotionen dazu zu dienen, negative emotionale Zustände und ihre einengende Wirkung zu regulieren, etwa in Form des oben beschriebenen „Mood-Managements". Welche positiven Emotionen lassen sich ohne weiteres beschreiben?

Freude, Glück oder Amüsement: Die Emotion tritt in Kontexten und Situationen auf, die als sicher und vertraut erlebt werden, die mit wenig Anstrengung einhergehen und die in Richtung auf eine Zielbefriedigung laufen. Die Emotion beeindruckt als freie Aktivation, sich in allem zu engagieren, was Vergnügen verspricht. Hierzu gehören alle Arten des Spiels (sozial, sportlich, intellektuell; auch in eine (multi-)mediale Form gegossen); ebenso wie Exploration, Erfindungen und das Herumalbern. Fernsehen wird per se erst einmal als ein so genanntes leichtes Medium angesehen, bei dem man sich im Allgemeinen nur wenig anstrengen muss (Salomon, 1988; „amount of invested mental effort"). Viele der Adventure-Videospiele sind in einen explorativen Handlungskontext gestellt. Früh (2002) beschreibt diese Aspekte unter seinem Konzept des triadischen Fittings. Personen-, Medien- und Situationsmerkmale lassen bei Passung die Makroemotion Unterhaltung als Hintergrundemotion zu. Der emotionale Erlebenszustand der Freude und des Amüsements stellt eine Erweiterung des Denk-Handlungsrepertoires dar. Ethologen charakterisieren solches Spielverhalten als das Sammeln von Fähigkeiten und Fertigkeiten, mögen diese körperlich, manipulativ-kognitiv oder sozial-affektiv sein. Diese gesammelten neuen Ressourcen verdauern beim Nutzer oder Rezipienten und können später Gewinn bringend eingesetzt werden.

Interesse, Herausforderung, intrinsische Motivation oder Anregung: Der situative Kontext wird als sicher erlebt, bietet jedoch eine Vielfalt an Möglichkeiten, Veränderungen und Neuem oder Geheimnisvollem. Im Gegensatz zum Kontext der „Freude" erleben wir Situationen, in denen Interesse auftritt, als wichtiger, sind konzentriert und angestrengt. Die entsprechende Denk-Handlungstendenz besteht aus Orientierung, Teilnahme und Aufmerksamkeit. Die Exploration dient der Wissens- und Erfahrungssteigerung hinsichtlich des Objekts des Interesses. Es entsteht das Gefühl, etwas untersuchen zu wollen, sich zu involvieren, das Selbst auszudehnen und neue Informationen zu verinnerlichen (vgl. auch ego-emotionale Mediennutzung nach Vorderer, 1998). Dies erinnert deutlich an die Neugiermotivation der experimentellen Ästhetik Berlynes (1960). Das Ergebnis besteht im Ausbau der individuellen Wissensbasis und kognitiven Landkarten, in Persönlichkeitswachstum, kreativen Fähigkeiten und Intelligenzentwicklung. Früh (2002) betont diesen Aspekt durch die Möglichkeit sehr langfristiger Ziele des Unterhaltungserlebens.

Unsere Emotionen sind dem Gegenüber nicht direkt zugänglich, lediglich die Expression ist als Signal in manchen Fällen vorhanden, Erleben oder Arousal sind dem Interaktionspartner nicht direkt zugänglich. Deshalb lernen wir nach Buck (1999) nur indirekt etwas über Affekte im Kontext emotionaler Kommunikation (emotional education). Dieses Lernen jedoch gleicht dem Lernen, welches wir auch auf andere Aspekte unserer Umwelt anwenden. Kinder lernen etwas über ihre subjektiv erlebten Gefühle und Sehnsüchte vor allem durch das Feedback anderer auf ihr Ausdrucksverhalten (soziales Biofeedback). Dieses Erleben von Emotionen scheint mit einer spezifischen Neugier einher zu gehen, wie sie auch auf andere Aspekte der Umwelt zutrifft. Literatur, Theater, Musik und Film scheinen diese Neugier als emotionale Medien zu stimulieren. Gerade Jugendliche interessieren sich für affektive Themen, die interpersonell schwierig verhandelbar sind und greifen hier dann vermehrt auf Medieninhalte zurück (etwa Sexualität und Aggression). Emotionale Erziehung als Grundlage einer späteren emotionalen Kompetenz beruht somit auch auf einer Art sozialem Biofeedback, Modelllernen und Imitation. Andererseits mag eine fehlgeschlagene emotionale Erziehung zu emotionaler Hilflosigkeit beitragen, welche die Basis verschiedenster Psychopathologien sein kann.

Zufriedenheit tritt ebenfalls in sicheren und behüteten Situationen auf und geht mit einem geringen Grad an notwendiger Anstrengung einher. Sie zeigt keine spezifischen Handlungstendenzen und ist durch Inaktivität gekennzeichnet. Es finden eher kognitive als körperliche Veränderungen statt. Ereignisse und Fertigkeiten werden nach der Theorie von Fredrickson (1998) in das Selbstkonzept und Weltbild integriert. Hier wird die Nähe zu Vorderers (1996a) Idee der Auseinandersetzung mit der eigenen Identität besonders deutlich. Insgesamt scheinen positive Emotionen einen besonderen Zugang zum eigenen Selbstkonzept und dem damit verbundenen Wissen (eigene Ziele, Bedürfnisse oder Ideale, Erwartungen, Bewältigungsmöglichkeiten, eigene Macht und Anpassungsfähigkeit) herzustellen. Damit wird deutlich, wie die medienvermittelte Emotionsgenese vor dem Hintergrund der Identität ablaufen kann, aber auch, wie diese Emotionen auf eine Veränderung des Selbstkonzeptes zurückwirken können. Gerade das postkommunikative bzw. postrezeptive Unterhaltungserleben (Früh, 2002) sollte mit einer Zufriedenheitsevaluation nahe verwandt sein. Eigene Verhaltens- und Geschehnisschemata (Dörner, 1999) werden mit rezipierten Schemata abgeglichen, teilweise werden medienvermittelte Schemata übernommen (evtl. ins Selbstschema integriert) oder auch zurückgewiesen.

Positive Emotionen erweitern also die Aufmerksamkeit, das Denken und Handeln und dienen langfristig dem möglichen Ausbau physischer, intellektueller und sozialer Ressourcen. Evolutionspsychologisch fragt man unter einer „form-to-function"-Perspektive nach der Art des adaptiven Problems, welches durch die Effekte positiver Emotionen zuverlässig zu lösen wäre. In einem ersten Schritt müssen die Umweltbedingungen betrachtet werden, in denen bei unseren Ahnen (eher nomadische Jäger- und Sammlerkulturen) positive Emotionen auftauchten. In Zillmanns (2000) Skizze der Geschichte menschlicher Unterhaltung wird deutlich, dass die wahrgenommene Sicherheit und Sättigung einer Situation und die Freiheit von Bedrohungen und körperlichen Bedürfnissen bedeutend für die Genese von Unterhaltung, aber auch Freude, Interesse und Zufriedenheit zu sein scheinen (vgl. auch Früh, 2002). Man kann sich vorstellen, dass zu einer prähistorischen Zeit die Schwankungen dieser Umweltbedingungen deutlich intensiver waren als in unserer heutigen Gesellschaft. Die Fähigkeit, sichere und zufriedenstellende Situationen zu erkennen und zu nutzen, kann in der Vergangenheit einen relevanten Vorteil dargestellt haben. Wieso sollte jedoch gerade ein Verhalten, welches von positiven Emotionen unterstützt wird – wie Spielen,

Explorieren und Genießen – in diesen Situationen von reproduktivem und überlebenssicherndem Vorteil sein?

Der adaptive Wert positiver Emotionalität besteht eben nicht in einem direkten Nutzen, wie er bei negativen Emotionen vermutet wird, sondern vielmehr im Ausbau der Ressourcen des Einzelnen über die Zeit. So dient etwa der Erwerb sozialer Kompetenz u.a. dem Finden eines Sexualpartners, zudem können die gewonnenen Ressourcen in späteren bedrohlichen Situationen das Überleben sichern. Beides sollte sich in einem erhöhten reproduktiven Erfolg niederschlagen. In dem Maße, in dem die psychischen Mechanismen positiver Emotionen genetisch enkodiert sind, sollte diese Fähigkeit durch das Fortschreiten der Selektion Teil der menschlichen Natur geworden sein.

Es kann also ein EPM vermutet werden, der in Situationen anspringt, in denen sich das Individuum als sicher und zufriedengestellt erlebt (Situationsfitting, Früh 2002). Da wie zuvor mehrfach betont alle Motive und Emotionen eine doppelte Bedingtheit aufweisen, muss zu der Situation eine entsprechende Bedarfslage vorhanden sein, d.h. sonstige Bedürfnisse sollten nicht all zu virulent nach Befriedigung drängen. Bei medienvermittelter Unterhaltung muss zudem das Medienangebot bestimmten Bedürfnissen entgegenkommen. Der EPM ruft bei Detektion einer unterhaltungstauglichen Situation das Individuum zum Ausbau seiner Ressourcen und Kompetenzen im „Kampf ums Überleben“ auf, indem es Spielverhalten, Exploration und Genussverhalten veranlasst, sowie eine Integration dieser Erfahrungen in das Selbstkonzept anregt. Unter dieser ultimaten Langzeitperspektive amüsieren wir uns nicht zu Tode (Postman, 1999), sondern die Fähigkeit, uns zu amüsieren, hat uns über Generationen hinweg das Überleben gesichert.

Welche Konsequenzen lassen sich aus diesem evolutionspsychologisch emotionstheoretischen Herangehen an die Erklärung der Unterhaltungsrezeption ziehen? Neben methodischen Anforderungen an eine emotionspsychologische Untersuchung der Medienrezeption (Mangold et al., 2001; Unz, Schwab & Winterhoff-Spurk, in Druck) die einen differenzierten „multi-level/multi-method“-Ansatz nahe legen, ist zu betonen, dass Emotionen die zentrale Vermittlungsinstanz zwischen Selbstwahrnehmung, biologisch-physiologischer Bedarfslage und Anreizmanagement als Rezeptionsverhalten darstellen. Dabei beeinflusst das Selbstkonzept – etwa hinsichtlich des Copingpotentials – über einzelne Bewertungsschritte den emotionalen Rezeptionsprozess ebenso, wie andererseits die Unterhaltungsrezeption über emotionale Prozesse auf die Veränderung der Identität hinwirken kann.

Als Menschen zeichnen wir uns durch unsere hochgradige Emotionalisierung und die damit einhergehende Flexibilisierung unseres Handlungsraumes aus. Positive Emotionalität, in deren Kontext das Unterhaltungsmotiv evolvierte, scheint dabei entscheidend für einen adaptiven und ressourcengenerierenden Einsatz unseres kognitiven „inneren Simulators“. Unterhaltungsangebote als externalisierte „innere Simulationen" bieten die Möglichkeit, sich Gewinn bringend mit dem Angebotenen auseinander zu setzen.

Bischof etwa versteht einige der aktuellen Hollywoodfilme als moderne Nachfolger alter mythologischer Erzählungen. Dabei kann man erfolgreiche Filme und Mythen durchaus mit dem Konzept des Mems (siehe Kapitel „Evolutionäre

Kulturtheorien") beschreiben. Bischofs (1996) These besagt, dass der Mythos sein Dasein seiner Funktion verdankt, das Erleben eines „Nicht-heimisch-seins" in der Welt in emotional beherrschbare Ordnungsformen zu bringen. Die erfahrbare Un*heim*lichkeit der Welt begründet er mit der Flexibilität und Labilität unseres Affekt- und Motivsystems. Dabei scheinen etliche Mythen weltweit vergleichbare Geschichten zu erzählen. Diese Themen können nicht beliebig variieren, sondern müssen sich der menschlichen Natur anpassen, um sie in Grenzen zu steuern und zu formen (Alimentation). Bischof (1996) unterscheidet hierzu zwei Anpassungsprozesse: Zum einen die Anpassung des Organismus mit seiner Motivdynamik an die Ökologie der jeweiligen Spezies. Zum anderen eine Anpassung der Vorstellungsinhalte und mythischen Gleichnisse, welche der menschlichen Phantasie entspringen, um in die Spannungen und Gefahren unserer Motivdynamik regulierend eingreifen zu können. Der erste Anpassungsprozess gestaltet sich entlang der darwinschen Evolutionstheorie, für den zweiten Prozess könnten Vorstellungen der Memetik (s.o.) greifen. Die jeweiligen Meme haben eine um so größere Erfolgschance, je besser sie in der Lage sind, Gleichgewichtszustände im labilen menschlichen Affektsystem zu erzeugen. Dieses Affekt- und Motivsystem ist nach Bischof (1996) die ökologische Nische, in der sich ein solches Mem behaupten muss.

Ganz ähnlich beschreibt auch Oatley (1999) die Funktion fiktionaler Texte. Diese Kunstformen helfen seiner Ansicht nach, die Unwägbarkeiten menschlichen Handelns im Zusammenhang mit seinem emotionalen Erleben zu erhellen und teilweise aufzuklären.

Die jeweiligen von den Memen zu lösenden Spannungen und Probleme der Motivdynamik wandeln sich dabei je nach Raum und Zeit der zu untersuchenden Gruppe. Heutige Großstädter mögen andere Prioritätenlisten emotionaler Belastungen anbieten als sesshafte Bauern des Mittelalters oder Jäger und Sammler des Pleistozäns. So interagieren Meme untereinander etwa in so genannten Memplexen, sind mehr oder weniger verträglich oder unvereinbar. Über die Zeit mögen solche Vorstellungsinhalte so ihre Funktionalität und Anpassung verlieren und zu kulturellen Fossilien werden. Für (Medien-)Psychologen interessant ist vor allem die unter Umständen destillierbare Kulturen und geschichtliche Epochen übergreifende allgemeinmenschliche Grundstruktur. Die Frage nach maladaptiven Folgen medialer Unterhaltungsrezeption (Eskapismusschäden vs. Nutzung gefahrenloser Schonräume) ist im Rahmen einer evolutionspsychologischen Argumentation keineswegs einfach zu beantworten. Nichts im Prozess der Evolution ist per se adaptiv, dies ist stets in Abhängigkeit von der jeweiligen Lebensumwelt zu klären. Trotzdem ist zu vermuten, dass bestimmte Medienangebote unsere evolvierten psychischen Mechanismen zu parasitieren suchen (s.o. Memetik; Blackmore, 2000; Dawkins, 1978, 1999).

Zusammenfassung

Bisherige Forschungen zum Phänomen der Unterhaltung durch Medien wurden in erster Linie unter folgenden theoretischen Perspektiven durchgeführt: Unter der „Uses and Gratification"-Perspektive wurde sich eher explorativ mit dem Untersuchungsgegenstand auseinander gesetzt. Das Eskapismuskonzept untersucht aktuell weniger die Flucht „weg von" als die Hinwendung zu bestimmten unterhaltenden Medienangeboten. Unter den theoriegeleiteten Ansätzen finden sich erregungsphysiologische bzw. -psychologische Konzepte, wie etwa die

Untersuchungen zum individuellen Erregungsmanagement durch Unterhaltungsrezeption. Theorien der empirischen Ästhetikforschung haben Erregung und Aktivierung als Ergebnis eines Diskrepanzerlebens (Schemataabweichungen) beschrieben, auf das Neugier und Exploration folgt. Angst und Angstlust im Zusammenhang mit Medienrezeption wurden entlang von Persönlichkeitsunterschieden studiert. „Sensation seeker", „Represser" und „Sensitizer" wurden unterschieden. Besonders erfolgreich ist Zillmanns situationistischer „Mood-Management"-Ansatz, der Medienwahlen zur Manipulation der eigenen Stimmung untersucht. Ähnlich argumentiert Grodal (1997), der die emotionale Tönung verschiedener Genres als auswahldeterminierend annimmt. Seine Genre-Prototypen bzw. deren Produzenten orientieren sich dabei an emotionalen Schemata der Rezipienten. Die erregungsorientierten Ansätze haben sich so in Teilen zu stimmungs- und emotionstheoretischen Betrachtungen entwickelt.

Unterhaltungsrezeption lässt sich auch aus einer Perspektive der Auseinandersetzung mit dem eigenen Selbstkonzept (bzw. Identität) oder der Etablierung parasozialer Beziehungen betrachten. Vermutet wird, dass Rezipienten jene medialen Narrationen auswählen, die ihnen zur Bewältigung ihrer Lebensprobleme funktional erscheinen. Medienfiguren werden im Prozess der Rezeption zu Quasi-Bekannten werden, welche unterschiedliche Lebensentwürfe liefern. Früh (2002) versteht Unterhaltung als Ergebnis zweier paralleler Verarbeitungsebenen – einer Mikro- und einer Makroebene. Zugleich gilt jedoch, dass Personenmerkmale, Medienangebotsaspekte und soziale bzw. gesellschaftliche Situation in einer Art Passung Unterhaltungserleben zulassen. Unterhaltung stellt auch in dieser Theorie ein positives Erleben dar, welches im Prozess medialer Informationsverarbeitung erzeugt wird. Während auf der Mikroebene „Als-ob"-Emotionen (auch negative) erfahrbar sind, findet sich bei Unterhaltung eine tendenziell positive Hintergrundemotion.

Die Fähigkeit, sich in die Vorstellungswelten, Sichtweisen und Annahmen anderer hineinzuversetzen ist eine grundlegende Kompetenz, um sich auf fiktionale Narrative verschiedenster Art einzulassen. Dabei ist die Fähigkeit, die Emotionen anderer zu dekodieren und deren Pläne und Absichten zu verstehen, eine wichtige Grundlage kommunikativen Miteinanders. All dies wird während der Ontogenese im gemeinsamen „pretend play" eingeübt (vgl. emotional education). Unter evolutionspsychologischer Perspektive ist zu erwarten, dass sich unser inneres Probehandeln in erster Linie um soziale Zusammenhänge organisiert hat, besonders solche, denen man große Fitness-Relevanz zuschreiben kann. Phantasiertes Probehandeln kann auch stellvertretend von anderen durchgeführt werden (Buchautoren, Filmproduzenten etc.). Grundlegende Themata sollten weitgehend evolutionär in unserer mentalen Architektur verankert sein, während vor allem komplexere Handlungspläne und Unterziele einer kulturellen Formung unterliegen.

Ereignisse und Stimuli des Films werden wie beim inneren Abwägen und Planen vom Zuschauer immer auch affektiv bewertet, Situationen werden emotional evaluiert, Erinnerungen werden verglichen, selbstkonzeptuelle Informationen abgeschätzt und Ziel- und Wertvorstellungen zu Rate gezogen. Es werden Alternativen berücksichtigt, ein emotional gewichteter Ereignishorizont ermittelt und der Aufwand möglicher Handlungen kalkuliert. Die Prozesse während der Filmrezeption entsprechen einer Art medialen Simulation unterschiedlichster hintereinandergeschalteter protokognitiver Appraisalprozesse zur Generierung verschiedenster Emotionsprofile. Filmschaffende versuchen, die emotionalen Reaktionen des Rezipienten durch narrative und kameradramaturgische Inszenierungen zu lenken. Ein zentrales Thema medialer Angebote sind moralische Emotionen. In altruistischen Gruppen unterstützen sie die Sanktion von Betrügern, so dass sie auch häufig Gegenstand seriöser Nachrichtenberichterstattung sind. Boulevard-Magazine bedienen eine breite Palette emotionaler Beurteilungen und sind nicht selten mit der Visualisierung von Gerüchten beschäftigt, die wiederum Gegenstand von Gruppenkohäsion erzeugendem „Smalltalk" sein können. Aber auch das Lachen des Rezipienten über Personen, die von der Gruppennorm abweichen, kann als milde erzieherische Aggression verstanden werden, die als gemeinsames Lachen einen normerhaltenden Mechanismus darstellt. Dabei fördert das gemeinsame Auslachen und Hänseln eines Dritten zugleich den Gruppenzusammenhalt (Politische Satire, Stefan Raabs „TV-total", etc.).

Das große Genre der Actionfilme lässt sich als kulturelle Ausformung des „play fight" verstehen, der bei tierlichen Jägern, die in Sozialverbänden organisiert sind und eine verlängerte Kindheit aufweisen, häufig zu beobachten ist. Spielverhalten und frühe Spielzeugpräferenzen zeigen deutliche Geschlechtsunterschiede, nicht nur beim Menschen.

Protagonisten und Antagonisten werden meist entlang fitnessrelevanter Eigenschaften inszeniert, jedoch sind gut und böse aus einer evolutionären Perspektive keine unabhängig definierbaren Merkmale, sie sind vielmehr abhängig vom Zustand und der Situation, der die Normen und Werte definierenden Gemeinschaft. Die ständig nötigen Feinjustierungen sind Gegenstand medienvermittelter fiktionaler und non-fiktionaler Inhalte. Die moralische Justage wird unterstützt durch das Auslösen emotionaler Rezipientenreaktionen: (Aus-)lachen, Spott, moralische Entrüstung bzw. Aggression (Rache, Wut) oder andererseits Stolz und Erhabenheitsgefühle.

All diese durch die Medien vermittelten emotionalen Reaktionen scheinen wir vielfach als unterhaltend zu evaluieren. Wir bewerten also medienvermittelte Ereignisepisoden häufig als unterhaltend und suchen diese unterhaltenden Angebote auf. Zugleich scheint unsere Kultur immense Ressourcen für das Amüsement ihrer Mitglieder aufzubringen. Die evolutionäre Perspektive fragt nach einem reproduktiven Vorteil eines solchen Verhaltens, bei einer zu beobachtenden Spezies, das durch entsprechende Motive und Emotionen in die mentale Architektur eingebaut zu sein scheint. Evolutionsbiologisch orientierte Theorien definieren Emotionen meist als Appell, in bestimmter Art und Weise zu handeln („specific action tendencies"). Bei diesen Handlungstendenzen handelt es sich um verkörperlichte Gedanken („embodied mind"), welche eine physiologische Veränderung organisieren. Evolutionsbiologisch funktional sind durch Emotionen evolvierte Anpassungen. In der Evolutionspsychologie werden sie meist als gutes Design zu schnellem und spezifischem lebenserhaltendem Verhalten in sich wiederholenden, meist bedrohlichen Situationen der Welt unserer Ahnen konzeptualisiert. Während sich negative Emotionen als Verenger des Denk-Handlungsrepertoires beschreiben lassen, funktionieren positive Emotionen als Erweiterer unserer Schemata. Neue, kreative, unerschlossene Schemata werden bevorzugt zur Prozessierung zugelassen. Der emotionale Erlebenszustand der Freude und des Amüsements ist als eine solche Erweiterung des Denk-Handlungsrepertoires beschreibbar. Die meist spielerische Verhaltenstendenz kann als

Sammeln von körperlichen, manipulativ-kognitiven oder sozial-affektiven Fähigkeiten und Fertigkeiten verstanden werden. Der situative Kontext von *Interesse* (Neugier, Herausforderung) wird als sicher erlebt, bietet eine Vielfalt an Möglichkeiten, Veränderungen und Neuem oder Geheimnisvollem. Im Gegensatz zum Kontext der Unterhaltung (auch Freude, Amüsements) beurteilen wir Situationen, in denen Interesse auftritt, als wichtiger, sind konzentriert und eher angestrengt. Die entsprechende Denk-Handlungstendenz besteht aus Orientierung und erhöhter Aufmerksamkeit. Die Exploration dient der Wissens- und Erfahrungssteigerung. Involviert untersuchen wir die Umwelt, integrieren neue Informationen in unsere Schemata (auch Selbstschemata; vgl. ego-emotionale Mediennutzung). Literatur, Theater, Musik und Film scheinen diese Neugier als emotionale Medien zu stimulieren. Gerade Jugendliche interessieren sich für affektive Themen, die interpersonell schwierig verhandelbar sind (medienvermittelte emotionale Erziehung). Das Erleben von *Zufriedenheit* bezieht sich eher auf kognitive als auf körperliche Veränderungen. Ereignisse und Fertigkeiten werden in das Selbstkonzept und Weltbild integriert (Identitätsarbeit). Insgesamt scheinen positive Emotionen einen besonderen Zugang zum eigenen Selbstkonzept (eigene Ziele, Bedürfnisse oder Ideale, Erwartungen, Bewältigungsmöglichkeiten, eigene Macht und Anpassungsfähigkeit) herzustellen. Die wahrgenommene Sicherheit und Sättigung einer Situation und die Freiheit von Bedrohungen und körperlichen Bedürfnissen scheinen bedeutend für die Genese von Freude, Interesse und Zufriedenheit zu sein (vgl. auch Früh, 2002). Innerhalb bestimmter Grenzen ist der Mensch jedoch auch in der Lage, unterhaltende Medienangebote zu nutzen, um eskapistische, situative oder motivational-emotionale Mängel zu leugnen.

Unterhaltung als emotionaler Zustand oder Evaluation eines Geschehens zeigt ihren adaptiven Wert nicht in einem direkten Nutzen für den Rezipienten, sondern vielmehr im Ausbau der Ressourcen des Einzelnen über die Zeit („lifespan“-Perspektive). So kann der unterhaltsame Erwerb sozialer Kompetenz u.a. dem Finden eines Sexualpartners dienen. Über die Lebensspanne sollte sich die Fähigkeit, sich zu amüsieren und auch andere zu unterhalten, in einem erhöhten reproduktiven Erfolg niederschlagen. Vermutet wird also ein EPM, der in Situationen mit entsprechenden Bedarfslagen anspringt, in denen sich das Individuum als sicher und zufrieden gestellt erlebt (vgl. Früh, 2002). Dieser Mechanismus ruft das Individuum zum Ausbau seiner Ressourcen und Kompetenzen auf, indem er u.a. Unterhaltungssuche und -verhalten (etwa Medienrezeption) veranlasst sowie eine Integration dieser Erfahrungen in das Selbstkonzept anregt. Die Produktion unterhaltsamer Darbietungen (Erzählungen, Musik, Schauspiel etc.) scheint außerdem ein wichtiger Fitnessindikator zu sein, der im Rahmen sexueller Selektion ausgeformt wurde. So sind begabte Unterhalter als Partner sexuell besonders attraktiv (Buss, 1999; Miller, 2001; Blackmore, 2000). Unsere Kultur und die Medienindustrie haben Angebote entwickelt, die den modernen Menschen teilweise von dieser „Beschwernis der Partnerwerbung“ zu entlasten suchen (gemeinsame Theater und Konzertbesuche, Kino- und Fernsehabende).

Bilanz

Filmtechniken nutzen die Architektur unserer Wahrnehmungsorgane und unseres Gehirns, um eine Vielzahl von Effekten beim Rezipienten zu erzeugen. Dabei bedienen sie sich verschiedener Konstruktionsmerkmale dieser Organe, welche als Produkte evolutionärer Selektion beschreibbar sind. Medien lassen sich als kunstvolle Werkzeuge verstehen, die das psychologische Gestaltetsein des Menschen nutzen und teilweise sein Funktionieren nachahmen. Kameradramaturgische Gestaltungsmittel lassen sich so mit unserem Affektsystem verzahnen, dass sie zur Unterstützung emotionaler Medienwirkungen beitragen. Diese Stilmittel besitzen meist keine direkte emotionale Bedeutung (etwa im Sinne der Primäremotionen), sondern unterstützen vielmehr emotionale Tönungen der filmischen Erzählung. Eine Vielzahl technischer Möglichkeiten zielt auf das (Tele-)Präsenzerleben (Erleben von Gegenwärtigkeit) beim Rezipienten (sensorische Tiefe und Breite). Emotionales Filmerleben wird jedoch auch entscheidend vom Setting geprägt, in dem das Medienprodukt rezipiert wird (Fernsehabend vs. Kinobesuch).

Nicht nur Gestaltungsmittel und Medientechnologie scheinen kompatibel zu unserer evolvierten mentalen Architektur, auch die Inhalte verschiedenster Medienangebote lassen sich unter einer evolutionären Perspektive betrachten. Das Erzählen von Geschichten geschah in vormedialen Zeiten vor allem mit Hilfe der Sprache. Die Phylogenese der Sprache scheint jedoch in engen Zusammenhang zu stehen mit der „Sorge" um die Gruppenkohäsion, als eine Art soziale Kontaktpflege (vergleichbar dem Grooming bei Primaten). Eine phylogenetisch entscheidende Funktion der Sprache liegt vermutlich in der Weitergabe von Klatsch und Tratsch als soziales Bindemittel. Exklusive, verschweigenswerte Informationen geben dem jeweiligen Zuhörer Vorteile in seiner sozialen Umwelt, wobei Personen und Themen mit mutmaßlich hoher Fitnessrelevanz von besonderem Interesse sind. Klatsch und Tratsch installieren und deinstallieren auf diese Weise Koalitionen zwischen den Kommunikationspartnern. Prominente Medienpersonen als Gegenstand von Kommunikation scheint der Rezipient wie Rivalen oder Kooperationspartner wahrzunehmen (parasoziale Beziehung/Attrappen). Als wären Medienprominente und Stars Gruppenmitglieder der vergangenen Jäger- und Sammlergemeinschaften entwickelt er Interesse für ihre privaten Lebensumstände. Medienprominente sind ein evolutionär unerwartetes, inszeniertes Phänomen, welches jedoch zugleich unsere phylogenetisch entwickelten Neigungen und Interessen nutzt und bedient.

Medienproduktionen werden vielfach als mehr oder weniger ästhetisch, schön oder kunstvoll erlebt und beschrieben. Unter einer evolutionären Perspektive verweist Schönheit auf zu Grunde liegende Fitnessvorteile, wobei das ästhetische Erleben wie alle evolvierten emotionalen Mechanismen abhängig ist von Bedürfnissen und Merkmalen des wahrnehmenden Individuums. Kunstproduktionen dienen dem Aufmerksamkeit heischenden Selbstausdruck, als Erkennungszeichen der sozialen Gruppe, als Zeichen von Prestige und Status. Kunst dient jedoch auch – wie Schönheit – als Medium der Partnerwahl. Kunstvolle Werbung ist keine Erfindung der modernen Massenmedien, sondern eine Innovation der Zweigeschlechtlichkeit. Weder mediale noch geschlechtliche Werbung hat das Ziel, altruistisch Informationen zu verbreiten, vielmehr geht es darum, möglichst wirksam verschiedene Interessenten anzulocken und zu verführen.

Die abendländische Kultur- und Kunstdiskussion hat sich jedoch vor allem auf den Status- und Hierarchieaspekt künstlerischer Darbietungen konzentriert. Geschmacksstreitigkeiten dienen häufig der Gruppenabgrenzung. Auch Moden, Stile oder Trends scheinen eine Form der Auseinandersetzung zwischen Schichten und Generationen in individualisierten und heterogenen Gesellschaften, wobei eine gesellschaftliche Gruppe darüber zu Befinden beabsichtigt, wie ästhetische Urteile (zu ihren Gunsten) zu treffen sind.

Hinsichtlich der Unterhaltungsnutzung und der Unterhaltungswirkung versuchen Medienpsychologen in erster Line proximate Begründungen zu liefern. Die evolutionäre Perspektive innerhalb der Psychologie betont die Modularität unserer mentalen Architektur, die sich auch in den Strukturen unseres Gehirns beschreiben lässt. Neurologische bzw. mentale Prozesse mögen bei der Medienrezeption parallel und verteilt und nicht immer integriert verlaufen. Ultimat lässt sich fiktionale Medienrezeption im Kontext unserer Fähigkeit zur Phantasie, Vorstellung und Imagination vergleichen. Fiktionale Medieninhalte sind bebilderte und vertonte Probehandlungen. Neben der Phantasie ist wohl auch das Spiel eine Adaptation, in dessen Kontext fiktionale (auch ausagierte) Narrative eine wichtige Rolle einnehmen. Demnach versorgt Unterhaltung unsere evolvierte mentale Architektur mit den für unsere EPMs zugänglichen Problemen, diese müssen genügend nahe an den für den Homo sapiens sapiens und seine Ahnen gültigen evolutionären Problemen verortbar sein.

Die Medienpsychologie betrachtet das Phänomen der Unterhaltung unter verschiedenen theoretischen Perspektiven, die sich von eher erregungspsychologischen Ansätzen zu eher emotionspsychologischen Ansätzen hin entwickelt haben. Unterhaltungsrezeption lässt sich auch als eine Auseinandersetzung mit dem eigenen Selbstkonzept und der Etablierung parasozialer Beziehungen betrachten. Im Prozess der Rezeption werden die Protagonisten des Medienprodukts zu Quasi-Bekannten (parasoziale Beziehungen), die Lebensentwürfe anbieten. Früh (2002) definiert Unterhaltung als Ergebnis paralleler Verarbeitungsebenen, einer Mikro- und einer Makroebene. Unterhaltung stellt in seinem Ansatz ein positives emotionales Erleben dar.

Unter evolutionspsychologischer Perspektive ist zu erwarten, dass sich unser inneres Probehandeln in erster Linie um soziale Zusammenhänge organisiert hat, besonders solche, denen man große Fitnessrelevanz zuschreiben kann (Liebe, Sexualität, Kampf, Flucht, Kooperation und Betrug etc.) Ein zentrales Thema medialer Angebote sind moralische Emotionen. In Auseinandersetzung mit dem Film simulieren wir verschiedene Handlungsalternativen sowie entsprechende Konsequenzen. Dabei trainieren wir unsere mentalen Strategien zur Prognose von sozialen Ereignishorizonten. Die Prozesse während der Filmrezeption entsprechen einer Art medialen Simulation unterschiedlichster hintereinandergeschalteter protokognitiver Appraisalprozesse, welche unterschiedlichste Emotionsprofile erzeugen.

Gut und böse sind aus einer evolutionären Perspektive keine bedingungsfrei definierbaren Merkmale, sie sind vielmehr abhängig vom Zustand und der Situation, der die Normen und Werte definierenden Gemeinschaft. Die ständig nötigen Feinjustierungen sind Gegenstand medienvermittelter fiktionaler und non-fiktionaler Inhalte. Die notwendige moralische Justage wird unterstützt durch das Auslösen emotionaler Rezipientenreaktionen: (Aus-)lachen, Spott, moralische

Entrüstung bzw. Aggression (Rache, Wut) oder Stolz und Erhabenheitsgefühle (Haidt, 2003).

Medienvermittelte emotionale Reaktionen evaluieren wir häufig als unterhaltend und suchen sie zugleich gezielt auf. Hierzu bringt unsere Kultur immense Ressourcen für das Amüsement ihrer Mitglieder auf. Die evolutionäre Perspektive fragt konsequent nach dem reproduktiven Vorteil eines solchen Verhaltens bei einer Spezies. Die begleitenden positiven Emotionen versteht die Evolutionspsychologie als Erweiterer unserer Denk- und Handlungsschemata. Neue, kreative, unerschlossene Schemata werden bevorzugt zur Prozessierung zugelassen. Insgesamt scheinen positive Emotionen einen besonderen Zugang zum eigenen Selbstkonzept (eigene Ziele, Bedürfnisse oder Ideale, Erwartungen, Bewältigungsmöglichkeiten, eigene Macht und Anpassungsfähigkeit) herzustellen. Die wahrgenommene Sicherheit und Sättigung einer Situation und die Freiheit von Bedrohungen und körperlichen Bedürfnissen scheint bedeutend für die Genese von Freude, Interesse und Zufriedenheit zu sein (vgl. Früh, 2002). Innerhalb bestimmter Grenzen ist der Mensch jedoch auch in der Lage, unterhaltende Medienangebote zu nutzen, um eskapistische situative oder motivational-emotionale Mängel zu leugnen.

Unterhaltung als emotionaler Zustand oder Evaluation eines Geschehens zeigt ihren adaptiven Wert nicht in einem direkten Nutzen für den Rezipienten, sondern vielmehr im möglichen Ausbau der Ressourcen des Einzelnen über die Zeit („lifespan"-Perspektive). Es lässt sich ein EPM vermuten, der in Situationen mit entsprechenden Bedarfslagen anspringt, in denen sich das Individuum als sicher und zufrieden gestellt erlebt. Dieser Mechanismus veranlasst das Individuum zur Unterhaltungssuche und -verhalten (etwa Medienrezeption), sowie zu einer möglichen Integration dieser Erfahrungen in das Selbstkonzept. Die Produktion unterhaltsamer Darbietungen scheint außerdem ein wichtiger Fitnessindikator zu sein, der im Rahmen sexueller Selektion ausgeformt wurde.

Weiterführende Literatur:

Winterhoff-Spurk, P. (2004). Medienpsychologie. 2. Auflage. Stuttgart, Kohlhammer.

Zillmann, D., Vorderer, P. (2000). Media Entertainment. The Psychology of its Appeal. Mahwah, Laurence Earlbaum Associates.

Schwender, C. (2001). Medien und Emotionen. Evolutionspsychologische Bausteine einer Medientheorie. Wiesbaden, Deutscher Universitätsverlag.

Schwab, F. (2001). Unterhaltungsrezeption als Gegenstand medienpsychologischer Emotionsforschung. Zeitschrift für Medienpsychologie. 1(2): 62-72.

Mangold, R., Vorderer, P., Bente, G. (2004). Lehrbuch der Medienpsychologie. Göttingen, Hogrefe-Verlag.

Organisationspsychologie

Das folgende Kapiel zeigt auf, dass Emotionen in der Organisationspsychologie lange Zeit wenig Beachtung fanden und erst in den letzten Jahren Emotionen erneut Interesse von Seiten der Forschung erfuhren. Unter dem Schlagwort Arbeitszufriedenheit wurden emotionale Aspekte meist aus einer kognitiven Perspektive mit Fragebogenstudien untersucht. Als auslösende Momente emotionaler Reaktionen am Arbeitsplatz wurden in erster Linie stresserzeugende Ereignisse und Arbeitsbedingungen dargestellt. Führung wird aktuell sowohl als Stressor als auch als Management von Mitarbeiteremotionen diskutiert (emotionale Führung). Auch Arbeitsgruppen und Teams scheinen Stimmungen und Gefühle innerhalb der Gruppe zu regulieren. Es wird im Folgenden gezeigt werden, dass gerade in modernen Dienstleistungsgesellschaften das Arbeiten mit und an eigenen und fremden Emotionen zunehmend an Bedeutung gewinnt (Emotionsarbeit).

Diskrete Emotionen können Ziele, Mittel und Bedingungen, Ursachen und Folgen von Arbeitshandlungen sein. Emotionen können in Organisationen wahrgenommen, mehr oder weniger „echt" erlebt, dargeboten, erinnert und unterdrückt werden oder sie sollen aktiv bei sich oder anderen Veränderungen erfahren (Emotionsmanagement).

Evolutionspsychologen betrachten die Jäger- und Sammlergemeinschaft als natürliche Form menschlicher Organisation, als diejenige soziale Umwelt, auf die unsere Emotionen bestens vorbereitet sind. Moderne Organisationen entsprechen – wie zu zeigen sein wird – in vielen ihrer Merkmale jedoch kaum den archaischen Gruppen, nicht selten installieren sie deshalb (archaische) Kleingruppen zur Erledigung wichtiger Aufgaben. Hinter den offiziellen Hierarchien einer Organisation finden sich außerdem informelle Strukturen nach dem Regelwerk archaischer Verbände („Born-again bands"). Zur Diagnostik formeller und informeller Merkmale der Organisation – etwa im Kontext des Coachings – werden im Folgenden soziometrische Visualisierungsverfahren beschrieben, die teilweise auch als Interventionen Verwendung finden.

Humanethologie und Evolutionspsychologie liefern mit ihren Erkenntnissen über die menschliche Natur Hinweise, wie unsere Biologie und unsere Emotionen Konflikte entstehen lassen und am Laufen halten. Dominanzstreben, territoriale Neigungen, Fremdenscheu, moralische Aggressionen sowie eine Bereitschaft, die In-Group zu verteidigen, liefern Erklärungen für viele in Organisationen zu beobachtende Auseinandersetzungen. In modernen Organisationen stehen zudem Frauen besonderen Schwierigkeiten gegenüber; Sie müssen mit Männern in einer zumeist aggressiven Atmosphäre um Ressourcen wettstreiten. Weder Männer noch Frauen sind jedoch auf diesen Wettstreit zwischen den Geschlechtern emotional besonders gut vorbereitet.

Des Weiteren soll im Folgenden die Memetik zur Beschreibung von Organisationen herangezogen werden: Inwiefern lassen sich Organisationen als Ergebnis evolutionärer Prozesse beschreiben? Inwieweit lassen sich aus den gewonnenen Einsichten Handlungsanweisungen – als Arbeitshypothesen – für den Coachingprozess ableiten?

Emotionen am Arbeitsplatz

Menschen geben ihre Emotionalität nicht an der Pforte ihrer Organisation ab (Wegge, i. D.). Zugleich gilt, dass wohl die Häufigkeit und Vielfalt emotionaler Episoden in der Arbeitswelt – bei genauem Hinsehen – fast höher als in der Freizeit ist (Schallenberger & Pfister, 2000). Trotzdem werden Emotionen und Stimmungen am Arbeitsplatz selten untersucht (Wegge 2001, Zapf, i. D.). Emotionales Erleben wird unter Stichworten wie Arbeitszufriedenheit, Arbeitsmotivation oder Gruppenkohäsion sowie Indikatoren des Befindens oder des Stresserlebens abgehandelt. Die Vernachlässigung der Emotionen am Arbeitsplatz mag zwar teilweise historisch darin begründet sein, dass keine eindeutige Definition von Emotion (Wegge, 2001) besteht. Jedoch wurden Emotionen in frühen Studien zur Psychologie menschlicher Organisationen sehr wohl beachtet.

Geschichte der Emotionen am Arbeitsplatz: Klassische Studien der 1930er Jahre beschäftigten sich mit Themen wie der Unzufriedenheit von Arbeitern, den Emotionen von Menschen auf der Arbeit und zu Hause sowie der Arbeitszufriedenheit. So verwendete etwa Hersey (1932) Messwiederholungsdesigns und fand einen klaren Zusammenhang zwischen dem täglichen emotionalen Zustand und der Tagesleistung sowie einen Einfluss der emotionalen Tönung zu Hause auf das Verhalten bei der Arbeit. Hoppock (1935) fand mit Interviews und Fragebogenstudien Einflüsse von Merkmalen der Arbeitsumwelt, Familienerwartungen und emotionalen Fehlanpassungen auf die Arbeitszufriedenheit. Die Vielfalt solcher Studien in der 1930ern machte jedoch bald einem konzeptuell und methodisch engeren Ansatz Platz (Brief & Weiss, 2002). Emotionen fanden in der Organisationspsychologie bald nur noch als Aspekte der Arbeitszufriedenheit statt. Zugleich wurden die interessierenden Konstrukte nahezu ausschließlich mit strukturierten Fragebögen untersucht, qualitative oder eher klinische Methoden blieben außen vor. Der Fokus lag nun auf dem Zusammentragen empirischer Ergebnisse, so dass theoretische (Weiter-)Entwicklungen weitgehend unterblieben. In erster Linie interessierte der Einfluss der Arbeitsumwelt auf die Arbeitszufriedenheit, dispositionale Faktoren und Einflüsse außerhalb der Arbeitswelt – wie Familie und wirtschaftliche Umstände – fanden kaum mehr Beachtung. Brief und Weiss (2002, S. 282) fassen dies wie folgt zusammen: "For almost the next half century one workplace event, condition, or outcome after another was correlated with pencil-and-paper measures of job satisfaction, typically not guided by a well-articulated theoretical frame of reference, yielding well in excess of 10,000 studies."

Verhaltensweisen wie Hilfeverhalten, Arbeitsengagement, betriebliche Fehlzeiten, Bindung an die Organisation und Teams oder Gruppen (Committment), Leistungsveränderungen, Betrug, Sabotage und Diebstahl lassen sich jedoch besser unter Einbeziehung von Emotionen verstehen und auch beeinflussen.

Zufriedenheit und Stress

Arbeitszufriedenheit: Arbeitszufriedenheit wurde schon früh als die affektive Reaktion bzw. Bewertung der eigenen Arbeit definiert (Locke, 1976), eigentümlicherweise wurden zumeist lediglich kognitive Aspekte der Arbeitszufriedenheit erfasst. So wird gegenwärtig das Konzept der Arbeitszufriedenheit zwar theoretisch als Emotionstheorie entwickelt, jedoch werden paradoxerweise nur kognitive Anteile gemessen. Weiss (i. D.) definiert neuerdings Arbeitszufriedenheit als Einstellung (vgl. für einen Überblick Neuberger & Allerbeck, 1978) mit einem positiven oder negativen wertenden Urteil über die Tätigkeit oder die Arbeitssituation. Brief (1998, S. 86) versteht Arbeitszufriedenheit als "an internal state that is expressed by affectively and/or cognitively evaluating an experienced job with some degree of favor or disfavor". Weiss und Cropanzano (1996) gehen davon aus, dass affektive Erlebnisse auf der Arbeit die jeweilige Arbeitszufriedenheit verursachen. Demnach kann man Emotionen am Arbeitsplatz als Ursache des wertenden Urteils hinter der Arbeitszufriedenheit verstehen oder als Indikatoren der Arbeitszufriedenheit betrachten. Brief und Weiss (2002) unterscheiden deshalb einen "affect as a cause approach" von einem "affect as indicator approach".

In der „affective events theory" (Weiss & Cropanzano, 1996) wird das Zusammenspiel zwischen Arbeitsmerkmalen, emotionsauslösenden Arbeitsereignissen, verschiedenen Persönlichkeitsdispositionen sowie Maßen der Arbeitszufriedenheit und des Arbeitsverhaltens thematisiert. Arbeitsmerkmale wie Aufgabenkomplexität und Autonomie wirken deshalb auf die Arbeitszufriedenheit, da sie die Häufigkeit bestimmter Kundenhandlungen oder das positive und negative Interaktionsverhalten von Kollegen etc. beeinflussen. Die jeweilige Wirkung wird dabei durch Persönlichkeitsmerkmale des Arbeitenden sowie dessen Gestimmtheit und emotionale Disposition moderiert. Die Autoren unterschieden zwei Verhaltensmuster als Wirkungen bzw. Folgen affektiver Erlebnisse bei der Arbeit: direkt kognitive (rationale) Verhaltensweisen und affekt-basierte Verhaltensweisen. Erstere basieren vornehmlich auf bewussten Entscheidungen der Person auch unter Berücksichtigung bewusst erlebter Arbeitszufriedenheit. Affektbasierte Verhaltensweisen (Hilfeverhalten, Problemlösestiländerungen etc.) sind direkt durch das Emotionserleben bei der Arbeit motiviert und nicht durch Maße der Arbeitszufriedenheit prognostizierbar.

Klassische Maße der Arbeitszufriedenheit sind mit positiven und negativen Emotionserlebnissen bei der Arbeit korreliert, wobei die Häufigkeitsbilanz und nicht primär die Intensität für den Zusammenhang zwischen Emotionen und Zufriedenheit bedeutsam scheint (Wegge, i. D.). Auch sind die Häufigkeit und Qualität affektiver Erlebnisse bei der Arbeit bessere und eigenständige Prädiktoren bestimmter Verhaltensweisen (wie etwa Helfen oder Fehlzeiten) als die zumeist erfassten Zufriedenheitsmaße.

Affektive Dispositionen: Persönlichkeitsmerkmale, Temperament bzw. dispositionelle Einflüsse wurden ebenfalls hinsichtlich ihres Einflusses auf die Arbeitszufriedenheit untersucht. Vor allem Neurotizismus und Extraversion als Faktoren des Fünf-Faktoren-Modells der Persönlichkeit (Asendorpf, 1996) und Ausdruck negativer bzw. positiver Emotionalität waren Gegenstand verschiedener Studien (Brief & Weiss, 2002). Affektive Dispositionen beeinflussen umfangreich, inwiefern Menschen mit ihrem Beruf zufrieden sind bzw. inwiefern sie grundlegend in der Lage sind, in ihrem Leben und beruflichen Dasein Erfüllung zu erfahren. Natürlich kann man davon ausgehen, dass Arbeitszufriedenheit auf die allgemeine Lebenszufriedenheit als ein zentraler Bestandteil zurückwirkt. Die genaue Ausformung solcher Rückkopplungen ist bis anhin jedoch kaum Gegenstand von Untersuchungen. Brief et al. (1995) nehmen an, dass Personen, die in erster Linie negative Emotionen erleben (high NA individuals), auch ihre Kollegen und Vorgesetzten befremden. Etwa, da sie ihren eigenen Fehlern und Unzulänglichkeiten oder jenen der Kollegen zuviel Aufmerksamkeit schenken, was häufig in unangenehme Interaktionen mündet und schließlich die Arbeitszufriedenheit senkt. Zudem mögen „NA"-Persönlichkeiten emotional extremer auf aversive Umweltstimuli reagieren. Überdies könnten solche Individuen zudem höhere Schwellenwerte hinsichtlich der Beurteilung positiver Stimuli haben oder sie reagieren in geringerem Ausmaß und weniger lange andauernd auf positive Stimuli mit gehobener Stimmung. Messwiederholungsdaten zeigen, dass eine Ursachenkette aus Persönlichkeit (dispositional happiness), Stimmung am Arbeitsplatz und Arbeitszufriedenheit besteht (Weiss & Copranzano, 1996). Außerdem finden sich Stimmungszyklen bei Managern, deren Ursachen und Konsequenzen bis anhin jedoch ungeklärt sind (eb.). Brief (1998) betont in einer vergleichbaren Kausalkette die Interpretation der Arbeitsumstände als vermittelndes Glied. Es scheint klar, dass emotionale Dispositionen wie das Temperament die Arbeitszufriedenheit beeinflussen, jedoch ist wenig darüber bekannt, wie die dahinterstehenden psychischen Prozesse funktionieren könnten.

Stress: Auf der Auslöserseite emotionaler Reaktionen am Arbeitsplatz werden in erster Linie stressauslösende Ereignisse und Arbeitsbedingungen diskutiert. Neben aversiven Stressoren finden sich das Verhalten von Führungspersonen und unterschiedliche Führungsstile als Auslöser. Aber auch Merkmale von Arbeitsgruppen, physikalische Gegebenheiten sowie organisatorische Belohnungs- und Sanktionssysteme werden im Zusammenhang mit Stress diskutiert. Eine Vielzahl der Studien im Kontext der berufsbedingten Stressforschung kann zugleich als Studie zur Emotionsgenese durch Arbeitsereignisse interpretiert werden (Brief & Weiss, 2002). Dabei geht die Entwicklung der Stressforschung zur Emotionsforschung einher mit einer Weiterentwicklung der eingesetzten Methoden (etwa Zeitreihenstatistik, Erfahrungsberichte etc.) Vernachlässigt werden nach Brief und Weiss (2002) immer noch Studien zu spezifischen Emotionen, auch werden ökonomische Ereignisse oder veränderte ökonomische Bedingungen als Stressoren wenig beachtet (vgl. Winterhoff-Spurk, 2002). Die Stressforschung am Arbeitsplatz scheint kaum von einem oder auch nur wenigen theoretischen Konzepten getragen, vielmehr legt jeder Forscher seinen je spezifischen theoretischen Rahmen vor (Überblick bei Brief & Weiss, 2002).

Soziale Emotionen und Stimmungen

Führung: Vielfach wurde in unterschiedlichen Ansätzen vermutet, dass Führungspersönlichkeiten den emotionalen Zustand ihrer Untergebenen beeinflussen. Dies kommt vor allem im Ansatz des transformationalen Führers zum Ausdruck (Winterhoff-Spurk, 2002; Weinert, 1998). Conger und Kanungo (1998) nehmen an, dass diese Führer mit starken Emotionen vergleichbare Emotionen auch bei ihrem Publikum auslösen (Affektansteckung, s.o.). Hier scheint jedoch die Entwicklung von Ideen zur Wirkung der (emotionalen) Führung (Goleman, Boyatzis & McKee, 2002) deutlich weiter fortgeschritten, als die zum Thema vorliegende Datenlandschaft (Brief & Weiss, 2002).

Gruppen und Teams: Arbeitsgruppen scheinen Stimmungen und Gefühle zu teilen. Gemeinsame Sozialisationserfahrungen, gemeinsame soziale Einflüsse, die Gleichheit der Aufgabe und die Abhängigkeit der Gruppenmitglieder bei der Verfolgung einer Aufgabe, die relative Stabilität der Mitgliedschaft, etablierte Stimmungsregulationsnormen und -regeln und emotionale Ansteckung erklären, wieso Arbeitsgruppenmitglieder Stimmungen und Emotionen vielfach teilen. Bereits im Kapitel zur Empathie und zur Theory of Mind wurde das Antriebsmanagement in Kleingruppen als emotional vermittelt beschrieben. Auf die Rolle solcher Banden oder Horden wird noch gesondert eingegangen und auch Verfahren zur Diagnostik werden aus einer evolutionären Perspektive beschrieben (s.u.).

Emotionsarbeit: Theorien der Emotionsarbeit haben Chancen und Risiken von Tätigkeiten, bei denen Emotionen häufig erlebt oder hergestellt werden müssen, zum Gegenstand (Restaurant, Kindergarten, Flugbegleitung etc.). In Dienstleistungsgesellschaften gewinnt die Arbeit mit und an Emotionen – in Interaktion mit anderen Menschen – zunehmend an Bedeutung (Winterhoff-Spurk, 2002; Nerdinger, 2001; Wegge, 2001). Emotionsarbeit wird jedoch nicht zwingend negativ erlebt, selbst wenn die geforderten Gefühle teilweise vorgetäuscht werden. Negative Auswirkung dieses Arbeitskontextes treten besonders dann auf, wenn bei der Arbeit häufig emotionale Dissonanzen und Devianzen erfahren werden. Diese können zu emotionaler Erschöpfung, Depersonalisationsgefühlen (Gefühllosigkeit, Abstumpfung) oder Symptomen eines Burnoutsyndroms führen. Emotionale Dissonanz wird erlebt, wenn die eigene (vorgetäuschte) Emotionsdarbietung zwar mit den Situations- und Organisationsnormen übereinstimmt, die Person aber tatsächlich entgegengesetzte Gefühle erlebt (die Kindergärtnerin z.B. freundlich auf die Frechheiten des ungeliebten Sprösslings einer Fremden reagieren muss). Emotionale Devianz beschreibt den Ausdruck authentischer Gefühle, die jedoch in Konflikt mit Normen der Organisation oder den Erwartungen des Gegenübers stehen (die Kindergärtnerin den Spross zwar effizient und aggressiv zurechtgewiesen hat, sich ihr Gewissen oder die Vorgesetzte jedoch sogleich lautstark einschaltet).

Sanktionen: Belohnungen und Bestrafungen als Maßnahmen der Organisation wurde als Aspekt emotionaler Reaktionen ebenfalls wenig Beachtung geschenkt. Dabei scheinen Fairness-Bewertungen beim Zustandekommen von Emotionen eine wichtig Rolle zu spielen (Scherer, 2001; Cosmides & Tooby, 2000). Brief und Weiss fassen die Forschungslage wie folgt zusammen: „In closing, for the past ten years or more, organizational researchs have raised many more questions than they have answered about the production of moods and emotions“ (Brief & Weiss, 2002, S. 282).

Positive Emotionen und Stimmungen: Ein aus Laborstudien bekanntes Ergebnis ist, dass positive Stimmung das kreative Lösen von Problemen unterstützt (s.o.). Estrada et al. (1997) konnten zeigen, dass positiv gestimmte Mediziner besser in einem Kreativitätstest abschneiden. Madjar, Oldham & Pratt (2001) fanden, dass positive Gestimmtheit Kreativitätsbeurteilungen am Arbeitplatz beeinflusst. „Gute Laune“ wirkt sich zudem auf das Hilfeverhalten am Arbeitsplatz, aber auch auf Kooperationsverhalten und Aggressionen aus (Isen & Baron, 1991). Auch in Verhandlungssituationen scheinen positive Emotionen Kooperation und die Suche nach kreativen Lösungen zu unterstützen und das Vertrauen in ein positives Ergebnis der Verhandlung zu unterstützen. Pillutla und Murnighan

(1996) fanden, dass Ärger Verhandlungsführer hingegen dazu verleitet, Optionen abzulehnen, die aus einer rein ökonomischen Perspektive in ihrem Interesse liegen sollten. Auch mögen moralische Aggressionen (Rachegefühle wegen mangelnder Fairness) Handlungstendenzen unterstützen, die nicht einer kurzfristigen Rationalität folgen, sondern unter einer langfristigen Perspektive das Zuwiderhandeln gegen Reziprozitätserwartungen in altruistischen Gruppen hart bestrafen (Pinker, 2002).

Brief und Weiss (2002, S. 285) schlussfolgern hinsichtlich der Untersuchung konkreter Emotionen am Arbeitsplatz: „Overall, thus far, the results appear more positive than what the field has been used to with job satisfaction."

Emotionsmanagement in Organisationen

Während noch vor etwa zehn Jahren Emotionen und Stimmungen kaum Themen organisations- oder arbeitspsychologischer Forschung waren, stellt auch Wegge (2001) eine deutliche Verbesserung der Befundlage fest.

In den Forschungsbereichen individuelles Lernen und Leisten, Gruppenarbeit, romantische Beziehungen am Arbeitsplatz, Vertrauen in Organisationen, Formen antisozialen Verhaltens (Diebstahl, Betrug) wird zunehmend auch nach Emotionen gefragt. Auch bei der Untersuchung gerechter Behandlung am Arbeitsplatz und der Analyse emotionaler Führung sind Fortschritte durch die Beachtung emotionaler Prozesse erzielt worden.

Während in der Psychologie die Emotionsforschung verschiedenste Ziele definiert, unterschiedlichste Methoden verwendet und unterschiedliche Antworten anbietet, ist die Untersuchung von Emotionen in Organisationen hinsichtlich definierter Problembereiche und Methoden als eher karg zu bezeichnen, dabei folgt diese Einschränkung nicht den als wichtig oder zugänglich erkannten Problemen. Die Organisationspsychologie untersucht in erster Linie verschiedene positive oder negative Stimmungen statt spezifischer Emotionen. Methodisch und theoretisch hat man sich dabei an der Unterscheidung in positive und negative Gestimmtheit orientiert und vielfach die „Positive and Negative Affect Schedule" (PANAS, Watson et al., 1988) oder Anpassungen dieses Instruments eingesetzt. Die Betonung der Gestimmtheit übersieht jedoch, wie wichtig spezifische Emotionen als Alltagsphänomene und damit Erlebenszustände auch des Arbeitslebens sind. Weder das Erleben dieser spezifischen Emotionen, noch ihre Handlungskonsequenzen lassen sich einfach auf positive oder negative Gestimmtheit herunterbrechen (vgl. Merten, 2003). Evolutionspsychologen betonen besonders die Universalität unserer Emotionen sowie bestimmter Handlungsappelle und Funktionen (Cosmides & Tooby, 2000; Ekman, 1992). Appraisaltheorien (etwa Scherer, 1988, 2001) unterstreichen die kognitiven Bewertungsprozesse als Grundlage emotionaler Reaktionen, diese können sich jedoch sehr wohl auch auf Arbeitsbedingungen, Organisationskulturen und -klimata beziehen. Selbstbezügliche Emotionen wie Schuld, Scham und Stolz sind weitere diskrete Emotionen, die im Arbeitskontext bis anhin kaum untersucht sind.

Emotionen als Ziele, Mittel, Bedingungen, Ursachen und Folgen der Arbeit: Emotionen und Arbeit scheinen enger verzahnt als dies die beliebten Konzepte wie Stress und Arbeitszufriedenheit abbilden. Nicht selten sind Emotionen und

Stimmungen (a) Ziele der Arbeit (Patientenzufriedenheit, Vertrauen, gute Laune etc.), so kann der Arbeitsauftrag darin bestehen bestimmte Emotionen bei anderen herzustellen (Dunkel, 1988; Hochschild, 1990; Winterhoff-Spurk, 2002). Oder sie sind (b) wichtige Arbeitsmittel, sie sollen dazu teilweise auch vorgetäuscht oder empathisch miterlebt werden (etwa um Probleme eines Kunden angemessen zu verstehen). Schließlich können sie (c) Arbeitsvoraussetzungen bzw. Bedingungen der Arbeit sein, etwa wenn eigene Missstimmung unterdrückt werden muss. Wegge differenziert dies wie folgt (2001):

Vor Beginn der Arbeitshandlung:	Vorfreude, Angst, Hoffung, Verzweiflung etc.
Bei der Ausführung:	Interesse, Langeweile, Angst, „flow"-Erleben, Ekel, Überraschung etc.
Bei der Bewertung von Arbeitsleitungen:	Stolz, Scham, Freude, Erleichterung etc.
Im Kontakt mit Anderen:	Liebe, Freude, Ärger, Neid, Dankbarkeit

Emotionen sind also Ziele, Mittel und Bedingungen, Ursachen und Folgen von Arbeitshandlungen. Wobei zwischen eigenen und fremden Emotionen unterschieden werden kann. Emotionen können in der Arbeitswelt wahrgenommen, mehr oder weniger „echt" erlebt, dargeboten, erinnert, unterdrückt oder aktiv bei sich oder anderen verändert werden.

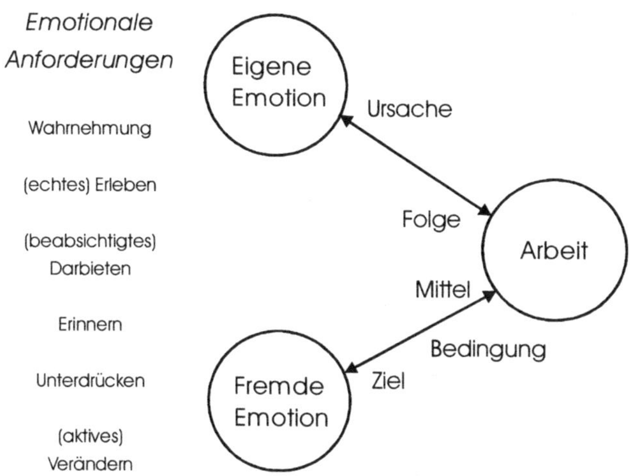

Abbildung 12: Emotionen und Arbeit (nach Wegge, 2001, S. 51)

Emotionsmanagement: Wegge (2001) folgert aus einer Sichtung von Studien zum Thema „Emotion und Arbeit", dass ohne eine genaue Analyse der menschlichen Emotionen Arbeitsprozesse in Organisationen kaum effektiv oder human gestaltbar sind. Jede Arbeit stellt immer auch Anforderungen an die Wahrnehmung, das Erleben und die Regulation eigener und fremder Emotionen. Diese Einsicht wird bislang in der Organisationspsychologie vernachlässigt, obgleich viele dort beschriebene Maßnahmen der Personal- und Organisationsentwicklung Emotionen – deren Veränderung oder Erzeugung – als Ziel haben. Das Management von Emotionen wird so zum legitimen Organisationsziel. Ein solches Emotionsmanagement kann zum einen ansetzen an der Gestaltung von Arbeitsaufgaben zur Förderung positiver Emotionen (Stolz, Zufriedenheit, Interesse) und zum anderen an der Verhinderung negativer Emotionen bei der Arbeit (Angst, Langeweile, Burnout; Wegge, i. D.; Büssing, 1999).

Erfordern bestimmte Tätigkeiten besondere Fähigkeiten oder Eigenarten der eigenen Emotionsregulation, so sollten emotionale Vorlieben und Eigenheiten von Personen Kriterien der Personalauswahl darstellen. Solche emotionalen Dispositionen scheinen mittelfristig relativ stabil (Asendorpf, 1996). Inwiefern das Konstrukt emotionaler Intelligenz ein weiteres wichtiges Personalauslesekriterium und ein -entwicklungsfaktor sein kann, ist gegenwärtig umstritten (Wegge, 2001, i. D.; Goleman et al., 2002). Neben Personalauswahl und Aufgabengestaltung als Ansatzpunkten eines organisationspsychologischen Emotionsmanagements nennt Wegge (2001) folgende weitere Bereiche: Gestaltung der Arbeitsumgebung, Behandlung durch Kollegen und Vorgesetzte, Entgeldsysteme und Angebote der Personalentwicklung, die auch spezifische Trainingsmaßnahmen zur Emotionsregulation umfassen.

Das Emotionsmanagement einer Organisation soll dabei drei Teilziele stets im Auge behalten (Wegge, 2001):

- Förderung positiver Emotionen,
- Vermeidung negativer Emotionen und emotionaler Fehlbeanspruchungen,
- Ausbau der Fähigkeit der Organisationsmitglieder, ihre Emotionen aufgabenangemessen zu regulieren.

Zusammenfassung

Zwar werden Emotionen am Arbeitsplatz vielfältig und häufig erlebt, jedoch sind sie in der organisationspsychologischen Forschung – nach interessanten Studien in den 1930er Jahren – zunehmend in den Hintergrund getreten und haben erst in den letzten zehn Jahren erneut Interesse von Seiten der Forschung erfahren. Als Emotionen bzw. emotionales Verhalten lassen sich Handlungen wie Hilfeverhalten, Arbeitsengagement, Fehlzeiten, Bindung an die Organisation (Committment), Leistungsveränderungen, Betrug etc. besonders erfolgversprechend – hinichtlich möglicher neuer Einsichten – untersuchen.

Hauptsächlich unter dem Etikett der Arbeitszufriedenheit wurden emotionale Aspekte zumeist aus einer kognitiven Perspektive mit Hilfe von Fragebogenstudien untersucht. Aktuell werden emotionale Ereignisse als kausal für das Erleben von Arbeitszufriedenheit studiert. Die „affective events theory“ integriert das Zusammenspiel zwischen Arbeitsmerkmalen, emotionsauslösenden Arbeitsereignissen, verschiedenen Persönlichkeitsdispositionen sowie Maßen der Arbeitszufriedenheit und des Arbeitsverhaltens. Persönlichkeitsmerkmale, Temperament bzw. dispositionelle Einflüsse zeigen einen deutlichen Einfluss auf die Arbeitszufriedenheit. Jedoch ist wenig über das Funktionieren der dahinterstehenden psychischen Prozesse bekannt.

Auf der Seite auslösender Momente emotionaler Reaktionen am Arbeitsplatz werden in erster Linie stresserzeugende Ereignisse und Arbeitsbedingungen diskutiert. Viele Studien der berufsbedingten Stressforschung können zugleich als Studien zur Emotionsgenese durch Arbeitsereignisse interpretiert werden. Die Weiterentwicklung der Stressforschung zur Emotionsforschung wird durch theoretische wie auch methodische Entwicklungen unterstützt. Führungspersonen und Führungsverhalten werden in diesem Zusammenhang sowohl als Stressoren als auch als Manager der Emotionen der Mitarbeiter diskutiert (Charisma, Affektansteckung, Empathie). Häufig scheinen Arbeitsgruppen und Teams Stimmungen und Gefühle zu teilen oder innerhalb der Gruppe zu regulieren. Theorien der Emotionsarbeit haben Chancen und Risiken von beruflichen Tätigkeiten, bei denen Emotionen erlebt oder hergestellt werden müssen, zum Gegenstand. In modernen Dienstleistungsgesellschaften wird das Arbeiten mit und an eigenen und fremden Emotionen zunehmend relevanter.

Positive Stimmungen und Emotionen scheinen Arbeitsprozesse zu unterstützen, während negative Emotionen zu nachteiligen Handlungstendenzen beitragen können. Diese Unterscheidung entlang einer Dimension (+/–) bildet jedoch die Mannigfaltigkeit emotionaler Reaktionen nur ungenügend ab. Diskrete Emotionen können Ziele, Mittel und Bedingungen, Ursachen und Folgen von Arbeitshandlungen sein. Emotionen werden in Organisationen wahrgenommen, mehr oder weniger „echt“ erlebt, dargeboten, erinnert, unterdrückt oder aktiv bei sich oder anderen verändert.

Als Ansatzpunkte eines organisationspsychologischen Emotionsmanagements können folgende Bereiche festgehalten werden: Personalauswahl und Aufgabengestaltung, Gestaltung der Arbeitsumgebung, Behandlung durch Kollegen und Vorgesetzte, Entgeltsysteme und Angebote der Personalentwicklung sowie spezifische Trainingsmaßnahmen zur Emotionsregulation. Im Folgenden soll nun eine evolutionäre Perspektive auf das emotionale Erleben und Verhalten in Organisationen dargestellt werden.

Jäger und Sammler in modernen Organisationen

Die Horde

Angestammte Umwelt menschlicher Organisationen: Bernhard und Glantz (1992) beschreiben die Jäger- und Sammlergemeinschaft als natürliche Form menschlicher Organisation. Diese Gruppen hatten wenige Mitglieder, keine formalen Hierarchien und einen geringen Grad an Spezialisierung. Arbeitsteilung gab es eher zwischen Männern und Frauen. Zumeist wird angenommen, dass Frauen wohl eher Früchte und Wurzeln sammelten, während die Männer die Jagd betrieben (vgl. zur Evolution der Weiblichkeit: Blaffer-Hdry, 2000). Es gab weder Organisationen, noch Vorgesetzte oder Untergebene, in einer Weise, wie dies in heutigen Organisationen der Fall ist (vgl. Harris, 1991; Eibl-Eibesfeldt, 1997). Aufgrund dieser Struktur der Kleingruppe, war es für jedes Mitglied möglich, Anerkennung zu erlangen, Selbstrespekt auszubilden und Status zu erringen. Jeder in dem kleinen Verband war für die Gruppe wichtig und zumeist auch überlebenssichernd und wusste, dass dies auch die anderen für ihn waren. Ein zentrales Kennzeichen der Jäger- und Sammlerverbände ist die Kooperation.

Kooperiert wurde bei der Nahrungsbeschaffung (Jagd, Sammeln) und der Kinderaufzucht (vgl. Blaffer-Hrdy, 2000). Status wurde erlangt durch Fertigkeiten, die anderen Gruppenmitgliedern ebenfalls dienlich waren. Zwar konkurrierten unsere Ahnen um Status, jedoch wurde dieser auch durch Handlungen erworben, die anderen Respekt und Bewunderung abverlangten (Bernhard & Glantz, 1992; de Waal, 1991).

Es lässt sich vermuten, dass das Erbe dieser Lebensweise Spuren in unseren genetischen Dispositionen hinterlassen hat. Wir sollten besser mit Kleingruppen zurecht kommen und uns auch wohler fühlen, während wir in großen unpersönlichen Organisationen deutlich weniger zufrieden sein sollten (vgl. jedoch auch Turner, 2000).

Welche Bereiche sind es, wenn dieses Erbe immer noch seine Wirkmacht entfalten kann, in denen wir Unzufriedenheit erleben? Hierzu kann man sich die Charakteristika der Jäger- und Sammlerverbände noch mal genauer ansehen und deren Zusammenhang mit unseren emotionalen Bedürfnissen herausarbeiten.

Emotionale Beziehungen archaischer Kleingruppen: Beziehungen in archaischen Kleingruppen basierten hauptsächlich auf Verwandtschaft. Unsere Ahnen verbrachten kaum Zeit mit fremden unvertrauten Personen. Unser Affektsystem ist deshalb eher dazu gestaltet, in sozialen Umwelten zu funktionieren, in denen die meisten Personen mehr oder weniger verwandt und vertraut sind. Verwandtschaftliche Bande wurden wohl zudem unterstützt durch reziproke Verhaltensweisen (Trivers, 1971), den Austausch von Gefälligkeiten und Unterstützung. In Notlagen konnte diese Reziprozität das Überleben des Einzelnen (Bedürftigen) sichern (vgl. das Beispiel der Vampir-Fledermaus). Die menschliche Neigung, Loyalität gegenüber der jeweiligen Gruppe zu zeigen, Fremden (Out-Group-Members) misstrauisch gegenüberzutreten und Kooperation und Teamwork genießen zu können, beruht auf der Tatsache, dass archaische Gruppen zunächst aus Verwandten und Vertrauten bestanden, die untereinander ein System reziproker Abhängigkeiten und Verpflichtungen installiert hatten. Es gab keine gesichtslose Masse, jeder wurde aufgrund seiner spezifischen Individualität anerkannt oder sanktioniert. Status und Respekt konnten durch Engagement für die Gruppe erworben werden. Es gab keine unwichtigen Aktivitäten, keine stumpfsinnige Plackerei zum Erwerb einer späteren Belohnung. Aufgrund dieser Vergangenheit sind wir auch heute noch an interessanter und für den Einzelnen sinnvollen Arbeit interessiert und reagieren zumeist mit negativen Emotionen, wenn wir uns als auswechselbares Rädchen in einem großen Getriebe erleben.

Führung: Bernhard und Glantz (1992) beschreiben die Anführer solcher Jäger- und Sammlergruppen als Personen, welche die Aufmerksamkeit anderer genossen, da sie in besonderem Maße Wissen, Erfahrung, Fertigkeiten oder Charisma besaßen. Offizielle Positionen und formale Strukturen waren nicht installiert, jeder konnte mitreden und war über den Hergang der Dinge weitestgehend informiert (vgl. auch Harris, 1991). Vermutlich erwarten wir deshalb noch heute, dass unsere Vorgesetzten kompetent auftreten und die Meinung ihrer Mitarbeiter würdigen. Hier darf man jedoch nicht den Fehler begehen, Jäger- und Sammlerkulturen als „friedliche und glückliche Wilde“ zu romantisieren. Gewalt, Verrat, Missbrauch und Betrug waren nicht unwesentliche Verhaltensweisen vorrechtlicher Gesellschaften (Pinker, 2002). Gerade die Bedrohung reziproker Gruppen durch “sozialparasitäres“ Verhalten und Ausbeutung installierte wohl eine Vielzahl moralischer Emotionen, die ein Zuwiderhandeln ahndeten bzw. die Gefahr der drohenden Sanktionen emotional erlebbar machten (Pinker, 2002; Haidt, 2003). Moderne Organisationen sind jedoch weit entfernt von jener Organisation einer Gruppe von Menschen, an die sich unser emotionales System angepasst hat. Weder bestehen moderne Organisationen in erster Linie aus Verwandten, noch handeln sie erkennbar nach dem Regelwerk der Reziprozität. Häufig leitet sich die Autorität einer Führungsperson eher aus ihrer Position denn aus ihrer Kompetenz ab. Die Lenkung und Begrenzung von Informationen scheint zudem ein taktisches Instrument der Verwaltung. Augenscheinlich sinnlose repetitive Aufgaben sind weithin üblich. Zwar haben auch moderne Organisationen meist die Kraft, archaische Loyalitätsgefühle in uns zu erwecken, jedoch frustrieren sie häufig die daran gebundenen impliziten Erwartungen, was zu Enttäuschungen und langfristiger Verstimmung der Mitarbeiter beiträgt.

Teams und Gruppen: Nicht selten installieren deshalb große moderne Organisationen Kleingruppen zur Erledigung wichtiger Aufgaben (Teams, „task forces", Komitees und Kommissionen). Solche Kleingruppen scheinen hinsichtlich bestimmter Aufgaben effizienter als große Gemeinschaften. Diese „ad hoc"-Gruppen beschäftigen sich mit Kommunikationsproblemen der Organisation, der Entwicklung kreativer Lösungen und neuer Ideen, plötzlichen Herausforderungen durch die Organisationsumwelt (etwa den Markt) oder Situationen, für die innerhalb der Organisation keine Zuständigkeit besteht. Bernhard und Glantz (1992) nennen solche Gruppen „work-bands". Sie besitzen oft nicht unerhebliche Freiheiten und sind definiert durch face-to-face-Kontakte zwischen wenigen Menschen, die ein gemeinsames Ziel verfolgen sollen. So können die emotionalen Anpassungen an die archaische Kleingruppensituation deutlicher zum Tragen kommen. Idealerweise erleben Mitglieder solcher „work bands" Anerkennung und Respekt in der direkten Beziehung zu Kollegen innerhalb der Gruppe und können sich an den Gruppenentscheidungen maßgeblich beteiligen. Jedoch sind nicht alle „ad hoc"-Teams wie archaische Verbände organisiert, dann etwa wenn sie Partizipation lediglich vortäuschen. In solchen Fällen soll den Gruppenmitgliedern nur ein Gefühl von Macht vermittelt werden, ohne tatsächlich Macht an die Gruppe abzugeben. Nicht selten wird der Einflussbereich der Gruppe eng begrenzt und zudem ein Führer vom Management bestimmt, der den Gruppenprozess überwacht und kontrolliert. Fühlt sich die Gruppe jedoch manipuliert, reduzieren die Mitglieder ihr Investment und lehnen sich nicht selten gegen eine vermutbare Täuschungsabsicht auf. Der vereinzelt verbalisierte Ärger mündet häufig in sich schnell ausbreitendem Zynismus, der nur schwer geheilt werden kann.

Informelle Netzwerke: Hinter jeder offiziellen Struktur (Hierarchie) einer Organisation lässt sich ein informelles Netz von Beziehungen beschreiben (Winterhoff-Spurk, 2002; Weinert, 1998). Bernhard und Glantz (1992) nennen diese informellen Gruppen „born-again bands". Sie erlauben den Organisationsmitgliedern eine Art sozialer Erfahrung, die ihren emotionalen Bedürfnissen entspricht. Teilweise unabhängig von ihrer formalen Bedeutung können Mitarbeiter eine persönliche Identität entwickeln und Anerkennung von Kollegen erfahren oder von der Organisation ungenutzte Talente pflegen. Solche Beziehungen beruhen vielfach auf Reziprozität, dem Austausch von kleinen Geschenken und Gefälligkeiten (Eine Hand wäscht die andere). Die einzelnen Organisationsmitglieder werden in diesen neuen Verbänden aufgrund ihres Beitrags zum Gruppenwohl emotional geschätzt oder sanktioniert. Zuwiderhandlungen gegen die Gesetze der

Reziprozität werden – wie in Jäger- und Sammlerverbänden – mit übler Nachrede (Klatsch und Tratsch; Dunbar, 1998) oder gar dem Ausschluss aus der Gruppe geahndet (Mobbing, s.u.). „Born-again bands“ bilden ein paralleles Netzwerk innerhalb der Organisation, welches stärker und effektiver sein kann als das offizielle Hierarchiesystem. Bürokratische Hürden werden auf informellen Wegen nicht selten umgangen, nicht immer zum Nachteil der Organisation. Solche Netzwerke machen es etwa möglich, inkompetente und ineffektive Führungskräfte zu umgehen und so der Gesamtorganisation zu nutzen („Der Laden läuft *trotz* des Chefs“). Jedoch können diese Gruppen ebenso auch effizient gegen die Organisation arbeiten. Werden sie von der Organisation bzw. dem Management bedroht, „klüngeln“ sie nicht selten, um sich auf diese Weise gegen Zugriffe der Organisation zu schützen. In einigen Fällen können informelle Verbände („born-again bands“) eine Art Guerilla-Krieg mit der Organisation bzw. dem Management beginnen; sie mutieren zu einer internen Widerstandsgruppe.

Innerhalb der organisationellen Umwelt können die beschriebenen Netzwerke also entweder gute oder schlechte Effekte auf die Organisation haben. „Born-again bands“ vermögen begabte Führungskräfte sehr effizient zu unterstützen oder auch Menschen weiter zu helfen, die über ihre Beziehungen Organisationsziele zu sabotieren suchen. Die menschliche Neigung, Gefälligkeiten zu erweisen und verwandtschaftliche Beziehungen wertzuschätzen (Vetternwirtschaft), kann ganze Abteilungen mit unfähigen Bekannten und loyalen aber inkompetenten Freunden überfluten. In der angestammten Umwelt waren die Emotionen, die uns veranlassten, Freunden und Verwandten unter die Arme zu greifen, äußerst sinnvoll, da sie das Überleben und den Reproduktionserfolg unterstützten. In aktuellen organisationellen Umwelten können diese Emotionsprogramme jedoch auch schädliche Folgen zeitigen (Vetternwirtschaft, ungerechtfertigte Bevorzugungen, Diskriminierung).

Hierarchie, Kohäsion und Beziehung

Um schädliche oder förderliche Effekte dieser Kleingruppenverbände zu untersuchen, bedarf es Instrumenten, die eine Diagnose der Phänomene in Gruppen erlauben. Im Folgenden wird die evolutionäre Perspektive immer wieder am Beispiel des Coachings in Organisationen (Rauen, 1999, 2000) erörtert. Zunächst sollen zwei eher diagnostische Verfahren skizziert werden, die sich vor allem mit der Betrachtung von Gruppenmerkmalen beschäftigen.

Diagnostik im Team-Coaching: Manche Coaches lehnen den Einsatz explizit diagnostischer Verfahren gänzlich ab, da die Grenzen zwischen Diagnostik und Intervention stets fließend sind und Diagnosen evtl. parteiergreifend in das Geschehen eingreifen. Diagnosen können wie Intervention wirken. Andere Coachingansätze sehen den Wert der Diagnostik in der Möglichkeit, die Problemsituation differenziert erkennen zu können sowie Muster und Strukturen der zu coachenden Gruppe bzw. der Organisation aufzudecken (Rauen, 1999, 2000).

Nicht selten werden deshalb lediglich verschiedene Gesprächstechniken zum Sammeln diagnostischer Informationen verwendet. Beim *Fokussieren* lenkt der Coach gezielt den Fokus auf ein bestimmtes Thema, lenkt also den Verlauf des Gesprächs und vertieft bestimmte Informationen und setzt Schwerpunkte. Das

Erfragen getilgter und ausgelassener Information ist wichtig, da den zunächst nicht mitgeteilten Informationen oftmals eine besondere Bedeutung zukommt. Das *zirkuläre Fragen* ist eine Technik, bei der z.B. eine dritte Person zu den Gefühlen, Gedanken usw. der Zielperson befragt wird. Es dient dazu, die Beziehungen der Personen aus möglichst vielfältigen Perspektiven zu erfassen (von Schlippe & Schweitzer, 1996; Simon & Rech-Simon, 1999).

Einen anderen Zugang zur Beziehungsstruktur einer zu coachenden Gruppe liefern Verfahren wie der FAST (Familiensystemtest; Gehring, 1998) oder die Organisationsaufstellung, die die Strukturen im zu coachenden Team mit realen Personen nachstellt. Letztere kann fließend in ein Interventionsverfahren übergehen.

Der FAST: Beim FAST (Gehring, 1998) handelt es sich um ein aus der Familientherapie und -diagnostik stammendes Instrument zur Erfassung von Familienstrukturen. Eine Übertragung auf die Situation des Coachings ist jedoch möglich. Der FAST visualisiert Beziehungsmerkmale der Gruppe mit Figuren auf einer Art Schachbrett.

Dimensionen: Die zentralen Dimensionen des FAST sind Kohäsion und Hierarchie. Die Kohäsion wird mittels des Abstandes der Figuren zueinander dargestellt und ist definiert als emotionale Bindung zwischen den Familien- bzw. Teammitgliedern bzw. der Frage, inwieweit sich die Mitglieder als zusammengehöriges Ganzes erleben. Die Hierarchie wird dargestellt durch unterschiedliche Erhöhung der Figuren mittels dafür vorgesehener Klötzchen und kennzeichnet Autorität, Entscheidungsmacht sowie die Einflussmöglichkeiten des jeweiligen Mitglieds. Durch diese Darstellungsmöglichkeit (Entfernung und Erhöhung) sind Kohäsion und Hierarchie separat voneinander messbar.

Der FAST liefert zudem Informationen über Flexibilität und Grenzen der untersuchten Gruppe. Die Flexibilität beschreibt die Fähigkeit des Systems (der Familie oder des Teams) zur Veränderung von Kohäsion und Hierarchie im Zusammenhang mit situativen und entwicklungsbedingten Anforderungen und Stressoren. Hierzu werden Aufstellungen in drei verschiedenen Situationen abgefragt: typisch, ideal und Konflikt. Grenzen definieren die Beziehung des Systems zur sozialen Umwelt.

Testauswertung: Die Testauswertung des FAST lässt die Diagnose balancierter, labil-balancierter oder unbalancierter Beziehungsstrukturen zu. Während sich die Bestimmung der Flexibilität aus dem Vergleich der Ausprägung der jeweiligen Dimensionen in den verschiedenen Darstellungen eines Probanden (typisch, ideal, Konflikt) ergibt, basiert die Bestimmung von Wahrnehmungsunterschieden auf den Differenzen in den Darstellungen von Kohäsion und Hierarchie zwischen den einzelnen Mitgliedern, bzw. der Differenz zwischen der Wahrnehmung einzelner Mitglieder und der Gruppenwahrnehmung.

Schließlich werden – wenn vorhanden – Hierarchieumkehrungen (z.B. ein Mitarbeiter ist hierarchisch höher dargestellt als ein Vorgesetzter) sowie intergenerationale oder Hierarchieebenen überspannende Koalitionen protokolliert. Der FAST schließt jedoch auch eine qualitative Auswertung standardisierter Fragen sowie eine mögliche Analyse des Verhaltens der Probanden ein (Videoaufzeichnung).

Der FAST kann beim Probanden durch das explizite Auseinandersetzen mit der Teamsituation bzw. den Beziehungsstrukturen sowie durch Perspektivenverschiebungen, weg von der Sicht des Mitglieds hin zu dem Blickwinkel des scheinbar objektiven Beobachters, Sensibilität für die erlebte Beziehungsstruktur entwickeln und eventuell die Wahrnehmung bestimmter Konflikte erst ermöglichen. Der FAST erfasst damit auf ideale Weise die zuvor aus einer evolutionären Perspektive als zentral skizzierten Aspekte wie Führung und Hierarchie, Gruppenzusammenhalt bzw. durch moralische Emotionen verursachte Sanktionen der Gruppe oder die Beziehungsstruktur des informellen Netzwerks einer modernen Organisation. Als eine Art Visualisierungstechnik macht er zugleich das evtl. kaum verbalisierbare Beziehungsgeflecht – welches sich mutmaßlich entlang der Regeln archaischer Gruppen organisiert – sichtbar.

Organisationsaufstellungen: Hier werden reale Personen als Stellvertreter für die Mitglieder des Systems (etwa einer Arbeitsgruppe oder eines Teams) aufgestellt. Diese Art des Aufstellens ist vor allem durch die Familientherapie nach Bert Hellinger bekannt geworden (vgl. Weber, 2000).

Die Aufstellung: Die genauen Schritte einer Aufstellung sind zwar nicht wie beim FAST genau festgelegt, dennoch soll hier zum besseren Verständnis ein Ablauf exemplarisch skizziert werden: Eine Person (der Aufsteller) stellt ihr Anliegen und die Beziehungen der relevanten Personen in der Gruppe vor. Der Coach erfragt zudem wichtige Eckdaten, wie die Zusammensetzung des Systems, und konkrete Lösungsvorstellungen und bittet, das Beziehungsgeflecht der Gruppe (des Systems) aufzustellen. Der Aufsteller wählt hierzu Stellvertreter aus den anwesenden Personen und stellt diese zueinander in Beziehung, so dass das darzustellende System bestmöglich repräsentiert ist. Auch wenn die betroffenen Personen anwesend sind, so werden diese beim hier skizzierten Herangehen nicht entsprechend ihrer tatsächlichen Position aufgestellt, sondern sollen als Stellvertreter positioniert werden. Ähnlich wie beim FAST ist der Abstand zwischen den Personen und ihre Blickrichtung entscheidend. Es können, gerade bei großen Organisationen, auch ganze Teilbereiche durch einen Stellvertreter repräsentiert werden wie z.B. die Leitung, die Verwaltung und die Personalabteilung oder sogar noch eine Stufe abstrakter: die Vergangenheit, das Ziel und ein Hindernis.

Nachdem die Stellvertreter sich einen Moment an ihren Plätzen „eingefühlt“ haben, werden sie vom Coach gefragt, wie es ihnen an ihrem jeweiligen Platz geht und was sie wahrnehmen. Man geht hier davon aus, dass die Stellvertreter an ihren Plätzen zu „Wahrnehmungsorganen für die Beziehungsstrukturen eines fremden Systems“ (Varga v. Kibéd, 2000) werden. Sie sollen durch ihre Position in der Aufstellung Wahrnehmungen verbalisieren, die einem „objektiven Beobachter“ von außen so schwerer zugänglich sind. Weber (2000) vermutet, dass diese Fähigkeit den Menschen eigen zu sein scheint, da sie nicht erlernt werden muss. Aus einer evlutionären Perspektive lässt sich vermuten, dass das Vorgehen auf archaisches Wissen über das Emotions- und Antriebsmangement zugreift. Proxemik (Abstände der Personen zueinander) Körperhaltungen (als nonverbale Signale: etwa der Submission oder Dominanz) oder Blickverhalten (vgl. Merten, 1997) sind evolvierte Signalsysteme zur Koordination sozial lebender Gruppen. So mögen nicht nur Primaten und Menschen, sondern auch viele Säugetiere und etliche andere soziale Organismen diese Informationen zur Navigation in ihren sozialen Umwelten nutzen. Das Inszenieren und Erleben dieser Aufstellungen mag neuronal unterstützt werden durch die im Kapitel „Empathie“ beschriebenen

Spiegelneurone sowie körperliche Feedbackprozesse des Affektsystems (facial-feedback-hypothese; Merten, 2003).

In Organisationsaufstellungen wird häufig auf vertiefende inhaltliche Information verzichtet. Nicht selten sind Betroffene anwesend und oft fürchtet der Aufstellende (nicht selten zu Unrecht) negative Konsequenzen bei zu großer Ehrlichkeit. Der Coach kann die Stellvertreter nach Wahrnehmungen oder Lösungsideen befragen, selbst Lösungsaufstellungen vorschlagen, den Stellvertretern Sätze oder Gesten vorschlagen etc. Es ist sicher sinnvoll, möglichst zurückhaltend einzugreifen und das Geschehen zunächst für sich wirken zu lassen. Hier besteht die Gefahr, den Beteiligten zu nahe zu treten oder ihre Privatsphäre zu verletzen. Keinesfalls dürfen Aufstellungen als Handlungsanweisungen missverstanden werden.

Theoretische Annahmen: Weber (2000) glaubt nicht, wie etwa Hellinger, dass es hinter den zu beobachtenden Beziehungstrukturen absolute und naturgegebene Gesetzmäßigkeiten und Ordnungen zu entdecken gibt, denen man besser zustimmt und folgt. Jedoch kann nach Weber auch nicht von einer *willkürlichen* Konstruktion der Wirklichkeit ausgegangen werden. Vielmehr sollten sich mehr oder weniger nützliche Muster und Regeln für das Gedeihen von Beziehungen in Organisationen feststellen lassen. Diese günstigen Regeln sind nach Weber (2000) folgende:

1. Das Recht auf Zugehörigkeit (alle gehören ebenbürtig dazu).
2. Leitung hat Vorrang (wer die meiste Verantwortung trägt hat Vorrang).
3. Bei Gleichrangigen gilt: wer früher da war und dann wer älter ist hat Vorrang.
4. Leistung und Innovation müssen anerkannt werden.
5. Die Anerkennung der Vergänglichkeit (wenn das Arbeitssystem seine Aufgabe verliert, muss es aufgelöst werden).

Die hier dargestellten Regeln (bis auf (5)) scheinen durchaus kompatibel mit den Äußerungen von Bernhard und Glantz (1992) über Jäger- und Sammlerverbände. Inwiefern es hinter den beobachteten Beziehungsstrukturen absolute und naturgegebene Gesetzmäßigkeiten und Ordnungen zu entdecken gibt, denen man besser zustimmt und folgt – wie Hellinger glaubt – ist eine Frage, welche mit den Mitteln der empirischen Sozialwissenschaften und möglicherweise unter Zuhilfenahme einer evolutionspsychologischer Hypothesenbildung zu verfolgen ist. Allein der „klinische Blick" als Wahrheitskriterium ist hier natürlich ungenügend. Welche Vermutungen sich hinsichtlich des Arbeitens in modernen Organisationen aus der evolutionären Perspektive formulieren lassen, soll im Folgenden dargestellt werden.

Die Kluft

Mitarbeitertypen: Bernhard und Glantz (1992) beschreiben vier Typen von Mitarbeitern, die durch die Kluft zwischen moderner Organisation und unserem Jäger- und Sammlererbe gebildet werden sollen:

Der *„Gläubige"* (Believer) strebt nach Zugehörigkeit und will Teil der durch die Organisation angebotenen gemeinsamen Unternehmung sein. Gläubige phantasieren sich ihre Firma, ihren Betrieb als ihren Verband (ihre archaische Kleingruppe). Diesen Glauben macht sich die Organisation zunutze. Believers tendieren dazu, hart für ihre Organisation zu arbeiten und die vorgegebenen Organisationsziele zu verfolgen. Sie verteidigen ihre Firma gegen jede Kritik von innen oder außen und schmücken sich teilweise sogar mit entsprechenden Logos und Emblemen „ihrer" Organisation. Honoriert die Organisation dieses Verhalten, verstärkt sie den Gläubigen in seiner Haltung. Konkurrenzbetonte moderne Organisationen fördern solche Gläubige jedoch nur so lange, wie sie für die Organisation von Nutzen sind. Passt ein Mitarbeiter nicht mehr in das Gesamtbild, können Benachteiligung und Entlassung drohen, ihr Glaube an die Organisation wird für das Management schnell irrelevant (Darwiportunismus; Scholz, 2003). Da die moderne Organisation eben nicht dem archaischen Verband gleichkommt, wird Vertrauen in die Organisation meist enttäuscht.

„Aufsteiger" (Climber) sind in erster Linie motiviert durch den alten Trieb der Primaten nach Status (vgl. Barkow, 1992). Die eigene Karriere wird zum Selbstzweck. Auch Climber können wertvolle Mitglieder der Organisation sein, wenngleich sie alles unter dem Aspekt persönlichen Weiterkommens betrachten. Sie sind bereit, enorme Energien in die Organisation zu stecken und machen „viel Wind" um ihre Unterstützung der Organisationsziele. Die Entkopplung des persönlichen Status vom Gruppenwohl kann jedoch zu schwerwiegenden Konsequenzen führen. Um Erfolg zu haben, muss der Climber sein Bedürfnis, Teil eines kooperativen Teams zu sein, ausschalten. Wird ein solcher Climber von den „born-again bands" als solcher erkannt, hat er meist Probleme, die Loyalität seiner Mitarbeiter zu gewinnen (Haidt, 2003; Cosmides & Tooby, 2000). Langfristig leiden Aufsteiger nicht selten an einer unbestimmten Leere, die ihre Lebensfreude aushöhlt. Die Flucht vor dieser Leere treibt sie zu weiteren Höchstleistungen an, welche jedoch das Bedürfnis nach Zugehörigkeit und Anerkennung durch die Bezugsgruppe nicht stillen (Winterhoff-Spurk, 2002).

Der *„Vereiniger"* (Bandmaker) arbeitet, um Menschen zusammenzubringen. Sie sind die Hauptstütze der „born-again bands", sie organisieren Partys und Betriebsausflüge, stellen Verbindungen zwischen Personen in unterschiedlichen Abteilungen der Organisation her, schaffen Bündnisse. Nicht selten werden sie als Plaudertaschen und Clowns unterschätzt und leiden am meisten an der Kluft zwischen archaischer Gruppe und moderner Organisation. Sie reiben sich auf zwischen dem, was sie emotional als angemessen erachten und dem, was die Organisation fordert.

Der *„Unengagierte"* (Easy Rider) versucht nicht, die Organisation zur Erfüllung seiner affiliativen oder Status-Bedürfnisse zu nutzen. Weder glaubt er, dass die Organisation sich um ihn kümmert, noch ist er daran interessiert, Karriere zu machen oder Kontakte in der Organisation zu pflegen. Er macht seine Arbeit, geht Problemen aus dem Weg und lebt sein wirkliches Leben außerhalb der Organisation. Diese Strategie lässt ihn seine physischen und psychischen Energien für andere Aktivitäten sparen und bewahrt ihn vor den Enttäuschungen, welche die anderen Strategien nach sich ziehen. Jedoch hat auch die „Easy Rider"-Strategie ihren Preis: Sie besitzen weder Einfluss noch Status noch Entscheidungsmacht. Zwar machen sie der Organisation kaum Ärger, zeigen aber auch kaum Engagement. Passen ihnen die vorgefundenen Bedingungen nicht (oder nicht mehr) werden sie leicht unzufrieden, unzuverlässig, mürrisch und unproduktiv.

Alle vier beschriebenen Mitarbeitertypen sind davon bedroht, früher oder später eine „innere Kündigung" auszusprechen. Lediglich der Unengagierte hat die Stelle quasi nur halbherzig angetreten und muss evtl. nicht kündigen, wo er sich kaum richtig beschäftigt zeigt.

Innere Kündigung: Die innere Kündigung stellt nach Faller (1991, S. 86) ein „zeitlich relativ stabiles Verhaltensmuster bzw. eine zeitlich andauernde Verhaltensintention" dar, die mit einer ablehnenden, später auch depressiv-resignativen Grundhaltung gegenüber der Arbeitssituation in Verbindung steht. Sie kann auch als psychischer Zustand der zunächst bewussten Verweigerung und Distanzierung angesehen werden.

Verhaltenssymptome: Als diagnostische Kriterien für den Zustand der inneren Kündigung können folgende Verhaltenssymptome angesehen werden: Sinkende Leistungsbereitschaft, mangelndes Engagement, „Dienst nach Vorschrift" ohne aufzufallen oder anzuecken, hohe Fehlzeiten, zunehmende Freizeitorientierung, Distanzierung vom Vorgesetzten/Coach und vom Unternehmen, Unzufriedenheit mit der Arbeitssituation, Verweigerung von Eigeninitiative und Einsatzbereitschaft, d. h. der Betroffene äußert weder Vorschläge noch Kritik, wobei die bewusste Leistungsverweigerung zunehmend unbewusste individuelle Konsequenzen nach sich zieht. Der Betroffene kündigt die Kreativität, die Arbeitslust, das positive Miteinander und die Bereitschaft, an Problemlösungen aktiv mitzuarbeiten, auf.

Ursachen: Als zentrale Ursachen, die in einem Unternehmen zur inneren Kündigung führen können, wird zum einen Unzufriedenheit mit den dortigen Arbeitsbedingungen genannt, zum anderen führt bei Beschäftigten auch die Unkontrollierbarkeit der (Arbeits-)Situation dazu, sich innerlich vom Unternehmen zu distanzieren (Faller, 1991). Raidt (1988) versteht die innere Kündigung als ein Problem der Führung und formuliert folgende Forderungen: Ein glaubwürdiges Charisma des Führenden gemäß dem „Führungsmodell des Vorbildes". Dies bedeutet, dass der Coach in puncto Motivation, Zuverlässigkeit usw. ein Vorbild sein sollte. Außerdem sollte der Chef dem Team einen Vertrauensvorschuss gewähren. „Misstrauen, das sich ständig verstärkt und Kontrollen, die zum Widerspruch herausfordern, führen auf Dauer in die innere Kündigung" (Raidt, 1988, S. 17). Raidt stellt außerdem fest, dass sich organisatorische Einheiten von fünf bis acht Personen als effektiv erwiesen haben. In dieser Situation „psychischer Tuchfühlung" wird garantiert, dass „Verhaltensänderungen in einem frühen Stadium bemerkt und bewusst gemacht werden können" (Raidt, 1988, S. 17). Zudem scheint ihm die Gefahr einer Isolation in der Kleingruppe geringer. Nicht selten steht die innere Kündigung am Ende einer langen Geschichte von Konflikten oder einem Verhaltensmuster in Arbeitsgruppen und Teams, das in der Klinischen und in der Organisationspsychologie als Mobbing beschrieben wird (Winterhoff-Spurk, 2002).

Konflikt und Mobbing

Nicht immer ist das Beenden einer Auseinandersetzung das ultimative Ziel psychologischer Interventionen. Ausgetragene Konflikte können angemessen, konstruktiv und lösungsorientiert sein. Andererseits gibt es in manchen Konflikten „Kriegsgewinnler", die daran interessiert sind, den Konflikt aufrechtzuerhalten oder weiter eskalieren zu lassen. Diese „Strategie der Kriegsgewinnler" ist grundsätzlich keineswegs ein Phänomen der modernen Organisationen, vielmehr gehören Konflikte und der Versuch, Vorteile durch die Ausbeutung anderer zu erzielen, wohl zur menschlichen Natur. Einerseits zeigt die Untersuchung anthropologischer Daten die Unangemessenheit der Idee des „friedfertigen Wilden" (Pinker, 2002), andererseits zeigen Studien mit Primaten in freier Wildbahn und in der Gefangenschaft neben ihren Fähigkeiten zur Friedensstiftung auch deren machtpolitisches, opportunistisches und teilweise grausam rücksichtsloses politisches Geschick (de Waal, 1993).

Konflikttheorien: Über die Entstehung und den Verlauf von Konflikten in Organisationen liegt eine Vielzahl unterschiedlicher Theorien (Überblick bei Winterhoff-Spurk, 2002) vor, von denen hier nur exemplarisch das recht populäre „Neun-Stufen-Modell der Konflikteskalation" von Glasl (1992) skizziert werden soll:

Tabelle 6: Neun-Stufen-Modell der Konflikteskalation (nach Glasl, 1992, S. 22)

Stufe	Merkmale
1. Verhärtung	Gespanntheit und Reizbarkeit Überzeugung, dass die Spannungen durch Gespräche gelöst werden können
2. Polarisation und Debatte	Polarisation (Gedanken, Gefühle, Willen) Verbale Auseinandersetzungen
3. Taten statt Worte	Umgangston aggressiver/kritischer, Diskrepanzen zwischen verbalem und nonverbalen Verhalten Missverständnisse, Gruppendruck nach Konformität, Herauskristallisierung von Rollen, Empathieverlust
4. Sorge um Image und Koalitionen	Vorurteile; jeder will das Gesicht wahren Die Gegner manöverieren sich in negative Rollen und bekämpfen diese Suche nach Verbündeten
5. Gesichtsverlust	Öffentliche persönliche Angriffe – Verlust der moralischen Integrität, fanatische Verteidigung der eigenen Überzeugungen, Engel und Teufel
6. Drohstrategien	Eskalation durch Drohung und Reaktionen schlimme Gerüchte und Intrigen
7. Begrenzte Vernichtungsschläge	Keine menschlichen Werte mehr Vernichtung als „angemessene Reaktion" Umkehrung der Werte und Tugenden relativ geringer Schaden wird als Erfolg gesehen
8. Zersplitterung	Macht- und Existenzgrundlage soll vernichtet werden; Frontkämpfer werden vom Hinterland abgeschnitten; Vernichtung von Körper, Seele und Geist
9. Gemeinsam in den Abgrund	Es gibt keinen Weg zurück! Totale Konfrontation Zerstörung des Feindes auch um den Preis der Selbstvernichtung

Eine erste Hauptschwelle liegt dabei nach der dritten Stufe: Die Beteiligten erkennen, dass die sachliche Auseinandersetzung für die Gegenpartei nur Mittel zum Zweck ist. Man reagiert empfindlicher und es kommt zu ungezielten Ausbrüchen. Außerdem wächst die innere Bereitschaft, gegen Konventionen zu verstoßen. Es wird nach dem Win-Lose-Prinzip gehandelt: Man will den Gegner besiegen. Nach der sechsten Stufe liegt nach Glasl eine weitere zentrale Schwelle: Ab hier erkennen die Konfliktparteien, dass es nichts mehr zu gewinnen gibt. Es geht nur noch darum, der Gegenpartei mehr Schaden zuzufügen (Lose-Lose-Prinzip). Die Konfliktstufen bauen logisch aufeinander auf. Allerdings muss ein Konflikt nicht immer weiter eskalieren. Es besteht theoretisch immer die Möglichkeit, dass sich ein Konflikt entschärft oder beendet wird.

Die Humanethologie (Eibl-Eibesfeldt, 1997) betont die friedensfähige Natur des Menschen, stellt jedoch auch deutlich heraus, wie leicht er aufgrund seiner biologischen Neigungen zu Zwischengruppenaggressionen „verführbar" ist. Destruktive Gruppenaggressionen (etwa Kriege) scheinen Ergebnisse der kulturellen Entwicklung, welche die aggressiven Emotionen, das Dominanzstreben, territoriale Neigungen, Fremdenscheu (bzw. -misstrauen), moralische Aggressionen gegen ein Abweichen von der Gruppennorm sowie eine Bereitschaft, die In-Group zu verteidigen, ausnutzt. Um jedoch Destruktionen vom Ausmaß kriegerischer Auseinandersetzungen zu inszenieren, bedarf es außerdem Planung, Führung und einer Überwindung des Mitleids durch Dehumanisierung des Gegners.

Ein deutlich düsteres Bild menschlicher Aggression zeichnen Evolutionspsychologen wie Steven Pinker (2002). Neuer archeologische Funde und Analysen sowie ethnologische Studien heutiger Jäger und Sammler zeigen erschrekkende Häufigkeiten an aggressiven Auseinandersetzungen mit Todesfolgen. Der Mensch hat geradezu eine Art Kunstfertigkeit in Bezug auf Grausamkeiten gegen Mitmenschen entwickelt. Diese Schattenseite der menschlichen Natur wird in den meisten sozialwissenschaftlichen Ansätzen jedoch als pathologisches Verhalten oder Ergebnis einer ungünstigen Lerngeschichte untersucht, wobei die jeweilige Kultur als eine Art Superorganismus solche Pathologien erzeugt und die Lerngeschichte determiniert. Pinker (2002, S. 314) betont: "There are many reasons to believe that violence in humans is not literaly a sickness or poisoning but part of our design." Menschliche Aggression ist eine organisierte zielgerichtete Aktivität, die nicht durch einen Fehlfunktion ausgelöst wird. Aktuelle Verhaltensforschung an Primaten, neurologische und hormonelle Studien an Menschen sowie Aggressionsstudien mit Kleinkindern zeigen deren aggressive Neigungen. Als ersten Schritt zu einer angemesseneren Untersuchung der Aggression des Menschen fordert Pinker (2002) die Anerkennung der Tatsache, dass sich aggressives Handen sowohl im evolutionären Kontext als auch im Alltag und damit auch beim Handeln in Organisationen durchaus auszahlen kann. Er nennt drei zentrale Gründe aggressiven Verhaltens (vgl. Pinker, 2002, S. 318ff):

1. Wettstreit – um Vorteile
2. mangelndes Selbstvertrauen bzw. Misstrauen – wegen erlebter Unsicherheit(en) und Bedrohungen
3. Ruhm und Ehre – das Streben nach Anerkennung bzw. das Vermeiden mangelnder Würdigung

Eine Vielzahl, der in den Konflikttheorien beschiebenen Phänomene werden ebenfalls in der aktuellen Diskussion um das so genannte „Mobbing" in modernen Organisationen thematisiert.

Mobbing: Der Ursprung des Begriffes liegt in den Siebziger Jahren des 20. Jahrhunderts. „Mobbing" kommt vom englischen „mob" für Meute, randalierender Haufen und „to mob" – pöbeln. Im Allgemeinen wird im deutschen Sprachgebrauch der Begriff Mobbing für diskriminierende Handlungen am Arbeitsplatz verwendet. Viele Autoren haben sich dieser modernen Problematik angenommen und versucht, die Vorgänge und die zu Grunde liegenden Mechanismen zu analysieren. Das Resultat ist eine Reihe von unterschiedlichen Definitionen und somit verschiedenen Konstrukten mit anderen Schwerpunkten. Nachfolgend werden drei Definitionen exemplarisch vorgestellt.

Definition des Bundesarbeitsgerichts (BAG vom 15.1.1997, DB 1997, 1475ff.): Mobbing ist das „systematische Anfeinden, Schikanieren oder Diskriminieren von Arbeitnehmern untereinander oder durch Vorgesetzte, wobei Mobbing durch Stresssituationen am Arbeitsplatz, deren Ursachen u. a. in einer Über- oder Unterforderung einzelner Arbeitnehmer oder Arbeitnehmergruppen liegen können, begünstigt wird."

Der bekannteste unter den Mobbingfoschern, Leymann (1993) definiert Mobbing als „[...] negative kommunikative Handlungen, die systematisch gegen eine bestimmte Person gerichtet sind".

Niedl (1995) betont den Zeitfaktor und die Wehrlosigkeit der Gemobbten, er verdeutlicht jedoch den individuellen Anteil und die wahrgenommene Realität: „Unter Mobbing am Arbeitsplatz werden Handlungen einer Gruppe oder eines Individuums verstanden, denen von einer Person, die diese Handlungen als gegen sich gerichtet wahrnimmt, ein feindseliger, demütigender oder einschüchternder Charakter zugeschrieben wird. Die Handlungen müssen häufig auftreten und über einen längeren Zeitraum andauern. Die betroffene Person muß sich zudem aufgrund wahrgenommener sozialer, ökonomischer, physischer oder psychischer Charakteristika außerstande sehen, sich zu wehren oder dieser Situation zu entkommen."

Mobbing äußert sich nicht selten in organisationellen Maßnahmen, wie der Zuweisung unangenehmer Arbeitsaufgaben und dem Entzug von Entscheidungskompetenzen. Mobbingopfer werden von ihren Kollegen sozial isoliert, man spricht nicht mehr mit der betroffenen Person und lässt sich auch nicht mehr von ihr ansprechen. Die betroffene Person wird gemieden und ausgegrenzt. Es erfolgen Angriffe auf die Person und ihre Privatsphäre. Man macht die Person lächerlich und „reißt Witze" über ihr Privatleben. Gerüchte werden gestreut, es folgen verbale Drohungen bzw. verbale Aggression wie Anschreien, Kritisieren und Demütigen vor versammelter Mannschaft. Schließlich kann es auch zur Androhung oder Ausübung körperlicher Gewalt kommen.

Mobbing kommt bei Männern und Frauen ungefähr gleich häufig vor. Frauen greifen eher zu aktiven Mobbingstrategien, wie „lächerlich machen", Verleumdung und das Streuen von Gerüchten. Männer dagegen eher zu passiven Strategien wie soziale Isolierung, Zuweisung von minderwertiger Arbeit, jemanden nicht ernst nehmen.

Ursachen von Mobbing: Bei den Ursachen lassen sich nach Schwickerath (2001) drei Bereiche unterscheiden: Die Organisation, die Mobbingtäter, das Mobbingopfer.

Ursachen in der Organisation: Schlechter Informationsfluss und geringe Einflussmöglichkeiten der Betroffenen auf Vorgänge in der Organisation, mangelnde gegenseitige Akzeptanz unter den Kollegen, fehlende soziale Unterstützung durch Kollegen und Vorgesetzte, wenig Entscheidungs- und Handlungsspielraum, arbeitsorganisatorische Probleme, widersprüchliche Anweisungen, stressreiche Arbeitsbedingungen.

Ursachen beim Täter: Gefühle der Minderwertigkeit oder der Bedrohung des eigenen Status. Mobbing wird als Strategie zur Selbstwertstabilisierung angesehen.

Ursachen beim Opfer: geringes Selbstwertgefühl, Selbstunsicherheit, mangelnde soziale Kompetenz, Rigidität, Unnachgiebigkeit und das Beharren auf den eigenen Vorstellungen.

Winterhoff-Spurk (2003) weist auf kritische Aspekte des Mobbingbegriffs hin und fragt, inwiefern es sich nicht lediglich um einen Spezialfall aggressiven Verhaltens in Organisationen handelt. Unter den Mobbingursachen erkennt man recht deutlich die von Evolutionspsychologen beschriebenen Ursachen (Pinker, 2002) aggressiven Verhaltens. Menschen liegen im Wettstreit um unterschiedlichste Vorteile, dies tun sie natürlich auch in ihrem Arbeitsleben. Sie wetteifern um Geld, Macht und Einfluss. Mangelndes Selbstvertrauen und das Misstrauen gegen Kollegen entsteht bei vielen – besonders in schwierigen Arbeitsumwelten oder in schwierigen wirtschaftlichen Zeiten – aufgrund erlebter Unsicherheit(en) und Bedrohungen. Dies führt nicht selten zu Präventivangriffen gegen vermeintliche Opponenten oder paranoide Überwachung des Verhaltens anderer. Schließlich findet man – vor allem unter Männeren – eine „Kultur der Ehre"– das Streben nach Anerkennung bzw. mangelnde Anerkennung durch andere führt zu aggressivem Verhalten wegen eines drohenden Gesichtsverlustes. Ein Wort, ein verächtliches Lächeln, das Äußern einer abweichenden Meinung und andere Anzeichen einer Entwertung des Betroffenen (auch gegen nahe stehende Personen und Glaubenssysteme) können zu aggressivem Verhalten in Organisationen führen.

Mobbing und das Verhalten der Mitarbeiter in Konfliktsituationen basiert auf der Struktur der menschlichen Natur. Diese Natur des Menschen definiert das Problem ebenso, wie hier die Lösungen des Problems zu suchen sind. Konflikte und Aggressionen in Organisationen sind weder ausschließlich als Pathologien zu beschreiben, noch lediglich Ergebnisse individueller Lerngeschichten oder einer bestimmten Kultur.

Führung, Macht und Loyalität

Dominanz, Hierarchie und Gruppenkohäsion: Einige organisationspsychologische Ansätze verstehen die Schwierigkeiten von Menschen im Umgang mit ihren Vorgesetzten oder Untergebenen als Ergebnis einer problematischen individuellen Ontogenese, als Produkt von Kindheitserfahrungen in der Herkunftsfamilie, als Folge ödipaler Konflikte, als verursacht durch Bindungsprobleme des

Einzelnen oder ganzer Generationen etc. Bernhard und Glantz (1992) beschreiben diese Probleme mit Autoritätsverhältnissen jedoch als spezifisches Problem unserer Spezies. In der angestammten Umwelt war es nicht üblich, Befehle entgegenzunehmen. Langfristig unterlegene und dominierte Gruppenmitglieder erlebten Ärger und Scham als Reaktionen auf ihre Machtlosigkeit. Zugleich wurde von den Individuen mit Macht in der Gruppe diese auch häufig zum eigenen Vorteil missbraucht. Einerseits neigen dominierte Gruppenmitglieder dazu, den Mächtigen den Missbrauch ihrer Macht zu unterstellen, andererseits scheinen Führer von Gruppen geneigt, ihren eigenen Vorteil nie aus den Augen zu verlieren. Die Autoren schlagen eine Art kognitiver Perspektivenübernahme zur Vorbeugung von Missverständnissen in Autoritätskonflikten vor. Untergebene sollten zeitweise die Perspektive der Vorgesetzen wählen und Vorgesetzte sollten Probleme mit den Augen des Untergebenen betrachten. Die gegenseitige Perspektivenübernahem soll die Einbindung der jeweils anderen Partei unterstützen. Wie oben bereits ausgeführt, können empathische Prozesse die Gruppenkohäsion unterstützen. Das Etablieren empathischen Einfühlens in den Gegner oder den Über- oder Unterlegenen in Machtgefällen scheint eine zentrale Methode der Schlichtung und Mediation in Organisationen (Pinker, 2002). Bernhard und Glantz (1992) betonen den Umgang mit gewonnenen und verlorenen Auseinandersetzungen in Jäger- und Sammlergemeinschaften. In archaischen Gruppen mussten die Führer ihren Sozialverband zusammenhalten. Vernichtende Niederlagen eines Gruppenmitglieds bedrohten die Existenz der Gruppe und somit auch des Führers. Konsensentscheidungen oder scheinbare Konsensentscheidungen durch soziale Manipulation waren nach Meinung der Autoren innerhalb der Gruppe eher die Strategien der Wahl als die gewaltvolle Unterwerfung (vgl. auch de Waal, 1993). Wird die Zielverfolgung des Managements moderner Organisationen von untergebenen Mitarbeitern immer wieder als Niederlage erlebt, führt dies zu Gefühlen der Erniedrigung und Beschämung. Ein zentrales Merkmal des Selbstbilds des Einzelnen ist seine Position in verschiedenen hierarchischen Systemen. Moderne Organisationen lassen heutzutage Hierarchiegefälle (hierarchische Distanzen bzw. Anzahl an Hierarchieebene) zu, die in archaischen Kleingruppen kaum aufgetreten sind und zu emotionalen Reaktionen führen können (Größenwahn und Allmachtsphantasien vs. Ohnmacht und Verlust des Selbstwerts) auf die unser Affektsystem ungenügend vorbereitet scheint.

Pathologien der Loyalität: Das Leben in Organisationen generiert also emotionale Reaktionen, die an unser Leben in Kleingruppen in unserer angestammten Ökologie angepasst sind. Als „Pathologien der Loyalität" diskutieren Bernhard und Glantz (1992) Überengagement und Überidentifikation bei drei unterschiedlichen Mitarbeitertypen:

Der *Workaholic* ist abhängig von seiner Organisation, die seine ganze Aufmerksamkeit fesselt. Der *Märtyrer* versklavt sich selbstlos für die Organisation und hofft auf Anerkennung und Wechselseitigkeit, wenn er andere aufopfernd unterstützt. Der *Kreuzritter* erlebt sich als alleiniger Vertreter der Organisationsinteressen. Voller Überzeugung kämpft er gegen hierarchische Hürden an und sabotiert so nicht selten die eigene Karriere. Wegen der in großen Organisationen eingebauten Interessensunterschiede zwischen den Hierarchieebenen, erfahren diese überengagierten Mitarbeiter selten eine angemessene Befriedigung ihrer Bedürfnisse. Am Sockel der Organisationshierarchie generieren Mitarbeiter häufig ein anderes Loyalitätsproblem. Sie zeigen sich eher gleichgültig oder erleben die Organisation als feindselig. Teilweise empfinden sie einen eigenen möglichen Aufstieg als Betrug an ihrer Bezugsgruppe oder Herkunftsfamilie. Es lässt sich dann eine Art sture Entschlossenheit beobachten, Weiterbildungsangebote und Karriereplanungen zu boykottieren. Die Einsicht, dass die Organisation nicht die archaische Kleingruppe ersetzen kann, wirkt sich hier destruktiv aus. Bernhard und Glantz (1992) schlagen deshalb vor, statt Karrierestrategien für Mitarbeiter zu entwickeln, eher eine Lebensstrategie mit ihnen zu entwerfen. Karriereziele – definiert über Geld und Macht – sollten abgewogen werden im Kontrast zu Zielen wie Status, Familie, Anerkennung, Freundschaft und Eingebundensein. Die Künstlichkeit (Unnatürlichkeit) moderner Organisationsstrukturen unterstützt sowohl Über- wie Unterengagement. Unter dem Schlagwort Pseudopathologien hatten wir diese Art von Problemem unserer mentalen Architektur in Kapitel „Darwinsche Modularität und Adaptivität als Klassifikationsheuristik psychischer Störungen“ bereits diskutiert. Pseudopathologien haben nach Crawford (1998) ihre Basis in einer Adaptation, welche die Fitness in der angestammten Umwelt steigerte, jedoch durch Umweltveränderungen gegenwärtig evtl. maladaptiv, unethisch oder ansonsten nachteilig sind. Sie lassen sich auch als *Diskrepanzen zwischen angestammter und moderner Umwelt* (Buss, 1999) beschreiben. Der zu Grunde liegende EPM (hier Affiliation und Loyalitätsgefühle gegenüber dem eigenen Verband) mag hervorragend und präzise funktionieren, jedoch mag sich die Umwelt soweit geändert haben, dass sein „output“ maladaptiv erscheint. Unterschiede der Welt, in der wir derzeit leben, zur „natürlichen Ökologie“ oder „angepassten Umwelt“ unseres Phänotyps können also nicht als Dysfunktionen eines EPM verstanden werden.

Wettstreit der Geschlechter: Bernhard und Glantz (1992) beschreiben viele Aspekte moderner Organisationen als gesundheitsabträglich für all ihre Mitarbeiter, jedoch bereiten sie weiblichen Organisationsmitgliedern zusätzlich besondere Schwierigkeiten. Waren Jäger- und Sammlergruppen arbeitsteilig entlang der Geschlechter, so verläuft die Arbeitsteilung in modernen Organisationen unabhängig von der Geschlechtszugehörigkeit (vgl. auch Bischof-Köhler, 1990, 2002). Zwar gibt es klassische Frauendomänen in der Arbeitswelt (Krankenschwester, Sekretärin), jedoch sind diese meist mit einem niedrigeren Status in der Organisation gekoppelt. Männer und Frauen stehen heute im Arbeitsalltag jedoch auch vielfach in direkter Konkurrenz um Status und Anerkennung. Frauen in Führungspositionen müssen dabei mit spezifischen männlichen Reaktionen auf ihren Führungsanspruch rechnen. Einige Männer reagieren feindselig, andere väterlich oder protektiv, eine weitere Gruppe ignoriert die Vorgesetzte womöglich. Die Struktur der Arbeitswelt verlangt zudem von Frauen zumeist mehr Opferbereitschaft, wenn es um die Verfolgung der Karriere geht, zumeist auf Kosten eines Kinderwunsches oder des Familienlebens. Das Hausfrauendasein andererseits wird nicht selten – sowohl von Männern wie Frauen – als minderwertig angesehen. Das Affektsystem von Männern und Frauen scheint wenig vorbereitet auf die gemeinsame Konkurrenz um die gleichen Ressourcen und Möglichkeiten zur Erlangung von Status, was zu Verwirrungen und Frustration führen kann.

Männer beherrschen Organisationen, da Organisationen zumeist auf die Dominanzstrukturen unserer Ahnen (Primaten, Hominiden) aufbauen. In vielen Primatenhierarchien haben sich die Männchen auf aggressive Konkurrenz spezialisiert (de Waal, 1993; Paul, 1998). Der intrasexuelle Wettstreit zwischen ihnen etabliert dabei Dominanzhierarchien, wobei nicht selten der Reproduktionserfolg an den Status gekoppelt scheint. Menschliche Männer scheinen jedoch eher in der Lage, sowohl mit Frauen als auch mit anderen Männern in der Gruppe zu kooperieren. Aggression und Wettstreit traten in den Hintergrund – wenn sie auch nie verschwanden. Mit der Entwicklung des Ackerbaus erlangten hierarchische Systeme neue Bedeutung. Eroberung und Verteidigung von Ackerland ließ größere Organisation entstehen. Riesige Bauwerke und langfristige Projekte für die Allgemeinheit machten es zudem notwendig, unterschiedliche Aktivitäten auf verschiedenen Ebenen zu koordinieren, dies wurde durch mächtige Herrscher und das Aufzwingen strenger Hierarchien möglich. Diese Vorläufer militärischer und politischer Organisationen wurden von Männern dominiert, die hier ihre Funktion als Verteidiger der Gemeinschaft und Wettstreiter um Ressourcen und Frauen einbrachten. Einerseits wurden Frauen wohl von diesen Organisationen ausgeschlossen, andererseits hatten sie wohl selten ein besonderes Interesse, Mitglied solcher Organisationen zu werden (Eibl-Eibesfeldt, 1997; Bischof-Köhler, 2002). In modernen Organisationen müssen Frauen nicht selten in einer aggressiven Atmosphäre um vorhandene Ressourcen wetteifern. Weder Männer noch Frauen sind auf diesen Wettstreit zwischen den Geschlechtern emotional besonders gut vorbereitet.

Junge Organisationen: Bernhard und Glantz (1992) diskutieren, inwiefern die Umwelten der modernen „high tech"-Organisationen einige der Merkmale der alten Jäger- und Sammlerverbände widerspiegeln. Vor allem diese Organisationen haben unter Einsatz moderner Kommunikationstechnologien versucht, Hierarchien abzubauen, Managementebenen einzusparen, Mitarbeiter in teilautonomen Teams zu organisieren und Befehlsketten durch Informationsnetze zu ersetzen. Diese neuen Organisationen versuchten, den Mitarbeitern die Chance zu geben, sich als relevant für die Gemeinschaft zu erleben (Mitsprache, Zugang zu Informationen). Das ständige Streben nach Innovationen soll die Arbeit bedeutsam und aufregend machen und Ansehen und Prestige gewähren. Andererseits verlangen diese Organisationen von ihren Mitgliedern, sich in einer ständig ändernden Organisationsumwelt zurechtzufinden und wohl zu fühlen. Sie fordern ständige Produktivität und den Umgang mit Uneindeutigkeiten. Weder Einzelgänger noch Befürworter fester Strukturen können sich besonders aufgehoben fühlen. Es ist fraglich, inwiefern kreatives Chaos und flache Hierarchien langfristig stabile Organisationen formen können. Dynamische, junge, ungebundene Mitarbeiter, die das Chaos und die Herausforderung suchen, werden älter und versuchen, ihre Positionen und Einflussbereiche zu verteidigen. Zwar hat die Informationstechnologie viele belastende Berufe eliminiert, jedoch zugleich auch neue geschaffen.

Zusammenfassung

Die Jäger- und Sammlergemeinschaft wird als natürliche Form menschlicher Organisation verstanden. Diese Gruppen hatten wenige Mitglieder, keine formalen Hierarchien und einen geringen Grad an Spezialisierung der Mitglieder. Arbeitsteilung gab es in erster Linie zwischen Männern und Frauen. Jeder im Verband war für die Gruppe wichtig und zumeist überlebenssichernd. Ein zentrales Kennzeichen dieser Jäger- und Sammlerverbände war die Kooperation. Der Wettstreit um Status verlief entlang von Handlungen, die anderen Respekt und Bewunderung abverlangten. Unser Affektsystem ist dazu gestaltet, in sozialen Umwelten zu funktionieren, in denen die meisten Personen mehr oder weniger verwandt und vertraut sind. Solche verwandtschaftlichen Bande wurden unterstützt durch reziproke Verhaltensweisen wie den Austausch von Gefälligkeiten und Unterstützung. Man sollte jedoch nicht den Fehler begehen, diese archaischen Gruppen als „friedliche und glückliche Wilde“ zu romantisieren. Gewalt, Verrat, Missbrauch und Betrug waren nicht unwesentliche Verhaltensweisen vorrechtlicher Gesellschaften. Gerade die Bedrohung reziproker Gruppen durch ausbeuterisches Verhalten installierte eine Vielzahl moralischer Emotionen (Wut, Verachtung, Rache), die ein Zuwiderhandeln ahndeten bzw. die Gefahr der drohenden Sanktionen emotional erlebbar machten (Gewissensbisse). Moderne Organisationen entsprechen in vielen ihrer Merkmale kaum den archaischen Gruppen, arbeiten jedoch mit dem emotionalen Inventar ihrer Mitarbeiter, das an diese Gruppenverbände angepasst scheint. Nicht selten installieren deshalb große moderne Organisationen Kleingruppen zur Erledigung wichtiger Aufgaben in der Form von Teams, „task forces“, Komitees oder Kommissionen, hin und wieder jedoch, ohne diesen adhoc-Gruppen auch die entsprechende Handlungsmacht zu übertragen. Die informelle Struktur hinter den offiziellen Hierarchien einer Organisation erlaubt den Mitgliedern eine Art sozialer Erfahrung, die ihren emotionalen Bedürfnissen eher entspricht. Die Mitarbeiter werden aufgrund ihres Beitrags zum Gruppenwohl emotional geschätzt oder sanktioniert. Zuwiderhandlungen gegen die Gesetze der Reziprozität werden mit übler Nachrede (Klatsch und Tratsch) oder gar dem Ausschluss aus der Gruppe geahndet (Mobbing). „Born-again bands“ bilden ein paralleles Netzwerk innerhalb der Organisation, das für oder gegen die Organisation arbeiten kann. Zur Diagnostik formeller und informeller Merkmale der Organisation etwa im Kontext von Coachingprozessen eignen sich besonders soziometrische Verfahren wie der FAST oder Organisationsaufstellungen, die teilweise auch als Interventionen Verwendung finden.

Es lassen sich vier Typen von Mitarbeitern, die durch die Kluft zwischen moderner Organisation und unserem Jäger- und Sammlererbe gebildet werden, beschreiben. Gläubige, Aufsteiger, Vereiniger und Unengagierte. All diese Mitarbeitertypen scheinen besonders von innerer Kündigung bedroht, wobei der letzte Typ schon mit einer inneren Kündigung die Stelle antritt.

Aber nicht nur dieser Unterschied zwischen dem Damals und Heute unseres Zusammenlebens erzeugt Probleme in Organisationen. Die Natur des Menschen, die keineswegs als ausschließlich friedfertig beschreibbar ist, erzeugt Konflikte, die in der Organisationspsychologie in verschiedenen Konflikttheorien beschrieben werden und in Phasen ablaufen sollen. Humanethologie und Evolutionspsychologie liefern mit ihren Erkenntnissen über die Funktionszusammenhänge der menschlichen Natur Hinweise, wie in Konflikten unsere Biologie und unsere Emotionen den Konflikt entstehen lassen und am Laufen halten. Dominanzstreben, territoriale Neigungen, Fremdenscheu (bzw. -misstrauen), moralische Aggressionen gegen ein Abweichen von der Gruppennorm sowie eine Bereitschaft, die In-Group zu verteidigen, liefern die Grundlage vieler Konflikte. Menschliche Aggression ist eine organisierte zielgerichtete Aktivität, die nicht durch eine Fehlfunktion ausgelöst wird. Aktuelle Verhaltensforschung an Primaten, neurologische und hormonelle Studien an Menschen sowie Aggressionsstudien mit Kleinkindern zeigen unsere aggressive Neigungen recht eindrücklich. Aggressives Verhalten kann sich sowohl im evolutionären Kontext als auch im Alltag und damit auch beim Handeln in Organisationen durchaus auszahlen. Unter den Mobbingursachen erkennt man die von Evolutionspsychologen beschriebenen Ursachen für aggressives Verhalten. Menschen liegen im Wettstreit um unterschiedlichste Vorteile. Sie wettstreiten um Geld, Macht und Einfluss. Mangelndes Selbstvertrauen und das Misstrauen gegen Kollegen entsteht bei vielen aufgrund erlebter Unsicherheit(en) und Bedrohungen am Arbeitsplatz. Nicht selten führt dies zu Präventivangriffen gegen vermeintliche Opponenten oder ängstliches Überwachen des Anderen. Das Streben nach Anerkennung bzw. das Erleben mangelnder Anerkennung durch andere führt zu aggressivem Verhalten wegen eines drohenden Gesichtsverlustes oder den Gefühlen der eigenen Wertlosigkeit.

Hinzu kommen Probleme, die für Frauen in Organisationen zusätzlich Schwierigkeiten bedeuten. In modernen Organisationen müssen Frauen nicht selten in einer aggressiven Atmosphäre um vorhandene Ressourcen wetteifern. Weder Männer noch Frauen sind jedoch auf diesen Wettstreit zwischen den Geschlechtern emotional besonders gut vorbereitet. Die Struktur der Arbeitswelt verlangt zudem von Frauen zumeist mehr Opferbereitschaft, wenn es um die Verfolgung der Karriere geht, nicht selten auf Kosten eines Kinderwunsches. Zwar gibt es klassische Frauendomänen in der Arbeitswelt, jedoch sind diese meist mit wenig Anerkennung gekoppelt. Männer und Frauen stehen heute im Arbeitsalltag jedoch vielfach in direkter Konkurrenz um Status und Anerkennung.

Als eine zentrale Interventionstechnik in Konflikten empfehlen evolutionär denkende Psychologen die gegenseitige Perspektivenübernahme. Wie oben bereits ausgeführt, unterstützen empathische Prozesse die Gruppenkohäsion. Das Etablieren empathischen Einfühlens in den Gegner oder den Über- oder Unterlegenen in Machtgefällen ist eine zentrale Methode der Schlichtung und Mediation in Organisationen.

Koevolution

Memetik: Meme (vgl. Dawkins, 1978) wurden als evolvierende Replikatoren eingeführt. Sie gestalten einen der Evolution analogen kulturellen Prozess. Die Evolution von Organismen, Artefakten und Ideen, aber auch von Organisationen lässt sich wie folgt als evolutionärer Prozess beschreiben (Tabelle 7 ; vgl Bischof, 1995):

Tabelle 7: Evolutionäre kulturelle Prozesse (vgl. Bischof, 1995, S.278)

	Reproduktion	Variation	Selektion
Organismen	Fortpflanzung	Mutation, Rekombination	Ökologie
Artefakte	Fertigung	Produktpalette	Markt
Ideen	Erzählung, Erziehung, Vorbild	Umgestaltung, Weglassung, Ausschmückung	Auditorium
Organisationen	Regelwerke (Normen), Organisations-kultur, Kommunikations-system etc.	Organisations-entwicklungs-maßnahmen, technologische Entwicklungen	Markt, Organisations-umwelt

Artefakte und Ideen können als Meme verstanden werden. Organisationen bilden ein komplexes System aus Artefakten und Ideen, die man als Memplexe verstehen kann. Solche Memcluster weisen als Regelwerke (Ideologie), Glaubenssysteme, Weltsichten oder Organisationskulturen meist eine Art Passung und Vernetzung auf. Wie bereits im Kapitel zu den evolutionären Kulturtheorien diskutiert, besteht Uneinigkeit, inwiefern Meme und Memplexe in der Lage sind, sich von ihrer genetischen Leine zu lösen und eine Form der Unabhängigkeit erreicht haben, die es ihnen erlaubt, unsere Natur an der Leine zu führen. Memplexe müssen keineswegs zwingend einen Beitrag zur biologischen Fitness der Organisationsmitglieder leisten, sie sind deshalb – wie Gene – als egoistisch zu bezeichnen. Die Ziele unserer Biologie (Gen) und die Ziele unserer Arbeitswelt (Mem) können kooperieren oder in Konflikt zueinander geraten.

Evolutionäre Kulturtheorien: Die Evolutionspsychologie betont, dass kulturelle Merkmale sich über die Zeit durch Veränderungen der Umweltbedingungen ändern. Ähnlichkeiten zwischen Kulturen werden aufgrund von vergleichbaren Umweltmerkmalen verstehbar. Die Globalisierung (vgl. Winterhoff-Spurk, 2002) mag so – durch das Einführen vergleichbarer Märkte – auch zu vergleichbaren Memplexen in Organisationen beitragen.

Durham (1991) unterscheidet den Einfluss primärer (genetisch determinierter) und sekundärer (kulturell determinierter) Werte auf die Selektion von Memen. In Organisationen sollte man also auf Strukturen (als Artefakte oder Ideen) treffen, die den Gesetzen unserer Biologie folgen und/oder den Gesetzen der in der Organisation bereits vertretenen Meme. Beobachtbares Verhalten in Organisationen mag genetisch optimal, kulturell optimal, beides oder keines von beidem sein.

Organisationen zwischen Mem und Gen

Das intraindividuelle mentale System als Mittler zwischen Mem und Gen: Zwar lassen sich Organisationen auf der Gruppen- bzw. Populationsebene beschreiben, die Internalisierung von Regelwerken, Organisationskultur und Verhaltenssystemen findet jedoch auf einer intraindividuellen Ebene statt (Barkow, 1989). Mentale Strukturen und psychologische Prozesse des Einzelnen vermitteln in der Beziehung zwischen Genen und Kultur und somit auch zwischen unserer Natur und den Forderungen der Organisation. Biologisch grundlegende Ziele wie Reproduktion, Nahrung, Prestige, das Anlegen kognitiver Landkarten des sozialen und physikalischen Universums sind nach Barkow (1989) Bestandteile des individuellen mentalen Systems. Zur Erreichung konkreter Ziele werden Unterziele generiert (etwa: Prestige/Unterziel: Suche nach Erfolg oder Konkurrenzsituationen). Pläne bestehen aus Verhalten, welches der Erreichung von Zielen dient. Subpläne in der Organisation können Karrierepläne, das Aushecken von Intrigen oder die eigene Lebensplanung etc. sein. Kodes sind kognitive Strukturen, welche Informationen organisieren und Kommunikation ermöglichen. Beispiele grundlegender Kodes sind die Tiefenstruktur der Sprache und die Tiefenstruktur der Mythen. Wie Ziele und Pläne besitzen Kodes Subkodes. Nicht selten pflegen Organisationen (oder deren Abteilungen) eine spezielle Sprache oder eine bestimmte Mythologie des Gründers (als Held) oder der Konkurrenz (als Bösewicht). Kognitive Landkarten schließlich konstituieren nach Barkow (1989) die vierte Komponente des intraindividuellen mentalen Systems, als interne Repräsentationen externer Realität. Wie Simulationsmodelle dienen sie der

Generierung von Vorhersagen (Erwartungen, Hoffungen, Befürchtungen). Die kognitiven Landkarten umfassen Werte, Objektrepräsentanzen wie das Selbst, andere Mitarbeiter oder auch relevante als Gegenüber erlebte Technologien („der Computer macht Zicken und versucht, mich auf die Palme zu treiben") sowie Konzepte davon, wie physikalische, soziale oder Glaubenssysteme der Organisation funktionieren. Informationen in den grundlegenden kognitiven Landkarten umfassen vor allem eine große Menge sozialer Informationen, sie wurden in unseren angestammten Umwelten zur Fitnesssteigerung selegiert (s.o. Klatsch und Tratsch).

In Barkows Modell (1989) sind grundlegende Ziele, Pläne und Kodes kulturell universell. Je weiter man jedoch in der Hierarchie Richtung Unterzielen, Unterplänen und Unterkodes geht, desto stärker werden diese interkulturell und umweltabhängig variabel. Biologische Faktoren bestimmen somit die Grundlagen unseres Handelns in Organisationen, während Unterziele, -pläne und -kodes stärker durch das Regelwerk der Organisation geformt werden können. Organisationen und die in ihnen Handelnden (etwa intervenierende Psychologen) sollten deshalb die Grundzüge einer evolvierten menschlichen Natur stets berücksichtigen und sollten den Mitarbeiter nicht als „tabula rasa" oder rationalen „homo oeconomicus" konzeptualisieren (Pinker, 2002). Trotz stabiler biologischer Basis unterstützt die natürliche Selektion die Tendenz, Subpläne und Subziele stets weiterzuentwickeln, um in einer sich ändernden Umwelt bessere Wege zu finden, die evolvierten Endziele des Einzelnen zu erreichen. Unterziele und -pläne, die funktionieren, werden im Informationspool der Organisation gespeichert. Diese Informationspools sind jedoch dynamisch, es besteht ein ständiger Wettstreit zwischen Unterzielen und -plänen, die von Menschen erfunden und verändert werden.

Zwar sind grundlegende Ziele (in Form von Bedürfnissen und Motiven) und grundlegende Pläne durch die natürliche Selektion in unsere Psyche eingebaut, es können jedoch trotzdem maladaptive Verhaltensweisen entstehen. Barkow (1989) nimmt an, dass sich die Aufmerksamkeit, die wir bestimmten Inhalten und Verhaltensweisen widmen, teilweise unserer willentlichen Kontrolle entzieht. Die Entwicklung von Unterzielen und -plänen ist begrenzt durch verschiedene evolvierte Lern-Biases.

Coaching zwischen Mem und Gen

Kommentare und Würdigen: Der Coach kann mit Hilfe verschiedener Kommentarformen die Wirklichkeitssicht und -interpretation der Klienten verändern und neue Perspektiven aufzeigen. In erster Linie arbeitet er damit an den kognitiven Landkarten des Klienten, kann aber auch versuchen, auf Unterziele und -pläne Einfluss zu nehmen. So definieren von Schlippe & Schweitzer (1996, S. 175) einen Kommentar als „ein sprachliches Angebot, die ‚Wirklichkeit' auf eine bestimmte Weise wahrzunehmen". Dies bedeutet, dass fast jede Äußerung des Coaches einen Kommentar darstellen kann. Looss unterstellt bei den meisten Klienten einen so genannten „Feedback-Hunger" (Looss, 1991; S.116). Vor allem auf den oberen Managerebenen existiere ein Mangel an realistischem Feedback. Das Verhalten vor allem der Führungskräfte wird durch die Mitarbeiter kaum noch kritisch kommentiert. Wer jedoch „über die Auswirkungen seiner Entscheidungen im unklaren bleibt, kann sein Entscheidungsverhalten nur noch nach Vermutungen ausrichten, die (...) mit der sozialen Realität manchmal nichts mehr zu tun haben" (Looss, 1991, S.116). Das Entstehen eines unrealistischen Selbstbildes auf Seiten der Führungskraft wird gefördert, was zum Konfliktpotential im Unternehmen wesentlich beitragen kann.

Ein weiterer Anlass für Kommentierungen durch den Coach sind *Wahrnehmungsblockaden und „Blinde Flecken"*, die verhindern, dass neue Perspektiven und Möglichkeiten in Betracht gezogen werden, die zur Lösung eines Problems dienen könnten. Kommentare sollen hier helfen, die Wahrnehmungsblockaden in festgefahrenen Situationen zu lösen. *„Blinde Flecken"* (Rauen, 2000, S. 47) beschreiben ebenfalls Problembereiche, welche die Klienten nicht sehen können oder wollen. Der Coach soll aus seiner Perspektive diese blinden Flecken des Klienten erkennen und sie ihm sozusagen „ausleuchten".

Die *Aufnahmefähigkeit* des Klienten wird so ausgebaut und „sein Denken mit relevanten Umweltinformationen gefüllt" (Looss, 1991, S.117). Dadurch werden andere Interpretationen der Realität ermöglicht. Looss (1991) erläuert dies mit folgendem Beispiel: „Als der Geschäftsführer von seinem Coach erfuhr, dass er oft ein ausgesprochen grimmiges Gesicht mache, auch wenn er von Erfreulichem erzählte, beschloss er spontan, die Personen in seiner Arbeitsumgebung nach ihrer Wahrnehmung zu befragen. Sie sagten ihm – mit Aufregung – das Gleiche. (...) Mitarbeiter, die sich über einen Auftrag, ein gelungenes Projekt freuten, pflegte er als „oberflächlich" und „kindisch" zu kennzeichnen. Seine Mitarbeiter hatten sich angewöhnt, sich ohne ihn zu freuen (...). Sein Bild vom Unternehmen war in weiten Teilen völlig unrealistisch geworden" (Looss, 1991, S.117).

Der Coach soll hier zu einem „Agenten der Realität" (Looss, 1991; S.117) werden, der dem Klienten neue Perspektiven und neue Orientierungsmöglichkeiten aufzeigt. Dabei besteht die Gefahr, zum „Haus- und Hofberater" (Looss, 1991, S.117) des Klienten zu werden, ein Abhängigkeitsverhältnis zu etablieren, in dem der Coach quasi stützend mit dem Klienten arbeitet, oder sich als „modernen Guru" (Looss, 1991, S.117) inszeniert, dessen Kommentare als einzig glaubwürdige erscheinen.

Wie bereits ausgeführt, war es vor allem die komplexe soziale Umwelt der Hominiden, die ihre kognitiv-affektive Entwicklung vorangetrieben hat. Diese sozialen Umwelten lassen sich als kognitive Landkarten beschreiben, die auch das eigene Selbstkonzept umfassen (Barkow, 1989). Die Evolutionspsychologie geht jedoch nicht davon aus, dass diese Karten die Realität stets auf objektive Art abbilden. Im Kontext von Fremd- und Selbsttäuschung mögen vor allem Führungskräfte einer Vielzahl von Verzerrungen unterliegen. Einige dieser Täuschungen mögen durchaus benevolenter Natur sein und das Arbeiten in einer Organisation effizienter oder angenehmer gestalten. So scheinen Mitarbeiter, die zur Selbsttäuschung neigen, arbeitszufriedener (Erez & Judge, 2003) und ein gewisses Maß an narzisstischer Selbstüberschätzung scheint besonders bei Führungsaufgaben geradezu notwendig (Kets de Vries & Miller, 1995). Dem Coach obliegt die schwierige Aufgabe, zwischen adaptiven und maladaptiven Blinden Flecken und Wahrnehmungsblockaden und -verzerrungen auf der inneren Landkarte des Klienten zu unterscheiden. Ein in dieser Hinsicht rücksichtsloser „Agent der Realität" kann durchaus immensen Schaden anrichten.

Ziele des Kommentierens: Ein Ziel des Kommentierens besteht darin, dem Klienten *eine neue Perspektive* aufzuzeigen, um den Problembereich aus einer anderen Sichtweise heraus betrachten zu können. Aufgrund der neuen Perspektive besitzt er die Möglichkeit, sich von dem Problem zu distanzieren und vielleicht auch positive Seiten des Problems zu erkennen.

Kommentare können sich dabei an der emotionalen Evaluation einer beruflichen Situation orientieren. Appraisaltheorien (siehe Kapitel „Schwerpunkte der Emotionsforschung") nehmen an, dass verschiedene Situationen nur in Bezug auf Ziele und Absichten gut oder schlecht sind (etwa Lazarus, 1991, 1999). Abhängig hiervon und von der Einschätzung eigener Bewältigungsmöglichkeiten erzeugen sie unterschiedliche emotionale Beurteilungen. Der Coach kann entlang des primären Appraisals (s.o.) die Relevanz der Situation für die Person und die Beeinträchtigung von Zielen des Klienten kommentieren. Das sekundäre Appraisal bezieht sich auf die Folgen des thematisierten Ereignisses, auf den Verursacher und die Möglichkeit, auf die Folgen Einfluss zu nehmen. Auch diese Aspekte können Gegenstand der Kommentare der Coaches sein. Im Prozess des Coachings werden so Reappraisals von Arbeitssituationen ausgelöst. Zu kommentierende emotionale Einschätzungen sind dabei in der Tiefe ihres Funktionierens nur verstehbar, wenn mann sie als evolvierte Produkte unserer Menschwerdung versteht (etwa moralische Aggression als Schutz vor Ausbeutung in reziproken Gruppen oder Rache als Schutzmechanismus vorrechtlicher Gemeinschaften).

Reframing/Umdeutung: Nach einer Definition von Rauen (2000) bedeutet Reframing: „Umdeutung des Verhaltens oder Erlebens. Durch ein Reframing werden festgefahrene Muster in einen anderen Rahmen gesetzt, der neue Sichtweisen ermöglicht (...)" (Rauen, 2000, S. 307). Ein Reframing ermöglicht es, einem Geschehen einen anderen Sinn zu geben, indem man es in einen anderen Rahmen (engl.: frame) stellt, der die Bedeutung des Geschehens verändert. Man muss hierbei von der Annahme ausgehen, dass die Bedeutung eines Geschehens von dem jeweiligen Kontext abhängig ist. Durch den Kontext wird dem Geschehen ein „sozialer Sinn" (von Schlippe & Schweitzer, 1996, S.177) gegeben. Dieser soziale Sinn kann als Rahmen verstanden werden; wird dieser Rahmen verändert, verändert sich die komplette Bedeutung der Kommunikation, auch wenn sich dabei der Inhalt nicht verändert. Ein Beispiel für eine veränderte Bedeutung stellen Witze dar, bei denen der Zuhörer zunächst in einen Frame eingeführt wird, um ihn dann durch die Pointe, die den Frame verändert, zu erschüttern. (z. B. Es treffen sich zwei Rechtsanwälte. Fragt der eine: „Wie geht`s?", sagt der andere: „Schlecht! Ich kann nicht klagen!")

Beim Coaching geht es häufig um Probleme oder Konflikte, deren Rahmenbedingungen verändert werden sollen. Orientiert sich das Coaching an der Systemtheorie, fragt sich der Coach, wie sich die Verhaltensweise des Klienten aus systemischer Sicht darstellt. Der Coach muss sich die Frage stellen, welcher Kontext denkbar wäre, in dem diese Verhaltensweise oder das Problem sinnvoll wäre, „(...) vielleicht sogar die beste Lösung darstellen würde" (von Schlippe & Schweitzer, 1996, S.179).

Diese Aussage bezieht sich aus systemischer Sicht auf die Prämisse, dass jedes Verhalten eine sinnvolle Bedeutung für die Kohärenz des Gesamtsystems besitzt. Des Weiteren kann durch das Reframing eine Unfähigkeit in eine besondere

Fähigkeit umgedeutet werden. Ein Beispiel kann dies verdeutlichen: „Es gelingt Ihnen mit Ausdauer, Ihren Mund zu halten und nichts von dem auszusprechen, von dem Sie noch nicht sicher sind, ob Ihrem Chef ein Ausplaudern recht wäre" (vgl. von Schlippe & Schweitzer, 1996, S.180).

Der wichtige Aspekt beim Reframing besteht darin, dass durch ein Reframing ein deutlicher Unterschied zu der bisherigen Sichtweise der Realität hergestellt werden muss. Die wichtigste Funktion des Reframing ist es, bei dem Gegenüber Verstörung und Zweifel gegenüber der bisherigen Sichtweise hervorzurufen. Durch diese Verstörung wird erreicht, dass das Problem nicht mehr so festgefahren erlebt wird und somit die Möglichkeit wahrgenommen wird, dieses Problem ändern zu können.

Der erste Schritt besteht somit darin, die Person zu verstören, um ihre bisherige Wirklichkeitssicht verändern zu können. In einem zweiten Schritt muss jedoch gewährleistet sein, dass der Person neue Perspektiven aufgezeigt werden, um sie in ihrer Verstörung nicht allein zurückzulassen.

Hier werden die zuvor erarbeiteten Aspekte evolutionärer Emotionstheorien deutlich. Arbeitsunzufriedenheit bei Mitarbeitern geht häufig mit moralischen Aggressionen oder auch depressiven Gefühlen einher, diese Gefühle führen zu einer Rekalibration früherer Entscheidungen mit einer negativer Evaluation dieser Entscheidungen. Der Coach kann versuchen den Interpretationsrahmen der emotionalen Analyse des Verhaltens seines Klienten zu ändern. Dabei kann man davon ausgehen, dass es sicher hilfreich sein kann, mit Hilfe der Einfühlung (Empathie, Theory of Mind) das negative emotionale Rekalibrationsmuster in ein positives zu wandeln. Der Coach versucht, das Verhalten seines Klienten nachzuvollziehen (Perspektivenübernahme), „sich in die Schuhe des jeweiligen Menschen hineinzustellen"(von Schlippe & Schweitzer, 1996, S.176). Dabei mögen Affektansteckungen in der Interaktion mit dem Klienten zunächst vom Klienten zum Coach, dann jedoch in umgekehrter Richtung mit anderem Vorzeichen eine entscheidende Rolle spielen. In den Ausführungen zur positiven Emotionalität wurde deutlich, dass diese Emotionen besonders geeignet sind, neue Perspektiven und Sichtweisen zu etablieren (Fredrickson, 1998).

Positive/wertschätzende Konnotation: Systemische Ansätze (von Schlippe & Schweitzer, 1996) betonen die Wichtigkeit positiver Emotionen durch ihre Forderung nach einer positiven und wertschätzenden Konnotation beim Kommentieren von Klientenäußerungen. Der erste Schritt einer positiven oder auch wertschätzenden Konnotation besteht darin, das Engagement des oder der Klienten zu betonen, das sie aufgewendet haben, um zu einem Coaching zu gehen. Ein Beispiel für einen solchen anerkennenden Kommentar – selbst bei Ablehnung des Coachings durch Einzelne – könnte folgendermaßen aussehen: „Daran, dass Sie heute Ihrer Arbeitskollegen zuliebe hierher gekommen sind, obwohl Sie sich von diesem Coaching, nichts versprechen, ist uns deutlich geworden, wie viel Sie für das Wohlergehen Ihrer Arbeitskollegen zu tun bereit sind – selbst in Situationen, wo Sie gar nicht glauben, dass es nützt" (nach einem Beispiel von von Schlippe & Schweitzer, 1996, S.175).

Positive Konnotation bedeutet, dass grundsätzlich alle Verhaltensweisen der Mitglieder im Coaching positiv beurteilt werden. Durch die positive Konnotation soll die Aufteilung der Coaching-Mitglieder in gut und böse vermieden werden.

Ein Indiz dafür, dass der Coach einer solchen Aufteilung unterliegt, ist, wenn er über einen oder mehrere Mitglieder des Coachingseminars Ärger oder Empörung empfindet. Diese Gefühle können den Coach daran hindern, „das Zusammenspiel des Ganzen" (von Schlippe & Schweitzer, 1996, S. 175) zu sehen. Negative Emotionen des Coaches können hier als „Verenger des Denk- und Handlungsraumes" wirken. Dies bedeutet kein Verbot negativen emotionalen Erlebens für den Coach, weisen diese Emotionen doch aufgrund des in ihnen angelegten evolutionären Wissens auf zentrale Aspekte der erlebten Situation hin. Kritisch wird es jedoch, wenn negative Emotionen über weite Strecken handlungsleitend für die Interventionen des Coaches werden. Bei der positiven Konnotation versucht der Coach jede Verhaltensweise auch als konstruktiven Beitrag zu betrachten, der dazu dienen könnte, die Einheit oder Kohäsion der Gruppe oder des Systems aufrechtzuerhalten. Durch die ausdrückliche Bestätigung jedes einzelnen Mitgliedes wird die Gefahr einer verächtlichen Abwertung vermieden.

Eine grundsätzlich positive Konnotation führt jedoch unter Umständen dazu, dass die Mitglieder des Systems sich und ihr Problem nicht ernst genommen sehen: „So könnte ein Klient sich zum Beispiel fragen, für wie dumm und stützungsbedürftig er von den Therapeuten eingeschätzt wird, ‚wenn die solchen Schmus reden'"(von Schlippe & Schweitzer, 1996, S. 176). Daher sollte eine wertschätzende Konnotation einer rein positiven Konnotation vorgezogen werden. Bei einer wertschätzenden Konnotation muss nicht jede Verhaltensweise positiv bewertet werden. Im Unterschied zur positiven Konnotation wird bei der wertschätzenden Konnotation die Person positiv bewertet; das Verhalten kann durchaus kritisch bewertet werden.

Würdigen: Würdigen kann auch als allgemeine Einstellung des Coaches verstanden werden und sollte bei den verschiedenen Kommentarformen berücksichtigt werden. Der Coach sollte besonders zu Beginn der Coachingsitzungen das Engagement der Coachingteilnehmer würdigen bzw. in anerkennender Weise hervorheben. Positive Entwicklungen der Klienten sollten von dem Coach anerkannt werden. Würdigen bedeutet jedoch nicht, dass der Coach verzichten sollte, Kritik anzumerken. Kritische Bemerkungen sollten jedoch nie die *Würde* des Klienten verletzen, d.h. das Verhalten des Klienten kann kritisiert werden, jedoch sollte nicht die Person selbst in Frage gestellt werden.

Evolutionäre Aspekte organisationspsychologischer Interventionen: Colarelli (1998) beschreibt deutlich Unterschiede zwischen einer traditionellen und einer evolutionären Perspektive angewandter Psychologie in Organisationen. In der traditionellen Perspektive wird ein intelligentes Sozialdesign angestrebt, welches zu Harmonie und Effizienz beitragen soll. Mechanistische und positivistische Vorstellungen führen dabei zu Manipulationen an Teilsystemen der Organisation unter Auslassung der Geschichte und Kontexte des größeren Systems, in welchem interveniert wird. Wie viele biologische Systeme erzeugen jedoch auch Organisationen Emergenzen. Zudem lassen sich Prozesse der Organisation angemessen als Ergebnis von Variation und Selektion beschreiben und nicht nur als Produkt absichtsvoller Gestaltung. Unter einer evolutionären Perspektive fragt der Coach nicht nur traditionell nach dem Wie und Was, sondern auch nach dem Warum und Wozu (Funktion), nach dem Kontext und dem historischen Hintergrund. Damit zeigt die evolutionäre Perspektive eine Nähe zu systemischem Handeln in Organisationen (von Schlippe & Schweitzer, 1996).

Zusammenfassung

Mit Hilfe der Memetik lässt sich die Evolution von Organisationen als evolutionärer Prozess beschreiben. Die Organisation versucht ihre Regelwerke (Normen), Organisationskultur, Kommunikationssystem etc. zu reproduzieren; über Organisationsentwicklungsmaßnahmen, technologische Entwicklungen entsteht Variation in und zwischen Organisationen, die einer Selektion durch den Markt und die Organisationsumwelt unterliegt. Es besteht innerhalb der evolutionären Kulturtheorien Uneinigkeit, inwiefern Meme und Memplexe als Grundlage von Organisationen in der Lage sind, sich von ihrer genetischen Leine (der menschlichen Natur) zu lösen und eine Form der Unabhängigkeit erreicht haben, die es ihnen erlaubt, unsere Natur an ihrer Leine zu führen. Entfesselt von der biologisch genetischen Leine müssten Memplexe keineswegs zwingend einen Beitrag zur biologischen Fitness der Organisationsmitglieder leisten und wären – wie Gene – als egoistisch zu bezeichnen.

Mentale Strukturen und psychologische Prozesse des Einzelnen vermitteln in der Beziehung zwischen Genen und Kultur und somit auch zwischen unserer Natur und den Forderungen der Organisation. In Barkows Modell sind grundlegende Ziele, Pläne und Kodes kulturell universell. Je weiter man in Richtung Unterzielen, Unterplänen und Unterkodes geht, desto stärker werden diese als umweltabhängig und variabel beschrieben. Biologische Faktoren bestimmen somit die Grundlagen unseres Handelns in Organisationen, während Unterziele, -pläne und -kodes stärker durch das Regelwerk der Organisation geformt werden können. Organisationspsychologen und Coaches, die in Organisationen intervenieren, sollten deshalb stets die evolvierte menschlichen Natur berücksichtigen und auf keinen Fall den Einzelnen als „tabula rasa“ oder rationalen „homo oeconomicus“ konzeptualisieren. Coaching in Organisationen arbeitet in erster Linie an den Wirklichkeitssichten und -interpretationen der Klienten. Der Coach wirkt auf die kognitiven Landkarten des Klienten ein oder versucht, auf Unterziele und -pläne Einfluss zu nehmen. Vor allem auf den oberen Managerebenen existiere ein Mangel an realistischem Feedback, ihr Verhalten wird kaum noch kritisch von Untergebenen kommentiert. Der Coach kann zu einem „Agenten der Realität“ werden. Evolutionspsychologen betonen jedoch, dass wir als Menschen im Kontext von Fremd- und Selbsttäuschung einer Vielzahl von Selbstwahrnehmungsverzerrungen unterliegen. Einige dieser Täuschungen mögen durchaus benevolenter Natur sein und das Arbeiten in einer Organisation effizienter oder angenehmer gestalten. Der Coach hat die schwierige Aufgabe, zwischen adaptiven und maladaptiven Blinden Flecken und Wahrnehmungsblockaden und -verzerrungen des Klienten zu unterscheiden. Die Technik des Reframings oder des Umdeutens ist ebenfalls eng mit evolvierten emotionalen Mechanismen verflochten (Empathie, Theory of Mind). Die zuvor beschriebenen rekalibrativen Funktionen unserer Emotionen sind entscheidend im Prozess der Selbstevaluation mit Hilfe eines professionellen Coachs. Positive und wertschätzende Konnotation durch den Coach sollen hier die emotionale Verarbeitung beruflicher Erfahrungen unterstützen. Eine würdigende Grundhaltung des Coaches in der Auseinandersetzung mit den Klienten bedeutet nicht, dass er darauf verzichten sollte, Kritik anzumerken. Kritische Bemerkungen sollten jedoch nie die *Würde* des Klienten verletzen.

Bilanz

In der organisationspsychologischen Forschung waren Emotionen am Arbeitsplatz lange Zeit unterrepräsentiert und haben erst in den letzten zehn Jahren erneut Interesse von Seiten der Forschung erfahren. Unter dem Etikett der Arbeitszufriedenheit wurden emotionale Aspekte meist aus einer kognitiven Perspektive mit Hilfe von Fragebogenstudien untersucht. Aktuell werden nun auch affektive Ereignisse als kausal für das Erleben von Arbeitszufriedenheit studiert („affective events theory") Wenig ist jedoch über das Funktionieren der dahinterstehenden psychischen Prozesse bekannt. Auf der Seite auslösender Momente emotionaler Reaktionen am Arbeitsplatz werden in erster Linie stresserzeugende Ereignisse und Arbeitsbedingungen diskutiert. Die organisationspsychologische Stressforschung entwickelt sich aktuell zur Emotionsforschung und wird durch theoretische wie auch methodische Fortschritte unterstützt. Führungspersonen und Führungsverhalten werden in diesem Zusammenhang sowohl als Stressoren als auch als Manager der Emotionen ihrer Mitarbeiter diskutiert (emotionale Führung). Auch scheinen Arbeitsgruppen und Teams Stimmungen und Gefühle innerhalb der Gruppe zu regulieren. In modernen Dienstleistungsgesellschaften wird das Arbeiten mit und an eigenen und fremden Emotionen zunehmend relevanter (Theorien der Emotionsarbeit).

Positive Stimmungen und Emotionen scheinen Arbeitsprozesse zu unterstützen, während negative Emotionen zu nachteiligen Handlungstendenzen beitragen können. Diese Unterscheidung in positive und negative Emotionen bildet jedoch die Mannigfaltigkeit emotionaler Reaktionen ungenügend ab. Diskrete Emotionen können Ziele, Mittel und Bedingungen, Ursachen und Folgen von Arbeitshandlungen sein, sie werden in Organisationen wahrgenommen, mehr oder weniger „echt" erlebt, dargeboten, erinnert, unterdrückt oder sollen aktiv bei sich oder anderen verändert werden. Organisationspsychologisches Emotionsmanagement kann in folgenden Bereichen stattfinden: Personalauswahl und Aufgabengestaltung, Gestaltung der Arbeitsumgebung, Behandlung durch Kollegen und Vorgesetzte, Entgeldsysteme und Angebote der Personalentwicklung sowie spezifische Trainingsmaßnahmen zur Emotionsregulation.

Evolutionspsychologen verstehen unsere Phylogenese hinsichtlich unseres Affektsystems als strukturbildend. Als natürliche Form menschlicher Organisation wird eine Jäger- und Sammlergemeinschaft angenommen. Diese Gemeinschaft stellt jene soziale Umwelt dar, auf die unsere Emotionen bestens vorbereitet sind. Eine solche Gemeinschaft hat nur wenige Mitglieder, keine formalen Hierarchien und einen geringen Grad an Spezialisierung des Einzelnen. Arbeitsteilung gab es in erster Linie zwischen den Geschlechtern. Kooperation. kann als ein zentrales Kennzeichen dieser Jäger- und Sammlerverbände gelten. Der Wettstreit um Status erfolgte zumeist durch Leistungen, die anderen Respekt und Bewunderung abverlangten. Es ist jedoch falsch archaischen Gruppen als friedliche und glückliche Wilde zu idealisieren. Gewalt, Verrat, Missbrauch und Betrug waren ebenfalls prägende Verhaltensweisen vorrechtlicher Gesellschaften. Reziproker Gruppen sind stets durch ausbeuterisches Verhalten bedroht, zu dessen Abwehr sich eine Vielzahl moralischer Emotionen (Wut, Verachtung, Rache) etabliert haben, die ein Zuwiderhandeln abstrafen oder die Gefahr drohender Sanktionen emotional erlebbar machen (Gewissensbisse). Organisationen und Institutionen entsprechen in vielen ihrer Merkmale kaum den archaischen Gruppen. Sie nutzen deshalb Kleingruppen (Teams, „task forces",

Komitees oder Kommissionen) zur Erledigung wichtiger Aufgaben. Immer lassen sich außerdem hinter den offiziellen Hierarchien informelle Strukturen nach dem Regelwerk archaischer Verbände beschreiben. Sie bilden ein paralleles soziales Netzwerk, das für oder gegen die Interessen der Organisation arbeiten kann. Zur Diagnostik formeller und informeller Merkmale der Organisation eignen sich besonders soziometrische Visualisierungsverfahren.

Humanethologie und Evolutionspsychologie liefern mit ihren Erkenntnissen über die menschliche Natur Hinweise, wie unsere Biologie und unsere Emotionen Konflikte entstehen lassen und am Laufen halten. Dominanzstreben, territoriale Neigungen, Fremdenscheu (bzw. -misstrauen), moralische Aggressionen gegen ein Abweichen von der Gruppennorm sowie eine Bereitschaft, die In-Group zu verteidigen, liefern die Grundlage vieler Auseinandersetzungen. Menschliche Aggressionen verstehen evolutionär denkende Psychologen als organisierte zielgerichtete Aktivität, die nicht ausschließlich durch Fehlfunktionen ausgelöst wird. Aggressives Verhalten kann sich sowohl im evolutionären Kontext als auch beim Handeln in Organisationen durchaus auszahlen. Ursachen für Mobbingverhalten sind nahezu identisch mit den von Evolutionspsychologen beschriebenen Ursachen für aggressives Verhalten. Menschen liegen im Wettstreit um unterschiedlichste Vorteile. Sie konkurrieren um Geld, Macht und Einfluss. Mangelndes Selbstvertrauen und Misstrauen gegen Kollegen entsteht bei vielen aufgrund erlebter Unsicherheit(en) und Bedrohungen am Arbeitsplatz. Nicht selten führt dies zu Präventivangriffen gegen vermeintliche Gegner oder einem ängstlichen Überwachen des Anderen. Das Streben nach Anerkennung (bzw. das Erleben mangelnder Anerkennung) kann zu aggressivem Verhalten aufgrund von Gefühlen der eigenen Wertlosigkeit führen. In modernen Organisationen stehen Frauen zusätzlich Schwierigkeiten gegenüber. Nicht selten müssen Frauen mit Männern in einer aggressiven Atmosphäre um vorhandene Ressourcen wetteifern. Weder Männer noch Frauen sind jedoch auf diesen Wettstreit zwischen den Geschlechtern emotional besonders gut vorbereitet. Als eine zentrale Interventionstechnik in Konflikten empfehlen evolutionär denkende Psychologen die gegenseitige Perspektivenübernahme. Wie oben bereits ausgeführt unterstützen empathische Prozesse die Gruppenkohäsion. Das Etablieren empathischen Einfühlens in den Gegner oder den Über- oder Unterlegenen in Machtgefällen ist eine zentrale Methode der Schlichtung und Mediation in Organisationen.

Mit Hilfe der Memetik lässen sich Organisationen als Ergebnis evolutionärer Prozesse beschreiben. Mentale Strukturen und psychologische Prozesse des einzelnen Organisationsmitglieds vermitteln in der Beziehung zwischen seinen Genen und den Memplexen seiner Organisation, zwischen seiner Natur und den Forderungen der Organisation. Organisationspsychologen und Coaches sollten stets die evolvierte menschliche Natur berücksichtigen und auf keinen Fall den Einzelnen als unbeschriebenes Blatt konzeptualisieren. Coaching in Organisationen arbeitet in erster Linie an den Wirklichkeitssichten und -interpretationen der Klienten. Der Coach wirkt auf die kognitiven Landkarten des Klienten ein oder versucht, auf Unterziele und -pläne Einfluss zu nehmen. Vor allem in den Führungsetagen existiert nicht selten ein Mangel an realistischem Feedback. Der Coach hat die schwierige Aufgabe zwischen adaptiven und maladaptiven blinden Flecken und Wahrnehmungsblockaden und -verzerrungen des Klienten zu unterscheiden. Die Technik des Reframings oder des Umdeutens ist eng mit evolvierten emotionalen Mechanismen verflochten (Empathie, Theory of Mind). Die rekalibrative Funktion unserer Emotionen ist maßgeblich in den Prozess der

Selbstevaluation mit Hilfe eines professionellen Coaches eingebunden. Positive und wertschätzende Konnotation durch den Coach sollen die emotionale Verarbeitung beruflicher Erfahrungen unterstützen. Eine würdigende Grundhaltung des Coaches in der Auseinandersetzung mit den Klienten bedeutet jedoch nicht, dass er darauf verzichten sollte Kritik anzumerken, diese sollte jedoch nie die Würde des Klienten verletzen.

Weiterführende Literatur:

Barkow, J. (1989). Darwin, sex and status. Biological approaches to mind and culture. Toronto, University of Toronto Press.

Bernhard, J. G. & Glantz, K. (1992). Staying Human in the Organization: Our Biological Heritage and the Workplace. Westport: Greenwood Publishing Group.

Wegge, J. (i. D.). Emotionen in Organisationen. In H. Schuler (Hrsg.), Enzyklopädie der Psychologe, Organisationspsychologie (S. 1-89). Göttingen: Hogrefe.

Rauen, C. (1999). Coaching. Innovative Konzepte im Vergleich. Göttingen: Verlag für Angewandte Psychologie.

Rauen, C. (Hrsg.) (2000). Handbuch Coaching. Göttingen: Hogrefe.

Danke

Holger Bähr, Christoph Esser und Ute Mengele haben Anwendungsteile kritisch gelesen und zu deren Entwicklung beigetragen. Dr. Anke Kirsch, Eric Klopp, PD Dr. Jörg Merten und Dr. Dagmar Unz haben die Entstehung des Textes mit ihren Rückmeldungen - insbesondere zu den theoretischen Überlegungen - begleitet. Prof. Dr. Rainer Krause und Prof. Dr. Peter Winterhoff-Spurk haben das wissenschaftliche „Biotop" zur Verfügung gestellt, das die Beschäftigung mit diesem Thema erst möglich machte. Doris Mast hat mich entscheidend in der Schlussphase der Manuskripterstellung unterstützt. Der Kohlhammer-Verlag, insbesondere Dr. Ruprecht Poensgen, hat die Entstehung des Textes intensiv betreut. Ihnen allen gilt mein Dank.

Frank Schwab

Glossar

Evolutionspsychologische und Humanethologische Begriffe

zusammengestellt von Eric Klopp

AAM: siehe *Auslösemechanismus.*

Adaptation: Eine Adaptation ist ein Merkmal, das sich im Verlauf der Evolution durch natürliche und sexuelle *Selektion* entwickelt hat. Eine Adaptation stellt die Lösung auf ein spezifisches Anpassungsproblem dar. Damit ein Merkmal als Adaptation gelten kann, muss es drei Bedingungen erfüllen: Reliabilität, Effizienz und Ökonomie. Reliabilität bedeutet, dass das Merkmal bei allen Mitgliedern einer Spezies auftritt. Effizienz bedeutet, dass das Merkmal eine Anpassung auf ein spezifisches Problem darstellt und Ökonomie, dass das Merkmal das spezifische Anpassungsproblem in einer Weise löst, die ohne großen Ressourcenaufwand für das Individuum ist. Weiterhin muss das Merkmal erblich sein. Eine Adaptation kann ein körperliches Merkmal, eine Verhaltensweise, eine Präferenz o. ä. sein.

Altruismus: Altruismus bedeutet einem anderen zu helfen, ohne einen direkten Nutzen für sich selbst zu haben. In der Sozialpsychologie bezeichnet man ein Verhalten dann als altruistisch, wenn der Handelnde die Absicht hat, einer anderen Person etwas Gutes zu tun und wenn er die Freiheit der Wahl hat (also z. B. nicht beruflich zum Helfen verpflichtet ist). Die altruistische Handlung kann aus direkter Hilfe, dem Geben von Ressourcen, Informationen o ä. Bestehen. Evolutionsbiologisch gesehen kann sich altruistisches Verhalten nur entwickeln, wenn es dem Individuum direkte oder indirekte Vorteile bringt. Man unterscheidet hier mehrere Erklärungsmöglichkeiten:

Reziproker Altruismus:

Nach der Theorie des reziproken Altruismus bildet sich altruistisches Verhalten zwischen nichtverwandten Personen dann, wenn die Kosten des Hilfegebers kleiner sind als der Nutzen des Hilfeempfängers und wenn damit zu rechnen ist, dass sich im Verlaufe mehrerer Begegnungen die Verhältnisse umkehren, also die Hilfe nicht immer von derselben Person gegeben wird. Die Theorie des reziproken Altruismus kann helfendes Verhalten bei größeren Gruppen erklären, in der nicht alle Personen miteinander verwandt sind. Allerdings ist ein solches System sehr anfällig für Betrüger, die sich darauf spezialisiert haben, Hilfe zu erschleichen, ohne dafür später ihre Hilfe anderen zu gewähren.

Verwandtenselektion:

Hier gewährt eine Person ihren *genetisch Verwandten* Hilfe und verbessert dadurch ihre Gesamtfitness. Nach dieser Theorie ist die gewährte Hilfe um so größer, je enger der Verwandtschaftsgrad zwischen dem Hilfegeber und dem Hilfenehmer ist. Der Nachteil dieser Theorie des Altruismus ist, dass sie helfendes Verhalten gegenüber nichtverwandten Personen nicht erklären kann.

Altruismus zur Erhöhung des sozialen Status:

Diese Theorie des Altruismus nimmt an, dass eine Person einer anderen hilft, um ihren sozialen Status und damit indirekt ihre Möglichkeit zur Fortpflanzung zu erhöhen. Allerdings kann diese Theorie eher das helfende Verhalten von Männern erklären, da der soziale Status eines Mannes ein für Frauen wichtiges Auswahlkriterium in der Partnerwahl ist. Der Status einer Frau scheint für den Partner jedoch ein unwichtigeres Auswahlkriterium.

Für sich allein genommen reicht keine der Theorien aus, alle Arten altruistischen Verhaltens zu erklären.

Analogie: Eine Analogie bezeichnet eine funktionelle Ähnlichkeit (im Körperbau oder im Verhalten), die durch Anpassung an eine gleichartige Lebens- oder Umweltbedingung entstanden ist. Analogien sind stammesgeschichtlich unabhängige, aus gleichartigen oder funktionell ähnlichen Umweltbedingungen entstandene Ähnlichkeiten. Analogien beruhen auf unabhängigen Informationen aus unterschiedlichen Informationsspeichern.

Angeboren: Angeboren bezeichnet das Vorhandensein einer Eigenschaft von Geburt an. Angeboren ist von dem Begriff ererbt zu unterscheiden, da Einflüsse während der Embryonalgenese das Vorhandensein einer angeborenen Eigenschaft beeinflussen können. Aus dem Vorhandensein angeborener Eigenschaften ist zu folgern, dass ein Individuum von Geburt an kein tabula rasa ist, dessen Verhalten beliebig geformt werden kann.

Angeborener Auslösemechanismus: siehe *Auslösemechanismus*.

Appetenzverhalten: siehe *Trieb*.

Auslösemechanismus: Ein Auslösemechanismus antwortet selektiv auf entsprechende Schlüsselreize aus der Umwelt. Die Schlüsselreize können dabei in jeder Sinnesmodalität wirken. Die Antwort des Auslösemechanismus auf den Schlüsselreiz besteht in einem festgelegten Verhalten. Solche Auslösemechanismen werden als sensorische Filter aufgefasst, die aus der Gesamtheit der Außenreize selektiv auf bestimmte Schlüsselreize über verschiedene Verarbeitungsstufen ein bestimmtes Verhalten auslösen. Die Auslösemechanismen werden eingeteilt in angeborene Auslösemechanismen (AAM), durch Erfahrung überlagerte angeborene Auslösemechanismen (EAAM) sowie in erlernte Auslösemechanismen (EAM). Von einem AAM spricht man, wenn die festgelegte Reaktion aus einem *angeborenen* Verhalten besteht. Handelt es sich dabei um eine Bewegung, spricht man auch von *Erbkoordination*. Wird der AAM durch Erfahrung, Lernen oder Gewöhnung überlagert, so dass ein anderes Verhalten erfolgt, spricht man von einem EAAM. Von einem EAM spricht man, wenn eine Verhaltensreaktion speziell durch Lernen gebildet wird. EAM werden beim Menschen in der Sozialisation gebildet.

Bewegungsablauf: Die Ethologie teilt Bewegungsabläufe grundsätzlich in die folgenden vier Formen ein:

- Reflex
- Modaler Bewegungsablauf (*Erb-* oder *Erwerbskoordination*)
- Einstellbewegung (Taxis)
- sonstige Bewegungsabläufe

Diese Bewegungsabläufe werden in unterschiedlicher Komplexität und *Formkonstanz* beschrieben und auch die Stärke der Anbindung an auslösende Reize ist verschieden. Bewegungsabläufe, die scheinbar spontan auftreten, werden als Aktion bezeichnet. Reflexe lassen sich als einfache, formkonstante Bewegungen beschreiben, die eng reizgekoppelt erscheinen. Komplexe Bewegungsabläufe mit Formkonstanz und schwacher Reizkopplung werden als modale Bewegungsabläufe klassifiziert. Die Einstellbewegung ist einfach, eng reizgekoppelt, jedoch flexibel in der Form (Taxisbewegungen). Bei sonstigen Bewegungsabläufen trifft keines der drei Merkmale zu.

Differenzieller Reproduktionserfolg: Der differenzielle Reproduktionserfolg bezieht sich auf die Anzahl der Nachkommen eines Individuums im Vergleich zur der Anzahl der Nachkommen eines anderen Individuums. Der differenzielle Reproduktionserfolg kommt dadurch zustande, dass die Merkmale von Individuen, die mehr Nachkommen haben als andere Mitglieder der Population, in den nachfolgenden Generationen häufiger vertreten sind. Stellt dieses Merkmal eine Adaptation dar, so wird es sich im weiteren Zeitverlauf durchsetzen und die anderen Merkmalsvarianten aus der Population verdrängen. Da eine Adaptation aber erblich sein muss, lässt sich der differenzielle Reproduktionserfolg bis auf die Ebene der Gene zurückführen und hängt somit mit der *Fitness* eines Individuums zusammen.

EAM: siehe *Auslösemechanismus*.

EEA: siehe *Umwelt evolutionärer Anpassung*.

Elterliches Investment: Das elterliche Investment bezeichnet den Ressourcenaufwand der Eltern oder eines Elternteils, der dazu dient, die Fitness ihrer Nachkommen zu erhöhen. Ressourcenaufwand bezeichnet z. B. den Schutz des Nachkommen vor Raubfeinden, die Versorgung des Nachkommen mit Nahrung, Aufwand, der dadurch entsteht, für den Nachkommen Status zu erlangen usw. Das elterliche Investment kann bis zu einer zellularen Betrachtungsebene zurückgeführt werden. Auf der zellularen Ebene betrachtet man den Aufwand, den ein Organismus hat, die Keimzellen zu bilden und am Leben zu erhalten. Beim Menschen hat die Frau das größere elterliche Investment, da sie für die Produktion einer Keimzelle wesentlich mehr Energie aufwenden muss als ein Mann. Auch hat die Frau die Kosten der Schwangerschaft und des Stillens zu tragen.

Emergenz: Als Emergenz bezeichnet man einen Sachverhalt, bei dem sich eine Eigenschaft eines Systems nicht eindeutig aus den Eigenschaften der Teile des

Systems vorhersagen lässt. Statt Emergenz verwendet man in der Humanethologie auch den Begriff *Fulguration*.

Erbkoordination: Erbkoordination bezeichnet einen Bewegungsablauf, der durch angeborene Mechanismen ausgelöst wird. Bewegungsabläufe, die ein Individuum durch Lernen erwirbt, werden als Erwerbskoordination bezeichnet. Meist ist es schwierig, zwischen erlernten und ererbten Koordinationen zu unterscheiden. Manche Autoren sprechen deshalb vorzugsweise von *modalem Bewegungsablauf*, Bewegungskoordination oder etwas unglücklich von „fixed action patterns". Siehe auch *Bewegungsablauf*.

Erblichkeit: siehe *Heritabilität*.

Erweiterter Phänotyp: Dieser Begriff meint die Betrachtung eines Organismus als Ansammlung adaptiver Effekte, die bis in die Umgebung des Organismus hinein wirksam sind. Ein Beispiel ist der Faustkeil. Die Fähigkeit, diesen herzustellen, ist von den phänotypischen Fähigkeiten eines Individuums abhängig. Das Resultat dieser Fähigkeiten, der Faustkeil, stellt dann den erweiterten Phänotyp des Individuums dar.

Erwerbskoordination: siehe *Erbkoordination*, siehe auch *Auslösemechanismus*.

Erworbener Auslösemechanismus: siehe *Auslösemechanismus*.

ESS: siehe *Evolutionär Stabile Strategie*.

Evolutionär Stabile Strategie: Eine gegebene Strategie nennt man eine Evolutionär Stabile Strategie (ESS), wenn folgende Bedingung erfüllt ist: Im dem Fall, dass alle Mitglieder der Population die gegebene Strategie annehmen, kann keine davon abweichende Strategie in der Population aufkommen. Strategie bedeutet im Sinn der evolutionären Spieltheorie ein phänotypisches Verhaltensmuster. Die Bedingung für eine ESS sagt aus, dass die Fitness der Individuen, welche die ESS anwenden, höher ist, als die Fitness der Individuen, die eine andere, von der ESS abweichende Strategie anwenden. Auf diese Weise ist es unmöglich, dass die abweichende Strategie sich in der Population durchsetzen wird.

Evolvierter psychologischer Mechanismus (EPM): Ein evolvierter psychologischer Mechanismus ist ein Prozess oder eine Menge von Prozessen, die sich durch folgende Eigenschaften charakterisieren lassen:

- Er existiert in der gegebenen Form, weil er zur Lösung eines speziellen Anpassungsproblems beitrug.
- Er reagiert und verarbeitet nur eine ganz bestimmte Art von Information.
- Der Input eines EPM gibt dem Organismus eine Information über das spezielle Anpassungsproblem, dem der Organismus begegnen muss.
- Der Input eines EPM wird durch Entscheidungsregeln (Heuristiken) in einen Output transformiert.

- Der Output eines EPM kann aus physiologischer Aktivität, manifestem Verhalten oder wiederum aus Input für einen anderen EPM bestehen.

- Der Output eines EPM ist auf die Lösung des spezifischen Anpassungsproblems gerichtet, das zu der Entstehung des EPM führte.

Ein EPM lässt sich im Sinn der kognitiven Psychologie als Black Box bezeichnen. Aus den o.g. Eigenschaften eines EPM lassen sich noch einige zusätzliche Eigenschaften ableiten. So sind EPM bereichsspezifisch, d.h. für eine bestimmte Art von Anpassungsproblem existiert jeweils ein bestimmter EPM, der zur Lösung des Anpassungsproblems beiträgt. Dadurch folgt zusätzlich, dass Menschen eine große Menge an EPM besitzen müssen. Die große Anzahl und Bereichsspezifität verleiht dem menschlichen Verhalten große Flexibilität.

Fitness: Die Fitness eines Individuums meint den Erwartungswert der Anzahl der Nachkommen, die das Individuum wegen seiner genetischen Ausstattung nach seinem Tod hinterlässt. Fitness bezeichnet den Anteil der Gene eines Individuums, die nach seinem Tod im Genpool der Spezies bleiben, relativ zu dem Anteil der Gene eines anderen Individuums. Allerdings kann man den Grad der Fitness nicht direkt durch die Anzahl der Nachkommen eines Individuums bestimmen, da es primär nicht auf deren absolute Anzahl, sondern wiederum auf deren differenziellen Reproduktionserfolg ankommt. Eng mit dem Fitnessbegriff verknüpft ist der Begriff des *differenziellen Reproduktionserfolgs*. Eine Erweiterung stellt die *Gesamtfitness* dar. Zur besseren Abgrenzung gegenüber der Gesamtfitness spricht man auch von der direkten Fitness.

Formkonstanz: Formkonstanz (im Unterschied zur Formstarrheit) betont, dass Bewegungsgestalten von Organismen durchaus transponierbar sind. Formkonstante Erbkoordinationen weisen also durchaus Variabilität auf, etwa hinsichtlich der Geschwindigkeit oder Amplitude der Bewegung. Dabei bleibt jedoch das Bewegungsmuster stets widererkennbar.

Fulguration: siehe *Emergenz*.

Funktionsreifung: Funktionsreifung bedeutet die Reifung eines zur Erbringung einer bestimmten Verhaltensweise notwendigen Organs, Hirnareals o. ä., ohne dass für diese Reifung Umwelteinflüsse notwendig sind.

Genetisch Verwandte: Die genetische Verwandtschaft zweier Personen drückt sich in der prozentualen Übereinstimmung in den Allelen aller Gene aus. Die Übereinstimmung in den Allelen ist deswegen wichtig, weil alle Menschen fast alle Gene teilen. Ein Allel ist eine andere Abfolge der Basensequenz eines Gens. So wird zum Beispiel die Blutgruppe durch ein Gen bestimmt, von dem es drei unterschiedliche Allele gibt (Blutgruppe A, B, 0).

Die prozentuale Übereinstimmung hinsichtlich der Allele aller Gene zweier Individuen beträgt bei eineiigen Zwillingen 100 %, bei zweieiigen Zwillingen, Geschwistern, Eltern und leiblichen Kindern 50 %, bei Großeltern und ihren Enkeln, Onkeln, Neffen und Halbgeschwistern 25 %, bei Cousins ersten Grades 12,5 % und zwischen Cousins zweiten Grades 6,25 %. Der Grad genetischer Verwandtschaft wird auch mit r bezeichnet, bei Geschwistern schreibt man dann kurz r=0,50. Die genetische Verwandtschaft bedingt solche Prozesse wie die *Verwandtenselektion* und einige Aspekte des *Altruismus.*

Genotyp: Der Genotyp bezeichnet die Menge aller Erbanlagen eines Organismus. Durch unterschiedliche Umwelteinflüsse auf den gleichen Genotyp kommt es zur Ausbildung unterschiedlicher *Phänotypen*.

Gesamtfitness: Die Gesamtfitness besteht aus der direkten *Fitness* zuzüglich der Effekte, welche die Handlungen eines Individuums auf den Reproduktionserfolg seiner *genetisch Verwandten* haben. Führt ein Individuum eine Handlung aus, welche förderlich für den Reproduktionserfolg eines genetisch Verwandten ist, steigert es damit auch indirekt seine eigene Fitness, da die Gene des Individuums zu einem gewissen Teil auch in dem Verwandten vorhanden sind. Je enger die genetische Verwandtschaft ist, desto höher ist auch die Wirkung auf die Gesamtfitness. Die Gesamtfitness wird auch inklusive Fitness genannt. Sie hat Auswirkungen auf Themen wie *Altruismus*, Familie und Zusammenleben in Gruppen etc.

Handicap Prinzip: Das Handicap Prinzip bezeichnet die Idee, dass Fitnessindikatoren die genetische Fitness nur dann valide anzeigen, wenn sie derartige Unkosten verursachen, dass Individuen mit einer geringen Fitness diese nicht vortäuschen können. Mit Unkosten sind die physiologischen Aufwendungen zur Unterhaltung des Fitnessindikators gedacht.

Heritabilität: Die Heritabilität bezeichnet den prozentualen Anteil an der Populationsvarianz eines Merkmal, der auf genetische Einflussfaktoren zurückgeführt werden kann. Die Varianz eines Merkmals in einer Population, auch phänotypische Varianz V_p genannt, setzt sich additiv aus der genetischen Varianz (V_g) und aus der Umweltvarianz (V_u) sowie einem Fehleranteil V_f zusammen. Somit gilt:

$$V_p=V_g+V_u+V_f.$$

Die phänotypische Varianz ist die für ein bestimmtes Merkmal (z. B. Persönlichkeitseigenschaften, körperliche Merkmale usw.) bestimmte Variabilität. Die Varianz, die auf einen gemeinsamen Erbanteil zurückzuführen ist, stellt die Variabilität dar, die durch das interindividuell unterschiedliche Wirken bestimmter Gene (und zwar unabhängig von dem jeweils vorliegenden Allel) beeinflusst wird. Die Umweltvarianz, die auf eine geteilte Umwelt zurückzuführen ist, bezeichnet alle Einflüsse, die nicht genetischer Natur sind. Darunter fallen z. B. kulturelle Einflüsse. Dabei ist allerdings zu beachten, dass 50 % genetische Varianz nochmals 50 % Umweltvarianz zulassen und umgekehrt.

Homologie: Eine Homologie bezeichnet eine Ähnlichkeit (im Körperbau oder im Verhalten), die durch eine gemeinsame Abstammung hervorgerufen wird. Eine Homologie stellt eine nicht-zufällige Übereinstimmung dar, die auf gleicher Information aus einem gemeinsamen Informationsspeicher beruht. Homologien lassen sich in Erb- und Traditionshomologien einteilen. Erbhomologien bezeichnen homologe Ähnlichkeiten, deren gemeinsamer Informationsspeicher das Genom ist. Bei Traditionshomologien entstehen die Ähnlichkeiten durch Lernen, der gemeinsame Informationsspeicher ist die historische Herkunft.

Homöostase: Homöostase bezeichnet die Fähigkeit eines Systems, einen Gleichgewichtszustand trotz von außen einwirkender Störgrößen aufrechtzuerhalten. Physiologische Bedürfnisse wie Hunger lassen sich mittels des Prinzips der Homöostase beschreiben. Sinkt der Nährstoffgehalt im Körper unter einen bestimmten Wert, wird über physiologische Wirkmechanismen der Körper dazu veranlasst, auf Nahrungssuche zu gehen. Findet dann ausreichende Zufuhr von Nährstoffen statt, folgt wiederum über physiologische Mechanismen vermittelt eine Beendigung der Nahrungsaufnahme.

Inklusive Fitness: siehe *Gesamtfitness*.

Instinkt: Instinkt bedeutet eine Steuerung des Verhaltens durch angeborene, zentralnervöse Mechanismen, die aufgrund bestimmter Stimuli ausgelöst werden. Die Stimuli stellen einen Hinweisreiz dar und können sowohl aus der Umwelt wie auch aus dem Körper kommen. Wird solch ein Hinweisreiz wahrgenommen, reagiert der Körper mit Bewegungen bzw. mit Verhalten. Im kognitivistischen Sinn stellen Instinkte Handlungsschemata dar. In der Humanethologie bezog sich Instinkt zuerst nur auf Bewegungen, erst später wurde der Begriff auch für Verhalten im weiteren Sinn gebraucht. Heute ist der Begriff Instinkt veraltet.

Mem: Ein Mem ist eine Einheit kulturellen Wissens, die durch Lernen von einer Generation auf die nächste weitergegeben wird. Ebenso wie ihre biologischen Korrespondenten, die Gene, unterliegen die Meme einem Selektionsprozess. Im Gegensatz zu den Genen konkurrieren die Meme allerdings nicht um möglichst viele Replikationen ihrer selbst, sondern um ein bestimmtes Platzangebot etwa im menschlichen Geist oder in verschiedenen Medien. Meme können ganz unterschiedlich übertragen werden, durch Massenmedien, das Internet, das geschriebene oder gesprochene Wort etc. Die kulturelle Übertragung von Memen ist – im Vergleich zur biologischen – äußerst rasant und zudem als lamarkistisch zu bezeichnen.

Modaler Bewegungsablauf: siehe *Bewegungsablauf*.

Monogamie: Der Begriff Monogamie bezeichnet ein Verhalten, bei dem sich je ein Männchen und ein Weibchen paaren. Im Gegensatz zur Monogamie steht die *Polygamie*.

Natürliche Selektion: siehe *Selektion*.

Parentales Investment: siehe *Elterliches Investment*.

Phänotyp: Der Phänotyp bezeichnet die Summe der ausgebildeten Merkmale eines Organismus. Dabei kann es sich sowohl um physische Merkmale als auch um Verhaltensmerkmale handeln. Durch das Einwirken verschiedener Umwelteinflüsse auf den gleichen *Genotyp* kommt es zur Ausbildung unterschiedlicher Phänotypen.

Polyandrie: siehe *Polygamie*.

Polygamie: Der Begriff Polygamie bezeichnet ein Verhalten, bei dem ein Individuum mehrere Geschlechtspartner hat. Polygamie ist zunächst geschlechtsneutral. Hat ein Männchen mehrere weibliche Geschlechtspartner, spricht man von *Polygynie*. Hat ein Weibchen mehrere männliche Geschlechtspartner spricht man von *Polyandrie*. Im Gegensatz zur Polygamie steht die *Monogamie*. In menschlichen Gesellschaften tritt am häufigsten Polygamie auf, gefolgt von Monogamie. Polyandrie in ihrer Reinform kommt äußert selten vor. Neben der Monogamie findet man beim Menschen aber häufig polygyne Beziehungsmuster und zwar häufig dort, wo Männer mit hohem Status sich einen Harem leisten.

Polygynie: siehe *Polygamie*.

Reflex: siehe *Bewegungsablauf*.

Selektion: Selektion bedeutet die Auslese bestimmter, für das Überleben oder die Fortpflanzung förderlicher Merkmale mittels *differenziellem Reproduktionserfolg*. Dabei bezeichnet man die Auslese der für das Überleben eines Individuums wichtigen Merkmale als natürliche Selektion und die Auslese der für den Fortpflanzungserfolg wichtigen Merkmale als sexuelle Selektion. Der Prozess der Selektion setzt an fitnessbeeinflussenden erblichen Merkmalen an, die sich wegen Mutation und Rekombination von genetischem Material an verschiedenen Individuen unterschiedlich manifestieren. Durch den unterschiedlichen *differenziellen Reproduktionserfolg* der Merkmalsträger kann sich somit das Merkmal durchsetzen, das seinem Träger die größte Fitness bringt. Es entsteht im Zeitverlauf eine *Adaptation*.

Zusätzlich zur natürlichen und sexuellen Selektion gibt es noch die künstliche und soziale Selektion. Künstliche Selektion bezieht sich auf die Auslese bestimmter Merkmale nach dem Willen eines Züchters, z. B. die Zucht von Legehennen. Soziale Selektion bezieht sich auf die Auslese von Merkmalen, die einen Überlebens- oder Fortpflanzungsvorteil mittels Erlangung von sozialem Status, Prestige oder sozialen Beziehungen bringen.

Selektionsdruck: Selektionsdruck bezeichnet eine Komponente der physikalischen oder sozialen Umwelt, die bewirkt, dass es zwischen verschiedenen Individuen einen *differenziellen Reproduktionserfolg* gibt.

Sensorischer Filter: siehe *Auslösemechanismus*.

Sexuelle Selektion: siehe *Selektion*.

Sexy-Son Hypothese: siehe *verselbstständigte sexuelle Selektion*.

Taxis: siehe *Bewegungsablauf*.

Time lag: Ein time lag bezeichnet die Zeitspanne vom Einsetzen eines *Selektionsdrucks* bis zum Vorkommen der daraus resultierenden *Adaptation*. Solche time lags entstehen durch die Eigenschaften des evolutionären Prozesses. Da sich die eigentlichen Adaptationen durch Rekombination und Mutation genetischen Materials bilden und diese jeweils einen unterschiedlichen *differenziellen Reproduktionserfolg* des Merkmalsträgers bedingen, folgt, dass bis zum Auftauchen einer Anpassung mehrere Generationen vergehen können. Diese Zeitspanne stellt einen evolutionären time lag dar. Eine Folgerung aus dem Vorkommen von time lags ist, das unsere *evolvierten psychologischen Mechanismen* (EPM) eigentlich auf eine Zeit angepasst sind, die schon vorüber ist. Ein Beispiel dafür ist der

EPM, der dafür sorgt, dass Menschen viel Zucker konsumieren. In der *EEA* war dies sicher adaptiv, da damals Zucker Mangelware war; heute aber führt dieser EPM zu Übergewicht.

Trieb: Ein Trieb ist eine Handlungsbereitschaft, die als spezifische innere Größe den Ablauf einer bestimmten „Instinkthandlung" beeinflusst. Triebe setzen bestimmte Erbkoordinationen in Gang. Triebe bestehen unabhängig vom Wollen und Denken einer Person. Ein Trieb tritt als Drang in Erscheinung, dessen Befriedigung lustvoll erlebt wird. Wird einen Trieb nachgegangen, kann auch das Bewusstsein einer Person herabgesetzt sein. Eine hohe Handlungsbereitschaft scheint bei Abwesenheit entsprechender Reize zu einem unspezifischen Suchverhalten zu führen, dies nennt die Verhaltensforschung Appetenzverhalten.

Umwelt evolutionärer Anpassung: Die Umwelt evolutionärer Anpassung bezeichnet die statistische Zusammensetzung der *Selektionsdrücke* während der Zeitspanne der Entstehung einer *Adaptation*. Eine Adaptation kann nur dann entstehen, wenn die Selektionsdrücke über einen gewissen Zeitraum konstant bleiben. Ändern sich in einer Umwelt die Selektionsdrücke sehr häufig, bleibt nicht genügend Zeit, damit sich ein Merkmal als Adaptation durchsetzen kann. Die Umwelt evolutionärer Anpassung wird oft auch als *EEA* (Abkürzung für *environment of evolutionary adaptedness*) bezeichnet.

Verselbstständigte sexuelle Selektion: Dies bezeichnet einen Prozess der sexuellen Selektion, der durch positive Rückkopplung beschleunigt wird. Bei diesem Prozess wird die Präferenz weiblicher Individuen für eine bestimmte Eigenschaft männlicher Individuen von den Müttern an die Töchter weitergegeben. Parallel zu der Weitergabe der Präferenz an die Töchter haben die Söhne, die die präferierte Eigenschaft aufweisen, einen höheren differenziellen Reproduktionserfolg als die Söhne, die ihn nicht aufweisen. Dies führt dazu, dass wiederum eine Generation später die von den weiblichen Individuen präferierte Eigenschaft stärker in der Population vertreten ist. Parallel zu dieser stärkeren Verbreitung der männlichen Eigenschaft verstärkt sich auch die Präferenz weiblicher Individuen, da diese zu einem höheren differenziellen Reproduktionserfolg der weiblichen Individuen führt. Auf diese Weise kommt also eine positive Rückkopplung von Präferenz und präferierter Eigenschaft zu Stande. Die *Sexy-Son Hypothese* bezieht sich auf die Verstärkung des Auftretens der präferierten Eigenschaft bei männlichen Individuen, da die Besitzer dieser Eigenschaft auf die weiblichen Individuen attraktiv wirken. Anzumerken bleibt hier, dass die Rollen von weiblichen und männlichen Individuen in diesem Prozess grundsätzlich vertauscht werden können, was aber wegen des häufig größeren *elterlichen Investments* weiblicher Individuen nur bei einigen wenigen Arten stattfinden kann.

Verwandtenselektion: Verwandtenselektion bezeichnet einen evolutionären Prozess, bei welchem die *genetisch Verwandten* eines Individuums desto großzügiger behandelt werden, je enger die genetische Verwandtschaft ist. Der Prozess der Verwandtenselektion beruht auf der Erhöhung der Gesamtfitness eines Individuums. Begünstigendes Verhalten gegenüber einem Verwandten ist für ein Individuum dann vorteilhaft, wenn seine Kosten kleiner sind als der Nutzen für den Verwandten gewichtet mit dem Grad der genetischen Verwandtschaft. Dies wird durch die Regel von Hamilton ausgedrückt:
$k<r*n$

In der Gleichung bedeutet k die Kosten für das Individuum, r der Verwandtschaftsgrad und n den Nutzen für den Verwandten. Zum Beispiel: Beträgt der Verwandtschaftsgrad zweier Individuen 0,50 (wie bei Geschwistern oder auch Eltern und ihren leiblichen Kindern) ist ein Verhalten für die Gesamtfitness des Individuums dann von Vorteil, wenn der Nutzen für den Verwandten mehr als zweimal so groß ist wie die Kosten für das Individuum. Eine Folgerung aus der Regel von Hamilton ist, dass Gene, welche verwandtenbegünstigende Persönlichkeitseigenschaften hervorrufen, nur dann im Prozess der Evolution bestehen können, wenn sie diese Gesetzmäßigkeit erfüllen. Mit der Verwandtenselektion werden auch einige Aspekte des *Altruismus* erklärt.

Literatur

Alexander, G. M. & Hines, M. (2002). Sex differences in response to children's toys in nonhuman primates. (Cercopithecus aethiops sabaeus). Evolution and Human Behavior, 23, 467-479.

Alexander, R. D. (1975). The search for a general theory of behavior. Behavioral Sciences, 20, 77-100.

Alexander, R. D. (1979). Darwinism and human affairs. London: Pitman Publishing Ltd.

Allport, G. (1961). Pattern and Growth in Personality. Holt: Rinehart & Winston.

Anstadt, T., Merten, J., Ullrich, B. & Krause, R. (1996). Erinnern und Agieren. Zeitschrift für psychosomatische Medizin, 42. 34-55.

Arnold, M. B. (1960). Emotion and Personality (Vol. 1). New York: Columbia University Press.

Asendorpf, J. (1996). Psychologie der Persönlichkeit. Grundlagen. Berlin: Springer.

Averrill, J. R. & Nunley, E. P. (1993). Die Entdeckung der Gefühle. Hamburg: Kabel Verlag.

Bachorowski, J. A. & Smoski, M. (im Druck). Acoustic Variability in Laugther is associated with Social Context.

Badcock, C. (1998). Psychodarwinisms: Eine Neue Synthese von Freud und Darwin. In C. Crawford & D. L. Krebs (Hrsg.), Handbook of evolutionary psychology. Ideas, Issues, and Applications. (S. 457-483). Mahwah: Lawrence Erlbaum.

Badcock, C. (1999). Psychodarwinismus. Die Synthese von Darwin und Freud. München: Carl Hanser Verlag.

Balint, M. (1956). Angstlust und Regression. Stuttgart: Klett-Cotta.

Barkow, J. (1989). Darwin, sex and status. Biological approaches to mind and culture. Toronto: University of Toronto Press.

Barkow, J. H., Cosmides, L. & Tooby, J. (Hrsg.). (1992). The Adapted Mind – Evolutionary Psychology and the Generation of Culture. New York: Oxford Press.

Baron-Cohen, S. (1995). Mechanical, behavioral, and intentional understanding of picture stories in autistic children. British Journal of Developmental Psychology, 4, 113-125.

Baron-Cohen, S. (1997). The Maladapted Mind. Classic Readings in Evolutionary Psychopathology. East Sussex: Psychology Press.

Baron-Cohen, S., Leslie, A. & Frith, U. (1985). Does the autistic child have a theory of mind? Cognition, 21(1), 3-46.

Bente, G., & Feist, A. (2000). Affect-Talk and its Kin. In D. Zillmann & P. Vorderer (Hrsg.), Media Entertainment. The Psychology of its Appeal. (S. 113-134). Mahwah: Lawrence Erlbaum.

Bente, G. & Fromm, B. (1997). Affektfernsehen. Motive, Angebotsweisen und Wirkungen. Opladen: Leske 6 Budrich.

Berlyne, D. (1960). Conflict, Arousal, and Curiosity. New York: McGraw-Hill.

Bernhard, J. G. & Glantz, K. (1992). Staying Human in the Organization: Our Biological Heritage and the Workplace. Westport: Greenwood Publishing Group.

Bischof, N. (1975). A systems appproach towards the functional connections of attachment and fear. Child Development, 46, 801-817.

Bischof, N. (1985). Das Rätsel Ödipus. München: Piper.

Bischof, N. (1988). Ordnung und Organisation als heuristische Prinzipien des reduktiven Denkens. In: H. Meier (Hrsg.) (1988). Die Herausforderungen der Evolutionsbiologie. München: Piper

Bischof, N. (1989). Emotionale Verwirrungen – Oder: Von den Schwierigkeiten im Umgang mit der Biologie. Psychologische Rundschau, 40, 188-205.

Bischof, N. (1989b). Enthymeme, Definitionen und Semantik – eine Replik. Psychologische Rundschau, 40, 222-225.

Bischof, N. (1995). Struktur und Bedeutung. Bern: Huber.

Bischof, N. (1996). Das Kraftfeld der Mythen – Signale aus der Zeit, in der wir die Welt erschaffen haben. München: Piper.

Bischof, N. (1996). Untersuchungen zur Systemanalyse der Sozialen Motivation IV: Die Spielarten des Lächelns als Problem der Sollwertanpassung. Zeitschrift für Psychologie, 204, 1-40.

Bischof-Köhler, D. (1989). Spiegelbild und Empathie – die Anfänge der sozialen Kognition. Bern: Huber.

Bischof-Köhler, D. (1990). Frau und Karriere in psychobiologischer Sicht. Zeitschrift für Arbeits- und Organisationspsychologie, 34(1), 17-27.

Bischof-Köhler, D. (2002). Von Natur aus anders. Die Psychologie der Geschlechtsunterschiede. Stuttgart: Kohlhammer.

Blackmore, S. (2000). Die Macht der Meme oder die Evolution von Kultur und Geist. Heidelberg: Spektrum Akademischer Verlag.

Blaffer-Hrdy, S. (2000). Mutter Natur. Die weibliche Seite der Evolution. Berlin: Berlin Verlag.

Blair, J. R. (1995). A cognitive developmental approach to morality: Investigating the psychopath. Cognition, 57, 1-29.

Blythe, P. W., Todd, P. M. & Miller, G. F. (1999). How Motion Reveals Intention: Catagorizing Social Interactions. In G. Gigerenzer & P. Todd & A. R. Team (Hrsg.), Simple Heuristics that make us smart (S. 257-286). New York: Oxford University Press.

Bonfadelli, H. (1999). Medienwirkungsforschung I. Grundlagen und theoretische Perspektiven. Konstanz: UVK Medien.

Bosshart, L. & Hoffmann-Riem, W. (Hrsg.). (1994). Medienlust und Mediennutz. Unterhaltung als öffentliche Kommunikation (Vol. 20). München: Ölschläger.

Boyd, R. & Richerson, P. J. (1985). Culture and the evolutionary process. Chicago: University of Chicago Press.

Brief, A. P. (1998). Attitudes in and around Organizations. Thousand Oaks: Sage.

Brief, A. P., Butcher, A. H. & Roberson, L. (1995). Cookies, dispositions, and job attitudes: the effects of positive mood-inducing events and negative affectivity on job satisfaction in a field experiment. Organ. Behav. Hum. Decis. Process, 62(1), 55-62.

Brief, A. P. & Weiss, H. M. (2002). Organizational behavior: Affect at work. Annual Review of Psychology, 53, 279-307.

Brunswik, E. (1934). Wahrnehmung und Gegenstandswelt. Leipzig-Wien: F. Deuticke.

Buck, R. (1983). Emotional development and emotional education. In R. Plutchik & H. Kellermann (Hrsg.), Emotion. Theory, research and experience. 2: Emotions in early development. (S. 259-292). New York: Academic Press.

Buck, R. (1999). The biological affects. A typology. Psychological Review, 106, 301-336.

Buss, D. M. (1995). Evolutionary Psychology: A New Paradigm for Psychological Science. Psychological Inquiry, 6(1), 1-30.

Buss, D. M. (1997). Die Evolution des Begehrens. Geheimnisse der Partnerwahl. München: Goldmann.

Buss, D. M. (1999). Evolutionary Psychology. The New Science of the Mind. Boston: Allyn and Bacon.

Büssing, A. (1999). Psychopathologie der Arbeit. In C. G. Hoyos & D. Frey (Hrsg.), Arbeits- und Organisationspsychologie. Ein Lehrbuch (Vol. 1, S. 200-211). Weinheim: Beltz.

Conger, C. A. & Kanungo, R. N. (1998). Charismatic Leadership in Organizations. Thousand Oaks: Sage.

Cannon, W. B. (1927). The James-Lange theory of emotion: A critical examination and an alternative theory. American Journal of Psychology, 39, 106-124.

Cantor, J. R. (1976). Humor on television: A content analysis. Journal of Broadcasting, 20, 501-510.

Carruthers, P. & Chamberlain, A. (Hrsg.). (2000). Evolution and the human mind: modulatory, language, and meta-cognition. Cambridge: University Press.

Cartwright, J. (2000). Evolution and human behavior. Cambridge: MIT Press.

Cheney, D. L. & Seyfarth, R. M. (1994). Wie Affen die Welt sehen. Das Denken einer anderen Art. München: Hanser.

Colarelli, S. M. (1998). Psychological interventions in organizations: An evolutionary perspective. American Psychologist, 53, 1044-1056.

Conger, C. A. & Kanungo, R. N. (1998). Charismatic Leadership in Organizations. Thousand Oaks: Sage.

Cosmides, L. & Tooby, J. (1987). From evolution to behavior: Evolutionary psychology as the missing link. In J. Dupre (Hrsg.), The latest on the best: Essays on evolution and optimality (S. 277-306). Cambridge: MIT Press.

Cosmides, L. & Tooby, J. (1992). Cognitive Adaptations for social exchange. In B. & L. Cosmides & J. Tooby (Hrsg.), The adapted mind. Evolutionary psychology and the generation of culture. (S. 163-228). New York: Oxford University Press.

Cosmides, L. & Tooby, J. (1994). Beyond intuition and instinct blindness: toward an evolutionarily rigorous cognitive science. Cognition and Emotion, 50, 41-77.

Cosmides, L. & Tooby, J. (2000). Evolutionary Psychology and the Emotions. In M. Lewis & J. M. Haviland-Jones (Hrsg.), Handbook of Emotions. 2. Auflage. (S. 91-115). New York: Guilford.

Crawford, C. (1998). The Theory of Evolution in the Study of Human Behavior: An Introduction and Overview. In C. Crawford & D. L. Krebs (Hrsg.), Handbook of evolutionary psychology. Mahwah: Lawrence Erlbaum.

Crawford, C. & Krebs, D. L. (Hrsg.). (1998). Handbook of evolutionary psychology. Ideas, Issues, and Applications. Mahwah: Lawrence Erlbaum.

Cummings, E. M., Iannotti, R. J. & Zahn-Waxler, C. (1985). Influence of conflict between adults on the emotions and aggression of young children. Developmental Psychology, 21, 495-507.

Daly, M. & Wilson, M. (1983). Sex, evolution and behavior. Adaptations for reproduction. 2. Auflage. Boston: Willard Grant Press.

Daly, M. & Wilson, M. (1988). Homicide. New York: de Gruyter.

Darwin, C. R. (1871/1992). Die Abstammung des Menschen. 2. Auflage. Wiesbaden: Fourier.

Darwin, C. R. (1872/1965). Der Ausdruck der Gemüthesbewegungen bei dem Menschen und den Thieren. Stuttgart: Schweitzerbart'sche Verlagsbuchhandlung.

Davison, W. P. (1996). The third-person effect revisited. International Journal of Public Opinion Research, 8, 113-119.

Dawkins, R. (1978). Das Egoistische Gen. Berlin: Springer.

Dawkins, R. (1999). The Extended Phenotype. The Long Reach of the Gene. New York: Oxford.

Dawkins, R. (2000). The Blind Watchmaker. Harmondsworth: Penguine.

Dawkins, R. & Dawkins, M. (1976). Hierachical organization and postural faciliation: Rules for croming in flies. Animal Behavior, 2, 3-37.

de Waal, F. B. M. (1991). Wilde Diplomaten. Versöhnung und Entspannungspolitik bei Affen und Menschen. München: dtv.

de Waal, F. B. M. (1997). Bonobo. The forgotten ape. California: University of California Press.

de Waal, F. B. M. & Lanting, F. (1998). Bonobos. Die zärtlichen Menschenaffen. Basel: Birkhäuser.

Dehm, U. (1984). Fernsehunterhaltung. Zeitvertreib, Flucht oder Zwang? Eine sozialpsychologische Studie zu Fernseh-Erleben (Vol. 10). Mainz: v. Hase & Koehler.

Dennett, D. C. (1990). The Origins of Selves. mind and brain – Perspectives in Theoretical Psychology and the Philosophy of the Mind (14). Bielefeld: Bielefeld University, Center for Interdisciplinary Research.

Dennett, D. C. (1993). Consciousness Explained. Harmondsworth: Penguine.

Dennett, D. C. (1997). Darwins gefährliches Erbe. Hamburg: Hoffmann und Campe.

Dennett, D. C. (1999). Spielarten des Geistes. Wie erkennen wir die Welt? Ein neues Verständnis des Bewusstseins. München: Bertelsmann.

DeRivera, J. (1977). A structural theory of emotions (Vol. Monographie 40). New York: International University Press.

Dimberg, U., Thunberg, M. & Elmehed, K. (2000). Unconscious facial reactions to emotional facial expressions. Psychological Science, 11, 86-89.

Dobzhansky, T. (1973). Nothing in biology makes sense except in the light of evolution. American Biology Teacher, 35, 125-129.

Donohew, L. & Tipton, L. (1973). A Conceptual Model of Infomation Seeking Avoiding and Processing. In P. Clarke (Hrsg.), New Models for Communication Research (Vol. 243-268). Beverly Hills: Sage.

Dörner, D. (1999). Bauplan für eine Seele. Hamburg: Rowohlt.

Dunbar, R. (1998). Klatsch und Tratsch. Wie der Mensch zur Sprache fand. München: C. Bertelsmann.

Dunkel, W. (1988). Wenn Gefühle zum Arbeitsgegenstand werden. Gefühlsarbeit im Rahmen personenbezogener Dienstleistungstätigkeiten. Soziale Welt, 1, 66-85.

Durham, W. H. (1991). Coevolution: Genes, culture, and human diversity. Stanford: Standford University Press.

Eibl-Eibesfeldt, I. (1987). Grundriss der vergleichenden Verhaltensforschung – Ethologie. München: Piper.

Eibl-Eibesfeldt, I. (1990). Verhaltenspathologien aus ethologischer Sicht. Nova acta Lopoldina, 63(273), 107-113.

Eibl-Eibesfeldt, I. (1997). Die Biologie des menschlichen Verhaltens. Grundriss der Humanethologie. München: Piper.

Ekman, P. (1985). Telling lies. New York: Norton.

Ekman, P. (1988). Gesichtsausdruck und Gefühl. Paderborn: Jungfermann.

Ekman, P. (1992). An Argument for basic emotions. Cognition and Emotion, 6(3/4), 169-200.

Ekman, P. & Friesen, W. V. (1969). The repertoire of nonverbal behavior: categories, origins, usage and coding. Semiotica, 1, 49-98.

Ekman, P., Friesen, W. V. & Ellsworth, P. (1982). What are the similarities and differences in facial behaviour across cultures. In P. Ekman (Hrsg.), Emotion in the human face. Cambridge: University Press.

Ekman, P., Friesen, W. V. & O'Sullivan, M. (1988). Smiles when lying. Jour. Personality Social Psychol., 54, 414-420.

Erez, A. & Judge, T. (2003). Dispositional Source of Job Satisfaction: The Role of Self-Deception. Paper provided by Cornell – Center for Advanced Human Resource Studies in its series Papers with number 94-14. Retrieved, 2003, from the World Wide Web.

Estrada, C. A., Isen, A. M. & Young, M. J. (1997). Positive affect facilitates integration of information and decreases anchoring in reasoning among physicians. Organ. Behav. Hum. Decis. Process, 72, 117-135.

Faller, M. (1991). Innere Kündigung. Ursachen und Folgen. München: Rainer Hamp.

Feshbach, N. D. (1978). Studies of empathic behavior in children. In B. A. Maher (Hrsg.), Progress in Experimental Personality Research. New York: Academic Press.

Fisher, R. A. (1930). The genetical theory of natural selection. Oxford: Clarendon Press.

Fodor, J. A. (1983). The Modularity of Mind. Cambridge: MIT Press.

Fredrickson, B. L. (1998). What good are positive emotions? Review of general psychology, 2, 300-319.

Freud, S. (1915). Triebe und Triebschicksale. G.W. Bd.X (S. 209-232).

Freud, S. (1933/1982). Neue Folge der Vorlesungen zur Einführung in die Psychoanalyse. Frankfurt a. M.: Fischer.

Freud S. (1949) Zur Einführung in den Narzissmus. In: A. Freud, E. Bibring, W. Hoffer, E. Kris, O. Isakower (Hrsg), Gesammelte Werke. Chronologisch geordnet. 10. Bd. Werke aus den Jahren 1913-1917. London: Imago Publishing.

Fridlund, A. (1994). Human facial expression. An evolutionary view. San Diego: Academic Press.

Frijda, N. H. (1986). The emotions. New York: Cambridge University Press.

Frisch, I. (1995). Mimisches Verhalten von Frauen und Männern in gleichgeschlechtlichen Interaktionen. Zeitschrift für Differentielle und Diagnostische Psychologie, 16(1), 33-42.

Frisch, I. Schwab, F., & Krause, R. (1995). Affektives Ausdrucksverhalten gesunder und an Colitis erkrankter männlicher und weiblicher Erwachsener. Zeitschrift für Klinische Psychologie, 24(3), 230-238.

Früh, W. (1978) Leseranspruch und Leserurteil. In Publizistik, 23, 4/1978, 319-336.

Früh, W. (2002). Unterhaltung durch das Fernsehen. Eine molare Theorie. Konstanz: UVK.

Garcia, J. (1990). Learning without memory. J. Cognitive Neuroscience, 2, 287-305.

Gehring, T. M. (1998). Familiensystemtest (FAST). 2. erw. Aufl. Göttingen: Beltz.

Gigerenzer, G. Todd, P., & ABC Research Group (1999). Simple Heuristics that make us smart. New York: Oxford University Press.

Glasl, F. (1992). Konfliktmanagement. Ein Handbuch für Führungskräfte und Berater. Bern: Haupt.

Gleich, U. (2001) Der Reiz trauriger Filme – eine Untersuchung zur Erklärung des „Sad-Film-Paradoxon", Vortrag zur 2. Tagung der Fachgruppe Medienpsychologie in der Deutschen Gesellschaft für Psychologie (DGPs) vom 09. bis 11. September 2001 an der Universität Koblenz-Landau.

Goleman, D., Boyatzis, R. & McKee, A. (2002). Emotionale Führung. München: Econ.

Goodall, J. (1989). Gombe: highlights and current research. In P. G. Heltne & L. A. Marquardt (Hrsg.), Understanding Chimpanzees. (S. 2-21). Cambridge: Harvard University Press.

Gould, S. J. (1997). The exaptive excellence of spandrels as a term and prototype. Proceedings of the National Academy of Sciences, 94, 10750-10755.

Grammer, K. (1993). Signale der Liebe. Die biologischen Gesetze der Partnerschaft. Hamburg: Hoffman und Campe.

Grodal, T. (1997). Moving Pictures. A New Theory of Film. Genres, Feelings, and Cognition. Oxford: Clarendon Press.

Groeben, N., Vorderer, P. (1988). Leserpsychologie. Lesemotivation - Lektürewirkung. Münster: Aschendorff.

Gur, R. C. & Sackheim, H. A. (1979). Self deception: a concept in search of a phenomenon. Journal of Social and Personality Psychology, 37, 147-169.

Haidt, J. (2003). The moral emotions. In R. J. Davidson & K. R. Scherer & H. H. Goldsmith (Hrsg.), Handbook of affective sciences. (S. 852-870). Oxford: Oxford University Press.

Haken, H. (1983). Synergetik. Berlin: Springer.

Haken, H. (1987). Sind synergetische Systeme unsterblich? In D. Kamper & D. Wulf (Hrsg.), Die sterbende Zeit. Darmstadt: Luchterhand.

Hamilton, W. D. (1964). The genetical evolution of social behavior, I and II. Journal of Theoretical Biology, 7, 1-52.

Harris, M. (1991). Menschen: wie wir wurden, was wir sind. Stuttgart: Klett-Cotta.

Hassenstein, B. (1987). Verhaltensbiologie des Kindes. München: Piper.

Henke, W. & Rothe, H. (2003). Menschwerdung. Frankfurt a. M.: Fischer.

Henss, R. (1992). „Spieglein, Spieglein an der Wand..." Geschlecht, Alter und physische Attraktivität. München: Beltz.

Hersey, R. B. (1932). Workers' Emotions in Shop and Home: A Study of Individual Workers from the Psychological and Physiological Standpoint. Philadephia: Univ. Penn. Press.

Hickethier, K. (1996). Film- und Fernsehanalyse. Stuttgart: Metzler.

Hochschild, A. R. (1990). Das gekaufte Herz. Zur Kommerzialisierung der Gefühle. Frankfurt a. M.: Campus.

Hofstede, G. (1991). Cultures and Organizations: Software of the mind. London: McGraw-Hill.

Hommel, B. (1998). Automatic stimulus-response translation in dual-task performance. Journal of Experimental Psychology: Human Perception & Performance, 24, 1368-1384.

Immelmann, K., Pröve, E. & Sossinka, R. (1996). Einführung in die Verhaltensforschung. Berlin: Blackwell Wissenschafts-Verlag.

Isen, A. M. & Baron, R. A. (1991). Positive affect as a factor in organizational behavior. In B. M. Staw & L. L. Cummings (Hrsg.), Research in Organizational Behavior (Vol. 13, S. 1-53). Greenwich: JAI Press.

Izard, C. E. (1977). Human emotions. New York: Plenum Press.

Janicki, M. & Krebs, D. L. (1998). Evolutionary Approaches to culture. In C. Crawford & D. L. Krebs (Hrsg.), Handbook of Evolutionary Psychology. Ideas, Issues, and Applications. (S. 136-207). Mahwah: Lawrence Erlbaum.

Katz, E. & Foulkes, D. (1962). On The Use of Mass Media as „Escape“: Clarification of a Concept. Public Opinion Quaterly, 26, 377-388.

Kaiser, S. & Wehrle, T. (2001). Facial expressions as indicators of appraisal processes. In K. R. Scherer & A. Schorr & T. Johnstone (Hrsg.), Appraisal processes in emotions: Theory, methods, research (S. 285-300). New York: Oxford University Press.

Keller, J. A. (1981). Grundlagen der Motivation. München: Urban und Schwarzenberg.

Kets de Vries, M. F. R. & Miller, D. (1995). Narzissmus und Führung. In A. Kieser & G. Reber & R. Wunderer (Hrsg.), Handwörterbuch der Führung (2. Auflage) (S. 1608-1621). Stuttgart: Schäffer-Poeschel.

Kirsch, A. (2001). Trauma und Wirklichkeit. Wiederauftauchende Erinnerungen aus psychotherapeutischer Sicht. Stuttgart: Kohlhammer.

Köhler, W. (1920). Die physischen Gestalten in Ruhe und im stationären Zustand. Braunschweig: Vieweg.

Krämer, N. C. (2001). Bewegende Bewegung. Sozio-emotionale Wirkungen nonverbalen Verhaltens und deren experimentelle Untersuchung mittels Computeranimation. Lengerich: Pabst.

Krause, R. (1988). Taxonomie der Affekte und ihre Anwendung auf das Verständnis der frühen Störungen. Psychotherapie und Medizinische Psychologie, 38 (77-86).

Krause, R. (1990). Psychodynamik der Emotionsstörungen. In K. R. Scherer (Hrsg.), Psychologie der Emotionen. Enzyklopädie der Psychologie. Themenbereich C, Theorie und Forschung, Serie IV, Motivation und Emotion, Band 3, Psychologie der Emotion. (S. 630-705). Göttingen: Hogrefe.

Krause, R. (1997). Allgemeine Psychoanalytische Krankheitslehre. Bd. 1, Stuttgart: Kohlhammer.

Krause, R. (1998). Allgemeine Psychoanalytische Krankheitslehre. Bd. 2, Stuttgart: Kohlhammer.

Krebs, D. L. (1998). The Evolution of Moral Behaviors. In C. Crawford & D. L. Krebs (Hrsg.), Handbook of evolutionary psychology (S. 337-368). Mahwah: Lawrence Erlbaum.

Krebs, J. R. & Davies, N. B. (1996). Einführung in die Verhaltensökologie. Berlin: Blackwell Wissenschafts-Verlag.

Kübler, H. D. (1994). Kommunikation und Massenkommunikation. Münster: LIT Verlag.

Lazarus, R. S. (1991). Emotion and adaptation. New York: Oxford University Press.

Lazarus, R. S. (1993). From psychological stress to the emotions: A history of changing outlooks. Annual Review of Psychology, 44, 1-21.

Lazarus, R. S. (1999) The cognition-emotion debate: a bit of history. In Scherer K. R., Schorr, A., Johnston, T. (Hrsg.), Appraisal processes in emotion. Oxford: University Press.

LeDoux, J. (1998). Das Netz der Gefühle. München: Hanser.

Levenson, R. W. (1996). Biological substrates of empathy and facial modulation of emotion: Two facets of the scientific legacy of John Lanzetta. Motivation and Emotion, 20, 185-204.

Lewin, K. (1930/31). Der Übergang von der aristotelischen zur galileischen Denkweise in der Biologie und Psychologie. Erkenntnis, 1, 421-460.

Leymann, H. (1993). Mobbing – Psychoterror am Arbeitsplatz und wie man sich dagegen wehren kann. Reinbeck: Rowohlt.

Lincke, H. (1981). Instinktverlust und Symbolbildung.: Berlin: Severin und Siedler.

Lipps, T. (1903) Einfühlung, innere Nachahmung und Organempfindung. Archiv für die gesamte Psychologie Bd. 1:185-204.

Lipps, T. (1907). Das Wissen von fremden Ichen. In T. Lipps (Hrsg.), Psychologische Untersuchungen. (S. 694-722). Leipzig: Engelmann.

Locke, E. A. (1976). The nature and causes of job satisfaction. In M. D. Dunette (Hrsg.), Handbook of industrial and organizational psychology (S. 1297-1349). Chicago: Rand McNally.

Looss, W. (1991). Coaching für Manager – Problembewältigung unter vier Augen. Landsberg/Lech: Verlag Moderne Industrie.

Lorenz, K. (1935). Der Kumpan in der Umwelt des Vogels. Journal Ornitologie., 83, 137-213 & 289-413.

Lorenz, K. (1966). Stammes- und kulturgeschichtliche Ritenbildung. Mitteil. Max-Planck Ges., 1, 3-30. Naturwissenschaftliche Rundschau, 19, 361-370.

Lorenz, K. (1987). Die Rückseite des Spiegels. 9.Auflage. München: Deutscher Taschenbuchverlag.

Lorenz, K. (1987/95). Vergleichende Verhaltensforschung. Wien: Springer.

Lorenz, K. & Leyhausen, P. (1973). Antriebe tierischen und menschlichen Verhaltens. München: Piper.

Lumsden, C. J., & Wilson, E. O. (1981). Genes, mind, and culture: The coevolutionary process. Cambridge: Harvard University Press.

Madjar, N., Oldham, G. R. & Pratt, M. G. (in press). There's no place like home: the contributions of work and non-work creativity support to employees' creative performance. Acad. Manage. J. In press. Acad. Manage. J.

Malatesta, C. Z. & Culver, C. (1993). Gendered health: Differences between men and women in relation between physical symptoms and emotion expression behavior. In H. C. Traue & J. W. Pennebaker (Hrsg.), Emotion, inhibition and health (S. 116-144). Göttingen: Huber & Hogrefe.

Malatesta, C. Z. & Haviland, J. M. (1982). Learning Display Rules: The Socilization of Emotion Expression in Infancy. Child Development, 53, 991-1003.

Mangold, R., Vorderer, P. Bente, G. (2004). Lehrbuch der Medienpsychologie. Göttingen: Hogrefe-Verlag.

Mangold, R., Unz, D. & Winterhoff-Spurk, P. (2001). Zur Erklärung emotionaler Medienwirkungen: Leistungsfähigkeit, empirische Überprüfung und Fortentwicklung theoretischer Ansätze. In P. Rössler, U. Hasebrink & M. Jäckel(Hrsg.). Theoretische Perspektiven der Rezeptionsforschung. München: Reinhard Fischer.

Maturana, H. R. & Varela, F. J. (1984). Der Baum der Erkenntnis. München: Goldmann.

Maynard Smith, J. (1964) Group selection and kin selection. Nature 201:1145-1147.

Maynard Smith, J. (1976). Group Selection. Quarterly Review of Biology, 51, 277-283.

Mayr, E. (1998). Das ist Biologie. Die Wissenschaft des Lebens. Heidelberg: Spektrum Akademischer Verlag.

McDougall, W. (1908/1960). An introduction to social psychology. London: Methuen.

McFarland, D. (1999). Biologie des Verhaltens: Evolution, Physiologie, Psychologie. (2. neubearb. Auflage). Heidelberg: Spektrum Akademischer Verlag.

McGuire, M., Fawzy, F., Spar, J., Weigel, R. & Troisi, A. (1994). Altruism and mental disorders. Ethology and Sociobiology, 15(5-6), 299-321.

Mealey, L. (2000). What? Me Worry? The State of Human Ethology in the Year 2000. ISHE Presidential Address. (2000) The Human Ethology Bulletin 15 (4): 2-8.

Mealey, L. (2000). Sex Differences: Development and Evolutionary Strategies. New York: Elsevier.

Meltzoff, A. N. & Moore, M. K. (1997). Explaining facial imitation: A theoretical model. Early Development & Parenting, 6, 179-192.

Mentzos, S. (1992). Neurotische Konfliktverarbeitung. Frankfurt a. M.: Fischer.

Merten, J. (1995). Affekte und die Regulation nonverbalen, interaktiven Verhaltens. Bern: Peter Lang.

Merten, J. (1997). Facial-Affective Behavior, Mutual Gaze, and Emotional Experience in Dyadic Interaction. Journal of Nonverbal Behavior, 21(3), 179-201.

Merten, J. (2003). Einführung in die Emotionspsychologie. Stuttgart: Kohlhammer.

Meyer, W., Schützwohl, A. & Reisenzein, R. (1997). Einführung in die Emotionspsychologie. Bd. 2, Evolutionspsychologische Emotionstheorien. Bern: Huber.

Meyer, W.-U., Schützwohl, A. & Reisenzein, R. (2001). Einführung in die Emotionspsychologie – Band 1, 2. Auflage Bern: Huber.

Mikos, L. (1994). Fernsehen im Erleben der Zuschauer. Vom lustvollen Umgang mit einem populären Medium. Berlin: Urban & Vogel.

Mikunda, C. (2002). Kino spüren. Strategien emotionaler Filmgestaltung. Wien: WUV-Universitäts Verlag.

Miller, G. (2001). Die sexuelle Evolution. Partnerwahl und die Entstehung des Geistes. Heidelberg: Spektrum Akademischer Verlag.

Miller, G. F. (2000). How to keep our meta-theories adaptive beyond Cosmides, Tooby, and Lakatos. Commentary on Tim Ketelaar & Bruce Ellis. Psychological Inquiry, 11, 42-46.

Mineka, S. & Tomarken, A. (1989). The role of cognitive biases in the origins and maintenance of fear and anxiety disorders. In L. Nilsson & T. Archer (Hrsg.), Aversion, Avoidance and Anxiety: Perspectives on Aversely Motivated Behavior (S. 195-221). Hillsdale: Lawrence Erlbaum.

Monaco, J. (1998). Film verstehen. Reinbek: Rowohlt.

Moser, U. (1983). Beiträge zu einer psychoanalytischen Theorie der Affekte. Teil 1 (10). Zürich: Berichte aus der interdisziplinären Konfliktforschungsstelle der Universität Zürich.

Moser, U. (1985). Beiträge zu einer psychoanalytischen Theorie der Affekte. Teil 2: Ein Interaktionsmodell (14). Zürich: Berichte aus der interdisziplinären Konfliktforschungsstelle der Universität Zürich.

Munn, N. L. (1940). The Effects of the Knowledge of the Situation upon the Judgement of Emotion from facial Expression. Journal of Abnormal and Social Psychology, 35(324-338).

Murphy, D. & Stich, S. (2000). Darwin in the madhouse – evolutionary psychology and the classification of mental disorders. In P. Carruthers & A. Chamberlain (Hrsg.), Evolution and the human mind. Modularity, language and meta-cognition. (S. 62-92). Cambridge: Cambridge University Press.

Nagel, T. (1974). What is it like to be a bat? Philosophical Review, 83, 435-450.

Nerdinger, F. W. (2001). Psychologie des persönlichen Verkaufs. München: Oldenbourg.

Nesse, R. M. (1990). Evolutionary explanations of emotions. Human Nature, 1(3), 261-289.

Nesse, R. M. & Lloyd, A. T. (1992). The Evolution of Psychodynamic Mechanisms. In J. H. Barkow, L. Cosmides & J. Tooby (Hrsg.), The Adapted Mind – Evolutionary Psychology and the Generation of Culture. (S. 601-624). New York: Oxford Press.

Nesse, R. M. & Williams, G. C. (1998). Warum wir krank werden.München: C.H. Beck.

Neuberger, O. & Allerbeck, M. (1978). Messung und Analyse von Arbeitszufriedenheit. (Measurement and Analysis of Work-satisfaction). Bern: Huber.

Niedl, K. (1995). Mobbing / Bullying am Arbeitsplatz. München: Hamp.

Oatley, K. (1999). Why fiction may be twice as true as fact: Fiction as cognitive and emotional simulation. Review of General Psychology, 3, 101-117.

Paul, A. (1998). Von Affen und Menschen. Verhaltensbiologie der Primaten. Darmstadt: Wissenschaftliche Buchgesellschaft.

Pfeifer, R. & Scheier, C. (1999). Understanding Intelligence. Cambridge: MIT Press.

Piaget, J. (1967/1974). Biologie und Erkenntnis. Frankfurt a. M.: Fischer.

Piaget, J. (1972). Urteil und Denkprozess des Kindes. Düsseldorf: Schwann.

Pinker, S. (1999) How the mind works. New York: Norton.

Pillutla, M. M. & Murnighan, J. K. (1996). Unfairness, anger, and spite: emotional rejections of ultimatum offers. Organ. Behav. Hum. Decis. Process, 68, 208-224.

Pinker, S. (2002). The blank slate. The modern denial of human nature. London: Penguin books.

Popper, K. R. (1972/1984). Objektive Erkenntnis. Gütersloh: Bertelsmann.

Postman, N. (1999). Wir amüsieren uns zu Tode. Urteilsbildung im Zeitalter der Unterhaltungsindustrie. Frankfurt a. M.: Fischer.

Premack, D. & Woodruff, G. (1978) Does the chimpanzee have a theory of mind? Behavioral and Brain Sciences 1:515-526.

Premack, D. & Premack, A. (1983). The mind of an ape.New York: Norton.

Preston, S. D. & de Waal, F. B. M. (2002). Empathy: Its ultimate and proximate bases. Behavioral and Brain Sciences, 25, 2-72.

Raidt, F. (1988). Die innere Kündigung. Wie entsteht sie? Was kann man dagegen tun? In B. d. d. Arbeitgeberverbände (Hrsg.), Leistung und Lohn. Bergisch Gladbach: Heider.
Raleigh, M. J., McGuire, M. T., Brammer, G. L., Pollack, D. B. & Yuwiler, A. (1991). Serotonergic Mechanisms promote dominance aquisition in adult male vervet monkeys. Brain Research, 559, 181-190.
Rauen, C. (1999). Coaching. Innovative Konzepte im Vergleich. Göttingen: Verlag für Angewandte Psychologie.
Rauen, C. (Hrsg.). (2000). Handbuch Coaching. Göttingen: Hogrefe.
Rice, M. L., Huston, A. C. & Wright, J. (1984). Fernsehspezifische Formen und ihr Einfluß auf Aufmerksamkeit, Verständnis und Sozialverhalten der Kinder. In M. Meyer (Hrsg.), Wie verstehen Kinder Fernsehprogramme? München: Saur.
Rosengreen, K. E. & Windahl, S. (1989). Media metter. TV use in childhood and adolescence. Norwood: Ablex.
Rothmund, J., Schreier, M. & Groeben, N. (2001). Fernsehen und erlebte Wirklichkeit (I): Ein kritischer Überblick über die Perceived Reality-Forschung. Zeitschrift für Medienpsychologie, 13, 33-44.
Rothmund, J., Schreier, M. & Groeben, N. (2001). Fernsehen und erlebte Wirklichkeit (II): Ein integratives Modell zu Realitäts-Fiktions-Unterscheidungen bei der (kompetenten) Mediennutzung. Zeitschrift für Medienpsychologie, 13, 85-95.

Sackett, G. P. (1966). Monkeys reared in isolation with pictures as visual input: Evidence for an innate releasing mechanism. Science, 154, 1468-1473.
Salomon, G. (1988). Television Watching and Mental Effort: A Social Psychological View. In J. Bryant & A. D. R. (Hrsg.), Childrens Understanding of Television (S. 181-198). New York: Academic Press.
Saß, H., Wittchen, H.-U. & Zaudig, M. (1996). Diagnostisches und statistisches Manual psychischer Störungen. Göttingen: Hogrefe.
Schachter, S. & Singer, J. E. (1962). Cognitive, social and physiological determinants of emotional state. Psychological Review, 63, 379-399.
Schallenberger, U. & Pfister, R. (2001). Flow-Erleben in Arbeit und Freizeit. Eine Untersuchung zum Paradox der Arbeit mit der Experience Sampling Methode (ESM). Zeitschrift für Arbeits- und Organisationspsychologie, 45, 176-187.
Scherer, K. R. (1984). On the nature and function of emotion. A component process approach. In K. R. Scherer & E. P. (Hrsg.), Approaches to emotion. Hillsdale: Lawrence Erlbaum.
Scherer, K. R. (1988). Criteria for emotion-antecedent appraisal: a review. In V. Hamilon & G. H. Bower & N. H. Frijda (Hrsg.), Cognitive perspectives on motivation and emotion. (S. 89-126). Dordrecht: Kluwer.
Scherer, K. R. (1989). Von den Schwierigkeiten im Umgang mit den Emotionen – oder: Terminologische Verwirrungen. Psychologische Rundschau, 40, 209-216.
Scherer, K. R. (1990). Theorien und aktuelle Probleme der Emotionspsychologie. In K. R. Scherer (Hrsg.), Psychologie der Emotionen. Themenbereich C. Bd. 3. Enzyklopädie der Psychologie (S. 1-38). Göttingen: Hogrefe.
Scherer, K. R. (1994). Toward a Concept of „Modal emotions“. In P. Ekman & R. J. Davidson (Hrsg.), The Nature of Emotion. Fundamental Questions. (S. 25-31). New York: Oxford University Press.
Scherer, K. R. (1998). Emotionsprozesse im Medienkontext: Forschungsillustrationen und Zukunftsperspektiven. Zeitschrift für Medienpsychologie, 10(4), 276-293.
Scherer, K. R. (2001). Appraisal considered as a process of multilevel sequential checking. In K. R. Scherer & A. Schorr & T. Johnson (Hrsg.), Appraisal processes in emotion. Theory, methods, research. (S. 2001). Oxford: Oxford University Press.
Scherer, K. R. Banse, R. & Wallbott, H. (2001). Emotion inferences from vocal expression correlate across languages and cultures. Journal of Cross-Cultural Psychology, 32, 76-92.
Schleidt, M., Pöppel, E., & Eibl-Eibesfeldt, I. (1987). An universal constant in temporal segmentation of human short-term behaviour. Naturwissenschaften, 74, 289-290.
Schleidt, W. (1962). Die historische Entwicklung der Begriffe „Angeborenes auslösendes Schema“ und „Angeborener Auslösemechanismus“, Z. Tierpsychologie, 19, 697-722.

Schmidt-Atzert, L. (2000). Struktur der Emotionen. In J. H. Otto, H. A. Euler & H. Mandl (Hrsg.), Emotionspsychologie: Ein Handbuch. Weinheim: Psychologie Verlags Union.

Scholz, C. (2003). Spieler ohne Stammplatzgarantie. Darwiportunismus in der neuen Arbeitswelt. Weinheim: Wiley.

Schwab, F. (1995) Lost in Hyperspace? Wege durch den multimedialen Wildwuchs. In: Medienpsychologie, 4/95, 262-285.

Schwab, F. (2001). Unterhaltungsrezeption als Gegenstand medienpsychologischer Emotionsforschung. Zeitschrift für Medienpsychologie, 1(2), 62-72.

Schwab, F. & Krause, R. (1994). Über das Verhältnis von körperlichen und mentalen Abläufen bei verschiedenen psychosomatischen Krankheitsbildern. Psychotherapie, Psychosomatik, Medizinische Psychologie, 44, 306-315.

Schwab, F., Unz, D., Mangold, R. & Winterhoff-Spurk, P. (1998). Motive der Nachrichtennutzung Jugendlicher – Entwicklung eines Fragebogens auf der Grundlage des Gratifikations-Netzes von Wenner. Saarbücken: Universität des Saarlandes, Arbeiten der Fachrichtung Psychologie.

Schwan, S. (2001). Filmverstehen und Alltagserfahrung. Wiesbaden: Deutscher Universitäts-Verlag.

Schwender, C. (2001). Medien und Emotionen. Evolutionspsychologische Bausteine einer Medientheorie. Wiesbaden: Deutscher Universitätsverlag.

Schwickerath, J. (2001). Mobbing am Arbeitsplatz – Aktuelle Konzepte zu Theorie, Diagnostik und Verhaltenstherapie. Psychotherapeut, 46, 199-213.

Simon, F. & Rech-Simon, C. (1999). Zirkuläres Fragen. Systemische Therapie in Fallbeispielen. Ein Lernbuch. Heidelberg: Carl Auer.

Slavin, M. O. (1987). The origins of psychic conflict and the adaptive functions of repression: An evolutionary biological view. Psychoanalysis Contemporary Thought, 8, 407-440.

Sommer, V. (1993). Die evolutionäre Logik der Lüge bei Tier und Mensch. Ethik und Sozialwissenschaften (4).

Stamp-Dawkins, M. (1996). Die Entdeckung des tierischen Bewusstseins. Reinbek bei Hamburg: Rowohlt.

Steimer-Krause, E. (1996). Übertragung, Affekt und Beziehung. Bern: Peter Lang.

Steitz, E. (1993). Die Evolution des Menschen. Stuttgart: Schweitzerbart'sche Verlagsbuchhandlung.

Stemmler, G. (1998). Emotionen. In F. Rösler (Hrsg.), Enzyklopädie der Psychologie. Ergebnisse und Anwendungen der Psychophysiologie (S. 95-163). Göttingen: Hogrefe.

Stemmler, G. (2001). Grundlagen psychophysiologischer Methodik. In F. Rösler (Hrsg.), Grundlagen und Methoden der Psychophysiologie. Enzyklopädie der Psychologie. (S. 1-84). Göttingen: Hogrefe.

Sulloway, F. J. (1997). Born to rebel: Birth order, familydynamics, and creative lives. New York: Pantheon.

Tannen, D. (1994). You just don't understand: Women and Men in Conversation. New York: William Morrow.

Tembrock, G. (1971). Biokommunikation. Berlin: Akademie Verlag.

Thornhill, R. (1998). Darwinian aesthetics. In C. Crawford & D. L. Krebs (Hrsg.), Handbook of Evolutionary Psychology. Ideas, Issues, and Applications. (S. 543-572). Mahwah: Lawrence Erlbaum.

Tinbergen, N. & Perdeck, A. C. (1951). On the stimulus situation releasing the begging response in the newly-hatched herring gull chick Larus argentatus. Behaviour, 3, 1-38.

Titchener, E. B. (1909). Lectures on the Experimental Psychology of Thought Processes. New York: Macmillan.

Toda, M. (1982). Man, robot and society. Boston: Martinus Nijhoff Pul.

Tomasello, M. (2002). Die kulturelle Entwicklung des menschlichen Denkens. Frankfurt a. M.: Suhrkamp.

Tomasello, M. & Call, J. (1997). Primate Cognition. New York: Oxford University Press.

Tomkins, S. S. (1962, 1963). Affect, imagery, consciousness. New York: Springer.

Tooby, J. & Cosmides, L. (1990). On the universality of human nature and the uniqueness of the individual: the role of genetics and adaptation. Journal of Personality, 58, 375-421.

Tooby, J. & Cosmides, L. (1990). The past explains the present – emotional adaptations and the structure of ancestral environments. Ethology and Sociobiology, 11, 375-424.

Tooby, J. & Cosmides, L. (1992). The psychological foundations of culture. In J. Barkow & L. Cosmides & J. Tooby (Hrsg.), The adapted mind (S. 19-136). New York: Oxford University Press.

Tooby, J. & Cosmides, L. (1995). Foreword to Mindblindness. In S. Baron-Cohen (Hrsg.), Mindblindness (S. XI-XVIII). Cambridge: MIT Press.

Trivers, R. L. (1971). The evolution of reciprocal altruism. Quarterly Review of Biology, 46, 35-57.

Trivers, R. L. (1974). Parent-offspring conflict. American Zoologist 14: 249-264.

Trivers, R. L. (1976). Foreword. In R. Dawkins (Hrsg.), The selfish gene. New York: Oxford Press.

Trivers, R. L. (1981), „Sociobiology and Politics“. In E. White (Hrsg.), Sociobiology and Human Politics. Lexington: Lexington Books.

Trivers, R. L. (1985). Social Evolution. Menlo Park: Benjamin/Cummings.

Trivers, R. L. (2002). Natural Selection and Social Theory. Selected Papers of Robert Trivers. Oxford: Oxford University Press.

Turner, J. (2000). On the origins of human emotions. Stanford: Standford University Press.

Unz, D., Schwab, F. (2003). „Powered by Emotions?“ – Die Rolle von Motiven und Emotionen bei der Nachrichtennutzung. Chancen und Gefahren der Mediendemokratie. W. Donsbach and O. Jandura. Dresden. Tagungsband der Jahrestagung der Deutschen Gesellschaft für Publizistik.

Unz, D., Schwab, F. & Winterhoff-Spurk, P. (2002) Der alltägliche Schrecken? Emotionale Prozesse bei der Rezeption gewaltdarstellender Fernsehnachrichten. In: P. Rössler, V. Gehrau, S. Kubisch (Hrsg.): Empirische Perspektiven der Rezeptionsforschung – der Prozess der Rezeption. München: Fischer.

Vaid, J. (1999). The Evolution of Humor: Do those who laugh last? In D. H. Rosen & M. C. Luebbert (Hrsg.), Evolution of the Psyche (S. 133-138). Connecticut: Westport.

Varela, F. J. (1979). Principles of Biological Autonomy. New York: North Holland.

Varga v. Kibéd, M. (2000). Unterschiede und tiefere Gemeinsamkeiten der Aufstellungsarbeit mit Organisationen und der systemischen Familienaufstellungen. In G. Weber (Hrsg.), Praxis der Organisationsaufstellungen. Heidelberg: CarlAuer.

Vitouch, P. (1993). Fernsehen und Angstbewältigung. Opladen: Westdeutscher Verlag.

von Helversen, O. & Scherer, K. R. (1987). Nonverbale Kommunikation. Studieneinheit, Studienbegleitbrief 11. In D. d. U. Tübingen (Hrsg.), Funkkolleg Psychobiologie. Weinheim: Beltz.

von Rad, M. (1983). Alexithymie. Heidelberg: Springer.

von Schlippe, A. & Schweitzer, J. (1996). Lehrbuch der systemischen Therapie und Beratung. Göttingen: Vandenhoeck & Ruprecht.

Vorderer, P. (1996). Fernsehen als Beziehungskiste. Parasoziale Beziehungen und Interaktionen mit TV-Personen. Opladen: WDV.

Vorderer, P. (1996). Rezeptionsmotivation – Warum nutzen Rezipienten mediale Unterhaltungsangebote? Publizistik, 41(3), 310-326.

Vorderer, P. (1997). Action, Spannung, Rezeptionsgenuss. In M. Charlton & S. Schneider (Hrsg.), Rezeptionsforschung. Opladen: WDV.

Vorderer, P. (1998). Unterhaltung durch Fernsehen: Welche Rolle spielen parasoziale Beziehungen zwischen Zuschauern und Fernsehakteuren? In G. Roters, W. Klingler, O. Zöllner (Hrsg.) Fernsehforschung in Deutschland (S.689-708). Themen, Akteure, Methoden. Baden-Baden: Nomos.

Vorderer, P. & Knobloch, S. (2000). Conflict and suspense in drama. In D. Zillmann & P. Vorderer (Hrsg.), Media entertainment: The psychology of its appeal (S. 59-72). Mahwah: Lawrence Erlbaum.

Vroon, P. (1993). Drei Hirne im Kopf. Warum wir nicht können wie wir wollen. Zürich: Kreuz.

Wallbott, H. G. (1986). Person und Kontext: Zur relativen Bedeutung von mimischem Verhalten und Situationsinformationen im Erkennen von Emotionen. Archiv für Psychologie, 138, 211-231.

Wallbott, H. G. (1988). „Aus dem Zusammenhang gerissen" – Schauspielermimik ohne Kontextinformation. Zeitschrift für Experimentelle und Angewandte Psychologie, 35, 496-510.

Watson, D., Clark, L. A. & Tellegen, A. (1988). Development and validation of brief measures of positive and negative affect: the PANAS scales. J. Pers. Soc. Psychol., 54(6), 1063-1070.

Weber, G. (Hrsg.). (2000). Praxis der Organisationsaufstellungen. Grundlagen, Prinzipien, Anwendungsbereiche. Heidelberg: Carl-Auer-Systeme.

Wegge, J. (2001). Emotion und Arbeit: Zum Stand der Dinge. Zeitschrift für Arbeitswissenschaft, 55, 49-56.

Wegge, J. (in Druck). Emotionen in Organisationen. In H. Schuler (Hrsg.), Enzyklopädie der Psychologie, Organisationspsychologie I – Grundlagen und Personalpsychologie. Göttingen: Hogrefe.

Weinert, A. B. (1998). Organisationspsychologie. Ein Lehrbuch. (4. Aufl.). Weinheim: Beltz.

Weiss, H. M. (2002). Deconstructing job satisfaction: Separating evaluations, beliefs and affective experiences. Human Resource Management Review, 12, 173-194.

Weiss, H. M. & Cropanzano, R. (1996). Affective Events Theory: a theoretical discussion of the structure, causes and consequences of affective experiences at work. In B. M. Staw & L. L. Cummings (Hrsg.), Research in Organization Behavior: An Annual Series of Analytical Essays and Critical Reviews (Vol. 18, S. 1-74). Greenwich: JAI.

Wenner, L. A. (1985). The nature of news gratifications. In K. E. Rosengren, L. A. Wenner & P. Palmgren (Hrsg.), Media gratifications research. Current perspectives. (S. 171-193). Beverly Hills: Sage Publications.

Wickler, W. (1985). Die Natur der Geschlechterrollen – Ursachen und Folgen der Sexualität. In N. A. Luyten (Hrsg.), Wesen und Sinn der Geschlechtlichkeit. Freiburg: Alber.

Wickler, W. & Seibt, U. (1990). Männlich Weiblich. München: Piper.

Wiener, N. (1948/1992). Kybernetik. Regelung und Nachrichtenübertragung im Lebewesen und in der Maschine. Düsseldorf: Econ.

Wilson, E. O. (1998). Die Einheit des Wissens. Berlin: Siedler.

Wimmer, M. (1995). Biologisch-ethologische Komponenten von Emotionalität. In G. Nissen (Hrsg.), Angsterkrankungen. (S. 89-108). Bern: Huber.

Winterhoff-Spurk, P. (1999). Medienpsychologie. Stuttgart: Kohlhammer.

Winterhoff-Spurk, P. (2000). Der Ekel vor dem Leichten – Unterhaltungsrezeption aus medienpsychologischer Sicht. In G. Roters, W. Klingler & M. Gerhards (Hrsg.) Unterhaltung und Unterhaltungsrezeption. Baden-Baden: Nomos.

Winterhoff-Spurk, P. (2002). Organisationspsychologie. Eine Einführung. Stuttgart: Kohlhammer.

Winterhoff-Spurk, P. (2004). Medienpsychologie. 2. Auflage. Stuttgart: Kohlhammer.

Winterhoff-Spurk, P., Heidinger, V. & Schwab, F. (1994). Reality TV – Formate und Inhalte eines neuen Programmgenres (Vol. Band 3). Saarbrücken: Logos.

Wuketits, F. M. (1997). Soziobiologie: Die Macht der Gene und die Evolution sozialen Verhaltens. Heidelberg: Spektrum.

Zahavi, A. (1975). Mate selection: A selection for a handicap. Journal of Theoretical Biology, 52, 205-214.

Zapf, D. (in Druck). Emotionen in Organisationen. In J. H. Otto & H. A. Euler & H. Mandl (Hrsg.), Handbuch Emotionspsychologie. Weinheim: Beltz.

Zillmann, D. (1976). Humor and Communication: Introduction to Symposium. In A. Chapman & H. C. Foot (Hrsg.), It's a funny thing, Humour. Oxford: Pergamon Press.

Zillmann, D. (2000). The Coming of Media Entertainment. In D. Zillmann & P. Vorderer (Hrsg.), Media Entertainment. The Psychology of its Appeal. (S. 1-20). Mahwah: Lawrence Erlbaum.

Zillmann, D. & Vorderer, P. (Hrsg.) (2000). Media Entertainment. The Psychology of its Appeal. Mahwah: Lawrence Erlbaum.

Zimmer, D. E. (1988). So kommt der Mensch zur Sprache – über Spracherwerb, Sprachentstehung, Sprache und Denken. Zürich: Haffmanns.
Zippelius, H.-M. (1992). Die vermessene Theorie. Braunschweig: Vieweg.
Zuckerman, M. (1979). Sensation seeking. Beyond the optimal level of arousal. Hillsdale: Lawrence Erlbaum.

Stichwortverzeichnis

Abwehrmechanismen 44, 127, 136ff, 143ff, 153f
Adaptive tool box 26, 28
Adaptivität 11, 46, 90, 127, 145, 152f, 219
Affektansteckung 68, 80, 82, 84f, 87f, 90f, 96f, 107, 124, 162, 166, 170, 200, 205
Aggression 34, 118, 134, 138, 147, 181ff, 187, 191, 195, 215f, 220f, 226
Aktivierungsfehler 147, 153
Alimentation 13, 35, 69f, 72, 142, 189
Altruismus 32, 34, 86, 124, 138, 147, 151, 233f, 238
Altruisten 13, 124
Amüsement 186, 191, 195
Analogien 15, 22ff, 42, 234
Anerkennung 205, 207, 211f, 215, 217ff, 222, 231
angeboren 13, 15f, 23, 100, 103, 160
Angst 25, 61, 65f, 89, 95, 103, 110, 115, 117, 136, 141, 149, 152, 174, 179, 181, 185, 190, 203f
Angstlust 174, 190
Annahmen der Evolutionstheorie 13
Anpassungsprobleme 27, 31, 42, 54
Antisoziales psychisches Design 151
Antrieb 18, 44, 71, 73ff, 97, 127, 129
Appetenz 71, 74, 127
Appetenzverhalten 18, 20, 24, 41, 74ff, 99, 105, 108, 123, 234
Appraisal 63ff, 110, 114, 226
Arbeitsplatz 197ff, 216, 222, 230f
Arbeitszufriedenheit 197ff, 202ff, 230
Arterhaltung 13
Ästhetik 157, 166, 186
Attachement 143
Attrappen 158, 165, 169f, 193
Ausdrucksverhalten 19, 24, 41, 54, 93, 95ff, 178, 187
Auslöser 19, 24, 41, 54, 60, 88, 90, 200
Betrug 34, 118, 169, 171, 194, 198, 202, 204, 206, 219, 221, 230
Bindung 23, 82, 183, 198, 204, 209
Born-again bands 197, 208, 221
Charisma 205f, 213
Coaching 224ff, 231f
Committment 198, 204
Copingmechanismen 139f, 144, 153f
Darwinsche Anthropologen 25f, 44, 52
Darwinsche Mechanismen 52
Differenzieller Reproduktionserfolg 235
Emotionsarbeit 197, 201, 205, 230
Empathie 58, 68, 79f, 82ff, 94ff, 107, 124, 127, 139, 147, 149, 157, 159, 162f, 166, 170, 176ff, 201, 205, 210, 227ff, 231
Epigenetische Regeln 46
EPM 12, 27, 68, 128, 147, 150, 180, 188, 192, 195, 219, 236f, 240
Erbhomologien 238
Erbkoordination 17f, 73ff, 79, 99f, 105, 107f, 122f, 234, 236
Ethologie 11, 14ff, 23, 26, 28, 31, 41, 54f, 68, 74, 78, 81, 122f, 132f, 135, 143, 147, 158, 165, 235
Evolutionspsychologie 11, 12, 14, 24, 26ff, 42, 45, 52, 54, 55, 60, 63, 68, 108f, 113, 118ff, 122, 127f, 131, 133f, 145ff, 149, 152, 154, 181, 184f, 191, 195, 197, 221, 223, 231
Exaptation 80
Exploration 132, 173, 186, 188, 190, 192
Explorationsverhalten 132, 143
Expression 64, 67, 91, 109, 116f, 120, 123f, 139, 186
FAST 209f, 221
Flexibilisierung 144, 154, 188
Freude 59, 61f, 65, 94, 103, 118f, 166, 168, 180, 185ff, 191, 195, 203
Führung 197, 200, 202, 206, 210, 213, 215, 217, 230
Gen 43f, 52, 129, 131, 223f, 237
Genetische Determinierung 13
Genre 179, 191
Gesamteignung 24ff, 42, 122
Gesicht 178, 181, 214, 225
Gruppenselektion 13, 128
Handlungsbereitschaft 18, 24, 41, 54, 62, 68, 74, 241
Homologien 15, 22ff, 42, 238
Humanethologie 11, 15f, 23ff, 27f, 31, 41, 54, 56, 68, 127, 182, 197, 215, 221, 231, 236, 239
Identität 38, 103f, 106, 108, 175, 187f, 190, 207
Identitätsarbeit 175, 192
Inklusive Fitness 239
Innerer Umweltsimulator 99
Instinkt 18, 24, 41, 68, 74, 77, 87, 239

Instinkthandlung 18, 24, 41, 54, 68, 74, 102, 241
Interesse 164, 170, 185ff 192f, 195
Jäger und Sammler 29, 130, 138, 144, 146, 149f, 153, 168, 187, 189, 193, 197, 205f, 208, 211, 215, 218ff, 230
Kameradramaturgie 158, 164, 170
Kino 35, 161f, 168, 177, 192
Klatsch und Tratsch 163ff, 169f, 193, 208, 221
Komponenten des Affektsystems 58, 64, 67
Konflikte 22, 76, 140f, 143, 151, 168, 180, 210, 213, 217, 221, 226
Kontextfehler 150, 152f
Konvergenzforschung 23f, 42
Kooperation 27, 129, 134, 141, 143, 169, 171, 177, 183, 194, 201, 205f, 220, 230
Koordinationsfehler 147, 153
Kultur 43ff, 55, 60, 67, 93, 129, 141, 157, 165, 167, 171, 191f, 194f, 215, 217, 223, 229,
Kulturelle Evolution 43, 52
Kulturfähigkeit 43, 55, 112
Kunst 33, 102, 157, 166f, 171, 193
Lachen 61, 157, 182f, 191
Massenkommunikation 169f
Medien 35, 43, 95, 158, 161, 165, 167, 171ff, 177, 180ff, 189ff, 239
Medienprominente 165, 170, 193
Memetik 5, 11, 43, 189, 197, 222, 229, 231
Memplexe 47, 52, 223, 229
Mimik 60, 61, 66, 68, 81, 107, 129, 176, 182
Missverständnis 13, 36
Mitleid 23, 82ff, 97, 108, 124, 180, 215
Mobbing 164, 208, 213, 216f, 221
Modale Emotionen 64
Modularität 90, 127, 145, 152f, 171, 194, 219
Motivation 18, 20, 24, 41, 54, 57, 67f, 92, 118, 128, 186, 213
Neugier 132, 173, 187, 190, 192
Organisationsaufstellung 209
Parentales Investment 30, 239
Partnerwahl 28, 34, 139, 166, 171, 193, 234
Perspektivenübernahme 68, 82f, 86ff, 90, 92, 95, 98, 107, 124, 159, 177, 218, 222, 227, 231
Phantasie 68, 92, 95, 98, 100, 105f, 108, 112, 119f, 123, 127, 135, 139, 143, 171, 176, 189, 194
Phi-Effekt 158, 170
Präformismus 13, 14
Präsenzerleben 170, 193
Primäraffekte 62, 65, 67, 134, 143
Probehandeln 99f, 104f, 107f, 123, 177, 190, 194
Prosoziales Verhalten 84
Pseudopathologien 150ff, 219
Psychoanalyse 75, 127ff, 140ff, 153
Rekalibrationsfunktion 119f, 123
Reproduktionserfolg 25f, 33, 42, 47, 53f, 87f, 208, 220, 235, 237f, 240f
Reziprozität 34, 138, 206f, 221
Ritualisierung 19ff, 24, 41, 54
Schlüsselreiz 234
Schönheit 166, 171, 193
Selbsttäuschung 129, 131, 136f, 144, 153, 225, 229
Selektion 12ff, 21, 26ff, 30ff, 37ff, 46ff, 51ff, 68ff, 80, 86, 111ff, 121, 127, 129, 137, 141, 144, 146f, 149, 152, 154, 157ff, 165, 169, 174, 188, 192f, 195, 222ff, 228f, 233, 239ff
Sensation seeker 174, 190
Sexuelle Selektion 30, 33, 240
Soziobiologie 11, 14, 24ff, 30, 39, 42, 54f, 127
Spiegelneurone 88, 98, 108, 124, 166, 211
Spiel 75, 118, 130, 171, 177f, 180ff, 194
Standard Social Science Model (SSSM) 45
Status 49, 94, 149, 165f, 171, 180, 193f, 205f, 212, 217ff, 230, 234f, 240
Stimmung 18, 58, 101, 106, 118, 174f, 185, 190, 200f
Stimulation 69ff
Stress 63, 75, 174, 199ff
Täuschung 32, 88, 124, 129, 137, 144, 154, 165
Täuschungsstrategien 138, 144, 153
Time lag 240
Traditionshomologien 22, 24, 42, 238
Trieb 18, 107f, 131, 133, 135f, 212, 234, 241
Unterhaltung 157, 161, 164, 168, 171f, 175, 184f, 186f, 188, 189, 190, 192, 194, 195
Verdrängung 128f, 136f, 139, 141, 144, 153f
Verschmelzungsfrequenz 158, 170
Werbung 167, 171, 193
Zufriedenheit 185, 187, 192, 195